U0918082

满族（清代）历史文化研究文库

明清档案与史地探微

郭美兰 著

辽宁民族出版社

图书在版编目（CIP）数据

明清档案与史地探微 / 郭美兰著. —沈阳：辽宁民族出版社，2012. 1

（满族（清代）历史文化研究文库）

ISBN 978-7-5497-0263-3

I. ①明… Ⅱ. ①郭… Ⅲ. ①档案资料—中国—明清时代—文集 Ⅳ. ①K248.063-53

中国版本图书馆CIP数据核字（2011）第269761号

明清档案与史地探微

MINGQINGDANGAN YU SHIDI TANWEI

出版发行者：辽宁民族出版社
地　　　址：沈阳市和平区十一纬路25号　邮编：110003
印　刷　者：沈阳航空发动机研究所印刷厂
幅 面 尺 寸：145mm×210mm
印　　　张：14
字　　　数：400千字
插　　　页：12
印　　　数：1-2000
出 版 时 间：2012年1月第1版
印 刷 时 间：2012年1月第1次印刷
责 任 编 辑：吴昕阳　李　璜
封 面 设 计：杜　江
责 任 校 对：陈文本

标准书号：ISBN 978-7-5497-0263-3
定　　价：38.00元

联系电话：024-23284336　　　邮购热线：024-23284335
http://www.lnmzcbs.com

郭美兰 锡伯族，1955年12月24日出生于新疆察布查尔锡伯自治县。1975年高中毕业后进入北京故宫博物院明清档案部，参加满文干部培训班学习，1981年就读北京师范学院夜大历史系，1986年毕业，历任中国第一历史档案馆研究馆员、调研员等。自1978年满文干部培训班毕业，专致从事清代满汉文档案的整理、编目、翻译和研究工作，整理过归化城副都统衙门满文档案、内阁满文题本、内务府满文杂档等；参加或主持过《满文老档》等满文档案史料的编译、《清代皇帝御批彝事珍档》等汉文档案史料的编辑。从20世纪80年代以来，着重编译清代有关西藏和藏族、西北蒙古历史的满文档案，编译出版了一系列相关的档案史料。同时，在工作之余从事清代西藏和藏族、西北和漠南蒙古历史，以及边疆史、民族史和明清档案的研究，发表论文或文章四十余篇。

明清档案与史地探微

（清）《热河图》

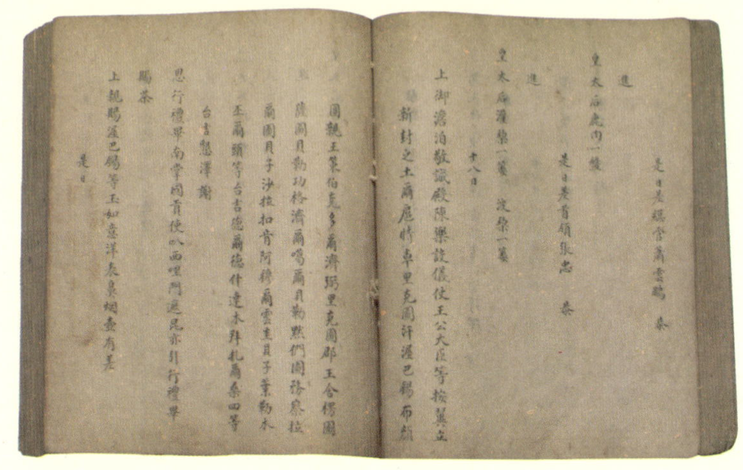

是日差總管蕭雲鵬 奏
進
皇太后鹿肉一盤
是日差首領張忠 奏
進
皇太后滑漿一盞 沒梨一盞
十八日
上御澹泊敬誠殿陳樂設儀仗王公大臣等按翼立
新封之土爾扈特卓里克圖汗渥巴錫布顏
圖親王策伯克多爾濟弼里克圖郡王舍楞圖
積圖貝勒功格濟爾噶爾貝勒默們圖務察拉
爾圖貝子沙拉扣肯阿穆爾靈圭貝子葉勒木
丕爾頭等台吉德爾德什達木拜札爾桑四等
台吉恩澤謝
恩行禮畢南掌國貢使八西哩門邋昆亦引行禮畢
賜茶
上親賜渥巴錫等玉如意洋表鼻烟壺有差
是日

（清）乾隆《内起居注》

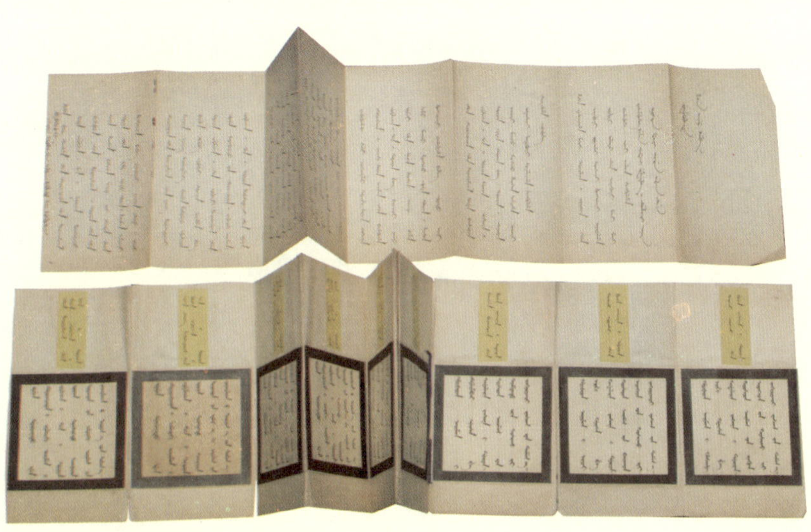

（清）乾隆 土尔扈特盟旗印信式样

土尔扈特汗渥巴锡
进献乾隆帝的撒袋

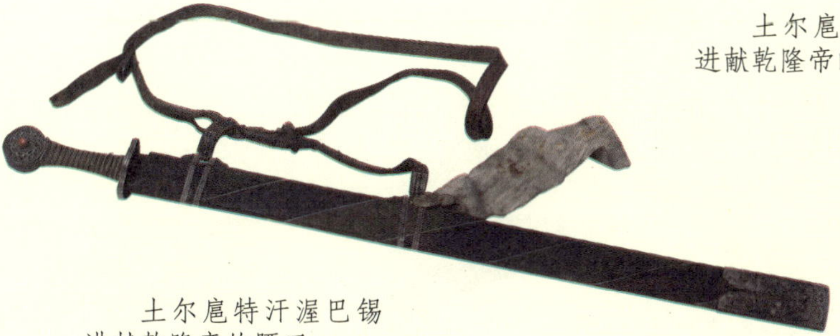

土尔扈特汗渥巴锡
进献乾隆帝的腰刀

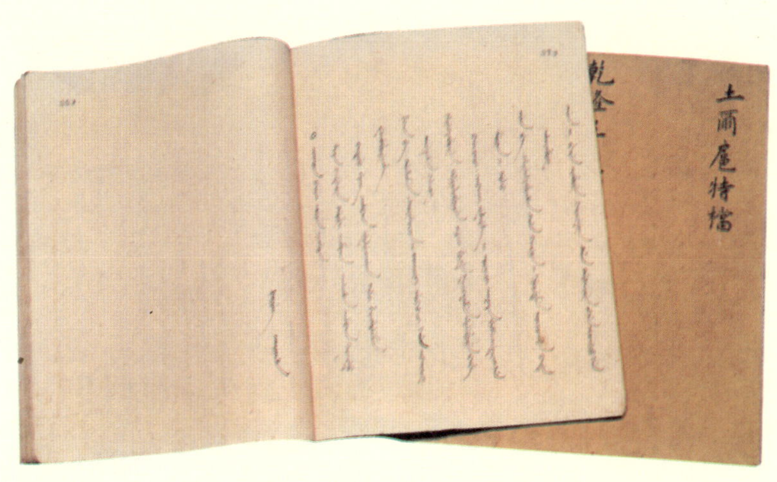

（清）乾隆 土尔扈特档

（清）康熙 瓷胎画珐琅黄地荷花茶碗

（清）嵌贴绿松石金把壶

（清）银贴镂金龙纹把壶

（清）光绪 箬竹叶普洱茶团五子包

呼和浩特恪靖公主府

多伦汇宗寺

多伦善因寺

（清）乾隆 六世班禅奏书

（清）乾隆 班禅事件满文档案

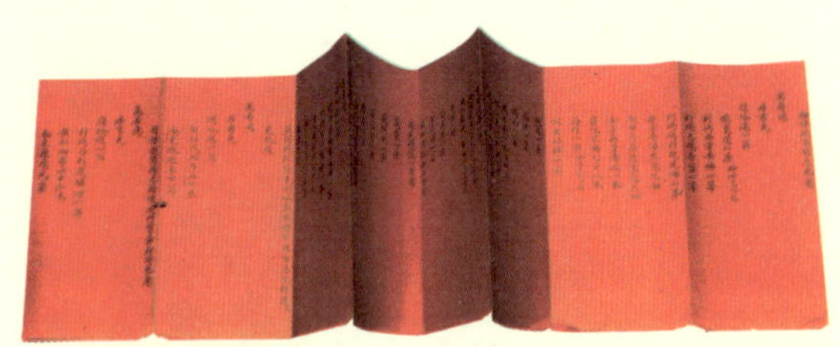

（清）乾隆 六世班禅贡单

（清）乾隆 《六世班禅行帐图》

须弥福寿之庙金顶

须弥福寿之庙牌楼

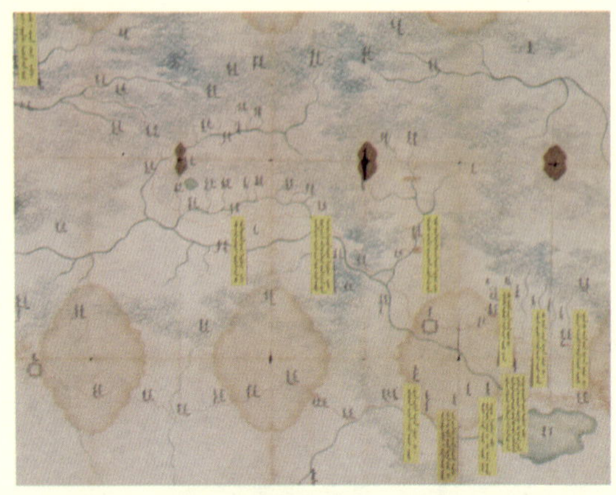

（清）乾隆
《珠尔都斯牧场图》

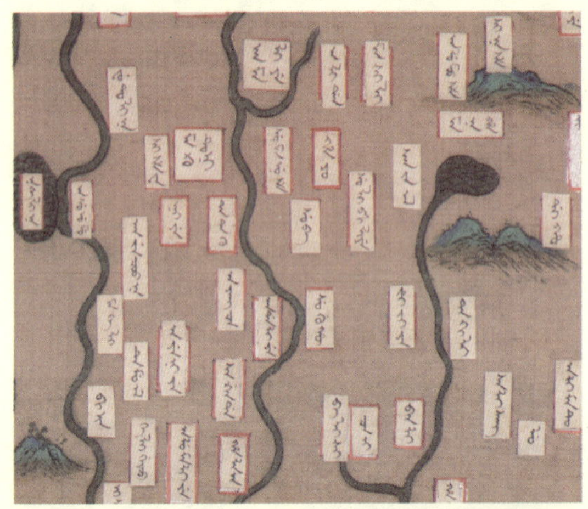

《大明混一图》局部

《陕西同省边镇图》局部

和静巴伦台黄庙

和静满汗王府

（清）《避暑山庄全图》

（清）乾隆 西宁办事大臣众佛保奏折

（清）乾隆 军机处满文《熬茶档》

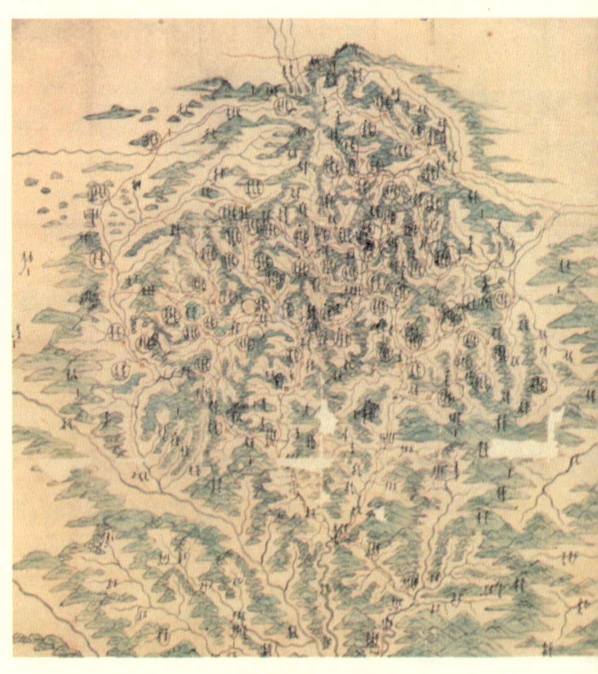

（清）《木兰图》

序 言

郭美兰论文集即将面世之际，作者嘱我写序。思之再三，本人与作者相识多年，不仅是清代边疆历史研究领域的同仁，而且她编译出版的有关清代边疆满文档案史料亦有助于深化本人的研究工作，实无理由推辞，只好应命，抽空拜读论文集，秉笔撰写以下感言，权充序言。

一

本论文集的作者，在中国第一历史档案馆及其前身北京故宫博物院明清档案部工作，至今已逾三十六载，其本职工作是从事清代满汉文档案的整理、著录、编目、翻译，参加过内阁题本等多项满文档案的整理，《满文老档》《清代皇帝御批彝事珍档》等多种满汉文档案史料的编译，共计二十余种、百余册。特别是其中的满文档案，又以西藏与藏族、新疆与卫拉特蒙古档案为重点，而且多为独立编译完成，成绩斐然，为史学研究提供诸多第一手原始史料，意义非同一般。

有关西藏与藏族的档案有《元以来西藏地方与中央政府关系档案史料汇编》《六世班禅朝觐档案选编》《中国第一历史档案馆藏西藏与藏族档案目录》（满文、藏文部分）《清初五世达赖喇嘛档案史料选编》《清宫珍藏历世达赖喇嘛档案荟萃》《清宫珍藏历世班禅额尔德尼档案荟萃》《清末十三世达赖喇嘛档案史料选编》。

有关新疆与卫拉特蒙古的档案有《军机处满文准噶尔使者档译

编》《清代军机处满文熬茶档》。这两种满文档案史料的汉译出版，对研究清代卫拉特蒙古历史和蒙藏关系史具有极为重要的学术价值，值得在此着重介绍。

《军机处满文准噶尔使者档译编》所收辑档案，均选自中国第一历史档案馆所存军机处满文《夷使档》，原文影印，编译成3册出版，属首次公布。内容反映雍正十二年至乾隆十九年（1734—1754）间准噶尔部17次遣使赴京朝觐、纳贡、议和，到肃州等地贸易，赴西宁、拉萨等地熬茶等。正如该书前言所讲，所有卫拉特蒙古史研究者均深知，“雍正十二年至乾隆十九年，是清政府与噶尔丹策零大战额尔德尼召之后，举歼达瓦齐前与准噶尔和平交往时期，目前对这二十余年历史的研究，因资料有限，尚较模糊，论著对此段历史涉猎不多。满文《夷使档》详细记录了这段历史，所记录的清政府与准噶尔贸易来往及和平交往等方面的内容，映现出清政府针对准噶尔部所采取的各项政策措施，及准噶尔部对清王朝在宗教、经济等方面的依赖关系”。所以，这部分满文原始档案的编译出版，无疑对清代卫拉特蒙古历史研究具有一定的推动作用。

《清代军机处满文熬茶档》所收辑档案，也均选自中国第一历史档案馆所存军机处满文《熬茶档》，原文影印，编译成2册出版，属首次公布。满文《熬茶档》，内容反映乾隆五年至乾隆十三年（1740—1748）间准噶尔部首领噶尔丹策零及策妄多尔济那木扎勒三次派使赴藏熬茶的过程。《熬茶档》因藏置深阁，加之能够使用满文档案原件的研究者无多，以往尚未被学界利用。因此，开发利用《熬茶档》，我们几乎可以拿档案内容还原在清廷视角中折射的历史原貌，无疑有助于推进清代准噶尔蒙古及西北、西藏政治、军事、经济、文化等方面历史研究。

二

如作者自述，“档案馆不同于专门的研究机构，档案馆有特定的日常工作，研究只能作为档案工作者的一种业余爱好”。让人们惊喜和钦佩的是，作者的这种“业余爱好”自1985年以来持续至今，为学界和读者奉献了近50篇论文和学术评述。

综观作者的研究内容，大体可归纳为如下特色：

一从内容看，主要围绕档案、边疆、民族及社会热点问题，而尤以卫拉特蒙古和新疆、北疆地区历史，西藏和藏族历史为主，也兼及清代宫廷史；

二从形式看，可分为史地探微、档案评述、随笔杂谈；

三从所利用史料看，大多以学界鲜见利用的满文档案为主，又兼及相关汉文档案和诸多文献。

上述三个方面的特色，从收入《明清档案与史地探微》一书的40篇论文中可细加体察。在此本人只想从两篇研究评述卫拉特蒙古档案和历史的论文《清宫珍藏土尔扈特历史档案及其重要价值》和《土尔扈特汗渥巴锡部众东归后拨地安置始末》谈点读后感言。

自20世纪70年代以来，本人即涉足卫拉特蒙古史研究，而土尔扈特历史是本人研究重点。研究之始，就已关注中国第一历史档案馆所藏汉满文档案，并邀集北京和新疆的满文专家着手整理和汉译有关卫拉特蒙古满文档案，于1986年编译出版《满文土尔扈特档案译编》。本人由于参与相关学术工作，有机会细读土尔扈特蒙古回归祖邦前后的满文档案，故在20世纪80年代先后撰写了《清政府对蒙古族土尔扈特部的安置》《土尔扈特蒙古东返人户数考析》《渥巴锡承德之行与清政府的民族统治政策》《土尔扈特蒙古东返始于何时》《再论渥巴锡》《渥巴锡论——兼论清朝政府的民族统治政策》，以及《罗卜藏扎尔桑史事述叙》诸文，并收入本人与马汝珩合著《漂落异域的民族——17至18世纪的土尔扈特蒙古》及与成崇德共同主编《卫拉特蒙古史纲》两书之中。但是作为细读过汉译有关土尔扈特满文档案的研究者，深知土尔扈特满文档案中还蕴藏着更多尚不为今人所知的史实和历史细节，已出版的《满文土尔扈特档案译编》也有待大大补充其内容，故作者所撰两篇有关土尔扈特之论文，读来格外有感触。

《清宫珍藏土尔扈特档案及其重要价值》一文中指出：“现今中国第一历史档案馆所藏清代档案中，有关土尔扈特历史档案约有3800余件，绝大部分以满文书写，其时间起自康熙五十一年（1712），止于光绪三十二年（1906）。”上述档案史料的价值，作者用如下三句话做了概括：“回归前的档案弥足珍贵”，“回归安置档案全面系统”，“回归后的档案数量颇巨”。同时，作者还坦言《满文土尔扈特档案译编》一书的三点不足：“一是，辑录的档案数量少，仅为145件，与3800件的总量比较，触动的只是冰山的一角；二是，时间段短，仅收录乾隆三十六年至四十年的档案；三是，收录档案种类单调，同一时期的起居注、朱批奏折、录副奏折均未收录。”所言极是，可谓切中要害。当然，这些不足的出现，亦非我们当初之所愿，而是当时条件所限而不可为也，因此如作者所言：“要想深入研究土尔扈特历史，当务之急应加强档案的开发利用。”值得庆幸的是，当前有关土尔扈特满文档案的整理、汉译也有长足进步，而此项工作的实践者正是作者郭美兰和她的夫君吴元丰先生！

郭美兰不仅辛勤劳作埋首卫拉特蒙古满文档案的编译，还利用这些档案进行研究，《土尔扈特汗渥巴锡部众东归后拨地安置始末》即是一篇值得重视的力作。这篇文章对安置渥巴锡部众于巴音布鲁克草原的起因、经过及其意义做了详尽的叙述和分析，而这一内容正是本人当年论及同一论题时因资料不足而一笔带过之处。

关于土尔扈特人东归的历史，郭美兰还根据她长期的学术积累，撰写了多篇知识普及性文章，诸如：《迎着太阳回归的部族》《土尔扈特回归记》《东归英雄后人的述说》等。另外，我曾有幸与郭美兰一起参与承德避暑山庄策划的“土尔扈特万里东归展”的学术策划工作，以及作为访谈专家参与大型电视纪录片《清宫秘档》“土尔扈特回归”一集的制作。

三

郭美兰学术生涯正值壮年，加之又有多年档案史料的积累，学术前程无可限量。综观其多年研究实践的经验，对有志于研究者的启迪，试做分析。

一是勤奋。郭美兰任职于档案馆，不同于工作在研究机构或高等院校者有可以相对灵活支配时间，一位天天上班的人，在长时间里或参与或主持完成多种满汉文档案文献的汉译和编选，又完全是利用业余时间撰写了多篇论文，是一个怎样的工作量！

勤奋出成绩，此为启迪之一。

二是实事求是。这里所讲的实事求是，是指研究切入点的选择要符合自己实际，方法上要符合学术规律。所谓研究切入点的选择要符合自己实际，是指郭美兰既熟练掌握满语文，又熟悉清代满文档案，能够轻车熟路的充分利用满文档案，独享天时地利之便。切又能抓住生在新疆、长在新疆，对西北边疆具有不同于他人的感性认识之利，将研究的切入点选择在充分利用未曾为研究者利用过的满文档案，研究新疆、西北和北部边疆，以及西藏和藏族历史。

所谓方法上要符合学术规律，是指无论在档案整理上还是研究展开上，既然是学术工作，那就严格遵循学术规律办事。如作者自己总结的她在从事档案整理编译工作大体经历了三个阶段的演进轨迹，即：参加初译或审校；独立完成选材、翻译、定稿；主持编译项目，负责选题、选材、翻译、定稿、排版。而她的研究课题的选择大都也在掌握了档案内部的规律，了解档案反映的内容后，厚积薄发，才撰文加以介绍和评议。如《清宫珍藏土尔扈特历史档案及其重要价值》，就是在查阅诸多满汉文档案的基础上撰写而成，《五世达赖喇嘛入觐述论》等篇论文，均获益于编译有关西藏及藏族之档案。还有是在学术考察中注重当地古迹，以及相关历史事件和历史人物，而后在档案中寻找相关的原始记录，尤其是发挥自己通晓满文的特长，在满文档案中发现线索，着力解决历史之谜，诸如《康熙帝与多伦诺尔汇宗寺》《二世哲布尊丹与多伦诺尔善因寺》等。

实事求是出成绩，此为启迪之二。

总之，勤奋与实事求是应是一切成功人士所以能成功的两大法宝，郭美兰以她自身的学术实践证明了这一朴素的真理，并为人们提供了可资借鉴的经验。

我虽虚长郭美兰二十来岁，但同在边疆历史研究这块沃土上耕耘了几十年，彼此不仅相识，而且是相知的，故在本文结束之时，还想提寄望两端：

其一，希望能译编更多的专题满文档案汇集。满文档案是边疆史、清史研究的资料宝库，但在可以预见的未来，真正能熟练利用满文档案的中国学者毕竟还是少数。因此，这是一项有利于深化边疆史、清史研究的工作，是一项利在当代，功在千秋的工作。

其二，希望能有更多的研究力作问世。如前所述，正处研究者壮年的作者，在研究上既要发挥依托满汉文档案阐释历史的特色，也应有宏篇大论的研究构划，我们有理由期待！

马大正

于北京自乐斋

2011 年 11 月 12 日

前 言

从我离开地处西北边陲的察布查尔那片热土，第一次迈进北京故宫东华门的那一刻算起，时光已经过去了36年。36年的岁月，在历史长河中是弹指一挥间，然对人生来讲，却接近生命历程的一半。那时的我，还是一个即将毕业的高中生，猛然间听到北京故宫博物院招收锡伯族学生的消息，尽管对外面的世界充满好奇，但出于对亲人的眷恋和家乡的挚爱，竟然不知道自己是不是该报名，最后还是在亲人的支持和鼓励下报了名，并与其他五位学生一同被录取。1975年7月27日这天，随着火车缓缓驶进北京站，我与明清档案的渊源由此开始，人生也掀开了新的一页。

初到故宫，我被分配到明清档案部的保管组见习，每天上下午都会到内阁大库查看温湿度并通风一次，从而有幸较早近距离地接触档案。每当进入灯光幽暗的档案库房，置身散发着纸墨味、成行成排的档案架中间，我都会感受到一种震撼，那就是历史的厚重、知识的浩瀚和个人的渺小，这种震撼，化作对知识的渴求和工作的热情，伴随至今，无所改变。

开办于1975年10月的“满文干部培训班”，根据明清档案的特点和对满文专业人才的需求，开设了“满文语音”“满文语法”“满文翻译”“现代汉语”“古代汉语”“中国通史”“明清断代史”“清代档案”等针对性很强的专业课，还邀请北京大学、人民大学、社会科学院民族研究所、中央民族学院（今改为中央民族大学）的专家学者举办专题讲座。三年之后，“满文干部培训班”成功培养了20位学员，我作为其中一员，以各门功课优秀的成绩回报老师的培养和社会的厚爱，为今后开展明清档案工作打下了坚实的基础。

刚到北京故宫博物院的时候，明清档案部所保管的1000余万件档案分别存放于内阁大堂东侧的内阁大库、天安门东侧的皇史宬、太和门西侧的贞度门等多处地方。存放在内阁大库和皇史宬的档案，自1925年故宫文献馆成立以来经过多年的努力，均已初步整理，码放还算整齐，而存放在贞度门等处的档案则不然，由于多属残破档案，且为各种条件所限，长期未曾加以清理，上面已积满了灰尘。这种状况，直到1976年位于故宫西华门北侧的档案馆新楼建成，随着一箱箱档案被搬进新楼上架，档案的保管条件得到了极大的改善。

明清档案历经沧桑，其原有秩序和内在联系多被打乱，虽经几代人努力，完成了一定数量档案的整理工作，但相当数量的档案整理基础还是很薄弱，既不利于档案原件安全，也不利于永久性保管，进而无法开展修复、整理、著录编目、数字化、开发利用和编译出版等项工作。让档案有章可循、有目可查，进而能够便捷利用档案，一直是明清档案工作者奋斗的目标。1980年4月，原来的故宫明清档案部改名中国第一历史档案馆，我先后参加了档案馆开展的对内务府及军机处满文档案、内阁满文残题本、内务府汉文来文和说堂稿、端方档案等档案的整理工作，以及对宫中汉文朱批奏折、军机处汉文录副奏折、内务府奏销档的著录工作。整理工作对档案工作者来说，是认识档案的一种基本途径，同时也是专业技术提高的过程，有幸参加以上提到的各项整理工作，确实获益匪浅。

档案馆的中心工作是保管、整理、编译。回顾我所做过的档案编译工作，可以分为三个阶段，第一阶段只是参加初译或审校。最早的是1978年底开始的《满文老档》编译工作，继之又参加了《清初内国史院满文档案译编》编译工作。记得鉴于《满文老档》在学界的影响，从清末进士金梁组织翻译，到日本、台湾先后翻译出版，前人已经做了不少工作，因此故宫博物院大力支持和重视《满文老档》的编译工作，专门从中国社科院等多个单位邀请满文专家参加编译工作。第二阶段是独立完成选材、翻译、定稿。1986年，中国第一历史档案馆与中国藏学中心合作，开始编译出版有关西藏和藏族的明清时期档案，我从原来所在的部门满文部抽调到研究室参加这一项目，负责满文档案部分，编译出版了《元以来西藏地方与中央政府关系档案史料汇编》等多部史料。第三阶段是主持编译项目，负责选题、选材、翻译、定稿、排版。自1998年研究室与编辑部合并为编研部后，除了参加或主持汉文档案编辑项目外，自行选题先后编译出版了《清代军机处满文熬茶档》等颇受学界欢迎的档案史料。

档案馆是座知识的宝库，人在其中，目光所及都是需要读懂的明清档案。多年来，我要求自己在实践中学习，在学习中研究，在研究中提高。首先是在工作中摸索掌握档案内部的规律，了解档案反映的内容，探寻不同档案不同的价值，撰文加以介绍，如《清宫珍藏土尔扈特历史档案及其重要价值》，就是在查阅诸多满汉文档案的基础上撰写而成。其次是结合不同内容的编译项目，开展不同范围、不同形式的研究，以编译项目为研究基础，通过研究提高业务水平，像《五世达赖喇嘛入觐述论》等篇论文，均获益于编译有关西藏及藏族之档案。再次是足迹所至，注重考察当地的古迹、历史事件及人物等，而后在档案中寻找相关的原始记录，发现历史的真相，尤其是发挥自己掌握满文的特长，在满文档案中发现线索，解决历史之谜，诸如《康熙帝与多伦诺尔汇宗寺》等篇，都是这样写成的。

档案馆不同于专门的研究机构，档案馆有特定的日常工作，研究只能作为档案工作者的一种业余爱好。我的这一爱好，追溯起来应始于1985年，是年第三届清史研讨会在长春召开，我参加了这次会议，参会论文是处女作《论兴安城总管衙门的兴废》，这是我第一次参加学术活动，也是第一次宣讲自己的文章，自此坚持写作20余年，围绕档案、边疆、民族及社会热点问题，已写有40余篇论文或文章。这些文章，由于刊登于不同的学术期刊或论文集，且刊载时间跨度大，早期发表的一些文章已很难寻找，所幸自己还有所保存，故此借辽宁民族出版社鼎力相助，集结成册，出版发行。本书收辑的文章，共有42篇，根据文章的内容和形式，分为档案评述、史地探微、随笔琐谈三部分，内容基本保持原貌，无大的改动。

本论文集的出版发行，得到了辽宁民族出版社副社长吴昕阳的热情帮助，国家清史编纂委员会副主任、原中国社会科学院中国边疆史地研究中心主任马大正先生欣然应邀赐序，在此一并致谢。

郭美兰

2011年11月6日

目 录

档案评述

史地探微

随笔琐谈

附　录

中国第一历史档案馆馆藏明朝档案

现存中国第一历史档案馆的3000多件（册）明朝档案，尽管数量不多，但对研究明史具有其他史料不可替代的重要作用。本文拟将这部分明朝档案的由来、内容及其价值略作概述。

一、明朝档案的由来

档案是历史正在进行过程中形成的文书，历代统治者对文书都有严格的管理制度，明王朝也不例外。洪武十八年，朱元璋在总结建国后的立法定制和所作所为时说："华风沦没，彝道倾颓，自即位以来，制礼乐，定法制，改衣冠，制章服，正纲常，明上下，尽复先王之旧，使民晓然知有礼义，莫敢犯分而挠法。"（《明太祖实录》卷14）明朝的文书档案制度相当完备，不仅有完整的文书处理制度，亦有严格的文书使用等级制度。皇帝专用的诏令文书，规定有诏、制、敕、册、谕、书、符、令、檄；臣工上奏的文书，规定有题、奏、启、表、笺、讲章、书状、文册、揭帖、制对、露布、说。各官府使用的文书，规定上行文书有咨呈，呈状、申状、牒呈、牒上；下行文书有照会、札付、下帖、故牒；平行文书有平咨、平关、平牒。

明朝档案历经劫难，损失极为严重。现存中国第一历史档案馆明朝档案，是清初为了撰修《明史》，清政府下令在京各衙门及外省督抚各官府将有关文移开送礼部，然后再送内院，以备纂修。由于各衙门对此事督办不力，搜集工作成效甚微，故在修史过程中，仍感史料严重匮乏。清《圣祖实录》中记载，康熙四年十一月十一日再谕礼部征集明朝档案，并集中保存于清内阁大库中。这些明代档案与清朝档案一样，经过清朝、北洋政府、国民党统治时期，政权更迭，战乱破坏，损失相当严重。直到新中国成立后，东北图书馆、北京大学、中国人民大学等单位，先后将散失的内阁大库档案移交当时的故宫档案馆，3000多件（册）明朝档案才得以集中保管。总之，现藏中国第一历史档案馆的明朝档案，随着历史的变迁，社会的动荡，饱经沧桑，今之有存，确非易事。

二、明朝档案的内容

中国第一历史档案馆所存明朝档案，最早是洪武四年的户帖、卖田契和永乐八年皇帝颁给“失家摄聂”喇嘛的敕谕。建文、洪熙、正统、景泰、天顺、弘治时期的档案基本无存；宣德、成化、正德、嘉靖、隆庆时期的档案亦不多；万历时多为档簿，保存最多的是天启、崇祯两朝的档案，南明弘光时期的档案有2件。馆藏明朝档案在不同时代、不同单位进行过整理，基本是按朝年、文种分类排列，逐件（册）登记编目。中国第一历史档案馆现在保管的方式，仍按其四个不同的来源分别存放。

（一）中国第一历史档案馆旧藏明档。分折件和簿册两大类，起于永乐六年，止于崇祯十七年，共404件，有文献馆时期编制的《内阁明档目录》《明题行稿目录》《明选簿目录》。其中折件291件，多系兵部、礼部的题行稿、题稿、行稿，亦有少量的科抄奏本、启、咨、禀、呈、手本及实录抄稿等。其内容主要有：1.内政类：礼部题稿多反映官员病故，家眷恤典，参奏祭祀太庙社稷不到官员，以及坛庙祭祀、修陵致祭等；兵部题行稿多反映武职官员的任免、升迁调补及休致、开缺、病故、阵亡，及官员的考选，议叙、褒奖、纠参等。2.军务类：兵部题行稿反映核实边备、修筑边墙、设探放哨、募集兵勇、密调援兵、整饬驿站、筹办军饷、加强海防，以及李自成领导的农民军攻打陕西、山西、四川、湖南、湖北、河北、山东等地，连克各城，明军堵截剿杀，如荆州城破，陕西总督洪承畴报告官兵剿杀农民军等，内容极为详细；还反映后金军队滋扰明边，明军与后金军队交战，飞报战况、捉拿奸细等，如总督关宁两镇太监高起潜报告哨探敌情、辽东兵力、部众降清等情况。3. 财政类：奏本、手本、申、批、揭帖等多反映万寿庆典恭进马匹、进京庆贺千秋人员赏给盘缠、孔孟族人临雍观礼赐给衣物、清查拖欠银两、制造宫廷金扇数目、支付盘费、赏功地租银两、查禁侵夺地产民田等内容。

簿册有《武职选簿》101 册，是记载明代京内外各卫所职官袭替补选情况的登记簿。包括府军前卫、锦衣卫、舍吾右卫、羽林前卫、燕山右卫、燕山前卫、武骧右卫、长陵卫、泰陵卫、献陵卫、留守左卫、骁骑右卫、沈阳左卫、定海卫、三万卫、宁远卫、青州左卫、宣州卫、西安左卫、平凉卫、甘州中护卫、安东中护卫、宁夏前卫、镇番卫、宁夏中屯卫，成都左护军、大渡河御所、守番卫、越隽卫、桂林右卫、柳州卫、南州卫、云南左卫、云南右卫、临安卫、云南后卫、大罗卫、凤悟守御所、木密关守御所、武定守御所、平越卫、安南卫、留守中卫、神策卫、高邮卫、滁州卫、苏州卫、金山卫、归德卫、皇陵卫、怀远卫、龙骧卫、黄军卫、沆州卫、清浪卫、平溪卫、承天卫、福州右卫、建宁左右卫、汀州卫、留守后卫、兴武卫、大宁中卫、富裕卫、忠义前卫、义勇右卫、义勇后卫、永平卫、密云后卫、兴州左屯卫、延庆卫、卢龙卫、德州卫、天津卫、保定左卫、保定前卫、营州中屯卫、宣府前卫、宣府左卫、开平卫、保安卫、尉州卫、振武卫、镇西卫、镇虏卫、玉林卫、云川卫、羽林右卫、府军右卫、天策卫、豹韬卫、豹韬左卫、留守后卫、鹰扬卫、通州卫、保定中卫，共 96 个卫所。这些簿册，是按亲军、左军、右军、中军、前军和后军的顺序排列的。所记事件时间上自洪武，下至崇祯。此外，还有一部分万历、天启、崇祯年间的簿册，如：沈阳群牧所袭替世袭簿、新官袭职选底、新官替职选底、优给优养簿、选过替职官舍簿、选过优给优养簿、选过袭替复职并职优给优养簿、兵部行移簿、朝鲜迎接天使都监都厅仪轨等。

值得一提的是，还藏有数量不多但极其珍贵的明代舆图，包括《大明混一图》《论九州山镇川泽全图》《地舆图》《九边图》《天球星宿图》《乾坤一统海防全图》等。

（二）中国人民大学移交的明朝档案，共127件。起自洪武四年，止于崇祯十二年。这部分档案多为买卖田地房屋契约，其余为敕谕、诰封、户口单、帖、兵部题行稿、手札、讼状、供状、告示、税票等。内容主要反映辽东战事、镇压农民运动、查禁僧俗结党、田地纠纷、民事诉讼等内容。

（三）北京大学移交的明朝档案，共2521件（册）。其中折件起自天启二年、止于崇祯十七年，包括天启朝题行稿152件，天启朝兵科抄出题本、奏本、启本15件，崇祯朝题行稿1195件，崇祯朝兵科抄出题本627件，崇祯朝兵科抄出奏本118件，揭帖、塘报、咨呈、手本、禀共32件，明档补遗87件，馀为崇祯朝题行稿（无年月，附天启朝、崇祯、弘光三朝杂档）。主要内容有：1. 职官类：武职官员的任免、升迁调补、考选、议叙和褒奖及官员贪污、违制议处、纠参和开复等。2. 科举类：武科的乡试、会试、殿试及进士登科录等。3. 防务类：官兵的驻防、换防、训练，以及筑造工事、修葺边墙、设立台站、会阅河工、缉盗防火等。4. 战事类：反映各种战争事件。如：明军在海上与郑芝龙部属作战，明军在蜀、黔、滇等地溃败，李自成领导的农民军攻陷各城，明军节节败退，以及明军在杏山、松山、锦州等地与清军交战，清军使用红夷大炮攻山，明将祖大寿大凌河突围等。

除以上折件外，另有一部分贺表及簿册，包括永乐朝词臣献颂，朝鲜国王李倧贺崇祯皇帝即位表，明宣宗、武宗、世宗、熹宗实录，大明会典，大明律集解，明史纲目，明通鉴纲目稿本，明会要稿，明国史稿，明题稿抄存，锦衣卫题本档，崇祯存实疏钞，明掌诠题稿，凤阳新书，淮阳杂录，齐鲁全书。个人传记有陈修、李贤、王文、熊概、邓真、马禄、陈循等传。

（四）东北图书馆移交的明朝档案，共525件。起自天启三年，止于崇祯十七年，包括题稿202件、行稿173件、兵科抄题本116件、兵科抄奏本15件、揭帖等19件。主要内容有：1. 职官类：武职官员的任免，边帅挑补，举荐将才，承袭祖制，官员抚恤，纠参处分，职官增裁，武职甄别等。2. 防务类：巡防会哨，设官团练，整饬营务，修筑道路桥梁，布守关卡，护运漕粮，筹措军饷等。3. 战事类：主要反映明军在三方面的作战情况，一是在海上与郑氏家族及倭寇交战，二是与李自成领导的农民军作战，三是与清军作战，这部分档案为数最多。此外，有少量反映日食、地震等天文地理方面的档案。

三、明朝档案的价值

明朝档案是明朝历史的真实凭证，是当事者在当时社会活动中形成的文件，是我国现存的最久远的能看出内容可供我们进行研究以纸为载体的档案。我国现存的以纸为载体的档案，最早的是唐代档案（共六件），但极不完整（见《历史档案》1982年第4期），另有极少量的元代档案。鉴于此，这些明朝档案既具有很高的史料价值又具有文物价值，其中有关明军与李自成起义军交战的档案，反映了明末农民起义的战况，是不可多得的官方的记载。有关明与后金（清）交战的题行稿等档案，可与清代档案互相印证，可使我们从不同的侧面、不同角度来展示当时的战争场面。明朝档案还承载有其他各种历史信息，如卫所档簿，记载明朝卫所设置数目和变化情况；朝鲜迎接天使都监厅仪轨，详细记述了出使原由、使臣职衔、往返路线、所行礼仪等；题本、题行稿、奏本等，记载了当时兵力部署、军饷筹措、马匹贸易等情况。值得一提的是，澳门回归在即，近期发现的有关澳门问题的20余件明朝档案，内容涉及葡萄牙人入居、互市贸易、官员委任等诸多方面情况，是研究明政府对澳门经营管理情况的重要史料。另外为数不多的明代舆图更是稀世珍宝，万历年间绘制的《大明混一图》，是我国最大的古代地图之一。

近年来，随着档案在研究历史、编修史志等方面发挥的作用，明朝档案早已被史学界重视，如中国人民大学教授韦庆远在其所著《明代黄册制度》的撰写过程中，就曾大量查阅过明朝档案。福建师范大学教授徐恭生著《郑和下西洋与〈卫所武职选簿〉》一文，首次提出并发表了记载在《锦衣卫选簿》中跟随郑和下西洋的人物情况，介绍了从《福州右卫选簿》和《天津卫选簿》中选出的有关郑和下西洋方面的史料。还有一些研究明末清初历史的学者如李鸿彬、陈生玺等，在研究明清双方的东北大凌河、松山、杏山之战时就大量引用了《历史档案》上发表的兵部题行稿等明档。当然，由于种种原因，中国第一历史档案馆珍藏明代档案的利用还很不充分，如《淮扬杂录》这种重要的有关明代两淮盐务的史料，既无人研究也未出版。因此，为了充分发挥档案的史料作用，目前中国第一历史档案馆准备将馆藏3000多件（册）明朝档案全部影印出版，它对明史的研究必将起到推动作用。

中国第一历史档案馆藏西藏历史满藏文档案及其研究价值

中国第一历史档案馆的前身为故宫博物院文献馆，成立于1925年，迄今已有半个多世纪的历史，保存有明清两朝历史档案1000余万件（册），其中明朝档案只有3000余件（册），绝大部分为清朝档案。清朝档案的五分之一即200余万件（册）为满文档案，包括一部分蒙古文、藏文、托忒文、察哈台文和外国文字的档案。满文档案中有关西藏和藏族事务的档案史料，约计3万余件，起止时间为天命九年（1622）至宣统三年（1911），长达290年。藏文档案，约计300余件，起止时间为康熙四十八年（1709）至光绪三十二年（1906），历时近200年。这些珍贵历史档案的开发利用，无疑对藏学和中国边疆史地研究具有深远而重要的意义。

一、西藏历史满藏文档案的形成

清朝是以满族上层为核心建立起来的政权，规定满语为国语，满文为国文。从中央到地方的各级满蒙官员，特别是承办八旗事务、边疆事务、北方民族事务及宫廷、陵寝事务的满蒙官员，一般都用满文缮写公文，不准擅自使用汉文，违者重则治罪，轻则训饬。与此相适应，皇帝颁降有关诰敕、谕旨、寄信及各部院行文，也都用满文书写。乾隆十一年（1747），西宁办事大臣莽古赉、驻藏办事大臣傅清二人因用汉字缮折奏事，乾隆帝降旨曰：“驻扎西宁办理青海番子事务之副都统莽古赉、驻藏办事之副都统傅清，尔等陈奏事件，莽古赍每次俱用汉折，傅清亦用汉折。各省督抚提镇内，有满洲大臣用汉折奏事者，原因办理地方民情及绿营事务。今莽古赍、傅清系满洲大臣，且系办理蒙古、唐古忒事务，所有事件，理应用清字奏折，伊等竟仿效外省大臣，用汉字奏折，殊属非是，着饬行。嗣后，奏事俱著缮写清字奏折，并寄谕众佛保知之"[①]这反映了乾隆年间官员使用汉折之风日盛，莽古赍等人身为满洲大臣，且职在办理边疆事务，违制使用汉折，理所当然地遭到了乾隆帝的训饬。另外，办理边疆和少数民族事务的官员，除向皇帝请示汇报一般都用满文奏疏外，与中央各部院和有关地方官员行文时，并不一定都用满文，而视不同的情况，用汉、蒙、藏、维吾尔等文字行文。总之，由于清代规定在一定的范围内使用满文，因而在中央和地方各级机构中形成了大量的满文公文，主要包括皇帝颁发的制、诏、诰、敕、谕、旨、寄信，臣工呈进的题本、奏折、揭帖、表、笺、启、各官府衙门移行来往的咨文、移会、照会、札付、交片、牌文、咨呈、呈文、申文、关文、详文等等。

藏族是我国古老的民族，主要居住在西藏，西南其他省份也有分布，信仰佛教。明末清初，绝大多数藏区人众都崇信宗喀巴创立的黄教。五世达赖喇嘛时期，黄教势力逐渐发展，遭到卫藏地区藏巴汗等人的反对，五世达赖喇嘛遂向厄鲁特蒙古和硕特部首领顾实汗求援，顾实汗先是出兵青海，进军四川，最后于崇德七年（1642）击败藏巴汗。从此，黄教势力在西藏地区占绝对优势，顾实汗也在西藏树立了统治权力。五世达赖喇嘛、顾实汗为巩固其统治，争取外援，主动与辽东地区新兴起的后金政权联系，这与清太宗皇太极想借黄教势力安定蒙藏地区，扩大自己的势力范围，完成入主中原，统一全国的目的正相吻合。五世达赖喇嘛派伊拉古克三呼图克图等人至盛京，皇太极遇以优礼，并派专使到西藏延请高僧到蒙古地区传教，表示对黄教的支持和尊重。顺治元年（1644），清军入关，建立了统治全国的政权，与蒙藏地区的关系，由互不统属演变为中央与地方的关系。顺治帝仍然奉行尊崇藏传佛教的政策，延请五世达赖喇嘛至北京，热情款待。顺治十年（1653），册封达赖喇嘛为“西天大善自在佛所领天下释教普通瓦赤喇怛喇达赖喇嘛”。同时，册封顾实汗为“遵行文义敏慧顾实汗”。从而确定了达赖喇嘛的宗教领袖地位，以及顾实汗在西藏的政治领袖地位。册封本身，充分表明了西藏地区与清中央政府的直属关系。在以后的70多年中，在藏的蒙藏统治阶级长期明争暗斗，准噶尔部策妄阿拉布坦趁机占领西藏，清政府两次派兵进藏，最后平定了西藏，结束了蒙古诸部在西藏地方的占领和统治，以及蒙藏统治阶级的纷争。清政府总结了以往在西藏地方采取的政治和军事行动的经验教训，决定支持其藏族领袖，并通过他们来执行清朝中央政府对西藏的施政，加强了对西藏地方的直接管理。康熙六十年（1721），清政府废除了在西藏总揽大权的第巴职位，设四名噶伦，主管西藏地方政务。但是，噶伦之间，由于各种利害关系，又出现了派别之争，两派之间争权夺利的斗争，愈演愈烈，最后酿成战争。平息战争后，清政府承认颇罗鼐建政拉萨，先后封之为“贝子”、“贝勒”、“郡王”等爵位，总理全藏政务。同时，派遣官员进藏，于雍正六年（1728）正式在西藏设“驻藏办事大臣衙门”，设立驻藏大臣正副二人，加强了中央对西藏事务的直接管理。驻藏大臣受命于清政府，凡藏内要事，如军事、外交、经济、贸易、重要官员的升迁调补，以及各大小呼图克图的转世掣签，包括达赖喇嘛、班禅额尔德尼的转世掣签，无不以朝廷旨意为依据。此制一直沿用到清末未有变更。

清政府奉行扶持和利用宗教的政策，循序渐进地加强了对西藏的直接管理，健全了管理制度。整个施政过程中，在中央机构形成了数量巨大、内容广泛的公文档案。其中，由于受命办理西藏事务的官员多为满族、蒙古族，驻藏大臣尤其如此，他们使用满文奏事或行文，皇帝也以满文颁发旨令，因而形成了相当数量的有关西藏历史的满文档案。此外，历辈达赖喇嘛、班禅额尔德尼，及其经师、各大小呼图克图，以及诸王、公、噶伦、大小金川土司进呈的藏文奏书，呈递各地方官的藏文行文、呈文，亦有部分保存至今。

二、西藏历史满文档案的内容

西藏历史满文档案主要是清中央政府办理西藏和藏族事务的过程中形成的公文。其中有皇帝颁发的诏书、敕谕、谕旨；驻藏办事大臣、西宁办事大臣、库伦办事大臣及成都将军、四川总督、巡抚等地方官员，以及军机处、内阁、理藩院等各部院衙门的奏折、咨文、呈文。

有关西藏和藏族事务的满文档案文件，除一部分相对集中在军机处簿册《熬茶档》《西藏档》《班禅事件档》《巴勒布档》《廓尔喀档》《金山档》《年班来京回番档》《回子土司廓尔喀档》等项专档以外，其绝大部分文件都分散在军机处录副奏折、《月折档》《上谕档》《议复档》《寄信档》，宫中朱批奏折，内阁《满文老档》《国史院档》《史书》《蒙古堂档》和题本等项档案内。

西藏历史满文档案的起止时间较长，从天命到宣统，几乎与整个清代历史并齐，其内容翔实丰富，有关清代西藏地方政治、军事、经济、宗教、外交、国防、教育，无所不包。按时间顺序划分，主要内容有：

清入关之前，唐古忒喇嘛入谒天命汗，皇太极派使到藏延请五世达赖喇嘛到蒙古地区传教，五世达赖喇嘛派伊拉古克三呼图克图到盛京，皇太极亲自出城相迎，盛筵款待，丰厚赏赐，派察干格隆等人随伊拉古克三呼图克图入藏，致书五世达赖喇嘛及顾实汗。

顺治年间，顾实汗、伊拉古克三呼图克图、五世达赖喇嘛、四世班禅、顾实汗等相继遣使到京，进献方物，清政府筹办接待五世达赖喇嘛，在北京及五世达赖喇嘛路经各地修建寺庙房屋，安排喇嘛住庙，五世达赖喇嘛到京谒见顺治帝，顺治帝敕封五世达赖喇嘛和顾实汗，以及多次邀请四世班禅来京未能成行，派遣学生赴藏学习藏语文等。

康熙年间，五世达赖喇嘛圆寂，第巴桑结嘉措匿丧不发，图谋借用吴三桂力量，并助噶尔丹东进，被康熙帝发现严厉斥责，废黜桑结嘉措所立六世达赖喇嘛，册封拉藏汗所立“六世达赖喇嘛”，康熙帝派员到藏协同拉藏汗办事，敕封五世班禅额尔德尼；策妄阿拉布坦攻陷拉萨，拉藏汗被杀，清政府两次派兵入藏，驱除了侵藏的准噶尔军队，敕封格桑嘉措为六世达赖喇嘛（即后来的七世达赖喇嘛），并由青海护送入藏，废除第巴职位，建立噶伦制度；驻兵拉萨、理塘、察木多，设立驿站，在通往准噶尔各要隘路口设置卡伦；禁止藏民在金沙江一带贸易，以及厄鲁特、喀尔喀蒙古交战，五世达赖喇嘛派人调停；蒙古人等入藏熬茶，哲布尊丹巴呼图克图等与西藏地方文书往来等。

雍正年间，平定罗布藏丹津叛乱，加强青海防务，设置青海办事大臣；噶伦派别之争，康济鼐被杀，副都统马喇等人进藏，处决阿尔布巴等，先后封颇罗鼐为贝子、贝勒、郡王，总理全藏政务，设置驻藏大臣，驻兵后藏，护送七世达赖喇嘛至西康地区惠远庙，后又护送返藏，派太医为七世达赖喇嘛诊病治疗；各地蒙古往谒七世达赖喇嘛，防范准噶尔，修缮寺庙，护送巴尔布使臣过境等等。

乾隆年间，处理珠尔默特那木扎勒事件，废除郡王掌政制度，确定达赖喇嘛与驻藏大臣共同掌管西藏事务，建立摄政制度；六世班禅额尔德尼入觐，清政府在承德、北京大兴土木，修建班禅驻锡之所须弥福寿之庙、黄寺、昭庙等，派员接迎，隆重款待，圆寂凭吊，护送骨殖回藏；平定廓尔喀两次入侵，建立金奔巴瓶制度；准噶尔赴藏熬茶，土尔扈特赴藏熬茶；大小金川事件，改土归流，郭罗克问题等。

嘉庆至清末，迎送廓尔喀贡使过境，藏兵及绿营兵训练，巡查关口，清查仓库军械，处理民事纠纷，喀尔喀蒙古入藏熬茶，征收赋税，西藏人民抗击英兵入侵，十三世达赖喇嘛入京等等。

此外，档案一般所反映的内容还有：历任驻藏大臣的任免、到任离任，驻藏笔帖式等员的轮换，西藏地方噶伦、戴琫等文武官员的升迁调补，各大寺庙堪布、扎萨克喇嘛的补放；历辈达赖喇嘛呼毕勒罕的选定、敕封、坐床、受戒、选师、习经，以及历辈班禅额尔德尼、章嘉呼图克图、哲布尊丹巴呼图克图、乍丫呼图克图、热振呼图克图、土观呼图克图、帕克巴拉呼图克图、阿齐图诺们罕等蒙藏地区各大小活佛呼毕勒罕的选定、掣签，在藏习经、受戒；历辈达赖喇嘛、班禅额尔德尼遣年班使臣进贡，逢万寿等节念经祈祷，拉萨举行祈愿大法会；藏地粮食收成，藏民赴青海、四川等地贸易，赋税征收，经费开支，仓库管理，货币发行，矿产开采，户籍管理，受灾赈济，案件审理，文化教育，医药防疫，兵丁训练，边界巡查，官兵换防，驿站传递，西藏与内地互派学生，藏文文书的翻译；历朝皇帝为西藏地区寺庙题写匾额，赐给庙名，以及寺庙管理等。

综观西藏历史满文档案所反映的内容，几乎折射出整个清代西藏历史演变的全过程，其重要性，是其他史料无法替代的。

三、西藏历史藏文档案的内容

中国第一历史档案馆所藏藏文档案，按其文种划分，有敕书、札文、咨文、呈文、奏书之分，其中数量较多的是奏书。

藏文档案的作者，按文件形成时间依次为沃觉图巴图尔亲王、颇罗鼐、戴琫姜乐坚、阿里三部噶希娃、七世达赖喇嘛、大金川土司罗奔囊克坚赞、噶伦通巴尼玛坚赞、大金川土司罗奔和嘉达、小金川土司绰斯甲贡噶诺尔布、卓克基土司甲布、德格土司伦珠坚赞、孔撒安抚司丹增朗杰、梭磨土司卓玛、年热土司、章嘉呼图克图、大金川土司罗奔德钦纳木卡，甘丹池巴额尔德尼诺们罕阿旺簇勒提木、八世达赖喇嘛、六世班禅额尔德尼、商卓特巴仲巴呼图克图罗布藏晋巴、岁琫堪布罗布藏凯木楚克、土观呼图克图、布拉达诺们罕、廓尔喀额尔德尼旺让那巴杜尔、巴勒布门玛达热扎、巴勒布然扎巴杜尔萨姆塞江、七世班禅额尔德尼、丹津班珠尔、噶细哇、沙玛尔巴呼图克图、拉特纳巴图尔、仓琫德布、济咙呼图克图、阿齐图诺们罕、第穆呼图克图、扎萨克饶丹旺布、公饶丹朗结、噶伦贡噶班觉、公诺布彭措、德格土司才旺拉毛、九世达赖喇嘛、锡瓦拉呼图克图、甘丹锡呼图萨玛第巴克什阿旺姜贝楚臣、十世达赖喇嘛、阿齐图诺们罕阿旺益喜楚臣坚赞、十一世达赖喇嘛、十三世达赖喇嘛等。

藏文档案反映的内容有：遴选寺庙主持，庙产管理，卫藏战争，军饷供应，瞻对事件，历辈达赖喇嘛、班禅额尔德尼的掣签、敕封，平定大小金川，土司争斗，六世班禅入觐，灵柩返藏，廓尔喀犯藏，年班进丹书克，赏赐经书，皇帝万寿等节庆念经祝祷，御赐匾额庙号、年班堪布赍回赏物谢恩等等。

四、西藏历史满藏文档案的研究价值和开发利用

中国第一历史档案馆所藏有关西藏历史满藏文档案，是清中央政府在办理西藏和藏族事务，以及西藏地方官员及宗教领袖等人请示汇报地方事务过程中形成的文件，具有特定的原始性、客观性和群体性，因此也是研究清代西藏历史最原始、最直接的第一手材料。我们知道，有关西藏历史的史料极为丰富，一方面是各种官修史书、方志，也是根据档案编纂，所记载的史料也很丰富，但毕竟属第二手材料，且在编纂过程中或受编者意图的影响，或因篇幅所限史料被删节。此外，各种个人传记、诗歌、奏牍等，也是研究西藏历史必不可少的材料，但同样存在局限性。只有档案，由于它是在公务活动中自然形成的，所以更具客观性和真实性，而且能清楚地反映事务的全过程，因为围绕某一问题、某一事件，往往形成多个文件，充分反映事情的发生、发展和结果。西藏历史满藏文档案在一些问题、事件上的系统性、完整性，都是其他文献史料无法代替的。

其次，西藏历史满藏文档案时间跨度大，在这点上，中国第一历史档案馆所藏24000余件有关西藏历史汉文档案都无法相比，清入关前及顺康时期的西藏历史，更能在满文档案中得到反映。此外，档案因系用满文和藏文写成，利用和研究的人一向寥寥无几，几乎

仍在沉睡之中，具有浓重的神秘色彩，亟待有识之士对其开发利用，帮助利藏学和中国边疆史地研究的深入发展。

从八十年代中期开始，中国第一历史档案馆尽己所能，筹拨一定人力物力，开始进行西藏历史档案的整理、编译出版工作，并取得了可喜的成绩。

《元以来西藏地方与中央政府关系档案史料汇编》（1994年10月由中国藏学出版社出版），由中国藏学研究中心、中国第一历史档案馆、中国第二历史档案馆、西藏自治区档案馆、四川省档案馆合作编译。主要以元、明、清及民国时期中央政府与西藏地方政府的官方档案为主，其中包括满、汉、蒙、藏等文字的档案，并从官修史书中补充了部分资料，全书共分7册，选辑档案史料3200余件，278万字，其中满藏文档案近30万字，按朝年、问题为序排列，较为全面、客观、系统地反映和记载了长达七百余年西藏地方与中央政府关系的发展脉络和历史本来面貌，其中绝大部分档案是第一次公之于世，所辑录的满、藏、蒙文档案，填补了历史空白。

《六世班禅朝觐档案选编》（1996年11月由中国藏学出版社出版），由中国第一历史档案馆、中国藏学研究中心合作编译，除极少数史料外，绝大部分档案史料均选自中国第一历史档案馆藏宫中、军机处、内阁、理藩院、内务府、銮仪卫等全宗的档案，共533件，其中汉文205件，满文297件，藏文31件，37万余字，绝大部分档案史料为首次公布，从六世班禅请求入觐、精心细致的准备工作、承德隆重接待和祝寿，到北京全面的接待和繁忙的佛事观瞻活动，以及六世班禅圆寂、灵榇西归和筹建衣冠塔，整个事件，事无巨细，均较详备。

《珍宝》（1999年由朝华出版社出版），由民族文化宫、故宫博物院、中国第一历史档案馆等单位合作编辑，以图录形式，附以文字说明，集中展示了历代中央政府册封达赖喇嘛、班禅额尔德尼史料文物及历辈达赖喇嘛、班禅额尔德尼在不同时期敬献给中央的贡品礼品和部分珍贵历史档案115件。中国第一历史档案馆为本书提供的满、汉、藏三种文字档案，在文字、文种、文体、内容等方面，均属具有一定代表意义的精品。

《中国第一历史档案馆馆藏西藏及藏事满文档案目录》（待出版），经将 3 万多件档案详细核对，精选收录条目 13330 条，其中满文档案条目 13037 条，藏文档案条目 293 条，共 100 万字，按时间顺序编辑成册。

《清初五世达赖喇嘛档案史料选编》（待出版），收录康熙中叶以前有关西藏清代档案 16 万 5 千字，绝大部分为满、藏、蒙文档案。

《清末十三世达赖喇嘛档案史料选编》（待出版），全书 28 万字左右，包括汉、满文档案，其中绝大部分为汉文档案。

以上各书的相继问世，使档案逐步走向社会，这对发挥档案的效用，推动西藏历史研究的纵深发展，必将起到重要作用。特别是档案目录的出版，无疑为档案利用开辟了捷径，以后条件允许，我们还可考虑多种专题、多种形式的出版方式，以拓宽西藏历史研究的领域，并使档案的作用发挥得更加深入，更为有效。

注释：

①《清高宗实录》卷 258，第 1 页。

清宫珍藏土尔扈特历史档案及其重要价值

明末清初，土尔扈特蒙古逐水草西迁至伏尔加河流域定居，百余年后，土尔扈特部众在其首领渥巴锡的带领下，举部东归，经过在战尘四起的归途中牺牲近半人口，终于回到了故土。清廷极为关注和重视土尔扈特部众，对历尽艰辛回归故土的土尔扈特部众加以优恤接济，并进行妥善安置，使土尔扈特部众得以在自己的故土安居乐业。围绕土尔扈特回归这一重大历史事件及其前后的历史，在清宫形成了包括皇帝的谕旨、办理地方事务官员的奏折及土尔扈特首领渥巴锡等人进呈的文书在内的大量满、汉、托忒文档案，反映了清廷两次派使探访伏尔加河流域的土尔扈特部众，并对来归的土尔扈特部众优恤安置、编旗管理的全过程。在现今中国第一历史档案馆所藏清代档案中，有关土尔扈特历史的档案约有 3800 余件，绝大部分以满文书写，其时间起自康熙五十一年（1712），止于光绪三十二年（1906），本文对这些多未公之于世的珍贵历史档案的内容及其价值试作论述，以期引起社会各界的重视并挖掘利用，推动土尔扈特历史研究工作的深入开展。

一、回归前的档案弥足珍贵

明朝末年，游牧于我国西北的厄鲁特蒙古，共分准噶尔、土尔扈特、杜尔伯特、和硕特四个部落，随着厄鲁特蒙古各个部落的人口逐步增多，牲畜不断增加，游牧地的紧缺等诸多因素，引发了厄鲁特蒙古内部的纷争，准噶尔部的实力在争斗中逐渐强大起来，对其他部落构成了极大的威胁，土尔扈特部与准噶尔部的关系日趋恶化。土尔扈特部首领和鄂尔勒克迫于部落间的纷争，开始寻找新的生存环境，率领部族的大部分人离开了世代游牧的故土塔尔巴哈台，一路向西进发，约在1630年前后，来到了人烟稀少、水草丰美的伏尔加河下游地区，开始在此繁衍生息。

当时的伏尔加河下游、里海之滨，尚未被俄国占领，完全是一片有待开拓的处女地。土尔扈特人在这片美丽的土地上劳动生息，创立起游牧部落的封建汗庭，并维持了一百多年。但勤劳善良的土尔扈特人并未因此而摆脱俄国人的侵扰，俄国人为了把土尔扈特人的居住地占为己有，企图利用准噶尔部与土尔扈特部之间的矛盾，诱骗准噶尔部会同俄国出兵进攻土尔扈特部，但遭到了准噶尔部的拒绝。尽管如此，俄国人仍不善罢甘休，想尽办法对土尔扈特汗国进行威胁。遭受俄国重压的土尔扈特部众，十分眷念故土。顺治三年（1646），土尔扈特首领书库尔岱青亲自返回西藏拜见五世达赖喇嘛，并于顺治十二年（1655）派遣使臣向清廷进呈表贡。就是在以后的康熙、雍正、乾隆年间，土尔扈特也从未间断过遣使进贡。

康熙四十八年（1709），土尔扈特首领阿玉奇汗派萨穆坦等人经西伯利亚、库伦到北京进贡，由于路途的艰难险阻，萨穆坦一行在两年之后才到达北京。土尔扈特人对清廷的恭顺和真诚，使康熙帝十分感动，为了表示对寄居异域的土尔扈特部众的关怀，清廷于康熙五十一年（1712）派出了由侍读学士殷扎纳为首的使团，随萨穆坦一行去探望远离故土的土尔扈特部众。康熙帝让殷扎纳“问阿玉奇汗无恙”，并转赏物品，充分表达了清廷对土尔扈特部众的关心和慰问。殷扎纳一行奉命离京北上，途经漠北、西伯利亚，历时一年有余，最后到达伏尔加河流域。土尔扈特部众对故土的亲人表现得无比热情，盛情款待。殷扎纳一行向阿玉奇汗转交了康熙帝的敕书，这份用满、蒙文撰写、装帧精美的敕书，为历代土尔扈特汗所珍藏，并在东归时随身带回，因而奇迹般地保存至今。现存新疆维吾尔自治区档案馆的这份敕书，中国第一历史档案馆虽不见有备份，但其起草过程却留下了痕迹，据康熙朝满文朱批奏折记载，康熙五十一年五月初三日，当时掌管蒙、藏、回等少数民族事务的理藩院奏称："给土尔扈特阿玉奇之敕书内，除将所派使臣侍读学士衔殷扎纳、郎中纳延、主事衔图理琛、护军校雅图、五品官舒格列入外，其厄鲁特护军米思、笔帖式领催衔护军米提尤、噶扎尔图等，是否列入敕谕内。为此谨奏。请旨。"康熙帝看过理藩院的这份奏折，用朱笔批道："著免。"理藩院的这份奏折，虽然只是请示要否将随行人员内身份较低者的名字写进敕书里，但它的留存，不仅印证了康熙帝颁给阿玉奇汗敕书的真实性，而且也是这份敕书所产生历史背景的极好阐述，说明康熙帝极为重视派遣殷扎纳一行前往伏尔加河流域一事，颁给阿玉奇汗的敕书，是经过慎重考虑，斟文酌句写成的。殷扎纳一行的出访经过，由于图理琛著有《异域录》一书，因而史上往往将殷扎纳使团称为图理琛使团。

雍正七年（1729），清廷再次派副都统满泰等人前去探望土尔扈特部众。满泰圆满完成使命后，用满文写了一份长达数米的奏折向雍正帝汇报整个出访过程，详细描述了取道莫斯科，经萨拉托夫抵达土尔扈特汗车凌端多布住处，颁给御赐敕书及物品，转达雍正帝对阿玉奇汗之妻达尔玛巴拉的问候，并亲密相处十余天的感人情景。至今阅读满泰的这份奏折，字里行间所表现出的骨肉亲情，仍使人感叹不已。

二、回归安置档案全面系统

鼎盛时期的土尔扈特汗国，他们的地位与俄国是平等的，但随着汗国势力的减弱，强盛起来的俄国要求土尔扈特部众俯首称臣，土尔扈特部众已经走到了民族的危急关头，需要做出重大抉择。乾隆二十六年（1761），土尔扈特阿玉奇汗的曾孙、年仅十九岁的渥巴锡继承汗位，他的年轻和果断赢得了部众的拥戴。他受命于民族危难时刻，开始寻找民族的出路，当时摆在渥巴锡面前的有三条路，一是屈服于俄国的统治，听任摆布；二是与之相反，即进行反抗，保持民族独立；第三条路则是返回故土，彻底摆脱俄国的控制。我们知道，当时新疆天山南北的形势有很大变化。经过康熙、雍正和乾隆三朝的不懈努力，清廷彻底铲除了准噶尔割据势力，最终实现了天山南北的统一大业，从而使天山南北步入相对稳定及和平建设阶段。这种形势，为土尔扈特部众重返故土创造了良好的政治环境，并提供了可能实现的条件和保证。当时的渥巴锡作为一位大智大勇的民族首领，自然洞察到这一切，因此果断选择了重归故土这条路。渥巴锡于乾隆三十六年（1771）1月16日召集部众进行总动员，并于次日凌晨带着土尔扈特部众，彻底离开了他们寄居将近一个半世纪的异乡，坚定地朝东方进发。

土尔扈特部众一路浴血奋战，历尽艰辛，历时半年方回到故土。现藏中国第一历史档案馆的《土尔扈特档案》，是汇总抄录有关乾隆三十六年至三十七年（1771—1772）间清廷接纳、安置东归土尔扈特过程中形成的公文而成的档簿。这部分档簿又称“土尔扈特专档”，主要用清代的国书满文撰写，既抄录了王公大臣的奏疏，也记录了皇帝的敕书、谕旨，同时还用托忒文抄录了渥巴锡等人的奏书、呈文。1986年，出于编写《准噶尔史略》一书的需要，将《土尔扈特档案》和从乾隆三十六年至四十年（1771—1775 ）《满文月折档》中挑选的部分有关土尔扈特回归事宜的满文档案编译，命名《满文土尔扈特档案译编》，由民族出版社出版发行。《满文土尔扈特档案译编》共辑录档案145件，汉译文21万字。除《满文土尔扈特档案译编》辑录的145件档案外，有关土尔扈特回归、安置的档案，其数量远远不止于此，在内阁《起居注》，宫中《内起居注》《满文朱批奏折》，军机处《满文上谕档》《满文录副奏折》等不同全宗、不同文种的档案中，都有为数不少的有关土尔扈特回归的档案，这些深藏“大内”多年的档案史料，应该是我们现在研究土尔扈特回归这段历史十分宝贵的原始资料。如果说《满文土尔扈特档案译编》

一书所收录的仅仅是现存档案总量的一小部分，那么大部分档案资料，由于种种历史原因，至今赋闲于档案库中，尚未全面、系统地公之于世。为了便于世人全面系统地了解有关土尔扈特回归历史的档案内容，归纳为七个问题叙述和分析。

（一）清廷获悉土尔扈特东归信息后的基本态度

土尔扈特东归之事，清廷事前并不知道。乾隆三十六年三月，署理定边左副将军车布登札布奏报俄方派人来告土尔扈特举部东归，清廷这才得知土尔扈特将要到来的消息。我们可以想象，距今二百多年前，通信联络并不便捷，要想弄清事情的真相，是何等困难。因此当清廷知道这一消息后，作出了两方面的判断和安排，一方面如果是平定准噶尔叛乱时逃往俄罗斯的人回迁，就应妥加安置，并要谴责俄罗斯当初留而不还的做法；另一方面如果是土尔扈特人回归，亦属被俄罗斯践踏奴役，不堪忍受耻辱而返回故土，理当安置接济。就是说，无论属于哪部分人，只要是回归故土的厄鲁特蒙古，清廷都持欢迎的态度。只是在这过程中，清廷有些顾虑，即对为首带领土尔扈特部众回归六人当中的舍楞持有看法。舍楞虽然是土尔扈特部属，但他的先世并未西迁伏尔加河流域，而是住在伊犁地方，舍楞曾经参与了阿睦尔撒纳的叛乱，并且袭杀了清廷副都统唐喀禄，而后逃入俄国境内，清廷一再索还，俄国始终未还，舍楞迫于清廷向俄国的引渡要求，继而又投奔了土尔扈特汗国。此次土尔扈特回归，舍楞随之而归，这不得不引起清廷的疑虑。因此有人提出出兵加以防范，而乾隆帝根据掌握的情况，经过仔细分析以后，正如在其所撰《土尔扈特全部归顺记》中所说，断定“其归顺之事十有八九，诡计之伏十之一耳”，肯定是来投诚的。我们虽不能要求身为帝王的人多有远见卓识，但乾隆帝在对待这一问题上，确实表现出了他那非同一般的政治家的敏锐和果断。

乾隆对于土尔扈特的归来非常重视，立即派御前大臣、亲王固伦额驸色布腾巴勒珠尔前往迎接。时任伊犁将军的伊勒图，派锡伯营总管伊昌阿等人在察林河畔接见了刚刚抵达的渥巴锡、舍楞等人。

据伊昌阿在随后的呈文中讲，他们率领随从人等前往渥巴锡驻地，只见北面一个蒙古包，前面支有凉棚，渥巴锡坐在中间，巴木巴尔坐在一旁，伊昌阿等一到，渥巴锡等人同时起立，跪请皇帝万安，然后双方紧紧拥抱在一起，互致问候，倾诉离别之情。不久，渥巴锡随伊昌阿到伊犁会见参赞大臣舒赫德，舒赫德向渥巴锡转达了乾隆帝的旨意，即让渥巴锡等人在秋高气爽时节前往避暑山庄朝觐，并转交了乾隆帝颁给渥巴锡、策伯克多尔济、舍楞的敕书，这份用满文和托忒文写就的敕书，其原件现存新疆维吾尔自治区档案馆，我们不妨看看现存中国第一历史档案馆的满文抄件。“奉天承运，皇帝制曰：土尔扈特台吉渥巴锡、策伯克多尔济、舍楞及众头目，据伊犁将军奏闻，尔等数万之众，不慕异数，眷念佛法，秉承朕恩，前来归服。……尔等既自远道艰辛跋涉而来，故于安置尔等之时，朕业已降旨伊犁将军等，指给良牧，安置于水草丰美之地，歇身安居。俟尔等来朝，定赏职衔，重施厚恩。”充分表达了乾隆帝对土尔扈特人的优抚政策，解除了他们的疑虑。对于舍楞的问题，在这份敕书中，乾隆帝也有明确态度，指出：“舍楞者，乃为前与吾军争战而窜逃俄罗斯之人，今尔既怀念佛法，欲蒙朕恩，前来投诚，朕绝不究尔之前罪，从宽免宥，尚且施恩于尔。昔日讨伐尔时，倘被吾兵捕获，当要治罪，现既亲身来降，不仅可免无罪，尚与渥巴锡、策伯克多尔济一体施恩哉。”这些充分说明清廷对土尔扈特回归是持欢迎态度的。

（二）清廷据理驳斥俄罗斯的索还要求

土尔扈特部众离开伏尔加河流域东归，原本是秘密的，但消息还是不胫而走，俄罗斯很快得到了消息，迅速派兵围追堵截，给行进中的土尔扈特部众造成了极大损失。俄罗斯在派兵阻拦土尔扈特部众的同时，开始与清廷交涉，首先是俄罗斯的地方官通知清廷派驻卡伦的诺彦，土尔扈特部众有 4 万余人逃亡，要加以防备。

时任伊犁将军的伊勒图得到消息之初，并不明晰事情的原委，因此认为土尔扈特若诚心来投，理当接收安置，但又顾虑俄罗斯会索还。乾隆帝对此极为反感，据《土尔扈特档》记载，乾隆帝当即颁降谕旨曰：“伊勒图此念非也，所谓厄鲁特来投，我若接收，则俄罗斯不能不追索，此系何言，前舍楞、劳章扎布、鄂木布、郭勒卓辉等人，皆为降服于我复又逃往俄罗斯之人，我等多次催告索取，俄罗斯竟然留而不还，即违背原订不收逃犯之约，而此等厄鲁特向我乞归后，伊等焉可随意索取，我等无论以何恶语相向，均在理也。”等到土尔扈特部众归来，乾隆帝再次谕令新任伊犁将军舒赫德，在与俄罗斯交涉过程中，一定要据理驳斥，并命理藩院行文俄罗斯萨纳特衙门，以土尔扈特本为清廷部属，且土尔扈特寄居伏尔加河流域时未得俄罗斯善待，宗教信仰得不到尊重等由，驳回了俄罗斯索还的要求。

（三）清廷根据需要调迁官员

土尔扈特回归的队伍，根据《土尔扈特档》和《清高宗实录》等相关资料的记载，共有33360余户，168000余人。其中，渥巴锡所属约有2万余户，11万余人，是东归的主力。其他各部在1千户以上的，有策伯克多尔济所属的4千余户，21000余人；巴木巴尔所属的2千余户，5千余人；默们图所属的1千余户，4千余人；恭格所属的1千余户，5千余人。此外，舍楞所属的5百余户、2100余人，也在东归的队伍之中。东归的队伍在路途伤亡很大，仅有一半的人回到了故土。乾隆三十六年九月十二日军机大臣福隆安的一份奏折，详细记录了安全渡过伊犁河的户口数目，共计15793户、66073口，这与参赞大臣舒赫德原先所报65000余口之数，相差不多，当属准确可信。为了安置来归土尔扈特部众，清廷在人事上作了很大调整。

首先是更换伊犁将军，加强掌控全局的力度。由理藩院尚书调任伊犁将军的伊勒图，患有近视且缺乏办事经验，尤其是处理地方大事的经验。因此，乾隆帝特命时任乌什参赞大臣、办事经验丰富且通晓蒙古语的舒赫德为钦差大臣前赴伊犁办事，继而调任伊犁将军，伊勒图则改补乌什参赞大臣。与此同时，命额驸色布腾巴勒珠尔及巴图济尔噶勒亦为钦差大臣，专程前往伊犁，协助伊犁将军办事，不久还授巴图济尔噶勒为伊犁参赞大臣。

其次是临时调遣地方官员，加强伊犁、塔尔巴哈台等地的办事力量。乾隆帝认为当时在伊犁、塔尔巴哈台办事的领队大臣、侍卫过少，而御前侍卫奎林、奇辰泰、乌尼济尔噶尔、奇里克齐、德赫布、三保等，都是办事干练，且经验丰富之人，故将奎林、奇辰泰、奇里克齐、三保派往伊犁，乌尼济尔噶尔、德赫布派往塔尔巴哈台，协助伊犁将军、塔尔巴哈台参赞大臣办理土尔扈特安置事宜。

在官员调动上，除采取以上应急措施外，随着来归土尔扈特部众的分地安置，清廷也相应作了调整，充分表现了清廷对土尔扈特安置问题的高度重视。

（四）清廷择地安置土尔扈特部众

当清廷得知土尔扈特回归，即开始考虑指地安置问题。在《土尔扈特档》中，记录了乾隆三十六年六月十八日乾隆帝颁给伊犁将军伊勒图等人的一道上谕："若此辈一齐前来，我等尚需略加考虑，将伊等分散而居。今此辈各自行走，相继而来，我等办理之际，无需费力。此辈之中，若有杜尔伯特、乌梁海之人，除即安置于杜尔伯特、乌梁海地方外，土尔扈特、绰罗斯等人，理应另行指地安置。指地安置时，若安置在伊犁之哈沁、沙喇伯勒等地，则与西界较近，易于伊等逃窜；乌鲁木齐附近之地，又临近我巴里坤驿道，均不得安置伊等。朕惟，若将伊等安置于塔尔巴哈台以东、科布多以西额尔齐斯、博罗塔拉、额敏、斋尔等地，方善。"应当说，这道上谕是清廷对择地安置土尔扈特部众比较成熟的想法，因此时隔数日，乾隆帝再次谕令伊犁将军伊勒图，对陆续到来的土尔扈特部众，要随到随安置，随到随接济。

伊勒图在调任前曾请示，在安置新归土尔扈特之时，考虑接济口粮之便，拟令其暂住斋尔过冬，明年再行遣往，其染病及不能行走者，暂且留于伊犁调养。据军机处《满文录副奏折》记载，舒赫德也在伊勒图之后奏称："查得，此等来归人众内，并无杜尔伯特、乌梁海之人，土尔扈特人有近两万户，其余和硕特人不过为一千七百余户，绰罗斯、辉特等厄鲁特方为数百户。适经奴才与伊勒图商议，将土尔扈特人等安置斋尔、霍博克赛里直至额尔齐斯地方，和硕特人等安置额林哈必尔罕之古尔班济尔噶朗等地，绰罗斯人等暂留伊犁候旨。”乾隆帝虽有安全上的考虑，但顾念土尔扈特部众经过长途跋涉，倍显窘迫，当务之急，应是解决口粮问题，而调运口粮，还需考虑近便，这样斋尔等地就被确定为土尔扈特部众的越冬之地。

在指地安置土尔扈特部众的过程中，清廷有个贯彻始终的想法，就是不让土尔扈特部众集中居住。根据档案资料分析，其原因大致有三个，一是土尔扈特部众原本即分宗支，各有首领，而回归以后，首领之间开始不和；二是以当时的财力、物力，将众多没有任何生产能力、生活来源的土尔扈特部众聚居一处，亦非易事；三是出于安全考虑，清廷虽然相信土尔扈特部众推诚归附，但又怕土尔扈特人久而久之会图谋不轨，因此要防患于未然，分散安置，减少联络，恐怕这是其中最重要的原因。

在这种指导思想影响下，经过数年的调整，形成的分布是如马汝珩、马大正先生所撰《渥巴锡承德之行与清政府的民族统治政策》一文中所讲：“渥巴锡所领之地，称旧土尔扈特部，划分为南、北、东、西四路，分设四盟，各立盟长，颁发官印。南路在喀喇沙尔城（今焉耆）北珠勒都斯草原，置四旗，渥巴锡为盟长；北路在霍博克赛里，置三旗，策伯克多尔济为盟长；西路在精河一带，置一旗，默们图为盟长；东路在库尔喀喇乌苏（今乌苏）一带，置二旗，巴木巴尔为盟长。舍楞所领之地称新土尔扈特部，划牧于科布多、阿尔泰地区，置二旗，舍楞为盟长。与土尔扈特一同归来的和硕特恭格部，游牧于博斯腾湖畔（今和硕），置四旗，恭格为盟长。”在安置土尔扈特部众的过程中，也有一个小小的波折，即渥巴锡的部属35000余人，原本安置于北部的斋尔地方，但不巧的是，乾隆三十六年冬天花流行，可怕的瘟疫先后夺去了渥巴锡亲人及部属3000多人的生命，外加清廷将渥巴锡部属安置于斋尔地方的目的是让他们学会务农，这与世代游牧的土尔扈特人的生活习俗相去甚远，因此渥巴锡亲自前去踏勘，最后选中了珠勒都斯草原。渥巴锡的这一要求，最终获得了批准，乾隆三十八年（1773）底，渥巴锡的部属陆续迁到了珠尔都斯草原。

（五）清廷动用各地力量接济土尔扈特部众

回到故土的土尔扈特人，风尘仆仆，衣衫褴褛，牲畜丧失殆尽。乾隆三十六年，舒赫德在其一份奏折中这样描述，土尔扈特部众“隆冬严寒时节，起程东行，俟至炎夏，方始抵达。沿途又遇战事，其蒙古包、帐房均已丢弃，时常风餐露宿，行至大瀚海，数日不得水，以至于不分水之好坏，见水即饮，犹食用倒毙牲畜之肉，腹胀或患病死亡者甚众。即便是未遭受穷困饥饿之苦者，亦属勉强到达”。

然而，正是土尔扈特人不畏艰难，举部回归的壮举，深深感动了全国人民，各地纷纷捐献物品，供应土尔扈特部众。仅乾隆三十六年即土尔扈特回归的当年，新疆、甘肃、陕西、宁夏及内蒙古等地各族人民捐献物品计有：马牛羊20余万头、米麦4万多石、茶2万余封、羊裘5万余件、棉布6万余匹、棉花近6万斤、毡庐4百余具。清廷还拨专款采办牲畜、皮衣、茶米，接济贫困中的土尔扈特人，帮助他们渡过难关。翻开清代档案，一份份各地捐助物品的清单，当是历史上发生过的这份兄弟情谊的最好见证。

（六）乾隆帝在避暑山庄召见土尔扈特首领

乾隆帝得知土尔扈特回归之初，便决定要在热河避暑山庄召见渥巴锡等土尔扈特首领，并安排钦差大臣额驸色布腾巴勒珠尔及御前侍卫德赫布等护送土尔扈特首领远赴避暑山庄。因此，渥巴锡等人在渡过伊犁河后，稍事安顿即从伊犁起程，途经乌鲁木齐、巴里坤、哈密、肃州、凉州、宁夏、大同、宣化、怀安，出张家口，自察哈尔旗直奔木兰围场，最后到达避暑山庄。

这年，乾隆帝照例举行一年一度的木兰秋狝，当行至伊锦霍洛口大营的时候，正是农历的九月初八日，乾隆帝策马奔驰，共射中鹿4只、狍3只，远道而来的土尔扈特首领渥巴锡等人这天恰好到达伊锦霍洛口，乾隆帝立即在行幄召见，并“温谕抚慰，赐茶”，渥巴锡和策伯克多尔济等人进献了自己远道带来的枪支、腰刀、撒袋等物。初九日，乾隆帝从行营起程时，特意赏渥巴锡等人鞍马，让土尔扈特人等随围观猎，一路宴赉有加，其他随围蒙古王公也不断宴请渥巴锡等，增进了彼此间的了解和感情。十七日，乾隆帝回到避暑山庄。

十八日，原本肃静的避暑山庄前宫区开始变得热闹，澹泊敬诚殿里陈列起仪仗乐器，所有在山庄的王公大臣依次站在两侧，场面庄严而隆重。这天，乾隆帝顾念渥巴锡等人率数万人众长途跋涉，不辞劳瘁，归诚效顺，特地加恩赐以封爵。封渥巴锡为卓里克图汗、策伯克多尔济为布延图亲王、舍楞为弼里克图郡王，巴木布尔为毕锡勒图郡王，恭格为图萨图贝勒，默们图为济尔噶尔贝勒，沙拉扣肯为务察拉尔贝子，以及辅国公、一至四等台吉多人。当受封的人们一一谢恩之后，乾隆帝用蒙古语同他们进行亲切交谈，询问起回归路途浴血奋战的悲壮情形，以及土尔扈特的悠久历史。乾隆帝为了嘉奖他们的诚意，亲手拿起早已准备好的玉如意、西洋钟、鼻烟壶等物赏给渥巴锡等人，并于当天带着渥巴锡一行到新落成的普陀宗乘之庙拈香。十九日，乾隆帝在万树园宴请渥巴锡等人，赏赐银币。在这之后的几天里，乾隆帝连续在卷阿胜境赐渥巴锡一行晚餐，尤其是二十四日晚，乾隆帝在万树园大幄次与渥巴锡等一同观看烟火，热闹非凡。二十六日，在卷阿胜境赐晚餐。三十日始，渥巴锡等人在御前侍卫福康安的护送下，开始分批返回伊犁，乾隆帝则于十月初二日起驾回京。应该说，渥巴锡一行从木兰随围到避暑山庄觐见，受到了清廷很高的礼遇。

这年，已经兴建了数年，在避暑山庄外八庙中规模最大的普陀宗乘之庙恰好落成，乾隆帝亲自带领渥巴锡等人前去普陀宗乘之庙参观瞻礼，并与来自全国各地的少数民族首领一道，参加盛大的祈愿大法会。乾隆帝在普陀宗乘之庙“万法归一殿”前召见渥巴锡一行的情形，被宫廷画师绘制成图，并世代流传，使人们至今仍可一睹历史的真实。乾隆帝亲书《土尔扈特全部归顺记》和《优恤土尔扈特部众记》，谕令在普陀宗承之庙竖起两块巨大的石碑，用满、汉、蒙、藏四种文字铭刻在上，用来纪念这一重大的历史事件。

（七）因俗修建寺庙弘扬佛法

土尔扈特蒙古一向信奉藏传佛教，寄居伏尔加河流域百余年，从未中断过派使赴藏熬茶，拈香拜佛，即是在俄国令其改信东正教的重压之下，也从未动摇过。在东归队伍中，就不乏像罗卜藏丹增、都勒巴济赛这样的喇嘛。清廷非常清楚藏传佛教及教职人员在土尔扈特部众中的影响和地位，因此在谕令土尔扈特首领到避暑山庄觐见的同时，也谕令土尔扈特喇嘛入觐，并令影响较大的喇嘛留居内地。

土尔扈特部众回归故土的第二年，清廷就专拨银两，在渥巴锡的游牧地兴建寺庙，但由于天花流行和天旱粮食歉收，渥巴锡考虑移地游牧，寺庙停建。渥巴锡属众乾隆三十八年移居珠尔都斯后，年底便开始筹建寺庙，次年初正式动工。陕甘总督勒尔谨遵旨从内地抽选工匠 6 名，帮助修建寺庙。付给这些工匠的工钱每日银三分、面一斤，本应由渥巴锡支付，但喀喇沙尔办事大臣达色考虑土尔扈特部众生活尚未安定，白银无多，遂完全由官项内动拨发放。寺庙于四十年（1774）二月建成，乾隆帝应新袭汗位的渥巴锡之子策凌纳木扎勒之请，赐给了匾额。

除了尊重土尔扈特人的宗教习惯，支持修建寺庙，供奉佛尊，念经焚香外，还通过驻藏办事大臣向达赖喇嘛、班禅额尔德尼转告土尔扈特回归的消息，并派官员护送土尔扈特人赴藏熬茶，官为支给路费。

三、回归后的档案数量颇巨

通过以上分析归纳，我们已经知道围绕土尔扈特回归这重大历史事件，在清皇宫内形成了一部分数量可观、且内容相当全面系统的珍贵档案。那么，当远道归来的土尔扈特部众的生活开始安定有序，清廷的管理也步入正轨以后，有关土尔扈特问题的档案内容也开始规律化，并沿袭至清末变动不大。这部分档案主要反映以下几方面的内容：

(一) 封爵承袭：土尔扈特来归之初，乾隆帝召见渥巴锡一行，在避暑山庄授封爵位，共封汗 1 位、亲王 1 位、郡王 2 位、贝勒 2 位、贝子 5 位、辅国公 1 位、头等台吉 2 位、闲散头等台吉 13 位、二等台吉 6 位、三等台吉 3 位，四等台吉 11 位。所有土尔扈特汗、亲王、郡王、贝勒、贝子等有封爵者亡故，俱经将军大臣具折奏报皇帝，由清帝颁敕准其后嗣承袭。

(二) 官员任免：土尔扈特及随同回归的和硕特部众分别安置于喀喇沙尔、精河、霍博克赛里、库尔喀喇乌苏、科布多和博斯腾湖等地后，编设旗佐，补放盟长六员、扎萨克十六员等诸多官员，所有这些官员的任免调动，承应差事，颁发官印，俸银发放，均由清廷掌握。

(三) 牧放牲畜，开垦种地：土尔扈特回归伊始，清廷原本计划令土尔扈特部众学习务农，为此调集大量牲畜，分给土尔扈特部众作为立业之本，还调拨农作物籽种分发，专派绿营兵教习土尔扈特人众从事农耕，使之走上生产自给的轨道。但这究属统治者之一厢情愿，从事农耕与土尔扈特人的生产方式和生活习俗相去甚远，土尔扈特人第一年习种粮食，即因技艺欠佳且逢天旱，粮食歉收，以至于还得从其他地方调拨粮食。鉴于此，清廷最后指给土尔扈特人的地方，都还是较宜游牧的地区。管辖土尔扈特部众的将军大臣，须每年定期前往土尔扈特人居住地查看牧放牲畜、粮食收成情况，尤其是冬季、夏季牧场的迁移情况，然后一一奏报皇帝。

(四) 商品贸易：土尔扈特部众与外部的贸易，包括易货贸易，即用自己生产的牲畜、皮张、粮食进行交易；或以所持银两等货币进行交易；尤其是异地贸易，即土尔扈特人携货前往伊犁、乌鲁木齐、哈密等地贸易，由将军大臣等加以管理，并奏报皇帝。

(五) 案件审理：凡有关偷盗、抢劫、逃亡、越境及命案等案件，均严加审理处置。土尔扈特与和硕特部均制定有类似乡规民约的内部法纪，并编甲相互约束，一旦有案件发生，追究连带责任，报知将军大臣转奏皇帝。

(六) 婚丧嫁娶：土尔扈特上层人物的婚丧嫁娶、生子添丁，无不奏报皇帝。

（七）赴藏熬茶，拈香拜佛：土尔扈特欲派人赴藏熬茶，先呈请各该地驻防将军大臣，最终经清帝允准后，方可进行。起初是官为办理，即在路途提供方便，随着土尔扈特部众生产生活的安定，赴藏熬茶，均需自费前往。对土尔扈特喇嘛，地方官员也有管理权。

（八）年班朝贡：土尔扈特要定期朝贡，向清帝进献方物。

（九）出兵作战：遇有战事，听从调遣，参与打仗，以维护边疆和社会的安定。

经过初步摸底调查，估计关于土尔扈特的档案在3800件左右，除去土尔扈特回归前和围绕回归安置问题的档案，本文第三部分所述的档案数量应不少于3000件，占整个土尔扈特档案总量的绝大部分，而且绝大部分未曾公布，鲜为世人所知。

为使大家更进一步地了解土尔扈特历史档案的内容和形式，特选两件档案，作为本文的附录，以原件影印形式刊印，并对满文档案进行汉译。

四、土尔扈特档案的重要价值

土尔扈特档案有其独特的完整性和系统性。土尔扈特档案是清廷在办理有关土尔扈特事务过程中形成的公文文书，具有特定的原始性、客观性和群体性，因此毋庸置疑地是研究土尔扈特历史最原始、最直接的第一手材料。我们知道，有关土尔扈特历史的史料，有各种官修史书、方志等，这些史料虽然也是或多或少根据档案编纂，但毕竟属第二手材料，在编纂过程中往往会受到编者意图的影响，还要受志书体例的限制，对史料多作删节。此外，各种私人著述、民间诗歌、口碑资料，也是研究土尔扈特历史很好的材料，但难免有其一定的局限性。当然，研究土尔扈特历史尚有很多外文资料值得借鉴，但其利用渠道很不通畅，而且同样存在以上二者所具有的局限性。只有档案，由于它是在公务活动中自然形成的，所以更具客观性和真实性，同时由于围绕某一问题、某一事件，形成多个文件，因而能够清楚地反映事务的全过程。在以上的叙述中，我们已经知道，仅仅围绕接纳安置土尔扈特的问题，就形成了相当数量的、且完全能够反映事情整个过程的档案。可以断定，清宫珍藏乾隆三十六年至清末有关土尔扈特历史的档案，无论是从数量，还是从其内容的完整性、系统性上讲，都是其他史料所无法比拟和替代的。

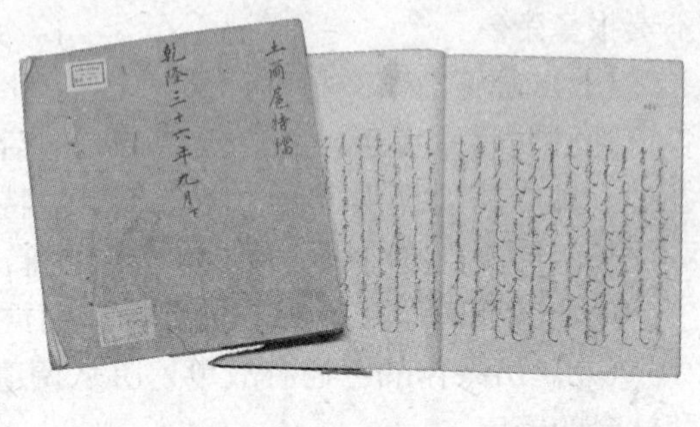

土尔扈特档案有助于土尔扈特历史研究的深入和细化。有关土尔扈特历史的档案，还只是在1986年因编写《准噶尔史略》的需要，将《土尔扈特档》和乾隆三十六年（1771）至四十年（1778）《满文月折档》中部分关于土尔扈特回归安置问题的百余件满文档案编译成册，出版了《满文土尔扈特档案译编》一书。《满文土尔扈特档案译编》的出版发行，当时极大地推动了学术界对土尔扈特历史的研究，有关论著相继问世，是土尔扈特历史研究史上的一次飞跃。但是根据现在已知的土尔扈特档案状况分析，《满文土尔扈特档案译编》一书存在三个不足，一是辑录的档案数量少，仅为145件，与3800件的总量比较，触动的只是冰山的一角；二是时间段短，仅收录乾隆三十六年至四十年的档案；三是收录档案种类单调，同一时期的起居注、朱批奏折、录副奏折均未收录。因此要想深入研究土尔扈特历史，当务之急应加强档案的开发利用。同样，土尔扈特历史研究的细化，也要依靠档案的开发利用。举例来讲，乾隆三十六年渥巴锡一行远赴避暑山庄觐见，从九月初八日伊锦霍洛口初次觐见到三十日离开避暑山庄，其具体活动，尽管有诸多的档案和文物可以进行研究，但一直未见最直接的档案史料，近期始从《宫中内起居注》的记载中，查到了最原始的记录，从而为我们深入细致地研究渥巴锡一行的觐见活动提供了条件。又如，乾隆帝颁给土尔扈特各盟长和扎萨克的官印，一共有几颗，当时都是颁给谁的，这些人都是什么身份，向有疑惑，是近期一份军机处满文录副奏折的发现，为我们解开了谜团。通过这些实例，我们不难看出档案的奇妙功用，往往人们潜心研究多少年的问题，一旦有原始档案为证，便可迎刃而解。

开发利用土尔扈特历史档案，便于拓宽土尔扈特历史研究的领域。土尔扈特档案全面系统地反映了目前居住于中国和蒙古国境内的土尔扈特蒙古在清代政治、军事、经济、宗教和习俗等方面的情况，对土尔扈特历史研究具有十分重要的价值。以前的土尔扈特历史研究，平心而论，还是较多集中在土尔扈特回归安置这一时间段，而清初和回归安置后直至清末的历史，虽然有非常丰富的档案可供参考，但由于基本未加开发利用，学者们也就较少涉及这方面的内容。特别是土尔扈特人的生产、生活等经济活动，以及在开发边疆、建设边疆和保卫边疆当中所起的重要作用，在档案中尤为突出，很值得去发掘发现。因此，开发利用土尔扈特档案，无疑是人们开拓土尔扈特历史研究新领域的捷径。

若能全面而系统地编译出版清宫珍藏土尔扈特历史档案，可为众多读者提供方便，有利于促进土尔扈特历史的研究。众所周知，较为系统地发掘、整理和出版史料是历史研究的首要条件，史料的详备，完全决定研究工作的深入程度。清代定满语为国语，要求办理边疆和少数民族事务的大臣用满文撰写奏章。土尔扈特档案，既涉及边疆，又涉及少数民族，而办理土尔扈特事务的官员本人又多为少数民族，其题奏本章一般都用满文书写是很自然的，因此，土尔扈特档案最显著的特点就是绝大部分都是用满文书写的。由于这一很重要的原因，到目前为止，土尔扈特档案的利用率是很低的，除寥寥无几的懂满文的学者偶尔光顾外，很少有人问津。因此，编译出版土尔扈特历史档案应当是一项很必要的工作。如果条件成熟，这项工作付诸实施，必将促进土尔扈特蒙古及相关民族史、边疆史的研究和有关地方史志的编写工作。

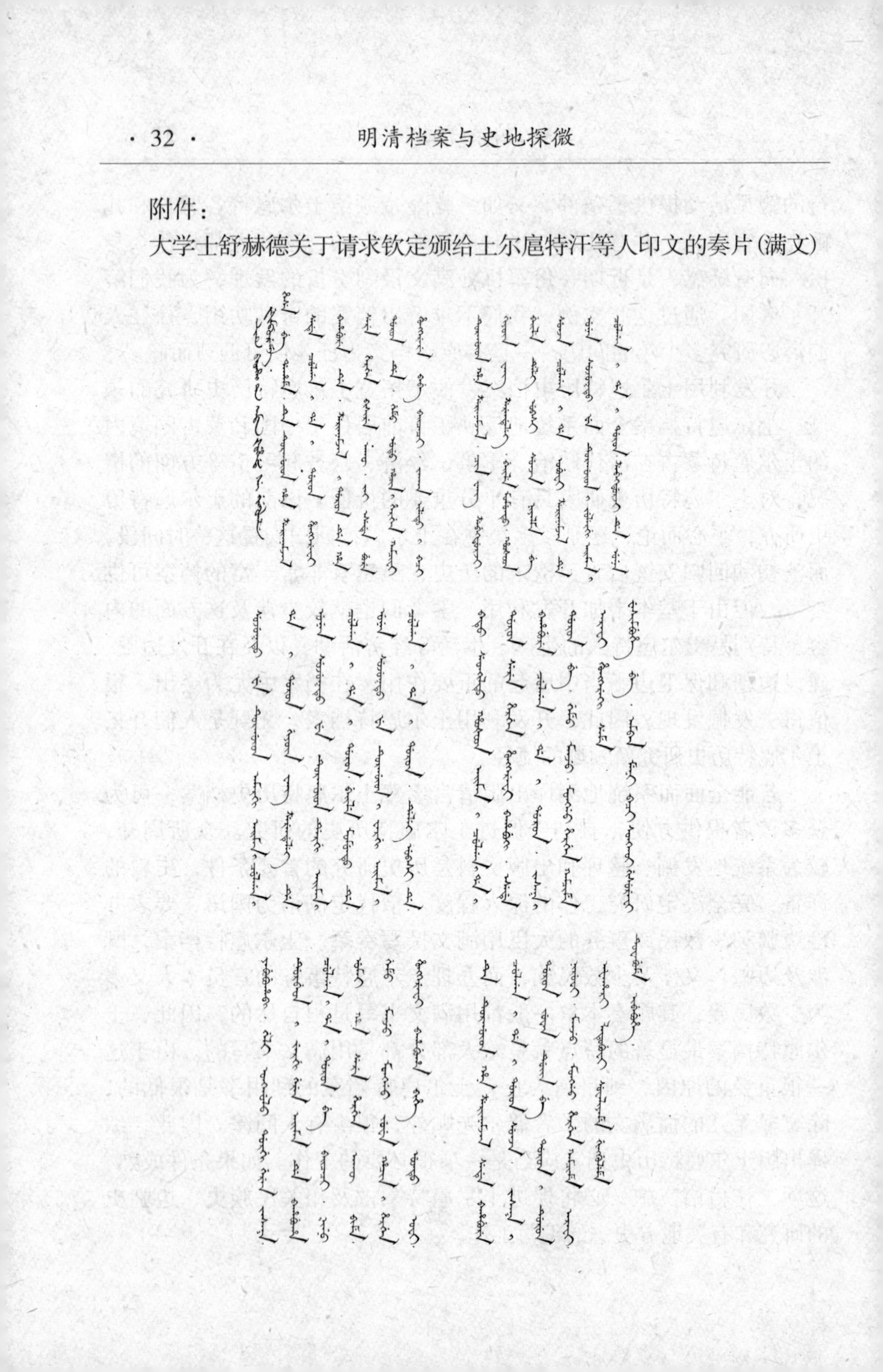

附件：

大学士舒赫德关于请求钦定颁给土尔扈特汗等人印文的奏片（满文）

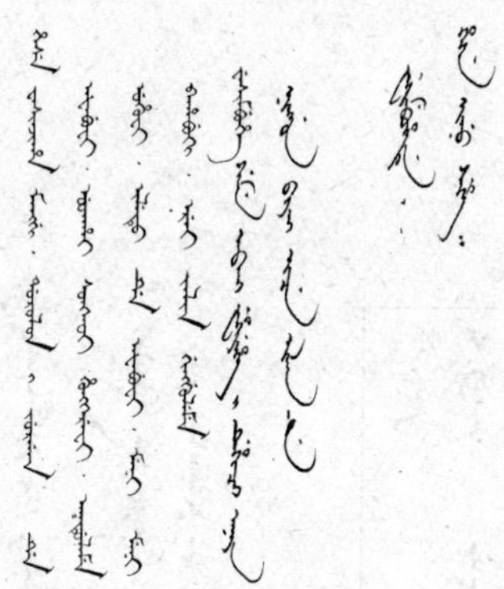

译文：

大学士、臣舒赫德等谨奏，适为遵旨铸给土尔扈特汗策凌纳木扎勒等盟长之印，谨查策凌纳木扎勒之印有无汗字，及颁给彼等之印，均兼铸几种文字之处，顷据伊勒图奏称，土尔扈特汗策凌纳木扎勒、亲王策伯克多尔济、郡王车林德勒克、贝勒默们图、和硕特贝勒德勒克乌巴锡五人，作为五个盟长，颁给策凌纳木扎勒以乌讷恩苏珠克图旧土尔扈特南部盟长之印，策伯克多尔济以乌讷恩苏珠克图旧土尔扈特北部盟长之印，郡王车林德勒克以乌讷恩苏珠克图旧土尔扈特东部盟长之印，贝勒默们图以乌讷恩苏珠克图旧土尔扈特西部盟长之印，德勒克乌巴锡以巴图策特齐勒图和硕特盟长之印，颁给彼等盟长之印、扎萨克之印，皆兼写满洲、蒙古字浇铸。等因具奏。经臣等议准施行。

又查先前颁给内扎萨克杜尔伯特等各部盟长之印，亦并无汗字，且皆浇铸满洲、蒙古两种文字颁发。是故，兹将颁给土尔扈特汗策凌纳木扎勒等盟长之印五颗、扎萨克之印十四颗，绘制印谱，兼写满洲、蒙古字，粘单一并恭呈御览，俟有旨下，交付礼部，即行照例浇铸，封装牢固，饬交伊勒图分别颁发。

为此谨奏。

乾隆四十年六月初三日奏入，奉旨：是。钦此。

附件：

签注及印谱清单

颁给汗策凌纳木扎勒盟长之印

印文：乌讷恩苏珠克图旧土尔扈特南部盟长之印

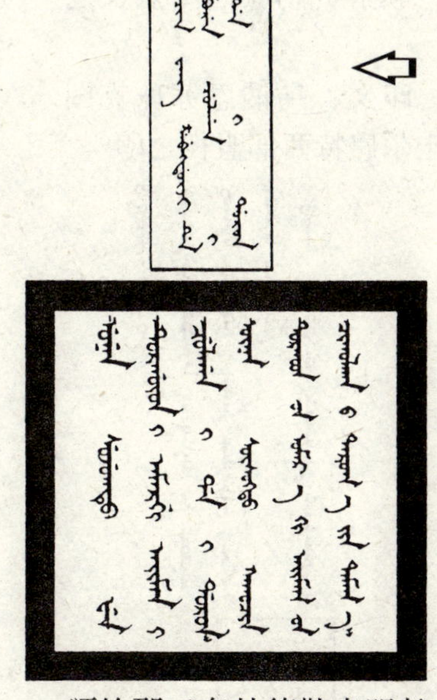

颁给亲王策伯克多尔济盟长之印

印文：乌讷恩苏珠克图旧土尔扈特北部盟长之印

颁给郡王车林德勒克盟长之印

印文：乌讷恩苏珠克图旧土尔扈特东部盟长之印

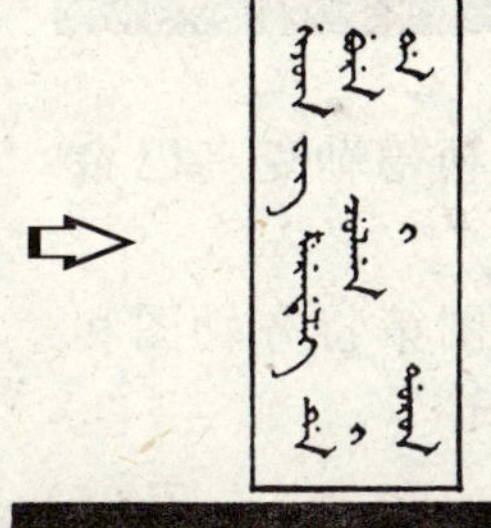

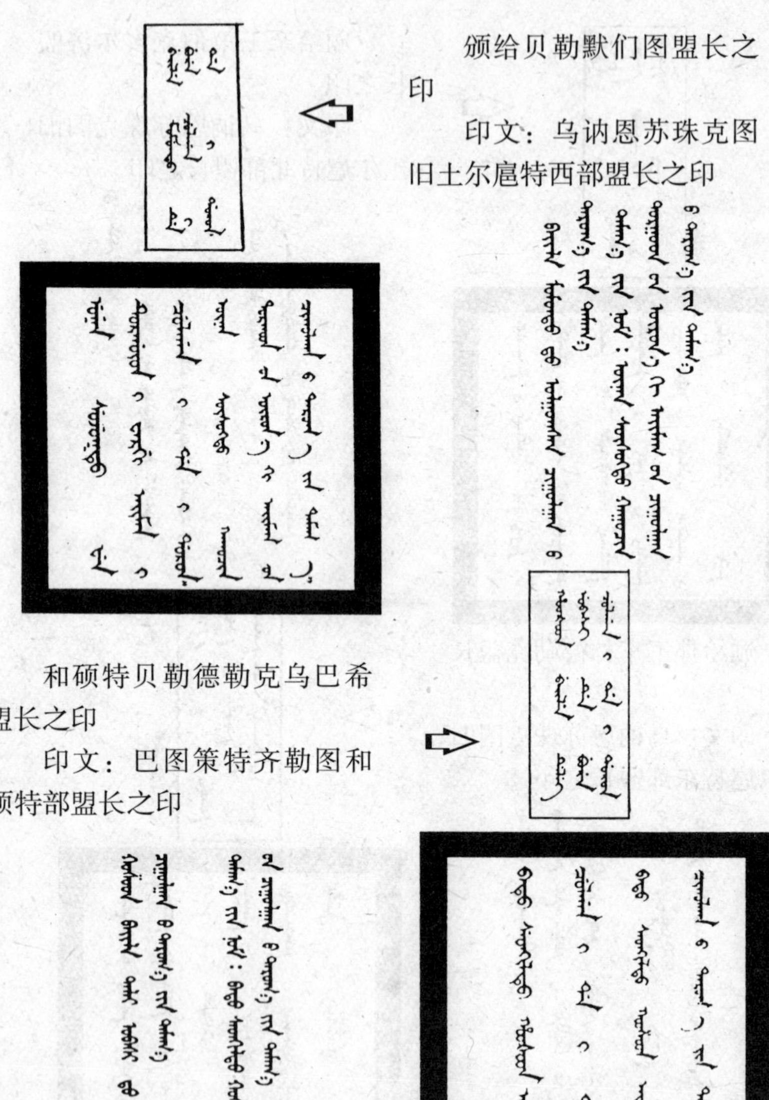

颁给贝勒默们图盟长之印

印文：乌讷恩苏珠克图旧土尔扈特西部盟长之印

和硕特贝勒德勒克乌巴希盟长之印

印文：巴图策特齐勒图和硕特部盟长之印

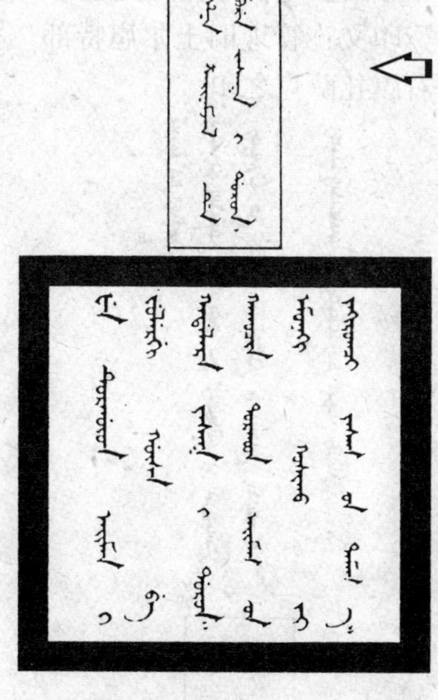

颁给汗策凌纳木扎勒扎萨克之印

印文：管理旧土尔扈特部南旗扎萨克之印

颁给贝子恭坦扎萨克之印

印文：管理旧土尔扈特部南中旗扎萨克之印

颁给公拜吉呼扎萨克之印

印文：管理旧土尔扈特部南右旗扎萨克之印

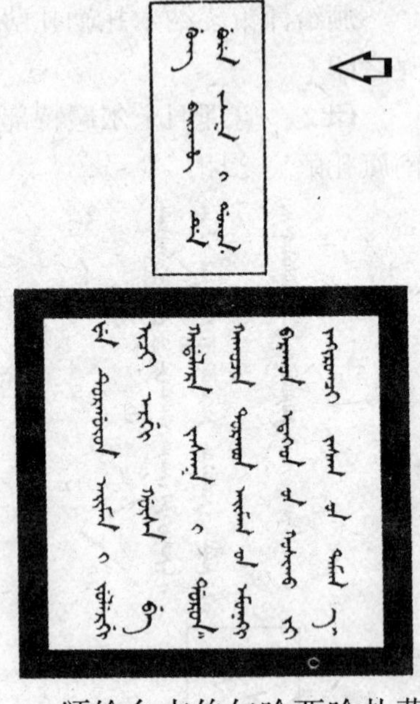

颁给台吉伯尔哈西哈扎萨克之印

印文：管理旧土尔扈特部南左旗扎萨克之印

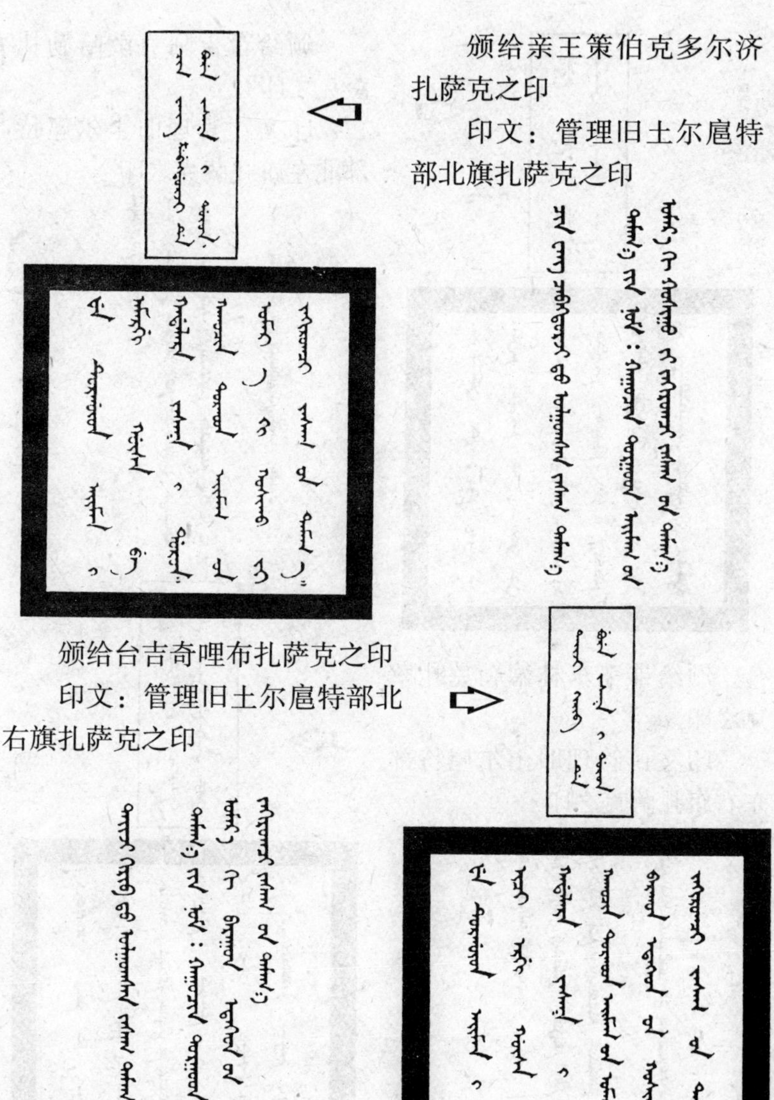

颁给亲王策伯克多尔济扎萨克之印

印文：管理旧土尔扈特部北旗扎萨克之印

颁给台吉奇哩布扎萨克之印

印文：管理旧土尔扈特部北右旗扎萨克之印

颁给台吉阿克萨哈勒扎萨克之印

印文：管理旧土尔扈特部北左旗扎萨克之印

颁给郡王车林德勒克扎萨克之印

印文：管理旧土尔扈特部东右旗扎萨克之印

颁给贝子奇布坦扎萨克之印

印文：管理旧土尔扈特部东左旗扎萨克之印

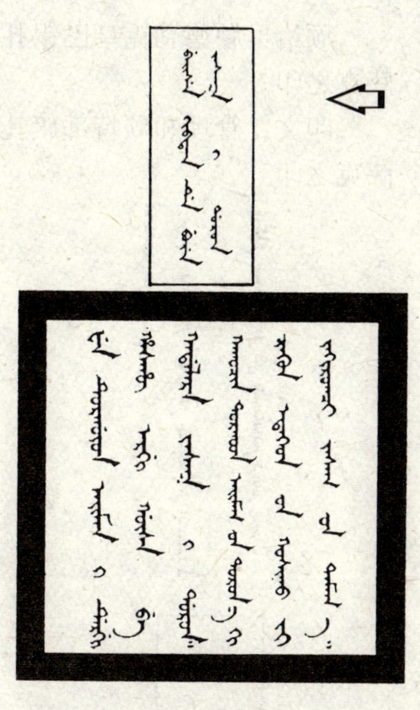

颁给贝勒默们图扎萨克之印

印文：管理旧土尔扈特部西旗扎萨克之印

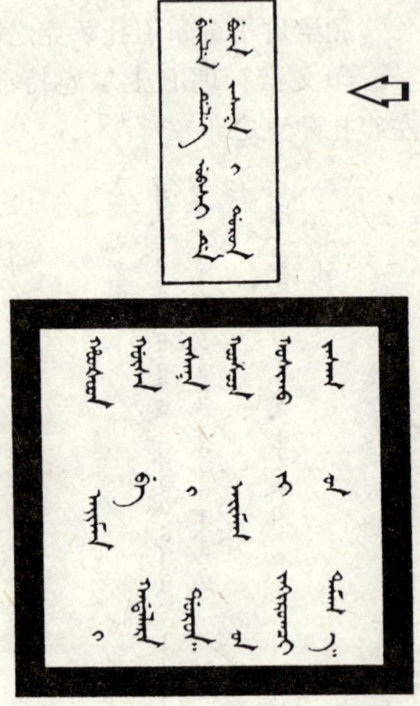

颁给贝勒德勒克乌巴锡扎萨克之印

印文：管理和硕特部旗扎萨克之印

颁给贝子布彦楚克扎萨克之印

印文：管理和硕特部中旗扎萨克之印

颁给台吉瑙海扎萨克之印

印文：管理和硕特部右旗扎萨克之印

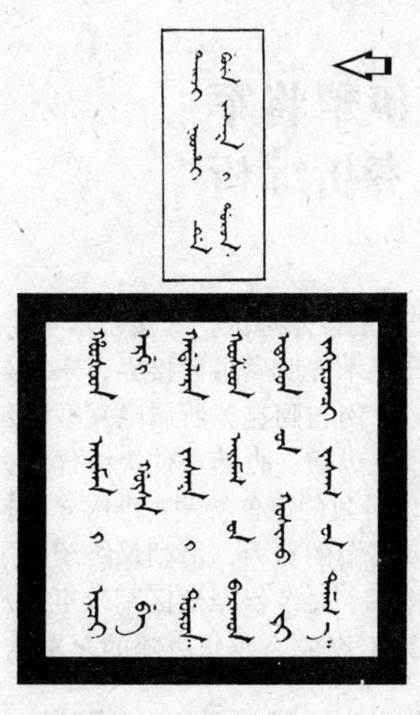

颁给台吉伽奇扎萨克之印

印文：管理和硕特部左旗扎萨克之印

清代首任伊犁将军明瑞满文奏折综析

伊犁位于我国的西北边疆。清代的伊犁地区，北接巴尔喀什湖，西连楚河、塔拉斯河流域，东与乌鲁木齐所属精河接界，东北与塔尔巴哈台所属阿鲁沁达兰卡伦接界，南与阿克苏所属噶克察哈尔海台交界，地域辽阔，重峦叠嶂，水流纵横，自然条件极为优越，人称“北国江南”。清初，在伊犁地区游牧的厄鲁特蒙古准噶尔部控制天山南北，与清廷抗衡。经过长期不懈的努力，清朝最终统一了天山南北地区，并在伊犁设置驻防将军，总统伊犁地区军政事务乃至新疆各地的军事事务。由此，伊犁不仅成为西北边陲的军事重镇，而且成为新疆首府。

首任伊犁将军明瑞，字筠亭，富察氏，满洲镶黄旗人。他曾以领队大臣、参赞大臣等职几次领兵出征天山南北。设置伊犁驻防将军后，明瑞被任命为首任将军。明瑞到任之时，正值伊犁地方百废待兴，应办事务极为繁杂，需时时奏请皇帝。明瑞在伊犁将军任上只有短短四年，但其进呈的奏折竟达近千件，其中绝大部分是用满文书写的。中国第一历史档案馆现存伊犁将军明瑞的奏折，约有 800 多件。这些奏折作为第一手史料，具有十分重要的利用和研究价值。然而，由于诸多原因，这部分档案至今尚未全面发掘和利用，其内容鲜为人知。

本文仅就明瑞担任伊犁将军时期形成的满文奏折进行综合分析和简要评价，以期有助于学术界和有关人士了解并加以利用。

一、首任伊犁将军明瑞满文奏折的形成及其概况

清朝是以满族上层为核心建立起来的政权，规定满语为国语，满文为国文。从中央到地方的各级满蒙官员，特别是承办八旗事务、边疆事务、北方民族事务及宫廷、陵寝事务的满蒙官员，一般都用满文缮写公文，皇帝颁给这些官员的诰敕、谕旨、寄信及各部院的行文，也都用满文书写。

就是说，清代官员行文使用满文即清代所说的清字，需要具备两个条件：第一，必须是满蒙官员，第二，必须是承办八旗、边疆、北方民族或陵寝等事务的官员。只有具备这两个条件，官员才可以使用满文具奏。明瑞作为镶黄旗满洲人，又出任伊犁将军这一疆臣要职，理所当然使用满文具奏，故而现存明瑞出任伊犁将军期间的奏折多是满文奏折，鲜有汉文奏折，只有乾隆三十年（1765）初奏报伊犁地震情形的奏折和与陕甘总督杨应琚等人列衔议复西安满洲官兵移驻伊犁事宜的奏折，系用汉文写成。此外在其伊犁将军任内未见有汉文奏折。

明瑞出任首任伊犁将军的缘起，还得从乾隆年间清朝统一新疆谈起。乾隆年间，统治我国西北地区的准噶尔汗国开始发生内乱，其部众纷纷内迁归附清廷，辉特部台吉阿睦尔撒纳在争夺汗位失败之后，更是率部众两万余人内附。长期的内讧和部众的流失，削弱了准噶尔政权的统治力量，减缓了准噶尔政权统治下各个地区社会经济的发展。而此时的清朝，正处于康雍乾盛世时期，社会安定，经济发展，武力强盛。准噶尔政权的窘迫处境，恰好为清廷统一天山南北提供了极好的机会。

乾隆二十年（1755）清廷发兵5万，分两路进攻伊犁，逼迫准噶尔汗达瓦齐退守位于今昭苏县境内的格登山，清军随后发动进攻，很快取得了决定性的胜利。清廷攻破准噶尔政权之后，起初尚无意设置伊犁将军，而是设想采取“众建而分其势”的政策，“将四卫

拉特，封为四汗，俾各管其属。”[①]因此，在战后仅留500官兵驻守伊犁。此时已被封为亲王的阿睦尔撒纳认为有机可乘，发动了叛乱，意在驾驭准噶尔四部。曾在伊犁归附清廷的小和卓霍集占也趁机逃回天山南部，煽动大和卓波罗尼都参加了叛乱。至此，清廷原先拟定实行的在北疆准噶尔地区封汗管辖其属、南疆维吾尔地区命大小和卓统辖其旧属的政策宣告失败，继而用兵征讨阿睦尔撒纳和大小和卓，至乾隆二十四年（1759）最终统一了天山南北，此时才开始考虑新疆地域宽广，存在多个民族、多种宗教、农牧并存等实际情况，决定实行军府制度。

乾隆二十七年（1762）十月十六日，乾隆帝颁谕曰：“伊犁初定，新疆之地，现在既已建城驻兵，此缺应作为将军镇守地方。今明瑞在彼总办事务，相应即以明瑞作为总统伊犁等处将军。该部照例给与印信。”[②]为便于伊犁将军办事或出差，同年十一月初三日，乾隆帝再颁上谕：“现伊犁既已任命将军，理宜补放参赞大臣一同办事。著授爱隆阿、伊勒图为伊犁参赞大臣、伍岱为领队大臣，爱隆阿、伍岱每人赏银一百两，即行乘驿前往伊犁，亦命伊勒图现即由喀什噶尔赶赴伊犁。”[③]伊犁参赞大臣与伊犁将军同驻位于伊犁河北岸的惠远城，协助伊犁将军办事。伊犁将军出差在外期间，由参赞大臣代理印务。

明瑞之所以被任命为首任伊犁将军，有两个方面的原因，一是明瑞自乾隆二十一年（1756）始，即在西路军营担任领队大臣，跟随定西将军达尔当阿、定边将军兆惠等征战天山南北，直至战事结束，多次建有军功，对新疆各地情况较为了解。二是明瑞在西路军营效力期间，充分展示了自己的才干，从而引起了乾隆帝的注意和重视。因此在任命伊犁将军这一要职时，明瑞自然而然地进入了乾隆帝的视线。

乾隆二十七年初，明瑞是以户部左侍郎的身份带领换防官兵前往伊犁。时至八月，即将回京的伊犁参赞大臣阿桂奉旨将办事大臣印务移交给明瑞。十一月，明瑞接任伊犁将军，由此开始了四年多的守边疆臣生涯，其任内的奏折和奏片，数量较多，现据中国第一历史档案馆所存军机处满文录副奏折粗略统计，并列表如后。

从乾隆二十四年十一月至三十一年（1766）十二月，明瑞担任首任伊犁将军的四年期间，呈递的奏折和奏片共计 792 件，其中多为涉及官员任免、刑审案件、粮食收成等方面的奏折，还附有履历单或清单等，故总数当不止于此。

按照清代档案运行程序，臣工具奏折片，都要抄录一份留存，形成了现存的录副奏折；另外还要汇抄成册，形成了现存的《月折档》。根据清代副本制度和汇抄存查制度，明瑞奏折原件应见于中国第一历史档案馆所存宫中朱批奏折内。经查现存明瑞满文朱批奏折共有十余包，数量大抵与录副奏折相当，而《月折档》中抄录的数量也应大致相等。

首任伊犁将军明瑞满文奏折数目统计表

月／年	正	二	闰二	三	四	五	六	七	八	九	十	十一	十二	合计（件）
二十七												7	16	23
二十八	17	16		24	16	3	22	21	2	2	19	19	13	174
二十九	12	23		17	9	14	25	4	23	29	15	19	13	203
三十	20	6	16	5	15	19	22	18	30	17	15	17	21	221
三十一	19	19		13	18	7	11	18	14	17	9	24	2	171
合计（件）	68	64	16	59	58	43	80	61	69	65	58	86	65	792

二、首任伊犁将军明瑞满文奏折的主要内容

伊犁将军的设立扩大了清代八旗驻防的范围，其职掌在乾隆帝上谕中有明确规定：“自伊犁至乌鲁木齐、巴里坤，凡寻常事务，仍照

旧例，由各该地方大臣办理。此外，若有兵丁调遣之事，则听将军调遣。回子各城虽有所不同，但与伊犁相距不远，理合以彼此相通为计办理，自喀什噶尔、叶尔羌至哈密所有回子各城，亦照巴里坤等处之例，驻各城官兵，皆听将军调遣，凡寻常事务，皆照旧例办理。又喀什噶尔、叶尔羌等处，皆地处边陲，回子各城地方，若有应急事件，需要调遣伊犁兵丁，亦准各处办事大臣咨商将军，就近调用伊犁之兵。"[④]这表明凡南北疆军务，统归伊犁将军节制。

这道上谕同时也表明，乾隆帝设置伊犁将军的最初想法，是让伊犁将军重在节制南北疆军务，而南北疆各地的政务，仍由各地办事大臣等管理。但乾隆三十年乌什事件之后，鉴于喀什噶尔参赞大臣纳世通独断专行致使事态扩大的教训，乾隆帝规定所有南疆各城"俱听伊犁将军管辖"[⑤]，由原先的"咨商"将军变为统归将军管辖，进一步强化了伊犁将军的职权。而伊犁地区的军政事务，则统归伊犁将军办理，特别是随着携眷驻防官兵数量的增加，以及回屯等屯田规模的不断扩大，人口结构的改变，社会经济的发展以及社会矛盾的转变，伊犁将军的职责也在适时而变，从比较单纯的军务转变为军政并举，形成了以武职官员为主干，辖有军政两套系统的管理体系。

正因为伊犁将军的职权不同于一般的直省驻防将军，其所管事务也就相对繁杂。纵观首任伊犁将军明瑞的满文奏折，其内容十分丰富，涉及面也很广泛。为便于人们全面系统地了解明瑞奏折的内容，现归纳为以下十四个方面加以叙述和分析。

（一）伊犁地区驻防

清廷统一天山南北之前，将甘肃庄浪、凉州作为战略要地驻守重兵，而统一天山南北之后，伊犁则成为西陲要地，故自乾隆二十五年始，清廷即命参赞大臣阿桂主持，调遣内地八旗和绿营官兵远赴伊犁防守。此时派驻的兵丁因不携带家眷，固非永久性驻兵，而是三年换防一次。伊犁本属边陲，路途遥远，往来换防，颇费周折，亟须解决永久性驻兵问题。因此，军机大臣傅恒在乾隆二十六年（1761）提出调遣察哈尔八旗兵携眷移驻伊犁，被乾隆帝采纳，遂调张家口外察哈尔八旗官兵1000余名携眷驻守伊犁，是为携眷官兵驻防伊犁之始。

明瑞担任伊犁将军期间，携眷移驻伊犁的有甘肃凉州、庄浪和热河的满洲、蒙古兵3200名，张家口外察哈尔蒙古兵2000名，盛京锡伯兵1000名及热河达什达瓦厄鲁特兵500名，组建了惠远城满营、惠宁城满营、锡伯营、索伦营、察哈尔营、厄鲁特营6个营，其中察哈尔营是最早携眷移驻的八旗兵，厄鲁特营则是以当地厄鲁特人为主干组成的。这些军营的设立，使伊犁地区防务力量得到加强和稳固。

明瑞出任伊犁将军时，参赞大臣阿桂已开始办理伊犁驻防、屯田等事务，这为明瑞铺垫了基础。明瑞上任，进一步解决驻防问题，自然是任内之大事，明瑞奏折涉及驻防事宜的相对较多。从时间上看，乾隆二十八年（1763）前，主要反映解决移驻官兵途中所需经费，接济粮食及行程日期等；二十九年（1764）之后则主要反映驻防官兵抵达时间，拨地安置，建房修城，发放粮饷，备办柴薪，拨给耕畜，分发籽种，耕种田亩，发给牲畜牧放孳生，编设旗佐，补放官员，挑补披甲，额定俸饷，核查官兵及随带人口数目，赈灾接济，配发兵械，操练兵丁，设卡巡防等。

（二）塔尔巴哈台换防

塔尔巴哈台地处新疆天山北部形胜之地，不但与伊犁毗连，而且通达阿尔泰、科布多等地，系连接西北两路之要冲，具有重要的战略地位，驻兵塔尔巴哈台，周围环设卡伦，有助于西北两路彼此呼应。乾隆二十九年，参赞大臣绰勒多由乌鲁木齐率绿营兵600名到塔尔巴哈台，开垦屯田，修筑城池，并派京城健锐营及黑龙江索伦兵900名驻守，共设大小卡伦29座。自乾隆三十一年始，改由伊犁满洲、锡伯、索伦、察哈尔、厄鲁特五营内派1300余名官兵换防。

从明瑞奏折来看，乾隆二十七年七月，明瑞巡边至塔尔巴哈台，对塔尔巴哈台周边情况作了一番实地考察，然后于乾隆二十八年十月二十二日奏请交付军机大臣会议在塔尔巴哈台雅尔地方修建城池、派兵屯田、设卡驻防事宜。之后明瑞又几次奏陈塔尔巴哈台驻兵事宜，并于乾隆三十年正月由伊犁遣派满洲、索伦官兵赴雅尔驻防，三十一年始改派伊犁携眷官兵赴雅尔换防。

(三) 屯田筹粮

伊犁屯田，是伴随伊犁驻兵而来的。统一之初，伊犁地区土地荒废，人烟稀少，驻兵守边，需从外地调运粮食，靡费转运之项，故为解决兵丁之口粮，清廷特命办事大臣阿桂办理伊犁驻兵屯田事务。伊犁屯田，始自乾隆二十五年（1760），按屯田者身份的不同，分为回屯、兵屯、旗屯、民屯和犯屯 5 种。

回屯和兵屯在伊犁屯田中是开始较早的，均始于乾隆二十五年，是办事大臣阿桂由阿克苏带领绿营兵及各城维吾尔人众至伊犁开办的。民屯开始于乾隆二十八年，是由内地迁居伊犁的商户、民人、绿营子弟和期满为民遣犯进行的屯田。旗屯开始于乾隆二十九年，是满洲、察哈尔、厄鲁特、锡伯、索伦官兵等至伊犁驻防后进行的。犯屯，顾名思义其主体是犯人，乾隆二十九年开始流放犯人到伊犁，犯屯亦从此开始。

从档案中可以看出，乾隆二十四年十月，定边将军兆惠奏请筹办伊犁驻兵屯田事务，十二月阿克苏办事大臣阿桂奏往伊犁迁移回众并驻兵屯田，次年二月前往伊犁办理屯田事务，开始在伊犁河南岸海努克地方耕种粮食。是年不仅增派副都统伊柱等员到伊犁专司屯田，还设阿奇木伯克管理回屯，并在阿克苏至伊犁的路上设立了驿站，便于不断从南疆各城增迁回众。明瑞接任之时，伊犁屯田事务已经办有成效，并开始从中获益，因此明瑞在任期间，更加重视加强和发展屯田，继续从南疆各城迁移大批维吾尔人众专事耕作，增加绿营屯田官兵人数，准许商民种田交租，允许流放犯人种地纳粮，积极筹措屯田所需耕牛、籽种和农具等，从而扩大了耕地面积，增加了屯田人数。

(四) 出兵乌什

乾隆三十年闰二月，南疆发生乌什事变，乌什维吾尔人众因不满清廷所设办事大臣与当地伯克势力相互勾结，专横跋扈，科民敛财，遂起事攻打乌什城，乌什办事大臣素诚自杀，阿克苏办事大臣卞塔海前去镇压兵败，喀什噶尔参赞大臣纳世通亦率兵前去，但攻城未果。

明瑞于当月下旬赶至乌什，先是制定了分东西两路攻打乌什城的作战计划，同时奏参素诚等人，并从三月初一日起开始攻打乌什城，但久攻未果。五月明瑞遵旨将卞塔海、纳世通革职看押，查抄其财产，六月尚书阿桂到乌什西路军营，随后调兵遣将，分东西两路多次发起进攻，八月中旬攻克乌什城。明瑞进城办理善后事宜，清点缴获兵器，奖赏抚恤，并将乌什城所剩维吾尔人众送往伊犁种地，十月下旬返回伊犁。乾隆三十一年四月，因办理乌什善后事宜不妥被革职留任。明瑞关于乌什事件的奏折较多，从三十年闰二月至十月，有百余件。

(五) 官员任命

伊犁将军明瑞作为掌管南北疆军务和伊犁地区军政事务的要员，凡伊犁地区职官之增设，官员之升迁调补、纠参处分、开缺休致，均需明瑞具折奏请。

明瑞奏折中，反映职官设置、官员任免等方面内容的文件居首位，数量在200件左右。其中涉及明瑞自身的有关于奏报接任日期、谢赏药品荷包等物品、进贡鹿尾马匹等地方特产、回缴朱批奏折、谢赏准袭世职等内容；涉及其他官员任免的有参赞大臣、乾清门侍卫等抵达伊犁日期，驻防八旗、绿营和将军衙署各级官员的升迁调补、奖惩处罚，伯克补放，发往伊犁效力官员期满安置等；反映职官设置的则有奏请钦定南疆各城大臣官员缺额、设置伊犁同知、补放塔尔巴哈台参赞大臣，分设印务、粮饷、驼马、营务四处章京笔帖式，增设办理钱粮等事务章京，调整南北疆笔帖式缺额，颁发关防图记，核定官员俸饷、养廉银数额等内容。

(六) 人口状况

清廷对准噶尔用兵之时，生活在伊犁地区的厄鲁特部众四散躲避，或流入哈萨克地区游牧，或躲进山中不出，待清朝勘定伊犁之时，伊犁地区已荒无人烟，亟须招徕人口，恢复生产。

明瑞在任期间，注重发展人口，从其奏折看，着重作了三方面的工作，一是妥善安置当地存留和从哈萨克返回的厄鲁特人众，从哈萨克返回的厄鲁特人众，一部分系自行返回，另一部分系哈萨克献出，第三部分系哈萨克商人携至，这些厄鲁特人众先后被编入伊犁厄鲁特营或察哈尔营，成为伊犁地区人口的主要组成部分。二是继续迁移南疆维吾尔人众到伊犁屯田，数年间不曾间断。三是吸纳内地人口。这部分人成分较为复杂，既有官兵，又有商人、遣犯及其家眷等，其中人口最多的要算移驻伊犁的内地官兵及其家眷，数量较少的是流放伊犁的携眷遣犯和到伊犁经商或开垦地亩的携眷商人等。

(七) 官办牧厂

伊犁地方土地肥沃，水草丰美，宜耕宜牧。明瑞因地制宜，采取农牧并举的方针，通过从乌里雅苏台等地购进牲畜，从内地调运丝绸等物与哈萨克换取牲畜的方法，获取大量牲畜，分给驻防各营及屯田维吾尔族人众，设置孳生和备用牧厂，规定收取孳生及准行倒毙分数，并定期委派官员查看，按期收取孳生牲畜，酌情拨补当地屯田和军用牲畜。

(八) 案件审理

明瑞上任初期，尚不见有关案件审理方面的奏折，直至乾隆二十九年六月起，始有案件审理方面的奏折。这说明随着伊犁地方人口的增加，社会关系、社会矛盾都在发生变化。明瑞所报案件，归纳起来，多系遣犯和驻防官兵犯案，其中遣犯多涉脱逃、偷盗等案，驻防官兵多涉命案、偷盗、脱逃等案。

(九) 驿站维护

从乾隆二十五年起，阿桂等人就开始在伊犁通往阿克苏、伊犁通往乌鲁木齐等路上设立驿站，明瑞到任时已基本成形。明瑞到任后着重维护驿站，不断增添补充驿站马匹，以保证驿站传递无误，此外还在伊犁至沙图口途中新设驿站，并安置察哈尔兵驻守。

(十) 对外交涉

清代的伊犁，北接巴尔喀什湖，西连楚河、塔拉斯河流域，沿边有哈萨克、布鲁特、浩罕、巴达克山等。明瑞在任期间，办理对外事务尚属妥帖。从内容涉及对外关系的奏折数量来看，交涉事务最多的要数哈萨克，约有60余件，其内容主要涉及双方贸易、索还逃人、防止越界、巡边驱逐、护送进京使臣等。而与哈萨克贸易换取牲畜，是伊犁将军每月必报的内容。涉及浩罕的主要为乌什事件期间，捉拿乌什城内所派送信者，防止向浩罕请求援助等。涉及布鲁特的则有禁止布鲁特入境游牧、调停布鲁特与哈萨克的关系等。

(十一) 宗教文化

伊犁地区本为准噶尔蒙古久居之地，形成了一整套颇具地方特色的蒙古文化，尤其是准噶尔蒙古所信奉的藏传佛教即喇嘛教，在伊犁地区极具影响，外加后来移驻的察哈尔、索伦、锡伯等携眷官兵也都信奉喇嘛教，所以明瑞极为重视对宗教的管理。上任伊始，明瑞就奏请由京城选派喇嘛到伊犁，增加喇嘛人数，保护地方文化，在伊犁地方搜集厄鲁特史籍，饬令驻防官兵学习蒙古人习俗等。

(十二) 工程建设

明瑞上任后，为满足将军衙门办公、驻防官兵通行和居住的需要，在阿桂主持建设的土木工程基础上继续进行城池、桥梁、道路的修建。其奏折反映明瑞主持或提议修建的工程主要有，伊犁惠远城、惠宁城、哈什回城、雅尔城及其官署和兵房，以及玛纳斯河桥等工程的修建。

(十三) 伯克任命

阿桂于乾隆二十五年奏设阿奇木伯克管理伊犁维吾尔人屯田事务，二十六年奏定伊犁伯克品级，其阿奇木伯克颁给印记。明瑞上任后，对伯克的管理主要体现在补放伊犁哈子伯克、明伯克及增补管理伊犁屯田维吾尔族人事务的伯克等方面。从乾隆三十年始，开始见有安排伯克年班进京入觐内容的奏折。

（十四）矿产开采

经济活动作为人类生存的基础，在社会活动中是不可或缺的。清廷要巩固政治、军事上已经取得的成果，无疑需要依赖经济的发展。伊犁地处边陲，交通运输固然不便，但本地资源却很丰富，因此明瑞极为重视发展当地的生产经营及资源开发，除大力发展农业、牧业、商业、手工业外，还注意开采矿产，煤炭、铜铅等矿均在勘探开采之列。

三、首任伊犁将军明瑞满文奏折的价值

档案是人们从事社会活动的原始记录，具有原始性、可靠性、客观性和系统性，仅就历史研究而言，更具其他史料无法替代的价值和作用，是十分珍贵的历史资料。保存至今的明瑞满文奏折，是从乾隆二十七年十一月至三十一年十二月，明瑞任伊犁将军期间，在办理公务的过程中形成的，具有特定的原始性和客观性，能够具体、完整、系统地反映当时伊犁地区的历史原貌，是我们研究伊犁，乃至新疆、西北边疆历史不可或缺的宝贵史料。

明瑞满文奏折，就档案本身来讲，有三大特点：一是数量较大，保存相当完整。仅据军机处满文录副奏折统计，明瑞奏折近800件，从其具奏的日期来看，每旬便有数件，平均每月在15件左右，由此推断，其中缺佚的应该不多，即便有缺佚，以朱批奏折和月折档补充，当可保证其完整性。二是内容丰富，极具系统性。明瑞具折上奏的时间，始于上任，止于卸任，凡其任内所办政治、经济、军事一应公务，无不涉及，处理每一问题的起始、过程及结果，无一遗漏。三是具有系统性。由于围绕某一问题、某一事件，文移往来，会形成多个文件，因而能够系统地反映办理每件军政事务的全过程。

明瑞所任的伊犁将军，分析起来有三个特殊性：一是将军本人身世显赫。明瑞家族富察氏是清代的显赫家族，其先祖世为朝臣，明瑞的姑姑更是乾隆帝宠爱的孝贤纯皇后，叔叔傅恒则是乾隆帝格

外信任的军机大臣。而明瑞自乾隆二十年出任领队大臣，远赴西北率兵征战以来，屡建军功，官阶迭加，而且熟悉了地方环境，掌握了地方情况，自身条件相当优越，这样在乾隆帝颁谕设置总统伊犁等处地方将军，考虑这一重要职位的人选时，自然视明瑞为合适人选，任命为首任伊犁将军。

明瑞的特殊身份，使明瑞在任期间，尽管治理地方的经验并不多，但依仗乾隆帝的垂青和信任，还是胆大敢为，在统筹安排携眷驻防官兵，巡边设卡，驱逐越界游牧哈萨克等方面，都有一定建树，即便有时想法与乾隆帝相左，还能坚持己见。譬如，乾隆帝谕令明瑞将伊犁将军衙门原有印务、粮饷、驼马和营务四处，按直省将军衙门之例，改设左司、右司及印务处时，明瑞就没有盲从，而是力陈原设机构之合理性及保留的必要性，使乾隆帝改变了主意，同意保留原有机构。此外，由于明瑞身份特殊，即便在任中有乌什指挥不力，办理善后欠妥，雅尔筑城择地不当等失误，遭到了乾隆帝的训斥处罚，但也流于形式，无关大碍。

二是职系首任。乾隆二十四年清廷统一天山南北，即命参赞大臣舒赫德、定边将军兆惠、办事大臣阿桂等经营，到明瑞出任伊犁将军之时，凡地方事务，多有办理成例。明瑞虽为首任将军，但诸务不见得从头办理，而是既要延续又要创新，譬如屯田、驻兵，需按原先的方法办理，但在规模、人数及地点等具体问题上，又要根据具体情况有所创新，如调遣盛京等地锡伯官兵携眷移驻伊犁，安置于伊犁河南岸，即系明瑞提议办理。

三是职权特殊。乾隆帝设置伊犁将军，本意是令其统辖天山南北军务，总管伊犁地区军政事务。明瑞上任初期，天山南北并无用兵之事，故而对南疆的管理不够重视，而侧重经营伊犁地区，以至于伊犁将军这一要员对南疆各城办事大臣并未产生多大影响，因此才有可能发生喀什噶尔参赞大臣纳世通阻止明瑞前往乌什，使明瑞在前往乌什途中滞留阿克苏的事情。而正是此事的发生，使乾隆帝认识到问题的严重性，谕令加强伊犁将军的总统之权。

明瑞奏折的特点和明瑞所任伊犁将军的特殊性，决定了明瑞奏折有其独特的研究价值。我们不妨也从三个方面进行分析。一是可以提供原始资料。涉及明瑞在任时期伊犁地区历史的资料，有各种官修史书、私家撰述等，但这些史料都不可避免地带有局限性，如受编者意图影响及内容详略不一等等。而明瑞奏折是在任内处理具体事务的过程中写成的，是在公务活动中自然形成的，本身就带有原始性、真实性，因而无疑是研究明瑞在任时期伊犁地区历史最原始、最直接的第一手材料，是其他史料所无法比拟和替代的。

二是可以填补历史研究中的某些空白。明瑞奏折是以满文写成的，由于文字的关系，能够直接利用这部分档案研究历史的学者尚属不多，尽管已经出版发行的《清代边疆满文档案目录》公布了明瑞满文奏折的全部目录，利用者仍然无多，因此许多内容不为人知，极富神秘色彩，由此可以断言，明瑞奏折的神秘面纱至今尚未揭开。

三是可以帮助深入和细化区域历史的研究。清廷对天山南北的经营是设置伊犁将军前就开始的，因此明瑞一任，虽在整个伊犁将军史上位居首创时期，但从其所办事务看，是处在一个继往开来的历史发展阶段，因此当地政治、经济、军事、文化等许多方面的发展历史，在明瑞奏折中都能得到反映。由此可以讲，开发利用明瑞奏折，对拓宽伊犁地区及新疆、西北地区历史乃至于清史的研究领域，提升历史研究所依据的史料的层次，无疑都有帮助。

注释：

①魏源：《圣武记》卷 4，“乾隆荡平准部记”。

②③军机处满文上谕档 31-2，中国第一历史档案馆藏。

④军机处满文议复档 864-2，中国第一历史档案馆藏。

⑤《平定准噶尔方略》续编，卷 32。

清代军机处满文《熬茶档》与准噶尔史研究

满文，是我国多民族大家庭中满族曾经使用的文字，清代定满语为国语，满文为国文，因而形成了大量的以满文书写的公文文书，存留至今，成为极其珍贵的满文档案。清代军机处满文《熬茶档》，是抄录乾隆五年（1740）至乾隆十三年（1748）间，准噶尔部首领噶尔丹策零及策妄多尔济那木扎勒经奏请乾隆帝，获准派使赴藏熬茶过程中形成的各类往来文书而成的专档，其内容反映了清廷对待准噶尔蒙古派使赴藏熬茶一事的态度及安排过程等，开发利用《熬茶档》，无疑对准噶尔蒙古及西北历史等方面的研究有所帮助，现就《熬茶档》的内容及其价值试做分析。

一、有关准噶尔历史满文档案的基本情况

（一）满文档案的形成

满文档案是在清中央政府办理国家政务过程中形成的，因此满文档案在其形成的体系内能够较为系统地反映某个历史事物的发展过程，这在研究清代边疆民族问题上具有非常重要的作用。这点我们不妨从清朝的统治体系谈起，清朝是以我国少数民族之一满族为主体，联合其他民族的上层建立起来的封建统治机构，历时260余年。清朝统治者有效地驾驭各族人民，巩固其统治地位，针对不同的民族地区实行了不同的统治政策。在内地，沿袭明制，仍采用行省制度，设立总督、巡抚等员；在东北、内外蒙古、西北、西藏等边疆地区，分别设立将军、办事大臣、参赞大臣等，管理各该地方

军政事务；在西南少数民族居住地区，清初沿袭明制，仍实行土司制度，至雍正年间“改土归流”，废除原来的土司制度，把该地区少数民族正式编入封建的州县制度之下。至于台湾、澎湖列岛等岛屿，康熙年间统一台湾后，设置府县，隶属于福建，并设有总兵、副将等。这样，在道光二十年（1840）鸦片战争以前，清政府将东南起台湾、澎湖列岛，西北至巴尔喀什湖；西南至喜马拉雅山脉，东北至库页岛；南起南沙群岛，北至外兴安岭传统的中国陆疆与主要岛屿，完全置于其版图之内，实行直接的统治。

有清一代，从中央到地方的各级满蒙官员，特别是承办八旗事务、边疆事务、北方民族事务及宫廷、陵寝事务的满蒙官员，一般都用满文缮写公文，不准擅自使用汉文，违者重则治罪，轻则训饬。与此相适应，皇帝颁降有关诰敕、谕旨、寄信及各部院间相互行文，也都用满文书写。另外，办理边疆和少数民族事务的官员，除向皇帝请示汇报一般都用满文奏疏外，与中央各部院和有关地方官员行文时，并不一定都用满文，而视不同的情况，用汉、蒙、藏、维吾尔等文字行之。总之，由于清代规定在一定的范围内使用满文，而且边吏疆臣亦多为满蒙等少数民族官员，因而在中央和地方各级机构中形成了大量的满文公文，主要包括皇帝颁发的制、诏、诰、敕、谕、旨、寄信，臣工呈进的题本、奏折、揭帖、表、笺、启，各官府衙门之间移行往来的咨文、移会、照会、札付、交片、牌文、咨呈、呈文、申文、关文、详文，等等。

(二) 有关准噶尔历史满文档案的现状

中国第一历史档案馆保存有明清两朝历史档案 1000 余万件（册），其中明朝档案只有 3000 余件（册），绝大部分为清朝档案。清朝档案的五分之一即 200 余万件（册）为满文档案，按机构分为内阁、宫中、军机处、内务府等全宗，这些满文档案，内容多涉及清代民族问题，除宫中朱批奏折，军机处录副奏折、月折档、上谕档、议复档，内阁起居注、满文老档、国史档、宁古塔副都统衙门档案、阿勒楚喀副都统衙门档案、珲春副都统衙门档案等内容宽泛的档案中都有不少有关民族问题的史料外，清代不同时期，针对不同事件、不同问题形成的满文专档也为数不少，像《西藏档》《廓尔喀档》《班禅事件档》《年班档》《木兰档》等等，仅仅反映准噶尔问题的专档就有《准噶尔档》《北路军务档》《军务档》《熬茶档》《夷使档》和《西路档》，总的起止时间为雍正九年（1731）至乾隆三十六年（1771），均系抄录有关上谕、寄信、议复、奏折等文件汇集而成。其中，雍正朝《准噶尔档》和《北路军务档》《军务档》，主要反映了清政府派兵平定准噶尔部噶尔丹策零、阿睦尔撒纳的历史事件。《熬茶档》《夷使档》《西路档》和乾隆朝《准噶尔档》，反映了准噶尔部向清朝中央政权表示和好，遣使纳贡，派人到西藏熬茶，以及清朝中央政府为此派官兵接应护送，宴请赏赐准噶尔部上层人物、使臣等活动的情况。

（三）《熬茶档》的基本特征

清代军机处满文《熬茶档》，是军机处汇抄办理准噶尔蒙古赴藏熬茶事宜过程中移行往来文书而成的簿册，也是有关准噶尔问题的专档之一。从档案所用文字上看，如前所说，由于准噶尔蒙古派使赴藏熬茶一事牵扯到边疆和民族事务，其派往办理防务、接应及护送等事务的官员又系满蒙官员，因而所形成的档案全部用满文写成。从文书种类上看，《熬茶档》包括皇帝颁发的谕旨，办事大臣呈递的奏折及其相互间所行咨文，办事大臣转抄准噶尔首领噶尔丹策零等致达赖喇嘛、班禅额尔德尼及西藏各大寺庙住持的信函及达赖喇嘛、班禅额尔德尼、西藏各大寺庙住持等回复噶尔丹策零等人的信函，准噶尔熬茶使在藏各大寺庙熬茶布施所用银两及噶尔丹策零与达赖喇嘛、班禅额尔德尼等互赠礼品清单等。如果单从文书种类上分析，《熬茶档》包含的文种有些是十分罕见和独特的，像准噶尔首领与西藏宗教领袖达赖喇嘛、班禅额尔德尼间的往来书信，尤其是准噶尔首领与西藏各大寺庙住持间的往来书信，在清代档案中是很少见的，因此这部分档案弥足珍贵。

存留至今的《熬茶档》仅有7册，黄色封面，其封面上书有档案名称及其起止时间，毛装，其中4册大开本，横29厘米，纵40厘米，厚度约在4厘米左右，另有3册小开本，横26厘米，纵30厘米，厚度约在1厘米左右，小开本的3册与大开本4册中的第四册内容相同，因此内容不重复的只有4册。此外，与大开本第四册内容重复的小开本3册档案，存放在军机处满文《准噶尔档》卷内，若单纯从档案目录上看，则很难发现，笔者也是偶然发现的。《熬茶档》的起止时间为乾隆五年（1740）五月至乾隆十三年（1748）四月，共200余件，1400余页，译成汉文约计20余万字。《熬茶档》簿册全部存于中国第一历史档案馆，而其他保存有清代档案的如西藏档案馆、台北故宫博物院等处则不见有此项档案。《熬茶档》形成至今已有260余年，历经沧桑，破损较为严重，纸张也非常酥脆，所幸文字部分尚较完整，如果加以修复，无碍于利用。以往由于文字的关系，《熬茶档》基本未被外界利用过，翻阅近些年出版的有关西部蒙古研究著作《卫拉特蒙古简史》《卫拉特蒙古史纲》《和硕特蒙古史》《土尔扈特部落史》等，还鲜见有学者利用此项档案进行研究。

二、《熬茶档》所反映的内容

《熬茶档》记录了乾隆五年（1740）到乾隆十三年（1748）间，准噶尔部三次派使熬茶的全过程。第一次是在乾隆五年（1740）到乾隆六年（1741），第二次是在乾隆八年（1743）到乾隆九年（1744），第三次是在乾隆十二年（1747）到乾隆十三年（1748）。准噶尔熬茶使在其中一次半道由西宁返回，两次则深入西藏腹地，完成了所担负的熬茶使命。《熬茶档》所反映的内容大致可分为以下六个方面：

（一）获准熬茶

准噶尔部首领三次以不同理由向清帝奏请准许派使赴藏熬茶，第一次是噶尔丹策零以五世班禅额尔德尼圆寂需作佛事为由，奏请乾隆帝准许遣使入藏，向已圆寂的班禅额尔德尼进献布施；第二次是噶尔丹策零以其父策旺阿喇布坦亡故，奏请派使赴藏为其父作法事；第三次是准噶尔部新袭首领策妄多尔济那木扎勒以其父噶尔丹策零亡故，奏请派使赴藏为其父作法事。准噶尔部首领的三次请求，在清政府看来，虽属过分，且操作起来颇为费事，但经乾隆帝权衡利弊，斟酌再三，还是颁旨同意了其请求。在《熬茶档》中，只是提到准噶尔部首领曾向乾隆帝奏请遣使赴藏熬茶，具体过程不见记载，据推断其详细过程应记录在军机处满文《夷使档》中。

（二）拓展边卡，加强防务

准噶尔蒙古派使赴藏熬茶，有着极其复杂的历史背景。简单来讲，清入主中原之后，远在西域的准噶尔部起初时与清政府基本保持和平交往，随着噶尔丹势力的增强，准噶尔与清政府之间的关系曾一度转为以战为主的关系，噶尔丹兵败之后，准噶尔汗国陷入困境，而发展到噶尔丹策零统治时期，准噶尔汗国日益强盛，与清政府保持时战时和的状态，雍正十一年（1733），准噶尔部兵败额尔德尼召之后，开始连年遣使进京，请求开放肃州等地的贸易。乾隆帝是在双方关系缓和的情况下，才准许准噶尔部派使赴藏熬茶的。另外，准噶尔蒙古进藏，对清政府来说，始终是个敏感问题，因为准噶尔蒙古策旺阿喇布坦当政时期，为了控制拉萨以号令众蒙古，曾经派兵侵扰西藏，占领拉萨，直到三年后才被清军赶出西藏，因此，无论是清政府还是西藏当地的僧俗显贵，都对准噶尔部派使进藏持有戒心。

正是基于这两点，乾隆帝尽管同意准噶尔部派使进藏熬茶，但在防务上却要做些周密部署，一是拓展青海境内的卡伦并清道，即将原设卡伦外移，移往便于瞭望联络之地，而准噶尔来使路经地方驻牧之青海蒙古，须先妥加迁移，不得与熬茶使等见面，以防私下贸易。举例来讲，准噶尔第二次遣派熬茶使时，将原先西宁至依克柴达木、得卜特尔所设13处卡伦，往远处拓展至哈济尔。皂哈班哈柴达木等卡伦，原先只有蒙古兵驻守，而此时则加派西宁总兵所属绿营兵 100 名，增补驻守卡伦。二是在青藏交界地方驻守重兵，以防不测。防守阿哈雅克、腾格里淖尔路，喀喇乌苏、达木、羊八井、纳克桑等地，要派兵 6000 名，由扎萨克头等台吉珠密那木扎勒率带驻守；防守如托克努热路，公珠尔默特车布登率兵五千名驻守阿里克地方，阿里克地方倘有不虞，则要调往喀喇乌苏等地所有 6000 名兵丁，且将藏贡布达克布所备 4000 名兵丁调往喀喇乌苏，以作应援。喀喇乌苏等处驻兵若有不虞，则由阿里克 5000 名兵丁内抽调 2000 名、藏贡布达克布所备 4000 名兵丁作为应援，以期牢固。

（三）委派官员，分工负责

准噶尔部首领奏请派使赴藏熬茶，乾隆帝准许派 300 人赴藏，人数虽不为多，但由于各种历史渊源关系，清政府对此事给予了足够的重视，乾隆帝专门由京派理藩院侍郎玉保远赴青海，料理拓展卡伦、与来使沟通联络、接济粮草牲畜、招商贸易等事务；委派凉州将军乌赫图专门负责伴送准噶尔熬茶使，担负防卫之责，凡贸易、熬茶、行路、住宿，始终影随来使；谕令驻藏大臣纪山、索拜等作好西藏境内的防务，尤其是熬茶使在藏期间的住宿、出行、熬茶、粮草供给等等。从档案反映的情况看，郡王颇罗鼐在筹办防务和粮草的问题上是很积极的，在与熬茶使谈话或交涉过程中也完全遵行乾隆帝的旨意，表明当时清政府对西藏地方的统治已很稳固，西藏地方政权对中央政府的服从也是绝对的。

（四）筹措牲畜，接济粮草

我们知道，当时准噶尔的中心地域伊犁地区离西藏路途遥远，外加熬茶使还要携带大量货物，因此准噶尔人乘骑的骆驼、马匹等是很难顺利到达西藏的，但凡行抵青海，牲畜之疲瘦，就很明显。因此在准备迎接准噶尔第二次所派熬茶使时，虽于东科尔地方备有马驼，然考虑东科尔距卡伦有两千余里，立即赶往，不便替用，故由东科尔所备马驼中抽出马 800 匹、驼 400 峰，在侍郎玉保及西宁绿营兵前往卡伦时即行赶往，在卡伦附近精心牧放。倘若使臣等从卡伦即行进藏，即由将军乌赫图、侍郎玉保查明使臣等骑来马驼，酌情给换。此外，在喀喇乌苏、拉萨等地都备有马畜、粮草，以备接济。

(五) 招商贸易，伴送熬茶

准噶尔来使赴藏熬茶，需要先将货物在青海东科尔等地出售变现，然后再带着银两赴藏熬茶，从熬茶使进献各寺庙的布施看，除少量礼物外，份额较重的还是黄金和银两，而这些金银基本都是在青海地方出售所带皮张等物获取的，因此，贸易就成为熬茶使赴藏途中的一个重要环节。而从准噶尔部角度讲，是很看重此项贸易的，单从数量上看，准噶尔人带来的货物是比较多的，熬茶使第三次来时，声称所带货物价值30万两银，贸易进行到一段时间，售出的皮张即有“灰鼠皮一万六千八百四十张、狼皮五千六百九十六张、羊羔皮八万九千三百五十二张”（乾隆十二年十月玉保奏折），可见贸易量之大。为了收购准噶尔人所带货物，东科尔等地的官员广招商贾，与准噶尔人进行交易，东科尔城一时商贾云集，生意兴隆，呈现一派繁荣景象。

准噶尔来使前往西宁附近塔尔寺等寺庙，西藏拉萨三大寺、甘丹寺、后藏扎什伦布等寺庙熬茶，负责伴送的将军乌赫图都派官兵随行，既要保证来使安全，又要防止来使另有企图，探取青藏地区情报，或私下与蒙藏人众交流，同时要获取准噶尔来使熬茶过程中的各种细节，然后奏报皇帝，像准噶尔首领噶尔丹策零致达赖喇嘛、班禅额尔德尼及各大寺庙住持的信件内容，熬茶使布施银两数目，都要一一记录。可以说，准噶尔熬茶使的一举一动，都在清政府的严密监视和掌控之中。

(六) 结算经费，嘉奖抚恤

准噶尔人入藏熬茶，清政府需要遣派官兵伴送、拓展卡伦防守、备办牲畜粮草接济，所有这些，无一例外都要耗费银两，因此在每次熬茶之后，有关官员都要奏销所用过的钱粮。另外，在办理准噶尔熬茶事务的过程中，诸如郡王颇罗鼐、那克树三十九族人众等，奋力备办牲畜、粮草，因此在事后也要降旨豁免钱粮或奖励，台站出力官兵则要给予物质上的奖励。此外，由于勘察行进路线，尤其是勘察水草，头等侍卫达赖未及进藏便在青海病故；护军参领马进泰由藏返回时，也因高原反应，患肺气肿亡故，乾隆帝不仅谕令将他们的尸骨运回京城，而且赏银抚恤。可见准噶尔熬茶之事，备受乾隆帝重视。

三、《熬茶档》的特点及其研究价值

1.《熬茶档》的特点

中国第一历史档案馆所藏军机处满文《熬茶档》，作为清廷安排准噶尔熬茶使赴藏熬茶过程中形成公文的汇抄本，仅从内容上分析就有三个特点：

一是丰富多样，不仅反映清政府对熬茶的操纵过程和掌控程度，而且也反映蒙藏民族彼此间的关系，像达赖喇嘛、班禅额尔德尼与噶尔丹策零等人间往来信件的内容，恐怕很难在其他史料中见到。

二是系统全面，《熬茶档》是一种专档，汇抄了准噶尔派人到京请求派使赴藏熬茶，得到清廷允准，清廷专派官员远迎，一路护送贸易、熬茶过程中形成的各类公文文书，因而能够反映整个事件的全过程，是任何一种单一文种档案所无法比拟的。

三是向未公布，《熬茶档》是久藏宫闱、尚未公之于世的一项档案，其内容偶见于宫中《满文朱批奏折》，军机处《满文录副奏折》《满文上谕档》等，但由于这些档案从未编辑出版，且文字为满文这一特殊性，史学界几乎未曾利用过这部分档案。汉文史料诸如清代官修史书《高宗实录》《平定准噶尔方略》等，对准噶尔赴藏熬茶事宜虽有涉及，但篇幅都非常简短，寥寥数笔，一带而过，只能反映历史上曾有此事，根本谈不上详细。也许正是史料的匮乏，史学界对这段历史的研究尚不深入，专门研究的论著至今不多见。

2.《熬茶档》的研究价值

《熬茶档》作为记录清代准噶尔蒙古派使赴藏熬茶事件的原始档案，所承载的资讯是十分丰富的，夸张点讲，仅就准噶尔蒙古派使赴藏熬茶事件的过程，我们几乎可以拿档案内容还原历史的原貌。因此仔细分析这一珍贵历史档案透露给我们的信息，对研究乾隆初期准噶尔史乃至于西北、西南民族、边疆、经济、文化、宗教，都有十分重要的作用，不妨在以下两方面作些分析：

一是可以拓宽准噶尔史的研究领域。民族史研究尤其是准噶尔史研究，在以往研究中，人们往往更注重于准噶尔与清廷、准噶尔与喀尔喀、准噶尔与西藏的军事冲突，而对准噶尔的经济发展、宗教文化、与其他民族的交往，尤其是准噶尔与清廷保持和平交往时期的研究就略显不足。《熬茶档》反映了清廷为了羁縻“外藩”，笼络准噶尔上层贵族，保证西北边陲的安宁，允许准噶尔派使赴藏熬茶，携带货物贸易，并为此提供一切便利条件；而从准噶尔方面来讲，赴藏熬茶，对信奉藏传佛教的蒙古人来说是一项经常性的、重要的宗教活动，双方关系的缓和为赴藏熬茶提供了前提条件。此外，康熙、雍正年间以来时战时和，准噶尔地区经济受到重创，需要与内地进行交流贸易，以促进自身经济的发展。乾隆初年准噶尔蒙古在青海的三次贸易、西藏的两次熬茶，就是在这种社会背景下产生的。因此我们说，准噶尔部派使赴藏熬茶事件所折射出的当时的社会背景、社会发展状况、经济发展状态、民族交往关系、宗教文化、军事部署、交通台站、货物贸易、自然环境等方面的资讯，均可帮助我们拓宽研究领域。

二是可以细化准噶尔史的研究。《熬茶档》的内容不仅反映了准噶尔部派使赴藏熬茶事件的全过程，而且具体到每个环节，所反映的内容也很细致入微，从驻哈密办理回子事务员外郎噶木布等呈报准噶尔熬茶使抵达哈密，侍郎玉保、将军乌赫图等接应伴送，安排贸易熬茶，办理牲畜粮草，涉及内容极为繁杂。在三次迎往送来的过程中，清廷所派官员与准噶尔来使间的谈话，既反映了各自的要求和观点，也表现了相互间的谈话艺术，读来别有情趣。特别是记录准噶尔部首领与西藏宗教人士间的书信往来，以及准噶尔熬茶使在青海、西藏各大寺庙熬茶布施银两物品的具体数目，是非常难得的。通过档案分析，即使在当时，这些内容也是很难得到的，清廷在不为准噶尔人知觉的情况下，秘密与各大寺庙住持联系，极为隐秘地采集情报。同样，准噶尔熬茶使也担负探取情报的使命，因而才有准噶尔熬茶使借出痘不让伴送人等一同进入寺庙等方面的记录。纵观《熬茶档》内容，在和平交往这一大的主题下，清廷与准噶尔间的相互戒备防范是无处不在的。正是记录这种错综复杂、矛盾交织关系的档案史料，不仅开阔了我们的眼界，还为我们拓展了延伸思路的空间，使我们能够捕捉到历史上的各种信息，从细微之处入手，细化准噶尔史的研究。

沈阳故宫满汉文档案研究

始建于入关之前清太祖努尔哈赤和太宗皇太极时期的沈阳故宫，是北京故宫之外仅存的皇宫建筑群。沈阳故宫建筑的修建，主要分为两个阶段进行。入关前修建了分别以大政殿和崇政殿为组群的建筑，用于政务和起居。从顺治到雍正末年的百余年里，其建筑规模和格局，并无太大变化，重大翻修增建工程都是在乾隆年间进行，增建的有中路的东、西所建筑，以及西路建筑，从而形成了目前我们所见到的格局。

中国第一历史档案馆保存有 1000 万件明清时期的满汉文档案，其中不乏有关沈阳故宫的档案资料。沈阳故宫在清代具有非同一般的地位，因此其宫廷活动、日常管理、建筑修缮等方面的情况，在中国第一历史档案馆保存的清朝中央国家机关的满汉文档案中都有所反映，特别是在乾隆朝满文档案中记载得更为丰富翔实。这些珍贵的历史档案，由于各种历史原因，目前公之于世的尚属无多，不能不说是沈阳故宫历史研究的缺憾。所幸的是，2003 年，辽宁省档案馆等多家单位合作，编译出版了《沈阳故宫和关外三陵档案》(辽宁民族出版社，2003 年)，辑录了《盛京内务府》等全宗的档案，对沈阳故宫历史研究带来极大帮助。与目前已经公布的档案史料相比，中国第一历史档案馆保存的未曾出版的满汉文档案中有关沈阳故宫档案，无论从数量上，还是从内容上来讲，均有其不可替代之处，开发和利用这些珍贵档案，对深入研究沈阳故宫的建筑及其历史，都具有独特的作用和意义。

一、档案形成及现状

1644年，清军入关，定鼎中原，沈阳故宫以此为界成为陪都，时称盛京宫殿。关外作为清朝的肇基之地，始终受到清统治者的格外关照，而沈阳故宫作为清太祖、太宗时期精心兴建的皇城，更是受到清统治者的极度重视。清帝迁都之后，设盛京总管负责掌管盛京地方军政大权，后于康熙四年（1665）设奉天将军，乾隆十二年（1747）设盛京将军，下设盛京五部，延续至清末。最初还设有盛京上三旗包衣佐领直接管理陪都宫殿，复于乾隆十七年（1752）改设盛京内务府总管，仿照北京的内务府下设广储司、都虞司、掌仪司、会计司、营造司、庆丰司、档案房、三旗制造库、三旗牛录处、内管领处等机构，其总管大臣由盛京将军兼任。盛京内务府官员任命、事务处理等各项事宜，均需报请京城内务府。

众所周知，清朝是中国历史上以满族上层为主体联合其他民族上层建立起来的封建专制政权，是中国封建社会的最后一个王朝，历时290余年之久。有清一代，满语乃其国语，管理宫廷和陵寝事务官员是不能随意用汉文缮写奏折的，而是用满文缮折奏事。外加盛京将军多系满蒙大臣，或直接由宗室担任，下属机构官员亦多系满族，因此，其往来文书多用满文书写，故而保存至今的有关沈阳故宫档案相当一部分为满文档案。

中国第一历史档案馆保存的内容涉及沈阳故宫的档案，从全宗上看，主要见于内阁的《满文老档》《内国史院档》《起居注》《题本》《史书》《八旗世袭谱档》《会典》，军机处的《上谕档》《录副奏折》《月折档》《随手档》《黄册》，宫中的《朱批奏折》《奏片》《谕旨》《御制诗文》，内务府的《奏销档》《活计档》《陈设册》《膳底档》《杂录》《舆图》等。从文种上看，有下行文书，即皇帝的谕旨诏令，军机处的寄信；有平行文书，即咨文、移会、照会；还有上行文书，题本、奏折、呈文等等。从文字上看，既有汉文档案，又有满文档案。从文书形式看，既有折件，又有簿册，还有更直观的舆图。由于这些档案属于中央机构的档案，其文种多为上行文书，就是说多为地方官员的奏折或呈文。而保存于辽宁省档案馆的有关沈阳故宫档案，根据辽宁民族出版社出版的《盛京宫殿和关外三陵档案》一书分析，其所辑录档案主要来源于盛京内务府、黑图档、奉天省长公署、兴京县公署等全宗。文书种类有下行文，如内务府札行盛京佐领；平行文，如盛京工部咨行盛京内务府；上行文，如盛京佐领呈文内务府。由于盛京宫殿设有专门的管理机构，具有特殊的管理制度，因此有关沈阳故宫的档案亦颇具地域特色，即其处理沈阳故宫日常事务的文件，多为盛京内务府与盛京五部彼此间的行文，总管内务府札行盛京内务府或盛京五部的档案则在其次，盛京将军咨行盛京内务府的档案则更少。

中国第一历史档案馆与辽宁省档案馆所存有关沈阳故宫档案比较，其最大的差异有两点：一是中国第一历史档案馆所存档案数量庞大，所含资讯更丰富，诸如中国第一历史档案馆所存《盛京照常节次膳底档》《陈设册》《舆图》，都是辽宁省档案馆所存档案中所不见的。二是辽宁省档案馆有关沈阳故宫档案已经整理编译出版，便于研究者利用，而中国第一历史档案馆所存有关沈阳故宫档案，可散见于已经出版的宫中《朱批奏折》，军机处《上谕档》《随手档》，内务府《活计档》等，其不曾出版的则分散于不同全宗、不同文种，查找利用较为困难，从利用者的角度来讲，极为不便。中国第一历史档案馆与辽宁省档案馆所存有关沈阳故宫档案之间的差异，造就了二者各自不同的优势，即中国第一历史档案馆所存档案在时间跨度和宏观上更具参考价值，而辽宁省档案馆所存档案则在地域和微观上更具参考价值，只有对两地档案进行综合研究，才能全面深入地开展对沈阳故宫的研究。从目前保存情况看，这些档案虽然历经沧桑，但尚属完好，基本能反映沈阳故宫的历史沿革，可谓是当今学者和文物、档案界的一件幸事。

二、档案主要内容

反映清代沈阳故宫历史的档案，起始于清太祖天命年间，止于宣统年间。纵观整个清代历史，无论是后金时期，还是在入主中原之后，盛京宫殿始终受到清廷的着力经营。因此，有关盛京宫殿事务或建筑等方面的档案内容相当丰富，大致可分为以下七个方面：

（一）后金时期的盛京宫殿

伴随政治、军事、经济势力的发展变化，后金政权曾在关外三易其都，即后来定名的赫图阿拉兴京城、辽阳东京城和沈阳盛京城，史称关外“三京”。赫图阿拉时期的衙署殿堂，不过是草房、瓦房而已。而辽阳东京城的衙署殿堂，已铺有黄绿琉璃瓦，在规制、功用、建材上已较赫图阿拉时期有很大飞跃。天命十年（1625）迁都沈阳，天聪五年（1631）拓建，更名盛京。

那么，探究后金时期盛京宫殿的原始面貌，最具说服力的莫过于现存中国第一历史档案馆、展现300多年前盛京城古朴风貌的《盛京城阙图》。这份盛京城示意图，绢本，白描，宫殿、王府名称以满文标注，城门、寺庙、奉天府等以满汉文标注，实图为110×128厘米见方，是目前所能见到的最早的沈阳城阙、宫殿图。图中所绘盛京城为方城，四座角楼，八座城门，街巷呈“井”字形。城中绘有汗宫、十一座王府、六部衙门、都察院、理藩院、寺庙等。宫殿建筑自南而北有大清门、崇政殿、凤凰楼、清宁宫，“大衙门”和“八旗亭”位于其东侧。该图宫殿琉璃瓦黄绿相交、王府灰色瓦顶，等级森严。《盛京城阙图》是一份难得的研究盛京宫殿早期历史的珍贵史料，但作为一份几百年前的古地图，其缺憾是未标比例尺及坐标，以及绘制缘由、时间和绘制者姓名。学者以图中所绘宫殿部分并无乾隆十年（1745）以后增建的中路，以及康熙、雍正年间编制《天下舆图总目》中不见有《盛京城阙图》，而乾隆二十六年（1761）阿里衮等依据内务府舆图房所存舆图编制的目录《罗图荟萃》，则录有《盛京城阙图》为根据，确定该图成图下限应在乾隆十年前。至于更具体的时间界定，尚待更多史料的发掘。

有关盛京地方的舆图，根据《罗图荟萃》记载，在清代尚有《盛京图》《京城至盛京营道图》《盛京蒙古索伦等处图》《盛京至朝鲜图》《盛京凤凰城至朝鲜道里图》《盛京至琼州海图》等，仅从名称上分析，所有这些舆图即与盛京宫殿关系无多。而现存台北故宫的《盛京五路图》亦并无反映盛京宫殿的内容。因此可以相信，《盛京城阙图》是描绘清前期盛京及皇宫面貌的唯一一幅古地图。中国第一历史档案馆现存内务府全宗的《盛京宫殿房间地盘图》《盛京宫殿全图》和军机处全宗的《盛京宫殿全图》，绘制时间均晚于《盛京城阙图》。

（二）后金时期的盛京宫廷事务

天命十年，努尔哈赤迁都沈阳，居住于《盛京城阙图》所标位于城北的“太祖所住之宫”，以位于明沈阳中卫城东南的大衙门和八旗亭为办公场所，一年多后努尔哈赤去世。皇太极即位，御大政殿，直到顺治元年清军入关，盛京宫殿都是后金政权核心所在地。研究这些发生在300多年前的历史，有一现象值得注意，那就是要更多地依赖满文档案。

后金时期努尔哈赤命额尔德尼和噶盖借用蒙古文字母创制老满文，皇太极命达海创制新满文，因而清前期的公文普遍使用满文。早期的满文档案存留的并不多，《满文老档》和《内国史院档》是目前所能见到的保存比较完整系统的满文档案。《满文老档》又称《无圈点老档》《旧满洲档》《老满文原档》。《满文老档》是用无圈点满文记录清入关前各项活动的编年体簿册，起自明万历三十五年（1607），止于清崇德元年（1636）。原档40册，现存台北故宫博物院，中国第一历史档案馆保存有乾隆四十至四十二年间用无圈点和有圈点满文重抄的草本、正本各两套，每套26函，180册。《满文老档》反映努尔哈赤征灭女真各部，建立后金政权，对明战争，皇太极即位，深入关内，屡挫明师，以及满族社会组织、八旗制度、经济发展状况、宫廷生活等内容。《内国史院档》是记录清入关前及顺治朝各项活动的编年体簿册，起自天聪七年（1633），止于顺治十八年（1661）。天聪、崇德朝的档案，或一年为一册、或数月为一册；顺治朝的档案，每月为一册，共122册。内国史院设于崇德元年，职责是为纂修国史积累材料。《内国史院档》辑录的满文档案，反映清入关前和入关后的政治、军事、经济、宗教活动，宫廷及八旗事务等内容。

（三）盛京宫殿的维修及增建

从康熙五年至清末，盛京宫殿曾多次进行维修或扩建，从时间上推算，似乎都与清帝东巡有关系。康熙帝第一次东巡是在康熙十年（1671），盛京内务府《黑图档》恰恰记载康熙五年开始对盛京宫殿进行维修。康熙帝三次东巡前后，清宁宫、凤凰楼、大清门、崇政殿、牌楼、鼓楼等处均经修缮。康熙年间的修缮属于必要的建筑维护，依然保持了初建时的规模和格局。

乾隆即位之后，凭借政治上的稳定和经济上的繁荣，对位于盛京的“王迹肇基之地”的“陪都宫殿”，倾注了较多的关注，进行了大规模的修缮和扩建，工程相比之下要比康熙年间的修缮复杂得多。乾隆初年，先是对大政殿、十王亭、宫殿、永陵、福陵、昭陵进行了修缮。乾隆八年（1743）乾隆帝第一次东巡谒陵之后，特意降旨维修盛京宫殿，增建了中路的东、西所建筑，即清宁宫东侧的颐和殿、介祉宫、敬典阁，西侧的迪光殿、保极宫、崇谟阁、继思斋；凤凰楼前的日华、霞绮二楼，师善、协中二斋等。乾隆后期，则增建了西路建筑，即戏台、嘉荫堂、文溯阁、仰熙斋等。经乾隆年间扩建改建，形成沈阳故宫东、中、西三路的新格局，直至清末未见改变。乾隆年间扩建修缮过程，详见于军机处满文档案。乾隆元年（1736），盛京内务府掌关防佐领巴格奏请俟永陵、福陵、昭陵修缮工竣再修缮宫殿获准。根据军机处录副奏折，乾隆二年（1737），内务府稽查盛京事务吏科给事中广明在其奏折中称：“大政殿系太宗文皇帝办理朝政之所，现在恭设旧有御座龙床，文武大臣官员每月朝期上朝仪同京师，因年月已久，垣墉不整。现今内务府请修宫阙，因大政殿暨左右朝房系工部管理，内务府未经奏请，仰祈敕部料估重修。”此次工程，仅大政殿和朝房十间换瓦油彩，料估用银“二万五千七百五十四两四钱余”，这还不算陵寝和宫殿的修缮费用，可见工程之大，投资之多。接而进行的工程，学者一般认为是始于乾隆十一年（1746）的盛京宫殿扩改建工程，即中路的东、西所建筑工程。满文档案明确记载该工程始于乾隆十年（1745），耗时四年完工。乾隆后期增建西路建筑，则始于乾隆四十三年（1778），乾隆四十八年（1783）竣工，经有五年。而盛京宫殿的维修工程，根据档案记录，始终在断断续续地进行，只是修缮殿宇不同、工程量大小不同而已。

（四）盛京宫殿的陈设库贮

盛京宫殿原陈设物品，存留至今的并不算多，使今人难以窥其原貌，但通过现存档案，仍可作些了解。清前期的陈设日用，并无专档记录，唯有《满文老档》《内国史院档》中有所反映。其入关后陈设物品的内容，除散见于总管内务府与盛京五部、盛京佐领间的往来文移外，比较集中的有辽宁省档案馆所存《黑图档》《飞龙阁存贮器物清册》《翔凤阁存贮器物清册》《西七间楼恭贮书籍墨刻器物清册》，中国第一历史档案馆所存《盛京库贮及行宫陈设等项陈设清册》《飞龙阁恭贮器物清册》《翔凤阁恭贮器物清册》《盛京宫殿陈设并各行宫陈设清册》《盛京东七间楼恭贮瓷器清册》《盛京宫殿行宫楼阁缺失陈设器物清册》《盛京内库原贮不堪用器皿等项清册》《奉旨送往盛京陈设册》等。此外，历任盛京将军的奏折，亦能反映盛京宫殿陈设情况，如“查看各朝所遗仪仗服饰陈设”、“查盛京藏御用衣冠甲胄完好”、“查盛京清宁宫祭祀物品”等内容的奏折，既反映出陈设物品种类及变化，也记录了收贮物品的完好程度。从文书制度上讲，各类陈设册应属呈文及奏折的附件，但因年代久远及档案的归类，现在的陈设册均与奏折分离，其进呈原因及时间，因而变得扑朔迷离，对利用者来说，不能不说是一件憾事。

(五) 盛京宫殿的御玺、秘籍

盛京宫殿尊藏《圣训》《实录》，始于乾隆初年，起先收贮凤凰楼，乾隆末年移至崇谟阁收藏，至光绪年间，崇谟阁内共贮有清太祖至德宗共十朝皇帝的满文、汉文《实录》1513包，《圣训》380包，总计近10000册。崇谟阁还存有乾隆朝重抄的无圈点和有圈点《满文老档》两套，每套26函，180册。《玉牒》与《实录》《圣训》同年送至盛京，藏于新修的敬典阁，至清末共藏《玉牒》黄档152包、红档235包。乾隆十一年移送盛京的十方宝玺亦藏于凤凰楼。康熙年间所修《古今图书集成》576函、5020册，乾隆年间编纂的《四库全书》6144函、3600多册则藏文溯阁。有关移送、恭藏《玉牒》《实录》《圣训》等秘籍的档案为数不少，中国第一历史档案馆所存宫中朱批奏折，军机处录副奏折、上谕档中，无论是汉文档案，还是满文档案，多有涉及此内容的档案。内务府陈设册《盛京总管内务府崇谟阁尊藏实录圣训总册》《盛京总管内务府文溯阁恭存书籍数目总册》，辽宁省档案馆所存《黑图档》《崇谟阁尊藏总册》《敬典阁尊藏总册》等同样是沈阳故宫历史研究可资借鉴的历史资料。

(六) 盛京宫殿的物品来源

从《满文老档》《内国史院档》分析，清前期宫廷所用，主要来源于战争掠夺，其次为自己制造，再次为来投蒙古等进献。而盛京宫殿收贮大量字画、书籍、器物等方面的内容，多见于乾隆以后的档案。乾隆年间盛京宫殿改建扩建，为收贮各类物品创造了条件。

辽宁省档案馆所存各类拨送清册等档案记载，从乾隆八年开始，由京城运送大批物品至盛京宫殿，少则数件，多则上万件，内务府《奏销档》中即有乾隆四十四年九月二十五日送往盛京的康熙、雍正、乾隆朝瓷器10万件的记载。这些由京城运送的物品，多出自内务府所属各个机构，譬如造办处，武英殿修书处、承办四库全书事务处、国史馆等。其中，造办处是清宫内务府所属负责制造皇家御用物品的专门机构，承担制造、修理和收藏，前后有各类专业作坊60余个。

中国第一历史档案馆现存造办处《各作承做活计清档》1000余册，许多专为盛京宫殿制造的物品，其制造起因、过程、运送，遣派工匠等，往往在《各作承做活计清档》中有所反映。《各作承做活计清档》始于雍正元年（1723），止于宣统三年（1911），乾隆七年以前，尚无专为盛京宫殿制造物品的记录，然从乾隆八年开始，造办处奉旨制造送往盛京的各类物品日渐增多，甚至于盛京宫殿工程所用银两数目，亦见其中。不妨在此选录其中一段，“乾隆十年六月初三日，员外郎常保将画得盛京宝座上坐褥纸样一张、足踏纸样一张持进，交太监张玉、胡世杰转呈御览，奉旨，着交造办处做黄地行龙妆缎坐褥一件，天鹅绒面黄缎刷子足踏一件。钦此。于七月十四日催总五十八将做得妆缎坐褥一件、天鹅绒足踏一件交常保带往盛京去讫”。据此，尽可窥其一斑。

（七）盛京宫殿与清帝东巡

清入关之后，因盛京系清廷的肇兴之地和先祖陵寝所在地，曾有4位皇帝先后10次东巡谒陵，其中，康熙帝3次，乾隆帝4次，嘉庆帝2次，道光帝1次。盛京宫殿则作为“陪都宫殿”，乃为清帝东巡谒陵驻跸之所。清帝东巡谒陵，无一例外要在盛京宫殿举行瞻仰、宴赏、祭祀活动，为了活动的方便，每次都要对盛京宫殿进行一定规模的修缮，甚至于增建。开始于乾隆十年的扩建工程，就是缘起于乾隆八年的乾隆帝东巡。乾隆八年九月，乾隆帝奉皇太后钮钴禄氏东巡至盛京，环视盛京宫殿，深感陪都的宫殿较北京的紫禁城过于简陋狭小，行动多有不便，故而决定修建中路建筑，即满文档案中所称“敬典阁并宫殿配楼各项工程”，据此足证盛京宫殿的建筑修缮或扩建与清帝之东巡密不可分。故而可以说，盛京宫殿的建筑，因有清帝的东巡，才得到了很好的保护。

至于清帝在盛京宫殿活动的档案，较盛京宫殿建筑方面的档案要少得多。《起居注》《黑图档》不失为研究清帝东巡的珍贵史料，亦有学者曾经研究利用，但像内务府茶膳房《盛京照常节次膳底档》等档案，相关研究成果中尚未见有利用。《盛京照常节次膳底档》是记录清帝东巡期间所用膳食的专档，对皇帝用膳的时间、次数、地点，菜肴名目都有非常详细的记录，但其内容绝不仅仅局限于膳食。如乾隆四十三年“八月二十四日寅正三刻请驾，祭昭陵毕，卯正二刻至法轮寺更衣进早膳，辰初二刻驾幸盛京城宫，进大清门，至崇政殿升正宝座，送奶茶，赏人奶茶，系茶房总管首领太监等伺候。赏人奶茶毕，驾还宫内，至凤凰楼底下殿神前拈香行礼毕，次谒清宁宫佛前、祖宗前、皂君前拈香行礼毕”，这段档案既反映了皇帝活动的时间，又反映了皇帝活动的地点、内容，是研究清帝东巡最直接的档案史料。

三、沈阳故宫档案的价值及其作用

档案是人们从事社会实践活动的原始记录，是研究历史十分珍贵的史料依据。从目前已看到的沈阳故宫满汉文历史档案分析，其特点有四：一是时间跨度大，从清初天命年间直至宣统年间；二是满汉文兼有；三是除文书档案外还有更形象直观的舆图，四是既有中央档案又有地方档案。沈阳故宫历史档案的这些特点，决定了其价值所在，即可以系统详尽地反映沈阳故宫在清代的整个历史变迁，而其他官修史书或私人笔记，虽对沈阳故宫有所涉猎，但其详密程度均不及档案。我们翻阅清代所修各朝《实录》，对待同一事件，或略而不录，或录而过简，只有档案，因在形成过程中围绕某一历史事件来往行文，往往形成数件，甚至十几件或上百、上千件公文，可自成体系，故而能够全面反映历史事件发生的起因、发展过程以及结果，是任何史料所无法替代的。

沈阳故宫历史，向为史学界所重视，目前所见学术成果，可谓丰硕。通观已有著述，似乎利用官修史书或私家著述更多些，对档案的利用尚不够充分，辽宁省档案馆相关档案的编译出版，大大便利了学界利用研究。但中国第一历史档案馆所存有关沈阳故宫档案，大部分仍沉寂于库房之中，其利用率较高的汉文朱批奏折、录副奏折等，在沈阳故宫研究成果中利用得也不多，像《各作承做活计清档》《盛京照常节次膳底档》等至今未见有人利用。至于满文档案，由于文字的关系，利用者更是寥寥无几。由此可见，如果对清代满汉文档案有计划地发掘利用，完全能够为沈阳故宫的历史研究提供新的资料，有助于解决以往研究中存在的疑难问题，推动相关研究工作更加深入系统地开展，并有助于拓宽研究领域。

清宫珍藏满文舆图

有清一代宫廷绘制、收藏的舆图，数量非常可观，目前仅中国第一历史档案馆保存的就有8000余件。清宫舆图包括地理图、作战图、山水图、名胜图、海防图、建筑图、交通图等等。这些舆图形式各异，既有彩绘图、也有刻本图，而且书写的文字也各有不同，既有汉文的，也有满文、蒙古文及藏文的，还有极个别外国文字的。汉文舆图在清宫舆图中占绝大多数，其次为满文舆图，约近300件(册)。满文舆图有纯满文，满汉合璧、满蒙合璧、满藏合璧、满俄合璧等文字形式。这些满文舆图的形成途经，主要有三种，一是清代在明代绘制的舆图上覆盖满文标签而成，二是清朝皇帝专门派人绘制收藏，三是地方官员在办理政务的过程中随奏章进呈的附图。其时间最早的为康熙年间，最晚的则至清朝末年。满文舆图内容极为丰富，既有世界性地图，也有反映明清版图的疆域图、行政区划图、巡防图、驿站图等。总体来讲，这些图绘制的年代不同、方法不同、繁简不同、精确度也不同，但对研究中国地图发展史、绘画史，尤其是对明清时期历史及疆域的形成、清代边疆史、民族史的深入研究，具有重要的价值。

我们现在所能看到的满文舆图，是在清代通行满文的过程中，用满文标注，并被保存于宫中的珍贵地图。具体来讲，满文舆图的形成及其特点有以下几个方面。

一、用满文覆盖的明代舆图及其特点

中国具有悠久的制作地图的传统，自古以来重视图不下于书，远在战国时期就有了图文并茂的《山海经》。从汉代开始，通称地图为舆地图，或简称舆图，并一直沿袭至明清时期。元、明时期，随着航海技术的不断发展和对外联系的日益增多，世界性的巨幅地图开始出现。现存中国第一历史档案馆的《大明混一图》《乾坤一统海防图》《明刻九边图》《九州山镇川泽图》《陕西通省边镇图》《明刻地舆图》，都是历经明末战乱，幸遇清初撰修《明史》，清帝下令在京各衙门及外省督抚各官府将有关明朝的档案图籍开送礼部，然后送至内院，以备纂修《明史》而得以保存下来的。其中全长3.86米，宽4.75米，彩绘绢本，绘于明朝初年的《大明混一图》，可以说是中国现存画幅最大，由中国人自己绘制的古代世界地图。清代将图中东起日本，西达欧洲，南括爪哇，北至蒙古的5000余个汉文地名，逐一用满文标签覆盖，使之成为标准的满文舆图。现存《大明混一图》，标题上所覆盖的满文标签写 dai ming guyun yi uherilehe nirugan，据意汉译应为“大明一统图”，查阅乾隆二十六年（1761）编制的造办处舆图房图目《萝图荟萃》，登记有“清字签一统大图一张”，据此推断，《大明混一图》在清代称作《一统大图》。

《大明混一图》上的满文标签，有以下几个特点，首先绝大部分系原来汉文标签的直接音译，譬如：辽宁地区的广宁、岫岩、熊岳、辽阳等，满文标注分别为 guwang ning、xiu yan、xing yo、liyoo yang。

其次是根据满语的语言特点，在汉文地名后缀加满语，如北镇医巫闾山，长白山等处的满文标注为 bei jen ni wu liol šan alin、cang baisan alin。辽河的满文标注为 liyao ho bira。

再次是在地名之外，在某些山川水域，附加一些注释性的标签，如鸭绿江旁标注 ya lu jiyang qi da ning de isitala juwe minggan uyun tangū ba（鸭绿江至大宁为两千九百里）：石磨道站标注 ubaqi annan gurun yi jecen de dosinambi（由此入安南国界）等。这些注释性的标签，完全是清代翻译明代原有签注贴上去的。

现存《陕西通省边镇图》在形式上与《大明混一图》如出一辙，也是在明代绘制的舆图上覆盖满文标签而成，但签注内容有所不同。该图除了音译山川城池、府州县治等地名外，贴有很多满文签注，这些满文签注或表示路程里数，或表示官弁兵额配置，许多签注明确写到明代如何驻兵、如何设置官弁。其中，表示路程里数的如：在 si hal（西海）标识迤西所贴签注写有 ere ba，geren aiman i mongguso amasi julesi yabure，u sy i jergi dzang de hafunara zugun（此地系蒙古各部往来行走，通往乌斯等藏之路）。在《陕西通省边镇图》中，类似表示路程里数的签注，从粘贴的方式及痕迹中，可以明显看出是明代所为，因此满文签注来源于明代汉文签注这点是无可置疑的。但图中反映驻兵人数、官员设置情况的满文签注，无论从粘贴方式，还是从内容上看，显然都属于清代所为，如：si ning ing de ming gurun i fonde sindaha dooli，fu jiyang、io ji、da ting、šeoubei、qiyandzong、bazung、wei、giyamun、šo i hafan juwan ninggun、giyamun i cooha、ing i cooha、ninggun minggan duin tanggu bihe，te sindaha duoli、fujiyang、da ting、zung giyun、šeobei、qiyandzong、bazung、giyamun i hafan zuwan ninggun、ing ni cooha、giyamun i cooha、emu minggan wuyunzu（明代西宁营曾设道员、副将、游击、大町、守备、千总、把总、卫、驿站、所等官员十六、驿站兵营兵六千四百，现设道员、副将、大町、中军、守备、千总、把总、驿站官员十六、营兵驿站兵一千零九十）。这条签注，说明了清代是参照明代布属兵力的做法，更加有效地部属自己的兵力。

由此可见，清代对明代舆图的改造，大致采用两种方法，一是覆盖内容完全相同的满文签注，如《大明混一图》的满文签注，完全照搬明代原有内容，清代只是意译而已。二是添补内容，像《陕西通省边镇图》，既覆盖相同内容的满文签注，又补充不同内容的满文签注，以便更加实用。可见清代改造明代舆图，目的还是古为今用。

《大明混一图》等清代改造的时代契图，由于年代久远的关系，所覆盖的满文签注有部分脱落，故原图签注的颜色及汉字清晰可见。

二、清代宫廷绘制的满文舆图及其特点

从明朝万历年间开始，西方国家耶稣会士相继来到中国，他们把当时欧洲的各种自然科学知识带入中国，其中就包括欧洲的地理学、测绘技术和制图方法。而真正利用欧洲的先进技术绘制舆图则始于清康熙年代。康熙四十七年（1708），清廷开始派遣包括来自欧洲的耶稣会士在内的大队人马奔赴全国各地，进行实地测量。据《明清史料》（丁编第八本）记载，"康熙五十二年四月二十九日，监视养心殿李秉忠、监视武英殿布尔赛等八人，西洋人费隐、单爻占、麦大成、汤尚贤往四川等九省去，列名绿头牌启奏，奉旨：布尔赛、李秉忠著派出四川、贵州、云南省。著布尔赛、西洋人费隐、单爻占去回来，从湖广省画江西、广东、广西省。著李秉忠、西洋人麦大成、汤尚贤去河南、江南二省画。去的官员如若画完，就从彼处往浙江、福建画去。再，云南、贵州、广西瘴气甚不好，去的人员于四月至八月正遇瘴气，暂且往别处去画，等待瘴气散的时候再画去。钦此。"清廷为这些派去的人配备了向导、仪器、马匹等必需品。由于这些人画的是全省府州县卫所舆图，需要走遍各个省的山山水水，因此在有些偏远不通驿路之处，还需动用军营的马匹，这点在兵部给车驾清吏司的咨文中讲得很清楚，"相应行文各该省督抚提镇，转行所属作速预备膘壮营马，俟画舆图各官一到，如无驿马之处，即照勘牌内马数拨给营马乘骑，毋致迟误可也。"[①]除了交通工具以外，清廷还因这些人需要绳量画图，命令各地准备绳锣、画匠、夫役等，全力支持绘图工作。正是在清廷的统筹安排之下，中外人士通力合作，在精确测量的基础上，历十年之久制成了康熙《皇舆全览图》。《皇舆全览图》的标注，长城以外地名用满文，长城以南直省地名用汉文。

康熙《皇舆全览图》的缺憾是由于时代的局限性，西北地区不详，因此等到乾隆年间清廷刚刚结束对西北的战争，清廷立即派人对西北地区进行测量，填补了康熙《皇舆全览图》所缺的西北地区详图。据档案记载，乾隆“二十一年（1756），为绘制伊犁等地舆图，曾派往何国宗、努三、明安图、西洋人甫作霖、高申司、喇嘛苏布迪、吉喇木巴丹达尔、领催一员。后因哈清阿在西路，复又派往哈清阿，分定两路，山阳为一路，山阴为一路，赏给何国宗银五百两、甫作霖银四百两、高申司、明安图、努三、喇嘛苏布迪银各三百两、达喇嘛衔吉喇木巴丹达尔银二百两、领催银五十两，作为整装银，于二十一年二月由驿遣往。行抵肃州，换乘营马前往巴尔库勒（即巴里坤），再由巴尔库勒办给马匹，分为两路派往绘制，次年正月抵达京城，往来行程近一年。”[②]这支包括西洋人何国宗等在内的绘图队伍在巴里坤期间，其足迹之所至，各个地方官员奉命提供一切便利，并随时向清帝汇报测绘地点，安排极为周密。

绘制完巴里坤等地舆图之后，由于阿睦尔撒纳再次叛乱，清廷绘制西北地区舆图的活动，稍有停顿，直到乾隆二十四年（1759）四月，随着时局的稳定，清廷准备再次派人前往，为了确定人选，军机大臣傅恒奏称：“遵旨抽选会同明安图前往叶尔奇木（即叶尔羌）、喀什噶尔等地绘制舆图侍卫等，由军营返回侍卫内，二等侍卫、侍卫什长乌林泰，三等侍卫永噶，三等侍卫、侍卫什长色楞额，均系由军营返回，曾在军营效力，谨挑选此三人在外准备引见。”[③]乾隆帝降旨选派乌林泰及乾清门蓝翎德保前往。德保一行依次前往喀什噶尔、叶尔羌、和田等地绘图，于乾隆二十五年（1760）初回到京城。

德保等人绘成叶尔羌等地舆图回京后，经与宫中所存舆图对照，发现原先宫中保存的舆图，“年代已久，且何年何人绘制具奏之处无凭可查，唯查缘何未曾绘入叶尔羌、喀什噶尔之处，想必彼时仅绘土尔扈特阿玉奇汗所住地方，及俄罗斯地方，故而未曾绘入回子地方。”[④]或“盖当时询之俘囚，访诸戍卒，以知其险易近远，以资筹策”。而此次“图绘所及自巴里坤以至伊犁、叶尔羌、喀什噶尔、布鲁特、安集延”，西北地区舆图因此得以完善。

在派人绘制西北地区舆图的同时，清廷紧锣密鼓地修订各省旧有舆图，最后制成了宏幅乾隆《内府舆图》，由于全图分为十三排，因此通常称之为乾隆《十三排图》”。乾隆《十三排图》”的范围北至俄罗斯北海，南至琼岛（海南岛），东到萨哈林岛（库页岛），西到波罗的海、地中海及红海，是当时最完善的一幅亚洲大陆地图。现存中国第一历史档案馆铜版直格本乾隆《内府舆图》，共计105幅，经纬线直交，满汉文合集，长城以外地名用满文，长城以南直省地名用汉文。

总体来讲，清康乾时期，宫廷绘制的舆图，已发展到了中国古代地图发展史上的辉煌阶段，因此表现出来的最大特点是种类丰富、数量浩繁，仅载入《萝图荟萃》的就有456条之多。而这一时期，同样是满文舆图形成的巅峰时期，许多满文舆图譬如《满文东半球西半球坤舆图》《京城至长白山吉林等处图》《东三省地区图》《新疆西藏图》《盛京舆图》《黑龙江图》《木兰图》《热河围场地区图》等等，都是在这一时期绘制而成的。这一时期的满文舆图，还有一个特点就是实用性更为加强，绘制目的更加明确，同一名称的舆图，同时有数份，但标注有差别。像《热河围场地区图》就有三幅，一幅完全为满文标注，一幅为长城以北是满文、长城沿线是汉文，一幅为地名用满文标注，而各个行宫之间的道里则用汉文标注。

三、地方官员因事进呈的满文舆图及其特点

清代派驻各地及因专门事件派出的官员，在处理事务的过程中，为了表明所办事项的具体位置或详细内容，以便皇帝更直观的了解事务的本来面貌，往往在缮折具奏的同时，绘制图样，作为附件随折进呈。这些地图，一般随抄录朱批奏折而成的录副奏折保存了下

来，因而在宫廷形成了一部分随折进呈的舆图。由于直省官员进呈的地图一般都用汉文标注，在此不加赘述外，承办边疆和少数民族事务的大臣，所进地图不外乎两种情况，一是汉文标注，二是满文标注，从目前保存的地图来看，二者各占一半。根据奏折内容反映，当初进呈的地图数量，要比现存的多得多，只是历经漫长岁月，其大部分已芳踪无处寻觅。

在随折进呈的地图中，像《喀喇沙尔珠尔都斯等处图》较为典型。《喀喇沙尔珠尔都斯等处图》，系纸本彩绘，所有地名签均系满文，绘有喀喇沙尔至库车之间的山川河流、冬夏季牧场位置和人口容量、可耕地亩数目、驿站名称走向、城池地名及渥巴锡部属迁入珠尔都斯草原的行走路线。这幅图由于始终随原折的录副奏折一起保存，故其形成背景十分清楚。事情的起因得溯至乾隆三十六年(1771)，明末清初时西迁至伏尔加河流域的土尔扈特蒙古举部东归，清廷将土尔扈特首领渥巴锡部属35000余人安置斋尔等地越冬，由于乾隆三十六年冬伊犁地区天花流行，渥巴锡亲人及部属三千多人被瘟疫夺去生命，加上斋尔地方比较寒冷，且清廷将渥巴锡部属安置于斋尔地方的目的是让他们学会务农，这与世代游牧的土尔扈特人的生产方式和生活习俗相去甚远，因此渥巴锡希望能找到一片更适于生存的土地，经过多次亲自前去踏勘，渥巴锡最后选中了珠尔都斯草原。为了考察渥巴锡这一要求的可行性，伊犁将军舒赫德派熟悉地形的“厄鲁特喇嘛蓝翎伊斯玛莱等七人至喀喇沙尔，从乌什、喀喇沙尔等地亦派熟悉珠尔都斯地方之人，详查何处可安置若干户种地、何处可过冬之处”，绘图加以说明。这支十余人的队伍经过仔细测量，发现“宜于夏牧之处甚多，且可耕之地共有十八万余亩，此等地亩内，计其三年轮耕一次，扣除和硕特人等、喀喇沙尔绿营兵、库尔勒、噶匝玛回子等所耕七万九千三百余亩，尚有十万零六百余亩，足敷渥巴锡部属每两年轮耕一次”。因此，舒赫德令“照送来的地图，敬谨复绘，将彼等夏冬驻牧之地，可令耕种之地，可容纳若干户之处，贴签恭呈御览外，仍行绘制一份，晓谕渥巴锡”⑤。

时任伊犁将军舒赫德的这份奏折，其内容清楚反映了这样一个问题，即地方官员在办事过程中，为了更形象直观地向皇帝反映问题，不仅遣派熟悉地形的人员绘制详细的地图，而且要根据不同的需要，粘贴不同内容的签注。其中有个不同寻常之处在于，当时绘制的这份地图，不仅进呈给了皇帝，而且复制一份给了当事人渥巴锡，这可能在当时也算特例，因为渥巴锡部属移牧珠尔都斯草原毕竟是牵扯到数万人生计的大事，而且清廷又极为看重土尔扈特首领渥巴锡。

这些随折进呈的附图，如果说类似《喀喇沙尔、珠尔都斯等处图》的图还可算作真正意义上的舆图的话，那么部分图只能算作舆图意义上的示意图，譬如《六世班禅行帐图》，是乾隆四十四年(1779)六世班禅从后藏起程来京时，扎什伦布寺商卓特巴罗桑晋巴呈递给驻藏大臣索琳，索琳又转呈给乾隆皇帝的一张图，图中详细描绘了六世班禅出行时的行帐形状及在方城中的位置，用满文黄签注明豹皮包系六世班禅起居之所，其右侧包为六世班禅会客及供佛之所，高大的蓝色帐房是六世班禅接受叩拜的地方，图中还将六世班禅活动的区域，围以蓝布为墙。

总括来讲，地方官员因事进呈的舆图，有三个显著特点，一是目的性强，它都是为了说明某件具体事项而绘制，需要时还贴签加以说明，因此内容很具体，带有看图说话的性质。二是绘制手法粗细不同，由于因事而绘，测绘者不见得为专业人员，因此所绘舆图也就优劣不同。三是随折保存，便于研究者探究舆图形成的历史背景、绘制过程及内容，提高了舆图的历史研究价值。

四、满文舆图的价值

清代舆图，是清朝档案的重要组成部分。满文舆图，尽管在数量上要比汉文舆图少得多，但同样具有清代档案所共有的原始性、客观性和群体性，具有很高的历史文献和文物欣赏价值，是研究清代历史最原始、最直接的第一手材料。满文舆图反映了清代历史的方方面面，是研究清代历史不可或缺的重要资料。

满文舆图绘制于不同时期，因而直接反映了清代疆域的变化，像康熙朝绘制《皇舆全览图》，派往制图的人只到了靠近内地的哈密和辟展等地，而到乾隆年间因“武功大成，五年之间，辟地二万余里，准噶尔、哈萨克、布鲁特及诸回部尽归輧幪，特命何国宗、明安图暨西洋人傅作霖前往测量绘图”[⑥]，制成的巨幅《十三排图》，较之《皇舆全览图》，在疆域上有非常大的变化。而舆图作为一个主权国家疆域领土的主要依据和凭证，其表现的疆域上的变化，无疑为历史研究提供了可靠资料。

满文舆图绘制年代的不同，也折射出清代人们对地理的认知程度，在康熙《皇舆全览图》中，西北地区虽然绘制到伊犁河附近，但非常简略，标示的地名非常稀少，而在乾隆《十三排图》中，西北地区的大小地名十分详备，山川地貌清晰可见，说明社会的安定，测绘技术的提高，为人们发现认识自然提供了条件。

满文舆图有助于清代历史研究的深入和细化，拓宽清代历史研究的领域。清代绘制舆图，可以说是贯穿始终，从清初至清末，都在绘制舆图，而且基本保存于宫中，如果有条件系统研究，相信透过其中载记的政治、文化、风俗、制度等历史资讯，许多疑难问题，都会迎刃而解，并可开拓清代历史研究的新领域。

满文舆图尚可作为研究满文地名组词方法的重要依据。满文舆图一部分是用满文标签覆盖汉文舆图而成，满文标签系汉文标签的直接音译，只是在山水名称后面缀以满语 alin（山）、bira（河）。而另一部分是采用满汉文合集的形式，即直省部分用汉文标注，长城以北边疆地区用满文标注。这些满文标注的地名，也是原有地名的音译，只是由于长城以北以西地区地名多系蒙古语，有些地名缀以满语 angga（口）、holo（沟）、alin（山）、bira（河）等，因而看似满语地名，实际上是满语和蒙古语的结合体。

满文舆图，尺幅之间，承载悠悠，它不仅直观而立体地记录了历史，是当时社会历史发展变迁的见证，同时也是代表当时科学技术水平、绘画艺术水平的珍品，具有极高的文化欣赏和文物收藏价值。

注释：

①《明清史料》丁编第八本。

②中国第一历史档案馆藏《军机处满文录副奏折》1750—39。

③中国第一历史档案馆藏《军机处满文录副奏折》1756—3。

④中国第一历史档案馆藏《军机处满文录副奏折》1752—18。

⑤中国第一历史档案馆藏《军机处满文录副奏折》2530—11。

⑥中国第一历史档案馆藏《内务府奏销档》252。

热河地图　清宫珍品

清代木兰围场，早先是蒙古喀喇沁、敖汉，翁牛特等部的游牧地，康熙中期开辟为狩猎灵囿，其周围东西300余里，南北200余里，可谓广袤千里，是康熙时期重要的肄武场所。此外，塞北地区茂密的森林、丰富的物产、凉爽的气候，也吸引清帝频频北巡，成为清帝躲避京城炎热，避暑纳凉的首选之区。由于清帝木兰行围和避暑的需要，康熙四十二年（1703）前后，清廷在南起古北口，北至木兰围场的御道上开始修建行宫，先后修建的口外行宫多达几十处，其中热河行宫即后来的避暑山庄，因其独特的地理位置和优越的自然环境，独受皇帝青睐，不断扩建改建，逐渐在众多行宫中脱颖而出，成为清代除京城之外的第二政治核心。也正是由于清代皇帝经常驻跸避暑山庄避暑纳凉、处理政务，并在木兰围场举行一年一度的秋狝活动，因此在清代档案中，形成了一部分以木兰围场和避暑山庄为主要内容的地图。

热河地图　各具特色

清宫珍藏木兰围场和避暑山庄地图，除因各种历史原因，有些珍贵地图流失在外，本文暂不涉及外，现存中国第一历史档案馆的清代木兰围场及避暑山庄图共20余件（册），百余画幅，其形成的时间，最早起自康熙年间，最晚止于民国时期。这些地图大多用汉文标注，少数为纯满文或满汉合集，其种类大致可分为七种：一是木兰围场及撒围图，二是热河地区及行宫图，三是建筑地盘图，四是道路驿站图，五是殿堂陈设图，六是砍伐木料示意图，七是疏浚河道图。

清代木兰围场和避暑山庄地图，有其独特的特点，其中最大的特点是形成年代不一，同一地区的地图，由于绘制年代不同，所表现的内容也不尽相同，因而更能突出表现该地区建筑增建或景致的变化，便于比较研究。其次是形成原因不同，一般有两种情况，一类是由内务府舆图房收藏的专门派人绘制的舆图；另一类是办事官员为了表明所办事项的具体位置或详细内容，在缮折具奏的同时绘制图样，作为附件呈进的地图。再次是粗细优劣不同，如前面所讲内务府舆图房收存的舆图，由于多系专业人员绘制，其经纬度相当精确，材质和手法也相当优良，而地方官员因事呈进的地图，往往比较粗糙，不够精确，但从利用的角度讲，由于二者绘制时的侧重点不同，具有互补的作用。还有一个显着特点是，早期绘制的地图多用满文标注，而后期绘制的地图，多用汉文标注。

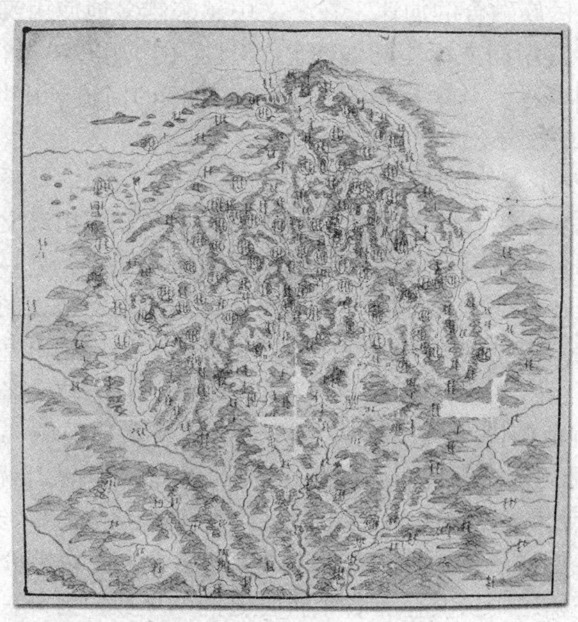

木兰围场　狩猎园囿

木兰围场地区的地图，主要有《木兰图》《热河围场地区图》《围场砍伐木料图》《行围住宿图》等，其中《木兰图》是一幅反映清帝木兰秋狝北上路线的地图。清代皇帝由热河避暑山庄前往木兰围场行围，都是从避暑山庄出发后，先行至波洛和屯，然后再从波洛和屯或东或西，分两路北上，东向为张家营，经由崖口，又称为“石片子路”，西向为阿穆呼朗图，北至海兰坎峰。清代皇帝木兰行围，如果从东路入围，则由西路返回，相反若由西路入围，则由东路返回。《木兰图》全部用满文标注地名，具体绘制年代不详，但据其用满文标注这一特点分析，这幅图绘制年代应不晚于乾隆朝，或更早为康熙末年绘制。因为我们知道，清代虽然定满语为国语，规定满蒙大臣及办理民族事务的官员必须用满文缮写奏章，但随着满族入关和民族融合的加速，在公文中越来越多地使用汉文，因此在清后期少有用满文标注的地图。《木兰图》用红线标行围路线，黑圈标各围名称，其余标识为木兰围场地区的河流、山川、村落、驻防八旗兵的旗分、卡伦等。

与《木兰图》相映成趣的是《热河围场地区图》，该图南起长城马兰关，北至海兰坎峰，其长城沿线关口地名全部用汉文标注，而长城以北的各个行宫及木兰围场则全部用满文标注，是一幅典型的满汉文合集、且非常罕见的珍贵地图。《热河围场地区图》以娴熟的手法描绘出长城的雄浑巍峨，又以细腻的笔道勾勒出塞北地区的山川河流、行宫围场，红线所标为行围路线，红方块为各个行宫及村镇，橙黄色圆圈为各围标识，橙黄色线条则是围场“柳条边”。《热河围场地区图》与《木兰图》比较，其材质、手法都优于《木兰图》，且从满汉文合集这点分析，《热河围场地区图》的绘制年代应晚于《木兰图》。《热河围场地区图》共三幅，除以上介绍的一幅外，其中一幅还用汉文标有各个行宫之间的里数，另外一幅则为纯满文。除表现行围路线、地点的《木兰图》《热河围场地区图》外，《行围住宿图》则着重表现清代皇帝行围途中帐幄的形状、朝向、布防情况等，是对《木兰图》《热河围场地区图》的最好补充，二者为点和面的关系。

避暑山庄 塞外行宫

以避暑山庄为内容的地图，主要有《热河行宫图》《热河全图》《热河图》《由圆明园至热河行宫道里图》《由热河行宫至北京庐店路程图》《热河至察罕驿站图》《绥成殿供奉圣容位次图》《避暑山庄东所地盘画样》《旱河图》《热河狮子沟等处挑浚图》等。其中，《热河行宫图》在各类热河图中画幅最大，横 336 厘米，纵 161 厘米。该图笔道细腻，色彩素雅，俨然一幅风景工笔画。《热河行宫图》以避暑山庄为中心绘制，虎皮墙围绕的避暑山庄内，宫殿区、湖区、平原区遥相呼应，朴素典雅的宫殿区别具一格，柳树成荫的湖区荷花盛开，绿草覆盖的平原区花鹿悠然。虎皮墙外东北是清代有名的普陀宗乘之庙、须弥福寿之庙、普宁寺等皇家寺庙，也就是现在所说的外八庙，图中当然不会仅有八座寺庙。虎皮墙外西南，除热河都统衙门等官署外，文庙、城隍庙、火神庙及各式民居错落有致，颇具都市气象。当年乾隆帝敕建热河文庙时，曾感叹热河的繁华，在一份颁降内阁的上谕中讲："朕每岁木兰秋狝，先期驻跸热河，数十年来，见该处户口日增，民生富庶，且农耕蕃殖，市肆殷阗，俨然成一都会"，从这句话中不难看出热河在乾隆时期已发展成为相当繁华的都市。《热河行宫图》中，原继德堂标为绥成殿，以此推断，该图绘制年代应在道光十二年之后，因为道光十二年才将继德堂改称绥成殿。

《避暑山庄东所地盘画样》《绥成殿供奉圣容位次图》，是两幅最直接涉及避暑山庄建筑和陈设的地图，虽系简单的平面图，但对当初避暑山庄东所建筑设计构思理念的理解和研究，以及如今的陈设布置都极有帮助。《旱河图》《热河狮子沟等处挑浚图》，着重表现热河的水系，以及清代治理热河地区水患的情况。《由圆明园至热河行宫道里图》《由热河行宫至北京庐店路程图》《热河至察罕驿站图》，则表现以热河为中心往南往北的里程，对清代御道及交通的研究具有重要的价值。

清宫所存热河地图，为我们形象直观地展现了清代热河及木兰围场的地理地貌、建筑陈设和道路里程，是我们了解和研究清代热河及木兰围场地区行政区划、军事设置、行宫分布、建筑陈设、道路交通、地理物产、自然环境等方面的重要史料，需要我们倍加珍视和开发利用。

《清宫扬州御档选编》评述

2009 年 12 月，《清宫扬州御档选编》由广陵书社出版发行，为人文底蕴浓厚的扬州古城，增添了浓墨重彩的一笔。

《清宫扬州御档选编》是由中国第一历史档案馆和扬州市档案局合作编辑的，史料主要选自中国第一历史档案馆所存清代中央行政衙署和皇家机构的档案，并以清代官修史书为补充。时间最早起自顺治元年七月，止于宣统元年九月，时间跨度长达 255 年。扬州在清代，特别是康乾盛世时期的历史发展状况，尽可窥见一斑。

《清宫扬州御档选编》提供了一批清代扬州历史研究的第一手材料，是关心、研究扬州历史人们的福音。相信《清宫扬州御档选编》的出版发行，对扬州历史的深入研究、考证诸多含混不清的史实，会有所帮助。其特点主要有以下五个方面：

一、公布清代扬州历史档案，选题符合社会需要，切中研究热点

扬州是具有两千五百年悠久历史的名城，大运河与长江在此交汇，在清代是南北漕运的咽喉地带。扬州历史上的繁华，明清时期是其鼎盛时期，而在清代的康乾时期则达到了巅峰。两淮盐业为经济支撑点的扬州地方经济，在清代财政税收中占据很大比重。扬州经济的发达，更是推动了扬州地方文化的发展。在清代，扬州地方不计官办府学、县学，仅书院就有十余处，可谓四方学者云集，人才荟萃。其刊刻印刷、手工制作、园林艺术，均独具特色。

清代扬州，因其经济地位的显赫、地理位置的重要、文化底蕴的深厚，极受清廷重视，扬州城名可屡见于清代档案，只是碍于各种条件的限制，多年来始终没有将与扬州相关的清代档案汇集成册出版，甚至没有这方面的设想。直到本世纪初，在扬州城市建设和改造迅猛发展时期，扬州市档案局捕捉信息、把握契机，以服务于扬州各项建设为己任，着手进行清代扬州历史档案的开发与研究。数易春秋，经过中国第一历史档案馆和扬州市档案馆的不懈努力，一部符合社会需求，切中研究热点的《清宫扬州御档选编》得以出版发行。

二、公布清宫档案，弥补过去研究工作中缺少清代官方史料之不足

扬州是座历史文化名城，近些年随着扬州地方经济、文化的发展，研究扬州历史已成为一个热点。研究清代扬州历史，并不乏地方的、民间的史料，或者是官修史书，像地方志、清代历朝实录等等。但这些史料都具有其局限性，民间史料一般为个人著述或私家笔记，记述上往往会有侧重，不够全面。地方志、实录等，虽然都编撰于清代，与历史事实出入不会太大，但这些史料与档案比较，都有一个共同的特点，就是这些官修史书都是事隔多年以后修撰的，由于时空的距离和编纂者所掌握资料的不完整性，往往会影响到历史事实的准确性。我们知道，档案是在当时办事过程中自然形成的，不同于后来为某种目的而专门编写的著作等史料，因此更能客观地反映历史原貌，是我们研究历史的可靠依据。档案与官修史书或私家著述比较有其不容忽视的原始性、群体性和系统性，档案有时仅仅是片言只语，也会给我们解决问题。

清代扬州历史档案，从未系统公布过，《清宫扬州御档选编》的出版发行，为清代扬州历史研究提供了更确切的史料，填补了不足。不同来源的史料，可供研究者对比、勘合使用，互为印证，互相补充。一些扬州历史中的模糊问题、历史事件的界定问题，都有可能通

过《清宫扬州御档选编》中公布的档案去澄清或定论。《清宫扬州御档选编》无疑为清代扬州历史的研究提供了更翔实、更可靠的史料。

三、选材广泛，绝大部分为首次面世，史料价值可观

为了《清宫扬州御档选编》一书的编辑出版，中国第一历史档案馆虽未对馆藏的1000余万件档案进行海选，但在根据机构衙门的划分排除了部分类别的文种后，仍在重点类别的档案中仔细查阅有关两江总督、江苏巡抚、两淮盐政及相关人员上报的奏折，选出其中内容与扬州有关的档案，进行编辑。本书选材范围，堪称广泛，涉及多个全宗、多个文种，有内阁的《户科题本》《刑科题本》《灾赈档》《小金榜》《起居注》《实录》《会典》，宫中的《朱批奏折》，军机处的《录副奏折》《上谕档》《寄信档》《电报档》，内务府的《膳食档》，以及《户部度支部档案》《刑部档案》《外务部档案》《端方档》《农工商部档案》等等。

《清宫扬州御档选编》辑录的档案，共257件，除《起居注》、《实录》、《会典》等已出版的史料，及个别曾被引用的档案外，绝大部分为首次公布，十分珍贵，其史料价值非常可观。

四、内容丰富，基本上能反映清代扬州历史发展的脉络，利于全面研究

《清宫扬州御档选编》所辑录的档案，包括秘藏宫闱的舆图、清代十朝皇帝有关扬州的谕旨、扬州地方官员的奏章，内容涉及清代扬州地方政治、经济、军事、文化、宗教、教育、水利、城市建设、手工业等等。

《清宫扬州御档选编》按照清代各朝皇帝的顺序编辑，共6册，宣纸影印，黄绫封面，线装，除《上谕档》《小金榜》《实录》《起居注》根据需要加以删减外，其余文件均为原件影印。从数量上分

析，顺治、康熙、雍正朝的档案较少，多辑录《实录》《起居注》等弥补档案数量之不足，道光以后的档案相对也少，量比较大的要数乾隆和嘉庆朝，尤其是乾隆朝，有两册之多。分析各朝档案，其内容包括：

顺治朝档案主要反映清军攻克扬州，裁减官职。

康熙朝档案主要反映康熙帝6次南巡路经或驻跸扬州期间处理政务、视察河工、敕令改造河道、赈灾济民、整顿盐法，以及在扬州地方刊刻《资治通鉴纲目》《佩文韵府》等书籍。

雍正朝档案主要反映扬州之驿站设置、书院修建、盐务整顿、任命寺庙住持。

乾隆朝档案主要反映乾隆帝6次南巡，视察天宁寺及高旻寺行宫工程、查阅河工、行宫用膳、褒扬史可法，以及两淮盐商捐银一百万两用于乾隆帝南巡之行、《四库全书》修成分贮扬州文汇阁、阮元纂办《石渠宝笈》、地方官员查办戏曲章程、策试中榜名单、造办玉器等。

嘉庆朝档案主要反映阮元升迁并辞官在扬州养病，以及策试中榜名单、两淮盐务、纂修《两淮盐法志》、官员处罚、淮商捐助银两等。

道光以后五朝档案主要反映护送琉球贡使、查缉私盐、整顿盐政、制定盐务现办章程、任命淮南总商、制定两淮积引带款章程、淮北试行票盐、设局收税、阮元病故、扬州失陷、修建已故《抚翁同韵及书曾已故总督国藩等人之祠堂、策试中榜名单、重修《两淮盐法志》、清除两淮盐政积弊、奖励两淮中学堂毕业学生等。

五、辑录档案，有助揭示历史之谜，还原本真，再现清代古城扬州历史文化

康熙、乾隆两个皇帝，在百余年间分别6次大规模巡幸江南，其给百姓带来的沉重灾难，是毋庸讳言的，因此民间向来多有非议。《清宫扬州御档选编》所辑录的档案，多是当时办事过程中形成的公

文，可以视作是当时的正面记录，如果客观分析其内容，不仅清晰反映南巡途中勤于政务、关心民生、致力于治理河工的皇帝正面形象，也反映两淮盐商集聚地扬州，凭借财力的雄厚，为皇帝南巡修建著名的天宁寺行宫、高旻寺行宫，且陈设华美无比，从反面折射出皇帝南巡不可避免地劳民伤财。

从《清宫扬州御档选编》看，扬州文化古城之称当之无愧。档案反映乾隆四十六年新任两淮盐政图明阿甫经到任，即于原设之局收缴官商及戏班教习之戏曲284种，查办戏曲之违碍之处，对“凡系明季国初之事，有关涉本朝字句及南宋与金朝，剧本扮演失实者”，均加改造或焚毁，改编了“精忠传”、“金雀记”、“鸣凤记”、“千金记”、“种玉记”等112种曲本，并装裱成册进呈给皇帝。图明阿没有因此而受到嘉奖，反因过于张狂而被勒令撤局，但这一事件从一个侧面反映了当时扬州戏曲艺术之繁荣，曲目种类之繁多。

清代扬州刊刻及收贮的书籍也非常多，《清宫扬州御档选编》反映从康熙年间开始，即在扬州刊印《全唐诗集》《资治通鉴纲目》《佩文韵府》《全唐文》等书籍。尚因“江浙为人文渊薮，允宜广布流传，以光文治”之地，将《古今图书集成》《四库全书》庋藏于扬州大观堂之文汇阁，以《淳化阁法帖》存贮于天宁寺、高旻寺。从《清宫扬州御档选编》还可看出，扬州地方进呈给皇帝的尚有怀素等人的真迹、宋代画家米芾手卷、宋苏轼墨迹等稀世珍品。又送交《四库全书》总裁处1746种书籍，以供编纂《四库全书》之用，可见扬州藏书之丰富。除书籍之外，《清宫扬州御档选编》也反映扬州为宫廷造办玉器等工艺品，精美华贵，艺术造诣，非比寻常。

《清宫扬州御档选编》最值得称道、尤为珍贵的当属所收录的五幅舆图，分别为《扬州行宫名胜全图》（局部）、《扬州水陆御道总图》《扬州水陆设防舆图》《江苏淮扬高宝七邑水利图》《山东交界之高旻寺站图》，形象直观地表现了扬州地区名胜分布、御道里程、驻军设防、水利形势，古城风貌跃然于纸上，其以满文标注的《扬州水陆御道总图》，详细标注了皇帝行经路线的具体里数。

《清宫扬州御档选编》的出版，自属难能可得，但细品之下，仍有些许遗憾，首先是出版档案的数量，据该书前言提到的统计数据，中国第一历史档案馆所存有关扬州档案，业已查到9000余件，而《清宫扬州御档选编》收录的仅为257件，自然不利于全面研究扬州历史。此外《清宫扬州御档选编》一书在编辑上也存在些纰漏，如目录未标责任者、文种、拟题不准确等，给阅读者造成了一些不便。

近年来中国第一历史档案馆藏满文档案编译出版概况

中国第一历史档案馆保存有明清时期遗存珍贵档案1000余万件，其中满文档案为200余万件，占总量的五分之一。对于这部分档案，由于文字的障碍，利用者向来寥寥无几。为了满足社会各方的需求，中国第一历史档案馆尽己所能，组织力量编译，不断有新的满文档案出版物问世，颇有成果。本文将中国第一历史档案馆近些年推出的满文档案出版物概况略加叙述。

一、《锡伯族档案史料》，吴元丰，赵志强编译，中国第一历史档案馆编。本书共辑录清代满文档案647件、汉文档案95件，共742件，其中730件选自中国第一历史档案馆馆藏档案，11件选自辽宁省档案馆馆藏档案，1件选自吉林省档案馆馆藏档案。所辑中国第一历史档案馆馆藏档案，选自内阁、宫中、军机处、内务府、黑龙江将军衙门等不同的全宗，均系首次编译出版。本书按锡伯族历史上的分布地区，共分为三编：第一编为东北锡伯族，时间起自明万历二十一年（1593），止于清光绪三十三年（1907），内容反映锡伯族在嫩江、松花江流域隶属科尔沁蒙古期间，参与“九国之战”，战败归附后金，科尔沁蒙古“献出”后编旗安置、补放官员、征调出征、发放俸饷、满语文的使用，以及南迁至盛京等地，耕田纳粮、出征云南等。第二编为北京锡伯族，时间起自清康熙五十七年（1718），止于光绪二十九年（1903），内容反映吉林乌拉的大部分锡伯族迁至北京，编入满、蒙八旗，供职内务府上驷院等。第三编为新疆锡伯族，时间起自清乾隆二十八年（1763），止于宣统二年（1910），内容反映盛京等地的部分锡伯族迁往新疆伊犁，设立营制，补放官员，巡防卡伦，出兵征战，抗击沙俄，开垦屯田，牧放牲畜等。《锡伯族档案史料》不仅对锡伯族历史研究具有重要意义，而且对满族、蒙古族、维吾尔族等相关民族的历史研究，以及清史、八旗制度、东北和西北边疆史地的研究，都有重要参考价值。

本书于1989年7月由辽宁民族出版社出版，全书共两册，平装，32开，60万字，728页。

二、《清代西迁新疆察哈尔蒙古满文档案译编》，吴元丰、牛平汉、阿尔雅主编，系中国第一历史档案馆与中国边疆史地研究中心、新疆博尔塔拉蒙古自治州地方志编写委员会合作编译。本书共辑录清代满文档案490件，其中正件333件，附件157件，并附本书未辑有关档案目录594条，均选自中国第一历史档案馆馆藏军机处录副奏折、月折档、寄信档、议复档等，时间起自清乾隆二十五年（1760），止于乾隆六十年（1795）。乾隆初年，清政府实现了对新疆的统一，为确保对西北地区的有效管理和军事防御，开始有计划地戍边移民，从今内蒙古自治区锡林郭勒盟选调一部分察哈尔蒙古官兵携眷移住新疆，组建察哈尔营。《清代西迁新疆察哈尔蒙古满文档案译编》所反映的内容分七个方面：（1）清政府将察哈尔蒙古部分兵丁西迁新疆的决策过程；（2）清政府为保证察哈尔蒙古官兵西迁顺利进行所采取的政策措施；（3）察哈尔蒙古西迁新疆历程与安置情况；（4）察哈尔蒙古西迁新疆后的行政管理体制以及生产、生活状况；（5）察哈尔蒙古西迁新疆后与邻近诸族的关系；（6）察哈尔蒙古官兵为开发边疆、保卫边疆作出的贡献；（7）乾隆年间历任察哈尔营官员履历等。《清代西迁察哈尔满文档案译编》一书的出版发行，推进西迁新疆察哈尔蒙古历史研究工作的深入开展，也为西北边疆史地及民族史的研究提供了新鲜史料。

本书于1994年4月由全国图书馆文献缩微复制中心出版，全书共一册，精装，16开，40万字，305页。

三、《六世班禅朝觐档案选编》，李鹏年、陈锵仪主编，郭美兰负责满文编译，李永昌担任藏文翻译，系中国第一历史档案馆与中国藏学研究中心合编。本书共辑录清代满、汉、藏文档案533件，均选自中国第一历史档案馆馆藏宫中、军机处、内阁、理藩院、内务府、銮仪卫等全宗的档案，其中满文297件、汉文205件、藏文31件，附《异译名称对照表》和《本书僧侣职衔注解表》。辑录文件的时间，起自乾隆四十三年（1778）十二月，止于乾隆四十六年（1781）九月。六世班禅额尔德尼是中国历史上西藏地方杰出的宗教领袖之一。乾隆四十三年，六世班禅得知两年后为乾隆帝七十寿辰，通过章嘉呼图克图请求朝觐祝寿获准。六世班禅于乾隆四十四年（1779）六月起行，四十五年（1780）七月抵达承德，九月初到北京，十一月初二日戌时圆寂于北京黄寺，享年四十二岁。六世班禅朝觐档案，共分四个部分：（1）精心细致的准备工作。在承德修建须弥福寿之庙，在北京修缮黄寺、兴建昭庙，造办法器等；安排朝觐路线，行赏迎送等等。（2）承德隆重接待与祝寿。六世班禅在承德一个多月，频繁与乾隆帝接触，献厚礼祝寿，诵经祈祷，日程安排紧张有序。（3）在北京期间繁忙的佛事活动。六世班禅下榻修缮一新的黄寺，先后前往各大寺庙礼佛，主持了昭庙的开光仪式，游历了圆明园、南苑、紫禁城等地，进行了一系列的佛事活动。（4）六世班禅圆寂及其灵榇西归和筹建衣冠塔。六世班禅因病圆寂，乾隆帝亲临黄寺凭吊，安排善后，遣派大臣护送六世班禅灵榇回藏，并在北京黄寺西侧敕建衣冠塔以志纪念。六世班禅朝觐档案的出版发行，尤其是反映整个朝觐过程的满文档案的首次翻译出版，对藏学研究极有帮助。

本书于1996年11月由中国藏学出版社出版，全书共一册，平装，32开，38万字，398页。

四、《中国第一历史档案馆所存西藏和藏事档案目录》，李鹏年、吴元丰主编，中国第一历史档案馆与中国藏学研究中心合编。本书是检索工具书，共辑录条目13334条，其中满文档案条目13040条、藏文档案条目294条，并附插图和分类索引，时间起自天命七年（1622），止于宣统三年（1911）。满文档案主要有皇帝的诏书、敕谕、谕旨；驻藏办事大臣、西宁办事大臣、库伦办事大臣及各地督抚、将军等地方官员，军机处、内阁、理藩院等各部院衙门奏折、咨文、呈文；历世达赖喇嘛、班禅额尔德尼、章嘉呼图克图、哲布尊丹巴呼图克图等大活佛以及诸王公、贝勒、贝子、噶伦、土司等的奏书、呈文等。藏文档案主要是历世达赖喇嘛、班禅额尔德尼、各大活佛及王公、噶伦、土司等的奏书、呈文等文书原件。本目录所辑档案分别属于中国第一历史档案馆馆藏内阁《满文老档》《国史院档》《蒙古堂档》《贞度门杂档》《满文杂档》《题本》；军机处《上谕档》《录副奏折》《议复档》《熬茶档》《金川档》《西藏档》《班禅事件档》《巴勒布档》《廓尔喀档》《月折档》《咨文》《奏表》；宫中《朱批奏折》《朱批人名包》；内务府《奏案》及理藩院档等全宗和文种。本书辑录满藏文档案条目反映的内容主要有：(1) 在西藏和藏区发生的重大事件；(2) 政教官员的任免调补、奖惩抚恤；(3) 宗教事务和礼仪活动；(4) 西藏地方军政管理事务；(5) 涉外事件等。这些档案是反映和记载清廷治理西藏和藏区施政活动最真实可靠的记录，是研究西藏历史的第一手资料，中国第一历史档案馆所存西藏和藏事档案目录的编译出版，为藏学研究工作提供了可信的文献资料信息，为查阅藏学研究有关资料提供了方便的检索工具。

本书于1999年12月由中国藏学出版社出版，全书共一册，平装，16开，100万字，773页。

五、《清代边疆满文档案目录》，吴元丰、成崇德、牛平汉主编，是一部大型检索工具书，由中国第一历史档案馆、中国人民大学清史研究所、中国社会科学院中国边疆史地研究中心共同合作，经过十余年的辛勤努力编译而成。本书共收录满文档案条目12万余条，从档案主题、责任者、形成时间、涉及地区、文种等方面，多层次、多角度地揭示了中国第一历史档案馆所藏清代军机处满文月折包内有关边疆地区问题档案的内容及主要形式特征。军机处是清代办理军机事务处之简称，军机处作为中枢机关，每天都承接各种公文，录副奏折即是抄录朱批奏折而成的一种文书，因每一月或半月为一包归档存查，故名“月折包”。本书所辑满文“月折包”档案条目，时间起自雍正八年（1730），止于宣统三年（1911）。其内容涉及盛京、吉林、黑龙江、内外蒙古、新疆、西藏、云南、广东、广西、福建、台湾、浙江、江苏、山东、直隶等陆疆和海疆地区，反映以上地区内政、司法、财政、军务、农业、畜牧业、矿产工程、文化教育、天文地理、宗教、少数民族事务、中外关系等14大类方面的情况。所有条目先按地区分卷，然后在各卷内以档案形成时间的先后排序，共分6卷，第一册为盛京卷，约9000条；第二册为吉林、黑龙江卷，约8800条；第三册为内蒙古卷，约7791条；第四、五册为乌里雅苏台卷，约20416条；第六至十一册为新疆卷，约64683条；第十二册为沿海各省及西藏卷，约14337条。清代边疆满文档案目录的出版发行，为中外学者利用这部分档案研究中国边疆史、民族史和清史，提供了十分便利的条件。

本书于1999年6月由广西师范大学出版社出版，全书共12册，精装，16开，900万字，5859页。

六、《清初五世达赖喇嘛档案史料选编》，李鹏年、陈锵仪主编，郭美兰负责满文编译，哈斯巴图、博仁担任蒙文翻译，系中国第一历史档案馆与中国藏学研究中心合编。本书共辑录清代满、汉、蒙文档案史料279件，主要选自中国第一历史档案馆馆藏宫中、内阁等全宗的档案，同时考虑到所反映主题的完整性，也辑录了少量《清实录》《亲征平定朔漠方略》《亲征平定准噶尔方略》《三藩史料》等官修史籍中的有关史料，以补档案之缺佚。所辑档案史料，起自崇德二年（1637），止于康熙三十八年（1699），其中满文155件、汉文57件、蒙文55件，藏文2件。五世达赖喇嘛是西藏历史上一位重要的宗教领袖，对西藏社会的安定和发展做出了重要贡献。五世达赖喇嘛不远万里应邀来京，开创了清代藏传佛教领袖与皇帝直接接触的先河，得到了顺治帝的格外礼遇，册封为“西天大善自在佛所领天下释教普通瓦赤喇怛喇达赖喇嘛”，颁给金册、金印。由于五世达赖喇嘛在西藏历史上的重要地位，其有关反映五世达赖喇嘛活动的档案史料弥足珍贵。《清初五世达赖喇嘛档案史料选编》以满文档案贯穿始终，大部分系首次翻译出版，选辑的档案史料共分四部分：（1）清初清朝与西藏上层的交聘往来。（2）五世达赖喇嘛进京朝觐，顺治帝册封五世达赖喇嘛、顾实汗。（3）为平定吴三桂之乱，为青海等地的安宁，康熙帝与五世达赖喇嘛等人往来行文。（4）五世达赖喇嘛圆寂后，第巴桑结嘉措秘不发丧等。这部分珍贵档案史料的编译出版，对清初西藏历史及蒙藏关系的研究有着重要意义。

本书于2000年4月由中国藏学出版社出版，全书共一册，平装，32开，17万字，208页。

七、《清代鄂伦春族满汉文档案汇编》，吴元丰、白英主编，由中国第一历史档案馆与鄂伦春民族研究会合作编译。本书是从中国第一历史档案馆所藏1000余万件清代档案中，精心挑选有关鄂伦春满文档案259件，满汉文合璧档案24件，汉文档案28件，共辑录档案311件而成。其起止时间为康熙二十二年（1683）至宣统元年（1909），长达226年。本书系照档案原件影印出版，其中满文档案，还逐件译成汉文，集中编排，附于书后。本书收录档案包括布特哈总管、黑龙江副都统、兴安城总管等官员致黑龙江将军的呈文，黑龙江将军致布特哈总管、黑龙江副都统、兴安城总管等官员的札付，黑龙江将军致理藩院、兵部、户部等中央机构的咨文，以及黑龙江将军、军机处和各部院大臣等呈进皇帝的题本、奏折以及皇帝颁发的谕旨，等等。鄂伦春族世居于我国东北大小兴安岭地区，具有悠久的历史和文化。随着清廷对黑龙江地区各部的统一，康熙初年，清廷先是设布特哈八旗，后又改设布特哈总管衙门，专门管理以渔猎为生的索伦、达斡尔、鄂伦春等民族。光绪八年（1882），清廷在太平湾地方设置兴安城总管衙门，专门管理五路雅发罕鄂伦春事务。光绪二十年（1894）兴安城总管衙门裁撤后，雅发罕鄂伦春分归黑龙江、墨尔根、布特哈、呼伦贝尔四城副都统、总管等员管束。本书辑录的档案正是清廷在治理鄂伦春事务的过程中形成的公文文书，这些尘封多年的档案，内容极为丰富，反映了清代鄂伦春族编设旗分佐领、世管佐领源流、官员挑选补放、打牲丁数目、进贡貂皮数目、兵丁训练、赏给饷银物件、奉调出征，以及兴安城总管衙门的设置裁撤和分归各城管理等方面的情况，是研究清代鄂伦春族历史的第一手资料，并且对鄂温克族、达斡尔族、蒙古族历史和八旗制度、东北地方史的研究都有一定参考价值。

本书于 2001 年 8 月由民族出版社出版，全书共一册，精装，16 开，140 万字，690 页。

八、《清宫珍藏历世达赖喇嘛档案荟萃》，索文清、郭美兰主编，郭美兰负责满文翻译，由中国第一历史档案馆编译。本书是从中国第一历史档案馆所藏近 4 万件有关西藏和藏族的档案中逐加挑选，共辑录满、汉、蒙、藏四种文字的档案 154 件，其中满文档案 56 件、汉文档案 87 件、蒙古文档案 6 件、藏文档案 5 件。涉及的全宗和文书种类有内阁起居注、国史院档、蒙文老档、蒙古堂档、题本、杂档，宫中朱批奏折、进单，军机处上谕档、议复档、西藏档、录副奏折、奏片，内务府奏销档、奏案、活计档，以及理藩部档等。其起止时间为顺治五年（1648）至光绪三十四年（1908），长达 261 年。本书采用编年体，四种文字档案统一按具文或奉旨、收文时间依次编排。本书所辑档案全部照原件影印或拍照，凡少数民族文字档案，逐件进行翻译，其译文排印于相应文件之后，是中国第一历史档案馆第一部影印满、汉、蒙、藏四种文字的档案并附译文的档案出版物。为了更直观地反映档案原貌，并提高欣赏和收藏价值，本书还附有二十余件不同文种、不同文字、不同时期的档案照片。本书内容着重表现了历世达赖喇嘛圆寂、转世、寻访灵童、金瓶掣签、坐床、册封及其培养教育、选定经师、受戒、亲政以及向清帝进呈奏书、递丹舒克等。对研究清代西藏的政治、经济、宗教、文化及西藏地方与中央政府的关系史有重要的参考价值。

本书于 2002 年 8 月由宗教文化出版社出版，全书共一册，精装，

16开本，79万字，405页。

九、《清宫珍藏历世班禅额尔德尼档案荟萃》，索文清、郭美兰主编，郭美兰负责满文翻译，由中国第一历史档案馆编译。本书是将中国第一历史档案馆所藏近4万件有关西藏和藏族的档案逐加筛选，从中选录满、汉、蒙、藏四种文字的档案190件而成，其中满文档案76件、汉文档案104件、蒙古文档案5件、藏文档案4件。所涉全宗和文书种类有内阁方略馆起居注、蒙古堂档、杂档，宫中朱批奏折、进单，军机处上谕档、议复档、西藏档、班禅档、录副奏折、奏片，内务府奏销档、奏案、活计档，以及理藩部档等，起止时间为康熙十九年（1680）至宣统三年（1911）。本书采用编年体，四种文字档案统一按具文或奉旨、收文时间依次编排。本书所辑档案全部照原件影印或拍照，凡少数民族文字档案，逐件进行翻译，并将译文排印于相应文件之后。为了更直观地反映档案原貌，并提高欣赏和收藏价值，本书还附有20余件不同文种、不同文字、不同时期的档案照片。清廷对西藏和藏族地区的施政过程中，在清中央机构形成了大量公文文书，从现存的这些档案文书中，我们不难发现历世达赖喇嘛、班禅两大活佛所进行的政治活动和宗教活动，与清中央政府对西藏的施政方针有着密切的关系，因此本书内容着重表现了历世班禅额尔德尼圆寂、转世、寻访灵童、金瓶掣签、坐床、册封及其培养教育、选定经师、受戒、亲政以及向清帝进呈奏书、递丹舒克等。对研究清代西藏的政治、经济、宗教、文化及西藏地方与中央政府的关系史有重要的参考价值。

本书于2004年6月由宗教文化出版社出版，全书共一册，精装，16开本，82万字，460页。

此外，1994年10月由中国藏学出版社出版的《元以来西藏地方与中央政府关系档案史料汇编》，7册；2002年3月由中国藏学出版社出版的《清末十三世达赖喇嘛档案史料选编》，1册；1999年12月由人民出版社出版的《明清时期澳门问题档案文献汇编》，6册；2002年由广西师范大学出版社出版的《雍正朝内阁吏科史书》，83

册，都收录了一定数量的满文档案，但由于在书中所占比例均未超过百分之五十，在此均不作细述。即将由中国民族摄影艺术出版社出版的《清代雍和宫档案史料》，拟辑录满、汉、蒙文档案二千余件，其中满文档案一千余件，虽未译成汉文，但逐件拟有汉文标题，完全照档案原件扫描出版。

综上所述，近年来中国第一历史档案馆编译出版的满文档案有以下特点：一是在内容上较多反映清代边疆和民族问题，除编译出版边疆和民族为专题的档案目录以外，还翻译出版了诸如锡伯族、鄂伦春、蒙古族、藏族为专题的满文档案史料，为研究者提供了更集中的第一手史料。二是数量上较前有突飞猛进的发展。从上世纪八十年代末九十年代初起，除本文涉及的十余种满文档案出版物外，计同期出版的《康熙朝满文档案全译》《雍正朝满文档案全译》在内，总字数已逾 2000 万，成绩骄人。三是随着当代科学技术的发展，出版形式趋向多样化，出版速度明显加快。除继续进行不同专题、不同文种满文档案的汉文翻译外，为了适应新形势下的社会需求，扩大信息量，缩短出版周期，或以专题、或以文种形式编制目录，已出版的满文档案条目已近 14 万条。另外，尽可能地将档案原件公之于众，但凡出版经费允许，均将档案原件拍照、影印或扫描，并附以汉文译文或逐件撰拟标题出版。2002 年影印出版的《雍正朝内阁吏科史书》，将同一文种的满汉文档案混编，逐件撰拟标题出版。四是对档案工作者翻译水平和编辑技巧方面的要求逐步提高。原文和译文的对照出版，提高了对译文准确性的要求，同时不同的编译形式，也促使满文档案工作者掌握多种编译方法，以便为社会提供内容更加丰富、形式更加多样、集利用、欣赏和收藏等价值于一体的档案出版物。

五世达赖喇嘛入觐述论

五世达赖喇嘛是西藏历史上一位杰出的宗教领袖。明万历四十五年（1617）生于前藏山南琼结地方，明天启二年（1622）被迎至哲蚌寺坐床。天启五年四世班禅罗桑曲结前往拉萨，给五世达赖喇嘛剃发、授戒，取法名为阿旺罗桑嘉措（简称罗桑嘉措）。清顺治九年（1652），五世达赖喇嘛进京朝觐，为清朝初年加强西藏地方和清朝中央政权的关系，促进祖国统一做出了积极贡献，同时，达赖喇嘛的宗教地位也得到了清政府的确认。本文主要根据新近发现的中国第一历史档案馆所藏满、蒙、汉文档案史料，就五世达赖喇嘛觐见的原因、过程及其意义试作论述，不妥之处，敬请方家赐教。

一

藏传佛教是蒙藏民族地区流传最为广泛、得到普遍信仰的一种宗教，往往直接影响蒙藏地区人心向背及政治形势。因此，清政府一向把尊崇和利用藏传佛教，作为联合、结好蒙藏的一项重要政策，早在入关前就积极兴建佛寺，保护寺庙，加强与西藏僧俗首领的联系。崇德二年（1637），皇太极为了争取蒙古，扩大自己的势力，决定延请五世达赖喇嘛。这一决定引起了喀尔喀、厄鲁特蒙古的极大反响。喀尔喀部马哈撒嘛谛塞臣汗奏言："闻圣主有拟迎聘达赖喇嘛之旨意，甚善也。喀尔喀七旗、厄鲁特四部亦欲前往迎聘。圣主若遣使前往，乞请路过我部，以期同往。我等三汗会议一致，特遣使前往请安，并商迎聘达赖喇嘛事宜。"①至崇德四年（1639），皇太极特遣察干格隆等人赍书赴藏延请五世达赖喇嘛。其书曰："今遗书佛教至尊大喇嘛等，特为古帝所制经典，不欲其泯绝，遣使延请圣贤。若思传扬佛教于众生，必得其益，惟尔等所愿耳。其笃切延请之意，俱令所遣额尔德尼达尔汉格隆、察干格隆、玉噶扎里格隆、盆绰克额木齐、巴喇衮噶尔格隆、喇克巴格隆、伊斯坦巴达尔寨、春磊俄木布、根敦班第等使臣口述。"②五世达赖喇嘛接到邀请，并未启程东行，而是另派伊拉古克三呼图克图等人远赴盛京。

崇德七年（1642）十月初二日，伊拉古克三呼图克图等至盛京。皇太极率领王公贝勒等亲自出城相迎，遇以优礼，在宫内崇政殿盛筵款待，并命八旗诸王、贝勒等分别备筵，每五日宴请一次。八个月之后，即崇德八年（1643）五月，伊拉古克三呼图克图返回西藏时，皇太极又遣察干格隆等人携带书信和礼品，一同赴藏。其致五世达赖喇嘛书曰："今承喇嘛有拯济众生之念，欲兴扶佛法，遣使通书，朕甚喜悦。兹特恭候安吉。凡所欲言，俱令察干格隆、巴喇衮噶尔格隆、喇克巴格隆、诺木齐格隆、诺莫干格隆、萨木谭格隆、衮格垂尔扎尔格隆等口悉。外附奉金碗一、银盆二、银茶桶三、玛瑙杯一、水晶杯二、玉杯六、玉壶一、镀金甲二、玲珑撒袋二、雕鞍二、金镶玉带一、镀金银带一、玲珑刀二、锦缎四，特以侑缄。"③同时，又给掌握西藏政权的顾实汗带去文书和礼品。其文曰："朕闻有违道悖法而行者，尔已惩创之矣。朕思自古圣王致治，佛法未尝断绝。今欲于图白忒部落敦礼高僧，故遣使与伊拉古克三胡土克图偕行，不分服色红黄，随处咨访，以宏佛教，以护国祚。尔其知之。附具甲胄全副，特以侑缄"。④同年九月，顾实汗遣使到盛京，向皇太极建议："达赖喇嘛功德甚大，请延至京师，令其讽诵经文，以资福佑"。⑤然而，皇太极在世时，晤见五世达赖喇嘛之事始终未成。

顺治元年（1644）清军入关，定都北京，其政权由割据东北一隅的地方政权变为统治全国的中央政权，与蒙藏地区的关系，也由入关前的互不统属变为中央与地方的关系。但是，清政府并未放弃尊崇藏传佛教的政策，而是继续用来为其巩固政权，加强多民族国家的统一服务。顺治帝多次派人入藏向达赖喇嘛和班禅问候致意，并在各大寺熬茶，发放布施，不时邀请五世达赖喇嘛入京。顺治五年（1648）新年伊始，即派席喇布格隆等赍书往谕五世达赖喇嘛曰："高僧来书问安已阅。古来佛法无边，教化众生，贵于行善，安居乐业。为此，敦请高僧喇嘛来京，祈祷永久幸福，指导直理之路，是为至盼"。⑥并谕令四世班禅等人劝五世达赖喇嘛入京。

对于清政府的屡次邀请，五世达赖喇嘛只是遣使入京朝贺，进贡方物，始终没有应召入觐。其中原因主要有三：一是起初后金政权只是一个地方性政权，而后入主中原，建立起全国性的政权，但在初期一段时间内，形势不稳定，南明政权，李自成、张献忠的农民军余部及郑成功等反清势力仍然存在，并进行着顽强抵抗。五世达赖喇嘛心存疑虑，犹豫观望，当在情理之中。二是厄鲁特、喀尔喀蒙古一向信奉黄教，是西藏黄教寺院集团的重要支持者。五世达赖喇嘛是否应邀入觐，很大程度上取决于蒙古的态度。尽管喀尔喀蒙古很支持达赖喇嘛进京，但厄鲁特蒙古尚未完全归附。达赖喇嘛需要选择适当时机。三是由于地理、气候、风俗习惯等方面的差异，久居西藏之人对到内地向持慎重态度，唯恐对身体不利。五世达赖喇嘛作为宗教领袖，离藏东行，较之常人会更为谨慎。

直到顺治六年（1649）八月，五世达赖喇嘛"遣使奉表，言于壬辰年（即顺治九年——引者注）夏月朝见，并贡方物"。⑦顺治帝当即表示欢迎，谕曰："朕体康安。万能金刚佛达赖喇嘛，尔康安否？得喇嘛上表，言辰年夏进京，甚为喜悦"。⑧至此，五世达赖喇嘛入觐的时间确定了下来。顺治八年（1651）四月，顺治帝正式派人往请达赖喇嘛，颁敕谕曰："喇嘛来信悉，将于辰年夏动身进京。兹为普度众生，望于辰年秋会见。特遣使臣多卜藏古西为首六人往请，并随带礼物：全鞍马二匹、镶金茶桶一个、镶金酒樽一个、金百两、银二千两、缎百匹。"⑨并谕令四世班禅、第巴桑结嘉措等人促成五世达赖喇嘛动身进京。还交给第巴桑结嘉措银二万两，作为达赖喇嘛行前在布达拉前诵念太平经的布施。对五世达赖喇嘛入觐之事，西藏政教界人士作出了积极反应。顾实汗在奏书中称："仰先知贤者达赖喇嘛东上，我等一再敦促。班禅博克多和我等僧俗人等，咸以为此乃西藏佛教众生之幸，合十敬祷之果。"[10]四世班禅亦上书表示要亲自前去说服达赖喇嘛进京，上奏书曰："圣上多次遣使特谕，至北方世界之巅，芸芸众生祉福之地，迎聘至上先知。今谨奏闻圣上，小僧将亲往劝说达赖喇嘛诣京觐见圣上。为偿此愿，祈上苍护佑"。[11]

五世达赖喇嘛入觐时间确定后，清政府开始积极筹备接待工作。

首先，从归化城召来班第达诺们罕，负责筹备有关事项并备顾问。在京城安定门外度地修建俗称"喇嘛庙"的黄寺，[12]作为五世达赖喇嘛驻锡之所。顺治八年闰二月二十七日，"丈量京城外北建庙之地，班第达诺们罕往，宰牛羊，备案筵宴。"[13]不久建成。当时的建筑现已无存，具体建筑物和陈设，据《钦定日下旧闻考》记载："东黄寺，顺治八年奉敕就普静禅林兴建，康熙三十三年重修。正殿檐上恭悬御书额曰大乘宝殿。檐前额曰明妙圆澄。殿内额曰妙演三摩。联曰：梵香馥郁吉云凝，象教西传净业；宝相庄严华月印，雁堂北护黄图。皆皇上御书。殿前碑亭二：东碑为顺治八年大学士宁完我撰；西碑恭勒圣祖仁皇帝重修记文，碑阴恭勒皇上御制诗。"又据《钦定蒙古源流》载："城外修建黄墙庙宇，内建三世佛像，达赖喇嘛及随从弟子所居精舍，以及库藏，俱装饰威严。"当时住庙的"剃度喇嘛百有八人，均以内府三旗内管领下及五旗王公府属管领下人披剃。内府三旗二十四人，五旗各府庙八十四人。如上三旗有缺，移咨礼部行文内务府，于本旗内管领下选一人顶补；下五旗有缺，移咨礼部行文各该王公，于府属管领下送一人顶补"。[14]修建庙宇的资金是由工部和满洲王公贵族共同筹措的，这从后来的一桩黄寺失火案中看得很清楚。康熙五年（1666）十二月初九日，住在黄寺院里的楚楚木端朱布格隆等三人前去殿中念经，由于香灯引燃悬挂的哈达，所住三间房被大火化为灰烬。在案情调查过程中，发现康熙三年十二月黄寺有六间房失火。由于失火房屋原系工部所建，遂令工部在旧址重建。而此次失火房屋则系固山贝子稳齐所建，理藩院因而拟令稳齐重建，但康熙帝未允，降旨“免由稳齐贝子修建，著由部修建”。[15]足见黄寺虽属敕建，但当初资金来源是多方面的。

除黄寺之外，还在五世达赖喇嘛途经地方及京城修建其他住房及庙宇。在岱海（今山西凉城）敕建的房屋，据五世达赖喇嘛自传《云裳》中讲，是“一处带围墙的汉式行宫，房屋为汉式屋顶。安排喇嘛住守，由理藩院“每年支给米粮”。[16]在怀来（今河北怀来县）修建怀来庙，“从外藩蒙古要来班第一百零八人，以米里喇木札木巴为师傅入住怀来庙”，[17]并从广禄寺拨给挤奶煮茶之人，携眷住寺服侍。经班第达诺们罕提议，顺治帝以“果有益于国家生民，朕何靳此数万金钱为”。[18]允准在京城修建白塔寺（后更名为永安寺）及白塔（在今北海公园琼华岛）。白塔入住喇嘛班第八人，由西藏喇嘛喇木扎木巴管带“烧香燃灯，并且诵经上供”。[19]还修有唏吧吧庙，住庙喇嘛为 108 人，由朱喇齐格隆为扎萨克管带。以上各处竣工后，“修建北黄寺、唏吧吧庙、乌斯尼哈嗒（即白塔）之工匠，监修章京等，曾饬礼部赏赐”。[20]此外，当怀来庙落成时，亦对监修官员及工匠进行了丰厚的赏赐。

其次，确定五世达赖喇嘛东行路线，筹措路途所需物项。路线确定为经青海从西宁入边，自三眼井出边，由阿拉善、鄂尔多斯、归化城、岱海而行。这与原先西藏贡使和清政府遣人赴藏均经喀尔喀而行之惯例相比，是一个很大的改变，路途所需牲畜等各项费用，则令路经地方官员及蒙古王公等分段筹措。如，“青海备乌拉马三千匹、驼六百只”。两渡黄河，专门修造了竹木亭船。

二

顺治九年（1652）二月，五世达赖喇嘛从拉萨起程，随行人众有 3000 余人。清政府派去专程迎接的内大臣多尔济达尔汉诺彦等二员、喇嘛三人及护军跟役 200 多人一路照料。顺治帝又特遣“理藩院侍郎沙济达喇，同户部理事官赵山、广宁、苗张新，礼部理事官翁海、苏纳木、鲁松君，兵部理事官莽萨日、卓奴依、赵吉新，工部理事官恩都、塔比都、赵包恩、常书贵等，以及其助理官共二十员往迎。随敕赐礼物：珍珠、帽、袍、靴、雕金鞍辔、黄表马八匹、手鞭等”，[21]迎于青海。此后，在五世达赖喇嘛行进途次，顺治帝屡屡派人相迎，赏物慰问。“至西宁甲噶布地方，则钦差郎青喇嘛迎之；行经依库之界，则钦差额星克亲王带领马队二千迎之；行经清河桥，则钦差亲王带领马队三千余迎之。其在途中也，赏给珍珠念珠、嵌珠佛帽、斗篷，并衣服、金鞍、白马及次等马匹者一次，赏发口粮乌拉者一次，赏给无价珍珠念珠者一次，赏赐金顶黄轿者一次，赏赐黄伞、旗帜、日罩各项仪仗，又镶珠袈裟、衣服及别项珍珠者一次，赏发黄伞、红伞四十付者一次。”[22]从中不难看出顺治帝对五世达赖喇嘛入觐的重视和对其本人的亲切关心。达赖喇嘛在东行途中也始终与顺治帝保持紧密联系，不时派人入奏，告知行抵地点，商议觐见事项，进献佛尊等。

顺治帝对约见五世达赖喇嘛的地点一开始并未确定。五世达赖喇嘛到达青海后，两次派人进京商议觐见地点。顺治帝谕曰：“朕欲于边外迎迓，迩因西南用兵，羽书来往频繁，皆系军国重务，难以轻置，用是不克出边相见。俟寇靖无事，便可亲行。特遣亲王、大臣前往，此时只于边内近地相迎可乎？并赐哈达、珍珠、数珠”。[23]不久，接到五世达赖喇嘛奏称：“因内地疾疫甚多，改在归化城或岱海地方相见”。[24]顺治帝遂允准在岱海地方相见，并谕达赖喇嘛曰：“朕准于边外岱海地方迎汝”。[25]五世达赖喇嘛对此非常满意，立即派人入奏，表示要兼程前往岱海。

在顺治帝是否出迎五世达赖喇嘛的问题上，朝廷内部意见很不一致。因此顺治帝向诸臣阐明亲至边外迎接五世达赖喇嘛的理由：是考虑五世达赖喇嘛随从较众，在内地歉收之年，边外相见不仅节省费用，而且便于安排各种给养。“倘不往迎喇嘛，以我既召之来又不往迎，必至中途而返，恐喀尔喀亦因之不来归顺”。[26]与此同时，令诸臣就是否亲自往迎一事各抒己见。“满洲诸臣议：我等往请，喇嘛即来。上亲至边外迎之，令喇嘛住于边外。喇嘛欲入内地，可令少带随从入内；如欲在外，听喇嘛自便。上若亲往迎之，喀尔喀亦从之来归，大有裨益也。若请而不迎，恐于理未当。我以礼敬喇嘛，而不入喇嘛之教，又何妨乎。众汉臣议：皇上为天下国家之主，不当往迎喇嘛。喇嘛从者三千余人，又遇岁歉，不可令入内地。若以特请之故，可于诸王大臣中遣一人代迎。其喇嘛令住边外，遗之金银等物，亦所以敬喇嘛也”。[27]顺治帝最后采纳了范文程、洪承畴等汉臣的意见，决定在北京会见，并将此告诉达赖喇嘛曰：“前者朕降谕旨，欲亲往迎迓。近以盗贼间发，羽檄时闻，国家重务难以轻置，不能亲往。特遣和硕承泽亲王及内大臣代迎”。[28]五世达赖喇嘛此时的态度也很灵活，决定改变初衷，将随从人众 1974 人留于岱海，仅带 300 人进京。

五世达赖喇嘛经过近一年的长途跋涉，历尽千辛万苦，于顺治九年十二月十五日抵达北京。这天，在南苑德寿寺，“达赖上谒，上由御座起行数步，与达赖握手问候。后，上复登御座，侧设达赖座，奉温谕令登座吃茶，询起居。达赖即于座前恭请圣安，陈述前后藏情形。赏赐筵宴。由部库赏拨银九万两。”[29]五世达赖喇嘛亦进献念珠、氆氇、蔗糖、叭香及马匹等物。谒见事毕，五世达赖喇嘛移住新建的黄寺。

五世达赖喇嘛在京逗留两个多月，其间受到了清统治者很高的礼遇。顺治帝先是宴达赖喇嘛等于太和殿，赐金器、彩缎、鞍马等物，[30]以示欢迎。继而五世达赖喇嘛“亲往皇宫庆贺，钦派内务府大臣前来迎接皇宫。世祖谕曰：朕登座位，尔达赖喇嘛亦同时登座。照前一同吃茶，赏赐大宴。随行第穆呼毕勒罕、摆曲堪布等十五人，亦赐宴暨赏拨银两、缎匹”。[31]达赖喇嘛将归，又以“遣达赖喇嘛归，上御太和殿，赐宴，并鞍马、金银、珠玉、缎匹等物”。[32]宴中，每张桌子上都叠放着 50 个盘子，顺治帝用的是金盘，余者都用银盘，场面隆重热烈。总括起来讲，在这段时间里，赏赐物品共达七次。“赏赐黄哈达，金造幔达拉、银造幔达拉、连船、金碗、金盒、净水瓶、金盘、香炉、大莽筒、琐拉、幡伞、幢帜扇者一次；赏赐随从人等银两、缎匹者一次；赏赐珍珠斗篷、衣服，并银茶筒、大缎十五匹，各色缎绫连鞍马，又从役每人元宝三个者一次；赏赐黄金五十两、银茶筒、金盘者一次；又黄金五百两，银茶筒、银盘、银万两者一次；又重一千两之大银罐、大缎、金鞍、虎皮、豹皮、獭皮、茶叶百包者一次。又蒙皇太后赏赐黄金百两、银千两、大缎一百匹。”㉝

对于五世达赖喇嘛及其随从人众的饮食，清政府也做了周密安排。“达赖喇嘛每十日羊三十只，茶三十斤，面六十斤，酥油十斤，牛乳三十斤，盐十斤，黄蜡烛十支；头等第一喇嘛每名每十日羊十只，茶二十包，面二十斤，酥油五斤，牛乳十五斤，盐十两，黄蜡烛一枝；头等第二及二等喇嘛每十人每十日羊十只，茶十包，面二十斤，酥油二十斤，牛乳四斤，盐三斤，灯油十盅；三等四等人从役每十二名每十日羊十只，茶十包，面二十斤，酥油二十两，牛乳四斤，盐三斤，灯油十盅。”㉞

达赖喇嘛在京城“每天对数量如大地尘粒一样的具信众生讲说佛法，摩顶赐福，赐给所有众生转生兜率天宫的善缘”。㉟不久顾实汗遣人进表贡物，兼请达赖喇嘛返回。五世达赖喇嘛也于顺治十年(1653) 正月二十日，以水土不服，身体不适，其随从人众亦患疾病，具疏请归。顺治帝命令议政王、贝勒、大臣等议奏达赖喇嘛告归之事。“寻议：喇嘛原系特召，当询其情事。其言宜于我则从，不宜于我则已。傥不一加询问，使喇嘛含愠而去，则外国喀尔喀、厄鲁特必叛。一议，不宜询问喇嘛。若询之而不用其言，喇嘛当益含愠而去。我朝荷天之佑，征服各处，以成大业，当年并无喇嘛也。喇嘛既系特召，当赐以金银缎币，酌封名号，给之册印，不加询问为便。奏入，上曰：不必询问事情，止令部臣往谕喇嘛，所云水土不宜良是，但我等始至，亦尝以水土不宜而病，后乃相宜。今喇嘛既来，且留此，从容往岱海。待草青时，更召外藩王、贝勒等与喇嘛相会。”㊱遂开始备办护送五世达赖喇嘛的具体事宜。

三

顺治十年二月十八日，顺治帝在太和殿宴请五世达赖喇嘛，为之饯行。二十日，达赖喇嘛起程前往岱海，顺治帝派内大臣赏给绝大珍珠朝珠一串，准将原先所赏大伞、旗帜、幡幢、仪仗等，摆列在队伍前面，颇为壮观。顺治帝还派和硕郑亲王济尔哈郎、礼部尚书觉罗郎球在清河饯行，并遣和硕承泽亲王硕寨偕同固山贝子顾尔玛洪、吴达海，率领八旗官兵一直送至岱海地方。

达赖喇嘛抵达岱海后，并未立即返藏。此时，一些本想入京谒见达赖喇嘛，但因“宾客过众”[37]而未获准的蒙古王公、呼图克图等，纷纷来到岱海拜见达赖喇嘛。喀尔喀蒙古土谢图汗、哲布尊丹巴呼图克图等亦派人前往岱海，向五世达赖喇嘛进献马匹、哈达、曼达等物。顺治帝亦派人转赏达赖喇嘛留在岱海的近2000人以银两、缎匹等物。五世达赖喇嘛在岱海月余，派索诺木旺扎奏称：“那日于彼地心肝不适患病，虽经改变水土稍愈，但仍为水土不服之病。我若迟走，今冬不离开青海，便如前奏所言，恐西藏待办之事务积压过多。且青海至西藏间，冬季冰雪严寒，很难行走，人畜受罪，返藏时间更会迟延。为于十一月以前过雪山，拟于四月末起程。”[38]对此，顺治帝降旨曰：“著索诺木旺扎返回。达赖喇嘛回返日期，候旨裁夺。”[39]于是，理藩院遵旨赏索诺木旺扎“银茶桶一个、缎七匹、毛青布三十匹”，[40]而后遣回。这次之所以未立即裁定五世达赖喇嘛起程日期，主要是清政府护送五世达赖喇嘛返藏事宜尚未备办周全。五世达赖喇嘛在岱海期间，清政府作了以下三件事情：第一，确定护送五世达赖喇嘛返藏并往封顾实汗名号之大臣、喇嘛名单。四月十七日，理藩院尚书尼堪等题称：“达赖喇嘛来朝时，派户部、礼部、兵部、工部、理藩院五部官员迎于青海，拨给马匹、盘费。现拟照相迎之例护送，请饬各该四部遣派官员。”[41]最后确定理藩院派侍郎沙济达喇率员外郎莽佳、额叶图、多齐、瓦色，以及笔帖式二名、领催二名与其他四部所派官员一同送至青海。内大臣囊努克、秀世代、侍卫喇嘛多尔济，归化城得木齐达尔汉囊苏、刚亲嘎布楚五人率八旗护军等送至西藏，并封赏顾实汗以名号。去往西藏官员、喇嘛，仍照先例拨给驿马274匹，人各200两银及粮米。第二，筹办册封五世达赖喇嘛及顾实汗事宜。在开始铸造敕封册印的同时，经礼部题请决定将颁给五世达赖喇嘛的册印，遣派礼部尚书觉罗郎球和理藩院侍郎希达礼赍送至岱海，授予五世达赖喇嘛；至敕封顾实汗的册印，考虑路途遥远，不再另外派人，交付钦差护送五世达赖喇嘛的侍卫喇嘛多尔济、大臣囊努克、秀世代等带到西藏，授予顾实汗。第三，备办五世达赖喇嘛返程所需牲畜物项。"将拨给达赖喇嘛乌拉马驼，令四子、古穆、三乌喇特此五旗备马一千五百匹、驼三百只，归化城之土默特备马一千五百匹、驼三百只，自岱海骑至黄河；令鄂尔多斯六旗备马三千匹、驼六百只，自黄河骑至宁夏黄河东岸渡口；自黄河渡口则骑用大库马驼，送至青海。"[42]考虑到五世达赖喇嘛等人喜食牛奶及酥油，夏季不便在路途携带，经理藩院侍郎沙济达喇具题，准"由归化城土默特拨给奶牛五十头送至鄂尔多斯，由鄂尔多斯所给奶牛五十头送至宁夏"。[43]

敕封五世达赖喇嘛和顾实汗的黄金册印铸成后，由礼部尚书觉罗郎球、理藩院侍郎希达礼于五月初四日起程送往岱海。颁给五世达赖喇嘛的册文曰："朕闻兼善独善，开宗之义不同；世出世间，设教之途亦异。然而明心见性，淑世觉民，其归一也。兹尔罗布藏札卜素达赖喇嘛，襟怀贞朗，德量渊泓，定慧偕修，色空俱泯，以能宣扬释教，诲导愚蒙，因而化被西方，名驰东土。我皇考太宗文皇帝闻而欣尚，特遣使迎聘。尔早识天心，许以辰年来见。朕荷皇天眷命，抚有天下，果如期应聘而至。仪范可亲，语默有度，臻般若圆通之境，护慈悲摄受之门。诚觉路梯杭，禅林山斗，朕甚嘉焉。兹以金册封尔为西天大善自在佛所领天下释教普通瓦赤喇怛喇达赖喇嘛。应劫现身，兴隆佛化，随机说法，利济群生，不亦休哉。"金印的全文是"西天大善自在佛所领天下释教普通瓦赤喇怛喇达赖喇嘛之印"。[44]从此，有清一代历辈达赖喇嘛均沿用这一名号。

五世达赖喇嘛领受册印后，以颁给金册、印、名号之喜庆礼于五月二十五日遣至松朱喇木扎木巴奏称："窃蒙圣上赐金册、金印、尊贵之封号之鸿恩，实不胜欢忭"。[45]六月初八日，顺治帝赏松朱喇木扎木巴"银茶桶一个、缎七匹、毛青翠兰布三十匹"，[46]将其遣回。

清政府册封五世达赖喇嘛事毕之时，已准备好路途供顿，故准五世达赖喇嘛"于六月初一日起程"[47]离开岱海西行。五世达赖喇嘛起程时，顺治帝专门派固山贝子吴达海举行盛宴饯行。七月十四日，五世达赖喇嘛行抵青海，奏报当月即赴西藏，并随书进呈吉祥哈达、翡翠、珊瑚、琥珀、念珠等物。不久，五世达赖喇嘛返抵西藏，在其住刹盛筵款待护送去藏的大臣、喇嘛等人，以及在藏的喀尔喀、厄鲁特宾客，表示对中央政府热情接待的谢意。

另外，囊努克、秀世代护送五世达赖喇嘛到藏后，举行盛大仪式册封顾实汗，将带去的敕封金册、金印授予顾实汗。其册文曰："帝王经纶大业，务安劝庶邦，使德教加于四海。庶邦君长能度势审时，归诚向化，朝廷必加旌异，以示怀柔。尔厄鲁特部落顾实汗尊德乐善，秉义行仁，惠泽克敷，被于一境，殚乃精诚，倾心恭顺，朕甚嘉焉。兹以金册印封为遵行文义敏慧顾实汗。尔尚益矢忠诚，广宣声教，作朕屏铺，辑乃封圻。如此，则带砺山河，水膺嘉祉。钦哉"。金印的全文是："遵行文义敏慧顾实汗之印"。[48]顾实汗接受册封后，于顺治十一年（1654）遣使谢恩，奏称："皇上胜过缔造万物之如意宝，布仁慈于四海之滨；扬善抑恶，以足众生之望。蒙天恩赏赐金册、金印，封为遵行文义敏慧顾实汗。谨望阙跪接祇领，叩谢天恩。并献珊瑚念珠一串、蓝宝石念珠一串、琥珀念珠一串、毛青梭布五十匹、良马二十匹"[49]。

四

五世达赖喇嘛入京觐见顺治帝，是西藏宗教领袖与清中央政府最高统治者的第一次直接接触，不仅密切了西藏地方与中央政权的联系，同时使蒙古部众更加倾心归服中央。五世达赖喇嘛入觐，对刚刚建立起全国政权的清政府无疑是一种政治上的有力支持，对维系清代多民族国家的统一，具有不容忽视的积极意义。

顺治帝敕封五世达赖喇嘛，颁给金册、金印，从法律上确定了达赖喇嘛在宗教上的地位，确认了达赖喇嘛的特权，使黄教势力在西藏乃至整个蒙、藏地区更具统治地位。对清政府来讲，也达到了统治西藏的目的，因为西藏最高宗教领袖达赖喇嘛的进京觐见和接受敕封，体现了中央权力及西藏地方对清政府的归属关系。

顺治帝在敕封五世达赖喇嘛的同时，敕封实际操纵西藏政权的顾实汗，也颁给金册、金印，确定了顾实汗在西藏的政治领袖地位。清朝通过顾实汗间接统治青、康、藏等藏族地区可顺利完成祖国各民族大家庭的统一；顾实汗作为中央政府统辖下的掌管地方行政权力的首席人物，可继续在其势力范围内拥有一切特权，丝毫无损于既得利益。清政府对五世达赖喇嘛和顾实汗的敕封，充分体现了清初对西藏实行宗教和政治分开，以便统治西藏的政策。

五世达赖喇嘛的进京朝觐，还促进了藏传佛教在北方地区的进一步传播。由于五世达赖喇嘛入觐，清帝在京城敕建黄寺、白塔、唏呾呾庙，额定住庙喇嘛人数，有的支给米粮及日用物品。在五世达赖喇嘛路经地方岱海、怀来修建房屋及庙宇，达赖喇嘛返抵西藏后，应这些寺庙扎萨克喇嘛之请，分别派来喇嘛住庙，传授佛法。五世达赖喇嘛进京之际，当时年事已高的四世班禅要求往延达赖喇嘛的察干喇嘛给筹措缮写《甘珠尔经》的纸张，也如愿以偿，为佛教经卷传世提供了条件。五世达赖喇嘛往返途经蒙古地方，讲经授法，蒙古王公贵族纷纷奉献金银、绸缎、马匹等物，达赖喇嘛将这些布施散给西藏、青海、甘肃等地寺庙，这些对以后的蒙藏关系产生了极大影响。

注释：

①中国第一历史档案馆藏内阁蒙文老档第60册。

②⑬中国第一历史档案馆藏内阁国史院满文档第16册；第29册。

③④《清太宗实录》卷64。

⑤⑦㉜㊱《清世祖实录》卷2；卷45；卷71；卷72。

⑥⑨㊾中国第一历史档案馆藏内阁蒙文老档第4册；第7册；第9册。

⑧㊳中国第一历史档案馆藏内阁蒙文老档第8册。

⑩⑪㉒㉔㉕㉖㉙中国第一历史档案馆藏内阁蒙文老档第47册。

⑫黄寺，因位于城北又称北黄寺或后黄寺，相对雍正元年所建西黄寺又称东黄寺。

⑭《钦定大清会典事例》卷974。

⑮中国第一历史档案馆藏内阁满文题本829卷57号。

⑯⑳㊵中国第一历史档案馆藏内阁满文题本823卷30号；12号；11号。

⑰⑲中国第一历史档案馆藏内阁满文题本824卷17号；12号。

⑱《顺治八年白塔寺碑》，转引自张羽新著：《清政府与喇嘛教》西藏人民出版社1988年版。

㉑㊲㊴㊶㊷中国第一历史档案馆藏内阁礼科满文史书第4册。

㉓㉚㉝中国第一历史档案馆藏宫中杂档。

㉗㉘《清世祖实录》卷68。

㉛释·妙舟著《蒙藏佛教史》。

㉞中国第一历史档案馆藏军机处班禅档1739。

㉟固始噶居巴·洛桑泽培著《蒙古佛教史》。

㊸㊻中国第一历史档案馆藏内阁礼科满文史书第5册。

㊹㊽《清世祖实录》卷74。

㊺㊼中国第一历史档案馆藏内阁国史院满文档第30册。

六世班禅朝觐始末

六世班禅额尔德尼，法名罗桑巴丹益西，乾隆三年（1738）十一月十一日生于后藏南木林宗扎西则地方。乾隆五年（1740）被认定为五世班禅额尔德尼的转世灵童，翌年在扎什伦布寺坐床，成为第六世班禅额尔德尼。乾隆四十四年（1779）六月，六世班禅离开后藏远道朝觐，次年十一月初二日不幸圆寂于北京黄寺，享年42岁。六世班禅的朝觐，无论在清史上，还是在宗教史、民族史和边疆史上，都具有较大的影响，意义深远。围绕六世班禅朝觐准备、祝寿瞻礼及灵榇西归等过程，在清宫中形成了系统而详尽的档案史料，本文主要根据这些现存中国第一历史档案馆的珍贵史料，并参考其他相关的文献资料，对六世班禅的朝觐始末进行考实。

一

关于邀请班禅入觐之事，早在康熙年间已有所议。当时康熙帝正在漠南漠北蒙古地方征讨准噶尔部噶尔丹，十分希望五世班禅能够取道蒙古朝觐，用以安定蒙古民心，巩固蒙古和西藏民众的内向力。五世班禅虽有此意，但因种种原因，始终未能成行。到了乾隆中期，尽管厄鲁特蒙古四部及藏地各土司已全部归服，但乾隆帝很清楚要巩固对蒙藏地区的统治，不能单纯依靠武力，必须借助于宗教力量。尤其是噶布伦康济鼐，驻藏大臣傅清、拉布敦被杀的教训，使乾隆帝更加认清了以宗教势力牵制地方贵族的重要性。因此，扶植西藏宗教，便成为清廷奉行的重要政策。达赖喇嘛和班禅额尔德尼，是藏传佛教两大宗教领袖，深受蒙藏地区人民信仰，有着举足轻重的作用。当时，八世达赖喇嘛年纪尚轻，涉世未深，而身为八世达赖喇嘛师傅的六世班禅，拥有很高的威望，因此邀请六世班禅来京，无疑是乾隆帝的最佳选择。这样不仅可以借朝觐扩大班禅的政治、宗教影响，还可以通过朝觐达到稳定蒙藏地区局势的目的。章嘉呼图克图为促成此事充当了信使，乾隆四十三年（1778）十二月初六日，章嘉呼图克图奏称："班禅额尔德尼请于庚子年来京，恭祝万寿。"[①]乾隆帝闻讯很高兴，颁降谕旨曰："班禅额尔德尼乃西域大师，朕早怀召见之意。惟以道途遥远，大师未曾出痘身子尚生，不便令其远涉。章嘉呼图克图既称班禅额尔德尼欲早赴京，并请代为上奏，则班禅额尔德尼出于本愿，适与朕意相符，实属吉祥如意之事，已允所请。"[②]第二年春天，驻藏大臣留保住亲赴后藏扎什伦布寺转宣谕旨，六世班禅呈递奏书曰："小僧自幼仰承文殊菩萨大皇帝豢养之恩，不胜尽数，非他人所能相比。小僧乃一出家之人，无以报称，虽每日祝祷文殊菩萨大皇帝金莲座亿万年牢固，并令寺众亦唪经祈祷，但仍时时企望觐见文殊菩萨大皇帝。"[③]表达了急切朝觐的真诚愿望。

六世班禅朝觐一事确定以后，清廷便开始进行周密的准备工作。首先是确定六世班禅的起程日期及行程。乾隆帝为此专程派驻藏大臣留保住赴后藏与六世班禅磋商，留保住在扎什伦布寺前后停留七天，认真听取六世班禅的意见。六世班禅经过慎重考虑，认为若等朝觐当年再行动身，路途遥远，很难如期抵达，只有提前动身，赶在八、九月大雪封山前通过唐古拉山，到达塔尔寺休整过冬，方于行程无误，因此选定于乾隆四十四年六月十七日从扎什伦布寺起程。这一日期虽比章嘉呼图克图原定的七月十五日提前了近一个月，但考虑途中喀喇乌苏（即黑河）、木鲁乌苏（即通天河）等大小河流泛滥受阻，因此最后决定照六世班禅所定办理。即乾隆四十四年六月十七日从后藏日喀则扎什伦布寺出发到青海塔尔寺过冬。四十五年初，再从塔尔寺起程，经西宁入边，再从三眼井出边，经阿拉善、鄂尔多斯，渡过黄河，再由归化城至岱海。然后经多伦诺尔、克什克腾、翁牛特、喀喇沁至中关，于七月到达避暑山庄。乾隆帝考虑到六世班禅离藏后扎什伦布寺事务需要有人管理，因此特地谕令八世达赖喇嘛会同堪布阿旺楚臣代为看管办理。

其次，分别在北京和热河度地建庙，并修缮原有的寺庙，以供六世班禅驻锡讲经。京北黄寺，是顺治年间五世达赖喇嘛在京时的驻锡之地，据《钦定蒙古源流》记载："城外修建黄墙庙宇，内建三世佛像，达赖喇嘛及随从子弟所居精舍，以及库藏，俱装饰威严"，是当时京城颇具规模的喇嘛庙。此外，始建于康熙四十年(1701)，原为雍亲王胤禛的府邸，乾隆年间改为喇嘛庙，由五进院组成的雍和宫，是京城最大的喇嘛庙。为了便于六世班禅额尔德尼起居讲经，清廷不惜花费钜资，对北京黄寺和雍和宫进行了不同程度的修缮和改建。如雍和宫的班禅楼、戒台楼，都是为这次朝觐活动特意修建的。对京城诸多寺庙进行维修的同时，还在寺庙密集、凉爽宜人的皇家园林静宜园内选址修建了宗镜大昭之庙，即昭庙。昭庙的建筑，以藏族碉楼式建筑风格为主体，兼用汉式建筑的遮檐手法，呈方形碉楼式，东向，有前殿、白台四层、红台四层，墙体上方四周间隔设有藏式梯形窗户，窗户上部饰有汉式单斜面遮檐。庙前立有汉白玉砌成的大牌坊，两面题额分别为"法源演庆"、"慧照腾辉"。牌坊和前殿之间，为八方重檐碑亭，立有汉、藏、满、蒙四体文字雕刻而成的乾隆御笔书写的三首五言诗石碑，即《昭庙六韵》诗碑。在新建的建筑中，规模最大的要数热河的须弥福寿之庙。须弥福寿之庙完全仿照后藏日喀则扎什伦布寺的建筑风格而建，坐落在普陀宗乘之庙东侧，坐北朝南，依山面水，清静秀丽。主要建筑分前后两大部分，前半部分有山门、碑亭、琉璃牌楼，后半部分有万法宗源楼、生欢喜心楼、见人副所殿、万寿琉璃塔及护法台。中心主体建筑是大红台，中央是妙高庄严殿，东有御座坊，西有吉祥法喜殿，红台顶上有角楼四座。须弥福寿之庙的陈设装饰亦极为精致豪华，像妙高庄严殿、吉祥法喜殿的铜瓦，均经两次镀金，在阳光照耀下金光四射，其内部陈设，据嘉庆五年《须弥福寿寺之庙佛像供器数目清册》等档案史料记载，有班禅源流画像、墨刻填金婆罗树轴、博普嘉克、各种画像佛、佛尊、佛龛、御笔匾、字对、番经、多心经、佛塔、铜珐琅吗呢、嘎布拉鼓，以及七珍、八宝、五供等。为该庙诵经活动准备的还有“顶幔、幡伞、纛幅、千佛衣、七衣、五衣、藏帽、丈尺衣、银曼达、铜镜、铜盘、本巴壶、唢呐、铜哓、竹经版、桌张、木架、靶鼓等对象”④。与此同时，也将热河的其他寺庙修缮一新，装饰陈设亦多更新。其中，各庙仪仗换新，就用去“各色锦六百十匹，各色缎十六匹，各色春缎四百四十五匹，黄芝麻漏地纱四匹”⑤，仅此一项，就用去锦缎、纱绸一千余匹。

再次，是安排蒙古、新疆等地少数民族上层与六世班禅同时入觐，以收“敬一人而千人悦”之效。乾隆帝利用七十寿辰之际，令信奉佛教的蒙藏地区王公贵族同来“陛见”。乾隆四十四年，杜尔伯特达赖汗玛克苏尔扎布请求入觐，乾隆帝降旨曰：“本年杜尔伯特汗玛克苏尔扎布年满十二，照朕前降谕旨，理合准其入觐，唯来年七月班禅额尔德尼前来避暑山庄觐见，玛克苏尔扎布与其今年来，弗如明年再来，既可谒朕，又可叩拜班禅额尔德尼，甚善哉”⑥。可见乾隆帝希望一些重要的少数民族首领在热河拜见六世班禅，以扩大其影响。六世班禅即将入觐的消息传出，青海、蒙古等地的上层人物果然纷纷要求入觐，乾隆帝考虑人员过于集中，谕令贝勒以上身份的人方可入觐。

二

乾隆四十四年六月十七日，是六世班禅选定的启程日。这天，六世班禅率领强佐仲巴呼图克图罗桑晋巴、岁琫堪布罗布桑克却、蓝占巴罗桑喇布坦，以及森本、卓尼尔、孜仲等徒众295人，在浩浩荡荡的护送队伍的簇拥下，离开扎什伦布寺踏上朝觐之路。驻藏大臣留保住自带钦差大臣关防率笔帖式及把总、委把总各一员，带领兵丁30名，提前于六月十五日从拉萨启程往迎，在巴布拉岭与六世班禅会合，并陪护北上。八世达赖喇嘛、堪布诺们罕阿旺楚臣、驻藏大臣恒瑞则专程前往羊八井为六世班禅送行，于六月二十八日在羊八井相会，六世班禅和八世达赖喇嘛互递哈达祝福，并同行至扎希塘。据《六世班禅洛桑巴旦益希传》记载，从羊八井到扎希塘同处一起的九天时间内，六世班禅为八世达赖喇嘛传授经法，为僧众摩顶，六世班禅的随行人员亦请达赖喇嘛摩顶赐福，最后才依依惜别。七月十三日，从北京回来的扎什伦布寺堪布降白洛桑，赍至乾隆帝所赐“圣容”及敕谕，以此表示皇帝对六世班禅的迎接，并象征皇帝与六世班禅通行。七月二十八日顺利通过唐古拉山，八月二十四日又安全渡过木鲁乌苏河。进入青海境，西宁办事大臣法福里奉命来到木鲁乌苏河北岸迎接，并一路护送。陕甘总督勒尔谨备办了大量日用物品和运输车辆等，在青海与甘肃交接处的东科尔寺接应。十月十六日，六世班禅一行抵达乾隆帝赐银万两加以修缮的塔尔寺，受到先期到达的西安将军伍弥泰和专程从北京前去迎接的散秩大臣万福、署将军保泰，以及寺庙僧众的热烈欢迎。十八日，盛筵款待六世班禅一行后，一路陪护的留保住启程回京复命，由伍弥泰留下照料。六世班禅在塔尔寺过冬，乾隆帝赏给御用貂袍、貂尾班沙帽、黄蟒缎袍、缎匹等，供六世班禅御寒，并两次派库使赍御用鹿尾、野鸡、野猪及佛手、木瓜、柑柚等果品食物至塔尔寺。乾隆四十五年（1780）春，乾隆帝巡幸江南，途中惦记远在塔尔寺的六世班禅，两次派人转赏哈达等物。六世班禅亦为乾隆帝路途之平安亲念密咒，率徒众唪经祈祷。

乾隆四十五年三月初十日，六世班禅离开住了近5个月的塔尔寺，在西安将军伍弥泰的护送下继续东行。途中，接奉乾隆帝颁降谕旨曰：“朕闻班禅额尔德尼在塔尔寺安然过冬，三月初十日起程前来入觐，甚是欣悦。会见班禅额尔德尼之日益加迫近。在此，朕望班禅额尔德尼一路顺风，速抵热河见朕。兹朕已从浙江省返抵江南省，凡事皆仗班禅额尔德尼之佛法，极为吉祥如意，朕体亦安康，皆因班禅额尔德尼在佛前为朕祈祷所致。兹问班禅额尔德尼好，赏大哈达一方、伽南香禅珠一串、回疆装葡萄干嵌绿松子石金盒二只遣往。时值伽南香禅珠芬芳季节，班禅额尔德尼用之，即如见朕。”[⑦]还谕令伍弥泰要亲自转赏，并将六世班禅欣喜之处明白回奏。六世班禅平安到达营盘水后，奏称：“兹路越近，小僧近早入觐之心益切。谨备谢恩福瑞哈达一个、利玛文殊菩萨一尊，一并进呈。”[⑧]还奏报“行抵阿拉善等地，随行僧众三百余人尽数（出痘）痊愈。”[⑨]在横城和毛岱两渡黄河，六世班禅乘坐仿照五世达赖喇嘛渡黄河时所乘楼船建造的船只，安然渡河，进入土默特境内。六世班禅行抵岱海，受到皇六子永瑢、章嘉呼图克图、尚书永贵等人的热情款待，转赏御赐嵌东珠帽、袈裟、鞍马、银器、哈达等物。抵达多伦诺尔后，御前侍卫丰绅吉伦转赏御赐物品，并告诉乾隆帝已于五月二十七日先期到达热河避暑山庄，正在亲自指点备办，须弥福寿之庙工程也已告竣工。六世班禅一行经克什克腾、翁牛特、喀喇沁而行，行抵两家儿，因河水暴涨受阻，不能于原定的七月二十日到达避暑山庄，六世班禅当即派嘎布楚罗布藏端朱布先赴避暑山庄敬献哈达、佛尊请安，并报告发水情形。乾隆帝表示不必着急，推迟一、二日亦无妨。这样在二十一日，历时一年有余，远涉二万里的六世班禅终于到达热河。

六世班禅到达热河这天，普宁寺前的广场支起了帐篷，道路两侧仪仗排列有序，六世班禅在普宁寺稍事休息并用餐，即乘早已准备好的亮轿前往避暑山庄，云集热河的满蒙王公贵族、僧俗人众列队欢迎。六世班禅在澹泊敬诚殿朝觐乾隆帝，跪在丹墀上请安，敬献哈达、佛尊。乾隆帝用藏语问六世班禅：“喇嘛身体好吧？路上辛苦了吧？”六世班禅答道：“托皇上洪福，沿途很好。”[⑩]随后，乾隆帝在依清旷殿（四知书屋殿）赐座慰问。当时在座的有章嘉呼图克图、济咙呼图克图、敏珠尔呼图克图、堪布桑结威色、扎巴丹达、扎萨克喇嘛阿旺班珠、格勒朗噶，还有六世班禅的近侍，经“朱笔勾出准人依清旷之班禅额尔德尼徒弟强佐仲巴呼图克图罗桑晋巴、衮敦巴岁琫堪布罗桑可却、森本绰尔济蓝占巴罗桑喇布坦、卓尼尔济咙贝丹桑布、岁璋济咙罗桑坚参、孜仲巴罗桑坚参、温都逊拉仓喇嘛呼毕勒罕罗桑散木旦七人。”[11]然后，乾隆帝“诣宝筏喻、烟波致爽、云山胜地各佛堂拈香，班禅额尔德尼从”。[12]这些活动结束后，乾隆帝返回其寝宫，六世班禅则乘坐乾隆帝赏赐的“御用黄盖肩舆”，由章嘉呼图克图及内务府大臣陪护“至如意洲，赐茶果桌。出流杯亭门至须弥福寿寺之庙”。[13]这天，因“班禅额尔德尼初瞻天颜，赏三十两重金曼达一个、三十两重银曼达一个、金座瓷把碗一件、金水壶一件、金盒一件、金碟一件、金香炉一件、玻璃碗十件、玻璃盘十件、玻璃瓶十件、瓷碗十件、瓷盘十件、瓷瓶十件、玉鞍一副、哈达六百方。奉旨加赏由内交出金五百两、绣珠九龙袍一件、大卷八丝缎九匹、经一分、绣佛像三轴、经衣二件、铁镀金钵一件、仿古螭鹿金樽一对、嵌松石金盒五件、青玉盖碗一件、铜絲丝珐琅把碗二件、雕漆圆盒一对、鼻烟四瓶、洋花缎二十匹、海龙皮九张、黑狐皮九张、黑貂皮九张、银鼠皮一千张、灰鼠皮一千张、羊皮一千张”[14]。在座的强佐仲巴呼图克图罗桑晋巴、岁琫堪布罗桑可却，亦各获赏蟒缎二匹、大缎二匹、漳绒二匹、大荷包一对、小荷包一对、玻璃碗四件、瓷碗四件、玻璃盘四件、瓷盘四件，并加赏罗桑晋巴黑狐皮九张；蓝占巴喇嘛等六人，各赏蟒缎一匹、五丝缎二匹、大荷包一对、小荷包一对。

六世班禅到达热河的第二天，即七月二十二日，乾隆帝便亲诣须弥福寿之庙拈香，看望并慰问六世班禅，用藏语同六世班禅叙谈，并亲自带六世班禅观看了整座庙宇。当天，六世班禅共呈进两份奏书，一份是对有幸瞻觐蒙赐赏物表示感谢，一份是因首次朝觐进献礼品，其奏书曰：

“小僧按早有之夙愿为仰觐天神文殊菩萨大皇帝天颜，今平安抵达避暑山庄，敬备首次亲自仰觐天颜缘起之贡礼洁白哈达、五十两重银曼达、五穗内库哈达、三界法王宗喀巴佛像及金座、菩提树为架饰有诸宝表面闪烁双身胜乐金刚和四瑜珈等佛像之靠背、释迦牟尼响铜佛像及各佛像之佛衣、一百两金袋一个、十两金条五十根、十两金包四十个、大藏香一百五十束、藏香一百五十束、珊瑚和琥珀念珠各一串、黄氆氇一匹、点花紫色氆氇等九十匹，冰糖、印度枣、桃子等各一千，马鞍车一套、马一千匹、吉祥洁白哈达等，恭敬呈上。”⑮当乾隆帝离开须弥福寿寺之庙后，章嘉呼图克图对六世班禅说：“今日吉星高照，福田施主金面相会，文殊菩萨化身大皇帝为了祝祷你长寿，确实用心良苦。今日不惟风和日丽，极为祥瑞，而且大皇帝对你崇信备至，喜悦万分，老夫我与皇上相处以来，从未看见他如此高兴过。”⑯

二十三日，乾隆帝又派诸皇子前往须弥福寿寺之庙拜见六世班禅，六世班禅起身相迎，相互握手问好。诸皇子向六世班禅敬献礼品，计有“三十两重银曼达一个、上用鹅黄大缎十匹、红亮花缎十匹、小卷鹅黄八丝缎十匹、红锦十匹、红漳绒十匹、黄毡十件、红大呢十件、头等哈达十个、二等哈达十个、三等哈达三十个”。⑰六世班禅欣然接受了礼品，并表示感谢说：“大圣皇帝今特遣诸阿哥探望小僧并赠伯勒克，小僧感欢不尽。”⑱

七月二十四日，乾隆帝“御万树园大幄次，赐班禅额尔德尼及扈从王公大臣，蒙古王公、贝勒、额驸、台吉，杜尔伯特亲王车凌乌巴什，土尔扈特贝子沙喇扣肯及回部阿奇木伯克贝子色提巴尔迪等十一人，喀什噶尔四品噶匝纳齐伯克爱达尔之子乌鲁克等三人，金川木坪宣慰司嘉勒灿囊康等四十四人入宴”。⑲同时入宴的还有经乾隆帝御笔圈定随同六世班禅远道而来的强佐仲巴呼图克图罗桑晋巴等 15 人，以及章嘉呼图克图等大活佛、扎萨克喇嘛、堪布 11 人。这次宴会，是六世班禅在热河期间最隆重的一次宴会，共摆筵席 60 桌，六世班禅获得赐座于乾隆帝一侧的殊荣，而且使用仅次于皇帝的银器餐具，其余入宴者则使用瓷器。宴中乾隆帝以初次筵宴之礼，重赏六世班禅及其徒众，仅赏六世班禅的就有“嵌东珠等衣一分(计八件、珠十八颗)、各色缎五十匹、哈达二十方、玻璃碗十件、玻璃盘十件、玻璃瓶十件、金五百两、银一万两、头等雕鞍一副”，还加赏“黄缂丝锦上添花龙袍料一件”。[20]八月十四、十六两日晚，仍在万树园宴请六世班禅，施放烟火，表演西洋秋千转云游。七月二十五日，杜尔伯特汗玛克苏尔扎布等四人，土尔扈特郡王色楞等祝寿入觐，乾隆帝在“卷阿胜境召见，命同班禅额尔德尼及章嘉呼图克图等，并随驾王公大臣，蒙古王公、贝勒、额驸、台吉，回部阿奇木伯克贝子色提尔等十一人，杜尔伯特亲王策楞悟巴什，土尔扈特贝子色拉扣肯，喀什噶尔四品噶咱纳齐伯克爱达尔之子乌鲁克等三人，木坪宣慰司坚木参囊康等四十四人赐小食”。[21]并从是日起在勤政殿开演连台戏，连续十日观看歌舞戏剧。八月初三、初五、十二、十六这四天，乾隆帝仍在卷阿胜境赏六世班禅、章嘉呼图克图及聚集热河的少数民族首领以食物。八月十二、十三、十四、十六、十九日，在清音阁为乾隆帝祝寿演戏五天，其中十六、十九日两天，六世班禅带来的12名舞童也参加了演出，他们身穿带穗、铃之花衣，手持斧头等物起舞，表演一种据传观后可延年益寿、吉祥如意的，很像高丽筋斗的舞蹈，引起乾隆帝的极大兴趣，因此每次演出后，都对舞童加以赏赐。

六世班禅在热河期间，分别于八月初六、初八两日参加了在须弥福寿之庙和普陀宗乘之庙举行的祈愿大法会。法会场面庄严肃穆，六世班禅先坐在面向大殿的座位，章嘉呼图克图、敏珠尔呼图克、济咙呼图克图率众喇嘛坐在两侧。等到乾隆帝入座，众喇嘛开始诵赞释迦牟尼经、怛喇额克颂。念毕，向众喇嘛分发酥油茶，乾隆帝派诸皇子向六世班禅献哈达。然后由两名扎萨克喇嘛引导诸皇子熏香，再赏诸大臣、众喇嘛哈达。众喇嘛念过乌恰勒经及设供经、宗喀巴颂经后，六阿哥向六世班禅呈献特为这两次熬茶制造的五十两重银曼达及哈达。六世班禅开始摩顶，众喇嘛唪吉祥诗经。最后，六世班禅离开座位向乾隆帝献哈达，乾隆帝赏六世班禅银曼达、金塔、佛尊、佛龛、玉如意、时钟、念珠、荷包、水晶、珐琅等稀世珍宝及美味佳肴。两次法会，参加人数均在千人以上。法会期间，乾隆帝谕令章嘉呼图克图在六世班禅的徒众中选一人担当须弥福寿之庙的住持，章嘉呼图克图遂与六世班禅商量，从跟随六世班禅到热河的喇嘛中，挑取 20 人留住须弥福寿之庙，担当堪布、领经师、格斯贵等僧职，另外又挑选当地喇嘛 180 人住庙，按月支给银米。此外，六世班禅还于七月二十八、二十九、三十日亲临普宁寺瞻佛念经。

六世班禅在热河最重要的活动，也是此行最重要的目的是为乾隆帝的七十寿辰祝寿献礼。八月初七日，六世班禅在依清旷殿念万寿经，向乾隆帝进献丹舒克，所进物品有："哈达、红黄粗细香、金曼达、佛、画佛像、金字经、一百一本岁经、金塔、轮、杵、银瓶、七珍八宝、八吉祥、金盒内佛一尊、黑云香、氆氇、珊瑚、琥珀数珠、藏枣、杏、核桃、砂糖、葡萄、红花、坐褥靠背、鞍马"[22]等。乾隆帝回赏六世班禅"金观音菩萨一尊，绣线释迦牟尼佛一轴，葫芦把碗二件"。[23]随同六世班禅念经的强佐仲巴呼图克图罗桑晋巴等 15 人亦进献礼品并得到了丰厚的赐赏。八月十三日，是乾隆帝七十寿辰，六世班禅率徒众恭贺，主要做了两件事。一是向乾隆帝敬献恭庆万寿之丹舒克，这是六世班禅朝觐活动中最重要的一次献礼，六世班禅除自己献礼之外，还转递了八世达赖喇嘛等人进献的分量很重的礼品。六世班禅所递的礼品有：哈达、佛尊、佛像、银曼达、经书、银塔、铃杵、七珍八宝、佛珠、藏香等，强佐仲巴呼图克图罗桑晋巴等人亦进献了礼品。六世班禅代八世达赖喇嘛转递的礼品有："哈达一个、银曼达一座（拴五色哈达）、利玛菩萨一尊、利玛观世音菩萨一尊、罗汉画像二十四轴、金字无量寿经一本、银塔一座、银瓶一个、银轮一个、银七珍一分（连铜盘）、银八宝一分（连铜盘）、银八吉祥一分（连铜盘）、镀金银杵一个（拴五色哈达）、靠背坐垫一分、藏红花一匣、珊瑚数珠一串（计一百一十四颗）、琥珀数珠一串（计一百颗）、白芸香二匣、黑芸香二匣、黄红粗香二百束、各色氆氇二百个、藏枣二匣、藏核桃二匣、藏葡萄二匣、糖果二匣。"[24]前藏济咙呼图克图、噶布伦公丹津班珠尔、扎萨克札什敦珠布索诺穆拉什、扎萨克喇嘛达尔汗、堪布噶尔藏那穆札勒、第穆呼图克图、公喇布当那穆扎勒、公诺尔布彭素克、公扎什那穆扎勒、原品公班第达、扎萨克台吉热布当旺卜、台吉巴尔藏策龄、阿济图诺们汗依什丹巴拉卜寨、第穆呼图克图商卓特巴扎萨克喇嘛品级噶尔藏丹津、达尔汗堪布罗布藏彭素克、达尔汗堪布罗布藏格勒克亦各献礼。二是六世班禅亲率徒众在烟波致爽殿内佛堂为乾隆帝念万寿经，做长寿仪轨等法事。乾隆帝对参加念经祝寿的喇嘛30人赏赉有加。六世班禅还分别于八月十二至十五、十八等日，在普宁寺、殊像寺、普陀宗乘之庙、紫浮、永佑寺念万寿经，为乾隆帝祝祷。

乾隆帝对六世班禅朝觐极为重视并赞赏，早在四十五年六月，既命选青白玉宝一方、青白玉册一分十片，贴上应刻本文，由热河发往京城，交内务府造办处如意馆照本文刻字，然后交懋勤殿填金，并成造金册宝匣二件，以便盛装玉册宝，后因工期紧，现做金册宝匣有所不及，故将工部原存银镀金匣见新使用，并将玉册宝所刻文字交章嘉呼图克图校阅。乾隆帝特为颁给玉册宝敕谕六世班禅曰："尔班禅额尔德尼乃宗喀巴之法嗣凯珠·格勒贝桑六世之转生也，夙慧圆成，性身常住，八方供奉，华夏皈依。兹以朕七旬万寿之年；爰自后藏跋涉二万里，来臻上国，因于热河肖建扎什伦布，以资安禅。普天福寿，遍满吉祥，诚国家道洽重熙休和之盛事也。以尔道行纯全，法源广布，兹特加殊礼，锡之玉册玉宝，俾传宗乘，归镇法门。若逢国庆章奏用之，其余奏书文移，仍用原印。"[25]八月初二日，乾隆帝先派章嘉呼图克图转告六世班禅，第二天要赐给玉册玉宝，不必到庙外迎接，在居室院内迎接即可。八月初三日，尚书福隆安、和珅赍御赐玉册宝至须弥福寿之庙，六世班禅在热河的徒众跪于两侧，六世班禅跪迎祇领，并献如意、哈达、佛尊、念珠等物谢恩，又缮具藏文奏书钤宝恳求转奏。

三

六世班禅在热河的祝寿和佛事活动圆满结束后，在皇六子永瑢的陪同下，于八月二十五日离开热河前往京城，乾隆帝则于稍晚的八月二十八日由热河起銮往谒东陵和西陵。六世班禅于九月初二日巳时抵达北京黄寺，受到 2000 名喇嘛和 800 名和尚的欢迎。筹办接待事务的内务府大臣事先在黄寺杜刚殿南楼下面西侧陈设板铺供六世班禅坐，并在对面月台搭支戏台。六世班禅抵达后，洗漱更衣稍事休息后，即由尚茶正敬上奶茶，开始观看南府戏班表演的戏剧。用过茶水，尚膳正带人抬进餐桌，所备饭食，是照六世班禅到达须弥福寿之庙时所用的饭食准备的，包括："菜八品：燕窝锅烧鸭子、奶子西尔扎、山药葱椒羊肉、托汤鸡、豆豉荔枝面筋、松子羊肉、攒丝冬瓜、口蘑肥鸡；饽饽四品：象眼棋饼小馒首、糜子米面糕红糕、羊肉馅包子、果馅鲁酥枣儿馅海棠、粳米饭、羊肉丝汤；攒盘一品：蒸鸡、烧羊肉；包哈三盘：蒸鸭子一品，羊乌乂一品、烟羊一品、羊肉二方；奶皮二品：莽阿奶皮、蒙古奶皮；红奶茶、白奶茶、黑茶、奇格、酸奶子、甜奶子。"[26]这些饭食，烹制方法烧烤蒸炒俱全，用料花样繁多，据《御茶膳房用行文底档》记载，共用"白面十斤四两，粳米面二斤八两，糜子面二斤八两，白糖二斤一两，澄沙八两，甜酱一两六钱，面筋一斤，豆腐、锅渣各八两，香油一斤一两，绿豆粉子一两，新粳米三合七勺。鲜菜三斤，核桃仁十两，晒干枣五两，牛肉六斤"。从中不难看出清廷对六世班禅北京之行的重视态度。对于六世班禅的安全，其安排更是周密，黄寺外围，不仅有步军统领衙门三营官兵坐更，其正门及两侧边门，更有内务府护军参领等率护军校、护军等看守，以防闲杂人等混入。

六世班禅在北京的活动，主要有两项内容，一是游历拜佛，二是念经作法。六世班禅到达北京的第三天，即从黄寺前往圆明园，先到恩佑寺、思慕寺、正觉寺拜佛瞻礼，再由水法泽兰堂门进明春门，经福海到清净地下榻。值得一提的是，当六世班禅经过十二生相组成的水法时，对设计之巧妙赞叹不已，对皇六子永瑢称："此次所见，小僧不仅见所未见，而且闻所未闻，想必额斯润宫（满文译音）亦不过如此。此水法能够喷水，甚属奇特，其如何制造，实难想象，诚属完美之至。”[27]当乘坐飞龙船渡湖时，将船楼升高凭览，六世班禅益觉神奇非凡。初五日，六世班禅前往舍卫城及长春园之法慧寺拈香，返回住地清净地时，复从水法经过，再次登上台阶仔细观赏，赞不绝口。初六日，六世班禅参观九洲清晏、韶景轩、长春仙馆，然后出圆明园西南门，到永宁寺、觉生寺拈香，仍回黄寺。三天之中，六世班禅饱览圆明园山水之秀丽、林木之奇异、建筑之壮美，赞叹之余无比兴奋，每当经过皇帝御座，都要合掌献哈达，以表示对乾隆帝的敬意和祝福。在恩佑寺等供佛处所，亦同样诵念吉祥诗献哈达，表示对佛的崇信敬仰。在六世班禅住所清净地，安排其近侍喇嘛22人随同住法源楼周围房屋，另外支蒙古包一个、帐房两个，供六世班禅熬茶，其余随行人众则在圆明园西南门外搭帐房住宿。清净地、西南门外和黄寺三处，每晚都安排演戏，非常热闹。九月十一日，六世班禅、皇六子永瑢、章嘉呼图克图等从黄寺出发进安定门，穿过热闹的街市，出崇文门来到南郊，拜谒德寿寺及永慕寺。十三日，六世班禅从神武门进入皇宫，在宁寿宫念经供佛，并在皇宫游览。事后，六世班禅说：“小僧仰承皇帝之恩，得以叩拜真佛，瞻仰胜似额斯润宫之神奇殿堂，如梦似幻。”[28]表达了对宏伟壮观皇宫建筑的赞美。十四日，六世班禅前往雍和宫、柏林寺、永安寺礼佛，并登上北海的白塔诵经祈祷。游览悦心楼等处后，乘坐太液香銮船，至大西天礼佛，当晚就住在大西天迤西新建的楼房。十五日，从大西天乘船，至万山殿、阐福寺、广慈寺礼佛，献哈达佛珠，回住黄寺。十六日，六世班禅从高梁桥门乘坐有楼御舟，沿河而行，至广源闸，换名香莲亭之船到绣绮桥改乘专门制造的昆明喜龙船至大报恩延寿寺泊岸下船，瞻拜万寿山南面各个寺庙，当晚住世福楼。六世班禅在昆明湖乘坐的喜龙船，造型独特，旗纛鲜亮。早在六月份内务府造办处奉旨备办时，其旗纛尺寸式样经“查蓬岛游龙船上旧有旗二杆，旗杆各高一丈二尺，旗面长四尺五寸、宽三尺八寸，今昆明喜龙船上将军柱添旗二杆，拟加高二尺，旗杆高一丈四尺，旗面亦须量为加宽加长，旗面长六尺、宽四尺四寸，用明黄宁绸，两边透绣蓝龙，船尾迎喜梁上拟添设旗纛架一座，中安纛旗一杆，杆长一丈三尺，旗面宽六尺、斜长八尺，两边安长方小旗八杆，杆长一丈一尺，旗面长六尺五寸、宽一尺五寸，用明黄宁绸，透绣蓝龙”。[29]所有透绣等活计，经绘成小样呈览获准后，均交苏州织造如式赶办，在使用之前装饰齐全。十九至二十一日三天，六世班禅主持香山静宜园新修昭庙的开光仪式，在释迦牟尼佛像前率领众喇嘛念经。其间，六世班禅在六皇子永瑢、章嘉呼图克图等人的陪同下，分别到香山的碧云寺、宝相寺等寺庙礼佛。十月初七、初八二日，又在弘仁寺念经祝祷国泰民安。

六世班禅在京期间，多次与乾隆帝晤面。九月初九日，乾隆帝谒毕东陵往谒西陵，路经北京南苑，六世班禅前往接驾送行。十九日，乾隆帝谒毕西陵回京，恰逢昭庙开光仪式，乾隆帝特地前往上香，并赏给六世班禅“金手杖、珍宝饰品、玉石香炉、壶盖、七勇士图案之钵、金丝长腰袜”。[30]六世班禅亦敬献佛尊等物。二十五日，乾隆帝从圆明园回宫，六世班禅率领随从在皇宫内的中正殿迎驾，敬献佛像、衣物等，乾隆帝回赏哈达及雕刻别致的金手杖。六世班禅随乾隆帝在中正殿及各宫殿向诸佛塔供献哈达、祭品。六世班禅为了不耽误这次晤面，提前一天从黄寺出发，来到皇宫附近大西天迤西新建楼房住宿，以便提早赶往中正殿迎驾。二十六日，乾隆帝诣雍和宫、黄寺、弘仁寺、寿康宫拈香，到达黄寺时，六世班禅出寺迎接，在大殿内亲切交谈，并观赏歌舞，乾隆帝赐给六世班禅镶嵌珠宝的金柄，六世班禅呈进上等哈达、佛像、佛经、佛塔、珊瑚香炉、藏香、氆氇等。十月初三日，乾隆帝在保和殿宴请六世班禅，参加宴会的有六世班禅的随从徒众，亦有满蒙王公及二品以上的官员。筵席共摆 62 桌，用羊 27 只，饮品有烧酒、黄酒和奶酒。赏六世班禅的物件，插黄幄陈设，共摆了 30 桌。乐队在旁吹奏助阵，当歌手唱起满族歌时，由大臣们装扮的表演者跳起了满族的传统舞蹈，六世班禅所带舞童也表演极具西藏地方特色的舞蹈。宴毕，乾隆帝带六世班禅参观养心殿，介绍诸尊佛塔的建造情况。对于这天的活动，六世班禅对永瑢讲："小僧仰承皇上优渥，至深至厚，丝毫无报，兹蒙圣上施恩例外在保和殿筵宴，并赏数件金银器皿、各色绸缎皮张等物。又小僧在养心殿叩谒具有大利益佛，赏玉如意、碗等物。小僧委实感激不尽，无言以奏。"㉛请求永瑢代为转奏。初四日，诸皇子宴请六世班禅，以及仲巴呼图克图罗桑晋巴、岁琫堪布罗桑可却、章嘉呼图克图等人，乾隆帝仍赏赉有加，仅六世班禅一人就赏："玉如意十柄、银曼达一个（重五十两）、头等哈达二十个、二等哈达三十个、三等哈达五十个、黄缎靠背坐褥一分、蟒缎十四、妆缎十四、锦缎十四、彩缎十四、红缎十四、黄缎十四、漳绒十四、红毯十块、黄毡十块。"㉜

四

六世班禅原本计划在乾隆四十六年（1781）二月离开北京前往五台山，乾隆帝随后也起銮前往五台山，在五台山瞻佛事毕，六世班禅便起身返回西藏。其间，乾隆四十五年十一月初十日是六世班禅诞辰，乾隆帝已准备为六世班禅隆重祝寿，此后还要在十二月二十三日、来年的正月分别在小金殿和紫光阁宴赏，并于正月十九日在圆明园的山高水长为六世班禅饯行，二月初八日则在保和殿举行送别宴，并将赏物备办齐整。讵料乾隆四十五年十月二十八日，六世班禅染病，第二天乾隆帝"闻班禅额尔德尼发烧身感不适，当即派医诊视，方知出痘。十一月初一日，朕亲临探视，喇嘛甚喜，尚甚健谈。初二日，病情突变，入夜圆寂"。㉝六世班禅患病期间，乾隆帝派五名御医侍奉左右，开药诊治，然而病情过重，最后救治罔效圆寂。乾隆帝对此极为哀痛，当即前往拈香，"赏银五千两、绸缎一百二十匹、大小哈达三百二十条"㉞，用来办理后事。

对筹办六世班禅的后事，清廷做了三个方面的安排，首先是为六世班禅念经超度，将六世班禅遗体放置棺内，装入木龛，再将木龛放入带帏大柜，安放于黄寺大殿中央，由众喇嘛念经百日，大臣伍弥泰、留保住、福禄等人轮番值宿。乾隆帝不惜万金，谕令铸造金塔，以便安放六世班禅骨殖。所造金塔，“通高七尺七寸六分，下座见方五尺”。所需物料，“按例约需四成金七千一百九十九两三钱，买办物料银二百八十四两八钱三分七厘，外雇大器胎钣等匠工价银二千三百六十四两二钱八厘”。[35]金塔镶嵌松石、珊瑚、催生石。其次是安排护送灵榇回藏。从六世班禅圆寂之日算起，念经百日，至来年二月十二日期满，故决定于二月十三日由理藩院尚书博清额携带钦差大臣关防护送灵榇起程，途经昌平、宣化、大同府，出杀虎口，从归化城、鄂尔多斯、阿拉善等地行经七十八驿，直抵塔尔寺，然后护送至木鲁乌苏，将钦差大臣关防移交福禄护送灵榇到后藏。再次是抚慰六世班禅随行徒众并安排返藏。随同六世班禅到京的徒众400余人，在六世班禅染病圆寂后，一时慌乱无措，乾隆帝派章嘉呼图克图好言抚慰，赏强佐仲巴呼图克图罗桑晋巴以额尔德木图诺们汗名号罗桑晋巴，岁琫堪布罗桑可却以扎萨克喇嘛职衔默尔根堪布名号。强佐仲巴呼图克图罗桑晋巴、岁琫堪布罗桑可却等表示对敕造金塔、专派皇子及大臣照料，恩赏名号极为感激，还表示要虔心唪经祈祷转世灵童尽早出世。对原先留在热河、多伦诺尔、岱海相继遣往归化城等候的僧俗人众近百人，专派绥远城将军弘晌进行慰问，并捎往强佐仲巴呼图克图罗桑晋巴之信加以安抚。其早先遣往塔尔寺的徒众，也派陕甘总督勒尔谨前去慰问。六世班禅在热河祝寿和北京活动期间，乾隆帝赏赉有加，整理出来的行包有数千件。这些行包分别于正月初十、二十、三十日分拨起送，每拨派40人，携包1000余件护送。除对六世班禅后事作具体安排之外，为了永志纪念这一具有重大历史意义的事件，乾隆帝谕令在六世班禅圆寂处西黄寺修建塔院，建造清净化城塔，塔内装六世班禅之“法冠一顶、法衣三件、氆氇袈裟一件、斗篷一件、比肩一件、念珠一盘、静水瓶一个、米盒一个、碗一个（连座）、靴一双”[36]。清净化城塔通“高七丈六尺”[37]，修建期间乾隆帝亲自审阅烫样，特命大殿加重檐，后檐添庑座，婆罗树石配添厂头，塔台周围添月台，塔基后面至后楼前檐，添做丹陛；石塔铜顶加高六尺，镀金两次；所有须弥座、蓑衣座、塔囊三处俱装藏；装藏应用西番经一部，配匣放置瓷罐，罐内装五香六药、藏经、红花、金银八宝、钱颗等。

乾隆四十六年二月十一日，乾隆帝亲临黄寺，将六世班禅灵棺放置新造金塔拈香送行，供银曼达、哈达、绸缎、茶叶等物。十三日，皇六子永瑢、章嘉呼图克图及僧俗人众千余人为六世班禅灵榇送行。乾隆帝写《送舍利归后藏》诗一首，以志惜别之情。理藩院尚书博清额等一路护送，二十一日出直隶境。三月初一日行抵归化城，绥远将军弘晌供献饼案、菜案、绸缎，并念经三日。初十日至毛岱，安渡黄河，入鄂尔多斯境。四月十三日自宁夏起行，二十三日到达营盘水。二十五日自营盘水启程，五月初六日安抵西宁，并在此暂作休整。五月二十七日，博清额等人照料六世班禅灵榇自西宁启行，闰五月初一日，行抵东科尔寺，复经一月有余，于六月十七日至木鲁乌苏。七月初六日，安抵藏境多伦巴图尔地方，再前行四程，至诺门浑乌巴什岭，顺山而行，安然通过。七月二十八日，安渡喀喇乌苏河，于八月二十日安全护送至后藏扎什伦布寺，当地僧俗人众千余人列队迎接，供奉金塔于该寺大殿中。

五

在五世达赖喇嘛朝觐128年之后，六世班禅跋山涉水，远赴热河祝寿，并在北京瞻拜礼佛，有着非同寻常的意义，六世班禅的这次朝觐，是继五世达赖喇嘛朝觐顺治帝之后，西藏宗教首领和清朝最高统治者之间的又一次直接接触，进一步密切了清廷与西藏的关系，有利于清廷对西藏的有效统治。

清廷在建立政权之初，乃至统治全国之后，一贯推崇黄教，并利用黄教来加强对蒙藏地区的统治。黄教亦因清廷的扶植，在西藏、青海、内外蒙古等地广泛传播，深受蒙藏民众的崇信，六世班禅从扎什伦布寺到热河、北京，路经之地多为蒙藏民众聚居地区，六世班禅一路为“众生”摩顶赐福，讲授佛法。在热河，“内外扎萨克、喀尔喀、土尔扈特、杜尔伯特蒙古王公、扎萨克、台吉等，各献伯勒克叩谒”，大大加强了班禅在蒙藏地区的影响。清廷则利用班禅的影响，密切了与各少数民族上层人物的联系。

六世班禅北京之行，还增进了中原文化与藏文化的融合交汇。须弥福寿之庙，宗镜大昭之庙、西黄寺清净化城塔，都是融汇汉、藏艺术风格于一体的典型建筑。六世班禅对乾隆帝专为自己建造的庙宇极为重视，在热河，特意照西藏扎什伦布寺的寺规，为须弥福寿之庙制定了学习显密教规的规划，并留 20 名后藏喇嘛传习后藏经律，传播宗教文化。在北京，六世班禅亲自主持昭庙的开光仪式，率领众喇嘛念经。在热河和北京多次举行晚会，所表演的不仅有中原特色的焰火、戏剧、音乐和舞蹈，还有各民族形式的杂技、赛马，尤其六世班禅所带舞童表演的锅庄舞，使久居内地的人们耳目一新，大开眼界。六世班禅北京之行，不能不说是各民族文化艺术的一次大交流。

注释：

①张其勤：《清代藏事辑要》，第 1 册，第 198 页，西藏人民出版社 1983 年版。

②中国第一历史档案馆、中国藏学研究中心合编：《元以来西藏地方与中央政府关系档案史料汇编》，第 2 册，第 583 页，中国藏学出版社 1994 年版。

③中国第一历史档案馆藏馆宫中满文朱批奏折第 425 包。

④中国第一历史档案馆藏馆藏内务府奏销档 364。

⑤中国第一历史档案馆藏馆藏军机处各项档簿和图利档 2246—5。

⑥中国第一历史档案馆藏馆藏宫中满文朱批奏折第 425 包。

⑦⑧⑨中国第一历史档案馆藏馆藏军机处满文班禅事件档 1740。

⑩牙含章：《班禅额德尼传》，第 134 页，西藏人民出版社 1987 年版。

⑪中国第一历史档案馆藏军机处满文班禅事件档 1740。

⑫中国第一历史档案馆藏内阁起居注 163。

⑬中国第一历史档案馆军机处藏方略馆内起居注 33，人名用字与《清高宗实录》略有不同。

⑭中国第一历史档案馆藏军机处满文班禅事件档 1740。

⑮中国第一历史档案馆藏军机处满文录副奏折 2840-1。

⑯土观·洛桑却吉尼玛着、陈庆英译：《章嘉国师若必多吉传》，第 347 页，民族出版社 1988 年版。

⑰⑱中国第一历史档案馆藏军机处满文班禅事件档 1740。

⑲《清高宗实录》卷 1111，第 10 页。

⑳中国第一历史档案馆藏军机处满文班禅事件档 1740。

㉑中国第一历史档案馆军机处藏方略馆内起居注 33，人名用字与《清高宗实录》略有不同。

㉒㉔中国第一历史档案馆藏宫中进单 1463。

㉓中国第一历史档案馆藏宫中赏班禅底簿 4249。

㉕中国第一历史档案馆藏军机处满文班禅事件档 1740。

㉖中国第一历史档案馆藏军机处满文录副奏折 2843-13。

㉗中国第一历史档案馆藏军机处满文录副奏折 2844-14。

㉘中国第一历史档案馆藏军机处满文录副奏折 2846-18。

㉙中国第一历史档案馆藏内务府奏案 248。

㉚嘉木央·久麦旺波著、卓永强译：《六世班禅洛桑巴丹益希传》，第 522 页，西藏人民出版社 1990 年版。

㉛中国第一历史档案馆藏内务府奏案 249。

㉜㉝㉞中国第一历史档案馆军机处满文班禅事件档 1740。

㉟中国第一历史档案馆藏内务府造办处活计档 3621。

㊱中国第一历史档案馆藏军机处满文班禅事件档 1740。

㊲中国第一历史档案馆、中国藏学研究中心合编：《六世班禅朝觐档案选编》，第 336 页，中国藏学出版社 1996 年版。

六世班禅与须弥福寿之庙

承德外八庙中，有一座气势恢弘，殿堂错落有致的庙宇，那就是仿照后藏日喀则扎什伦布寺、专为六世班禅入觐修建的须弥福寿之庙。须弥福寿之庙是六世班禅承德入觐期间的住处，也是六世班禅在承德期间进行一系列重大活动的场所之一。本文根据中国第一历史档案馆所存清代满汉文档案，对须弥福寿之庙的修建和六世班禅在该庙的主要活动作一叙述。

一

六世班禅入觐，主要出于六世班禅本人的意愿，他在奏书中明确表示："小僧自幼仰承文殊菩萨大皇帝豢养之恩，不胜尽数，非他人所能相比。小僧乃一出家之人，无以报称，虽每日祝祷文殊菩萨大皇帝金莲座亿万年牢固。亦让喇仓众喇嘛等亦唪经祈祷，但仍时时企望觐见文殊菩萨大皇帝。"[①]六世班禅获悉乾隆举行七旬万寿庆典的消息后，通过章嘉呼图克图奏请入觐祝寿。乾隆皇帝欣然同意。乾隆四十三年十二月初六日上谕："昨据章嘉呼图克图奏称，班禅额尔德尼因庚子年为大皇帝七十万寿，欲来称祝。朕本欲见班禅额尔德尼，因道路遥远，或身子尚生，不便令其远涉。今既出于本愿，实属吉祥之事，已允所请。是年朕万寿日，即驻热河，外藩毕集。班禅额尔德尼若于彼时到热河，最为便益。"[②]六世班禅入觐一事很顺利就确定了下来。

六世班禅不远万里，长途跋涉前来为乾隆的七十万寿祝寿，是清王朝“吉祥盛世”的象征。所以，清政府不惜动用大量的人力和物力，为班禅的到来做周密的准备工作，其中最重要的一项是在承德修建可供班禅安禅并举行宗教活动的场所须弥福寿之庙。

乾隆四十三年十二月初六日上谕曾提到：“已谕令于热河度地建庙，备其（指六世班禅）居住。”[③]由此可以推断出须弥福寿之庙的修建工程至晚在乾隆四十三年底已经动工，最后完工则是在乾隆四十五年四月。落成的须弥福寿之庙集中体现了汉藏建筑的艺术风格，占地37900平方米，依山傍水，秀丽清幽，规模宏大。其建筑物根据山势自南而北伸展：庙前有五孔石桥，桥北有大山门一座，上面殿堂南北两面悬挂御笔“须弥福寿之庙”匾额二面；有梵香遍满东山门、法界圆成西山门各一座；智光普照碑亭一座，内有高大的石碑，用满、汉、蒙、藏四种文字镌刻着《御制须弥福寿之庙碑记》；沿石级北上有月台，上筑三间四柱七楼式总持佛境琉璃牌楼一座；再上便是大红台，中央是妙高庄严殿，为六世班禅讲经之所，东有御座楼一座，西有吉祥法喜殿一座，为六世班禅住宿处，红台顶上有角楼四座，见人副所殿一座；再往北，便是七层八角琉璃塔及东西护法台。

乾隆亲自过问须弥福寿之庙的修建工程、以妙高庄严殿、吉祥法喜殿镀金装饰宝顶、行龙脊料瓦片等项为例，造办处原拟只镀金一次，用头等镀金叶七千七百一十四两九钱二分七厘，但乾隆特谕“须弥福寿之庙都罡殿（妙高庄严殿）、住宿楼（吉祥法喜殿）铜瓦，俱照布达拉庙（普陀宗乘之庙）一样，镀金二次”[④]。又如，乾隆四十五年，内务府一次就拨还修须弥福寿之庙借动备工项银十五万三千三百一十七两六钱二分四厘。整座庙宇耗资之巨大，可见一斑。工程基本完成后，得知六世班禅要带五千驮包到承德，乾隆又令热河总管永和，“务将须弥福寿之庙内厢房赶在（乾隆四十五年）四月前修竣，以备存放班禅额尔德尼先遣二千驮包及其众喇嘛居住。断不可误期”[⑤]。

从现存清代档案中不难看出，在承德须弥福寿之庙工程紧张进行的同时，北京也全力备办该庙的陈设物。乾隆四十三年十二月十七日，“侍郎金简面奉谕旨：新建热河扎什伦布庙内，应供奉六品佛，先将慈宁宫现供六品佛，挪往热河供奉，再照慈宁宫现供六品佛式样成造补供。”⑥四十四年正月初九日，“太监鄂鲁里传旨：佛堂现收供玉观音一尊，俟基厚现造玉佛一尊送到时，在扎什伦布庙内安供。”⑦四十四年正月初十日，造办处“将须弥福寿之庙内都罡殿群楼上层应挂欢门幡十堂，约用锦四十七匹；中层欢门幡十七堂，约用锦七十一匹；下层欢门幡一堂，约用锦六匹；供佛楼上楼下欢门幡四堂，约用锦二十四匹；白台欢门幡六堂，约用锦三十一匹。并挑得库内各色锦一百七十九匹呈览。奉旨：俱准用”⑧。四十四年九月十九日，太监鄂鲁里“交御制画敖其黑白纸样一张，系热河琉璃塔内装脏应用。传旨：俟福海量准尺寸送到时，照此纸样按尺寸成做雕紫檀敖其里一件，外配楠木匣一件盛装，先呈样，将御笔经竖放，蒙古经横放”⑨。须弥福寿之庙的装修陈设工作直到六世班禅到达承德之前仍在进行。四十五年六月二十七日，“太监鄂鲁里传旨，菓报上带来绣吉祥天母一轴、绣十一面观音一轴，交造办处在须弥福寿之庙住宿楼上安挂”⑩。诸如此类，不胜枚举。

须弥福寿之庙的陈设装饰物极为丰富，根据嘉庆五年《须弥福寿之庙佛像供器数目清册》，以及《热河都统呈送须弥福寿之庙佛像供器数目清册》等档案史料记载，有班禅源流画像、墨刻填金婆罗树轴、博普嘉克、各种画像佛、佛尊、佛龛、御笔匾、字对、番经、多心经、佛塔、铜珐琅吗呢、嘎布拉鼓，以及七珍、八宝、五供等。其中：妙高庄严殿西面楼群，中层 6 间，有画像佛 18 张；上层明间，有画像佛 3 张。西间面南挂乾隆御笔字“宝地祥轮”匾 1 面，面北佳“福缘恒演”匾 1 面。南面群楼，南门内避板上，有画像天王 4 张。御座楼上下东西进间，有佛像 84 张。北群楼下东西转角楼，殿内有按墙面的宽、高尺寸装裱的画像无量寿佛五轴及画像释迦源流五轴各一连，殿内还设经桌，上供奉铜佛 12 尊，蓝玻璃五供二分等。吉祥法喜殿挂有绣吉祥天母和 11 面观音等画轴，室内还有壁衣、拉古里、迎手、靠背、坐褥等陈设。

除修建宏伟的建筑和备办精美的陈设物外，清政府还为大规模的诵经活动作准备，照普陀宗乘之庙之例，预造仪仗一分，其中“伞旗幡四十七对，瓜斧枪杖二十九对”[11]，陈列在须弥福寿之庙。还制作了“顶幔、幡伞、纛幅、千佛衣、七衣、五衣、藏帽、丈尺衣、银曼达、铜镜、铜盘、本巴壶、唢呐、铜哓、竹经板、桌张、木架、靶鼓等物件备用”[12]。

二

须弥福寿之庙的迅即建起，从一个侧面说明了乾隆皇帝对六世班禅承德之行的重视态度。第六世班禅额尔德尼，法名为罗桑巴丹益西。乾隆三年十一月十一日生于后藏，乾隆五年被认定为五世班禅的转世“灵童”，次年在扎什伦布寺坐床。乾隆四十五年，六世班禅“不因招致而出于喇嘛之自愿”[13]来承德为乾隆祝寿，是六世班禅为促进民族团结做出的巨大贡献。

乾隆四十四年六月十七日，六世班禅率领堪布及僧职人员，从后藏扎什伦布启程，开始北上。于羊八井接受了八世达赖喇嘛的祝福后，在驻藏大臣留保住以及官兵的护送下，徐徐前行，顺利越过唐古拉山、渡过木鲁乌苏河。青海办事大臣法福里亲至木鲁乌苏河迎接，十月十六日，班禅一行抵达塔尔寺，受到西安将军伍弥泰和专程去迎接的散秩大臣万福、署侍郎保泰及寺庙僧众的热烈欢迎。第二年，六世班禅离开住了近五个月的塔尔寺，由西安将军伍弥泰携带“钦差大臣关防”[14]一路护送。六世班禅在途中备受乾隆皇帝的关怀，不仅让扎什伦布寺进京使赍回“御容”给班禅，而且不间断地派人转赏衣物、生活用品、可口的瓜果。路经各地的蒙古王公、台吉、扎萨克、地方官员等也遵旨尽心竭力侍奉。通过甘肃省时，单为六世班禅的乘轿就搭配了“三十二名轿夫”[15]。乾隆又派乾清门侍卫乌尔图纳孙、冠军使达夫、喇果呼图克图、延嘉呼图克图、皇六子永瑢、章嘉呼图克图、尚书永贵、御前侍卫丰绅吉伦等人分别在归化城、岱海、多伦诺尔迎接，转赏御赐物品。乾隆则于“五月二十七日安抵避暑山庄”[16]，二十八日即诣须弥福寿之庙拈香，“亲自指点备办，以便喇嘛起居”[17]。七月二十一日，远涉二万里的六世班禅终于到达承德。

六世班禅在皇六子、福昌安等人的陪护下抵达承德后，在普宁寺受到大臣爱浦公、胡大兴、公平西七伦代表皇帝的隆重欢迎，云集承德的各地活佛、堪布、喇嘛、蒙古王公贵族等亦列队欢迎。六世班禅在普宁寺稍事休息，用过饭食，便到避暑山庄觐见乾隆皇帝，“于澹泊敬诚殿丹墀跪请圣安，上亲扶起，至依清旷殿（四知书屋殿）内赐坐慰问”[18]。“赐茶毕，上导班禅额尔德尼诣宝筏喻、烟波致爽、云山胜地各佛堂瞻拜。礼毕，上还宫。命班禅额尔德尼出后垂花门，赐御用黄盖肩舆至如意洲，赐茶果桌，出流杯亭门，至须弥福寿之庙”[19]。这天，因六世班禅初次瞻仰乾隆，赏赐包括金银曼达、金壶、金盒、绣佛像、经卷、玻璃珐琅器皿在内的各种奇珍异宝。

当晚，在须弥福寿之庙备办丰盛可口的饭菜欢迎六世班禅入住庙宇。所备饭菜有：“菜八品：燕窝锅烧鸭子、奶子西尔扎、山药葱椒羊肉、托汤鸡、豆豉荔枝面筋、松子羊肉、攒丝冬瓜、口蘑肥鸡；饽饽四品：象眼棋饼小馒首、糜子米面糕红糕、羊肉馅包子、果馅鲁酥枣儿馅海棠、粳米饭，羊肉丝汤；攒盘一品：蒸鸡、烧羊肉；包哈三盘：蒸鸭子一品、羊乌乂一品、煳羊一品，羊肉二方；奶皮二品：莽阿奶皮、蒙古奶皮，红奶茶、白奶茶、黑茶、奇格、酸奶子、甜奶子。备赏跟役喇嘛羊肉二桌（每桌八盘），饽饽奶品二桌（每桌十二盘），白米饭，羊肉丝汤”[20]。这顿饭很合六世班禅的口味，受到班禅的称赞，因此后来在班禅到达北京那天，也在黄寺准备了同样的一份饭菜为班禅洗尘。

六世班禅入住须弥福寿之庙以后，就开始了丰富多彩的觐见和祝寿活动。从乾隆四十五年七月二十一日至八月二十五日一个多月的时间里，班禅与乾隆皇帝频繁接触，备受礼遇。乾隆在万树园搭起的蒙古包中四次宴请六世班禅及扈从王公大臣、蒙古王、公、贝勒、额驸、台吉，回子伯克等人；又在卷阿胜境两次宴请六世班禅，连续五天在清音阁演戏，请六世班禅观赏。每次宴请，乾隆都给班禅及其徒众包括金银器皿、绸缎、佛尊、哈达等物在内的各种物品。八月十三日，是乾隆皇帝的七十寿辰，六世班禅率领其徒众恭贺，在山庄内的佛堂为乾隆皇帝念万寿经，并恭庆万寿递丹舒克，还代表八世达赖喇嘛等人献了很重的礼物，表明了西藏宗教领袖对清王朝最高统治者的敬意。

六世班禅在承德期间，除参加各种宴请、祝寿、念经活动以外，在所住的须弥福寿之庙内也进行了一系列的重要活动。

首先，主持了在须弥福寿之庙举行的祈愿大法会。六世班禅抵达承德的第二天，乾隆亲临“须弥福寿之庙拈香”㉑，并同班禅一起参观寺内各佛堂，诵经祈愿。班禅主持典礼，在热河的皇室成员、众大臣、蒙古王公、贝勒、额驸、扎萨克、台吉等，参加了盛大的祈愿仪式。参加念经的活佛、喇嘛原定为“章嘉呼图克图、堪布诺们罕罗卜桑扎木皮勒、堪布桑斋鄂咱尔、扎萨克喇嘛阿旺班珠尔、格勒克纳木喀，及达喇嘛四名、副达喇嘛十名、苏拉喇嘛五名、小喇嘛七十九名，经章嘉呼图克图拟定之已在本处（承德）之班禅额尔德尼徒弟堪布一名、兰占巴四名在内，共一百零八名”㉒。后因敏珠尔、果蟒两位呼图克图先后到达避暑山庄，请求参加念经，所以乾隆降旨，将念经小喇嘛由 79 人增加到 200 人。这次在须弥福寿之庙讽经，照乾隆三十六年在普陀宗乘之庙念经之例，赏“章嘉呼图克图绣金龙袍料一件、妆缎一匹、蟒缎一匹、大卷八丝缎一匹、小卷八丝缎三匹、大荷包一对、小荷包十个；堪卜诺们汉罗布藏扎木巴尔、堪布桑斋鄂忒则尔、班禅额尔德尼之堪卜，每名蟒缎一匹、小卷八丝缎一匹、小荷包六个；扎萨克喇嘛二名、班禅额尔德尼之兰占巴四名、达喇嘛四名，每名蟒缎一匹、小卷五丝缎一匹、小荷包四个；副达喇嘛十名、苏拉喇嘛五名，每名小卷五丝缎二匹”㉓。念经小喇嘛 200 名，每人亦赏银 1 两。此外，备办各种用器的得木齐喇嘛 12 名、比凌齐喇嘛 8 名，也各赏银 1 两。此次须弥福寿之庙讽经祈愿，其参加人数在承德各庙中仅次于普陀宗乘之庙，规模巨大，场面隆重，影响面广，无形中把各民族上层凝聚到了一起。

其次，在须弥福寿之庙接见诸皇子，联络感情。七月二十三日，诸皇子前去拜见六世班禅，“班禅额尔德尼立迎于居室门外，握手问好毕，诸阿哥向班禅额尔德尼献伯勒克，班禅额尔德尼欣然接受，而后一同入座，对诸阿哥称：大圣皇帝今特遣诸阿哥探望小僧并赠伯勒克，小僧感欢不尽，等语。敬诸阿哥以茶，彼此互赠物品，送诸阿哥至大门”㉔。诸皇子向六世班禅所献物品，计有“三十两重银曼达一个、上用鹅黄八丝缎十匹、让亮花缎十匹，小卷鹅黄八丝缎十匹、小卷金黄八丝缎十匹、小卷红八丝缎十匹、红锦十匹、红锦绒十匹、黄毡十件、红大呢十件、头等哈达十个、二等哈达二十个、三等哈达三十个”㉕。

再次，是在须弥福寿之庙受封玉册、玉宝。八月初二日，乾隆派章嘉呼图克图专程去须弥福寿之庙，转告六世班禅第二天将派大臣去转赐玉册宝，叫班禅不必到庙外迎接，在居室院内迎接即可，以示对班禅的特殊关怀。第二天，福隆安、和珅赍御赐玉册宝及敕书至须弥福寿之庙，六世班禅在承德的徒众五百多人跪于两侧，六世班禅跪迎祗领，并献如意、哈达、佛尊、念珠等物谢恩，在缮具唐古特文奏书钤宝恳请转奏。乾隆在敕书中赞扬六世班禅“以朕七旬万寿之年，爰自后藏跋涉二万里，来臻上国。因于热河肖建札什伦布，以资安禅。普天福寿，遍满吉祥，诚国家道洽重熙休和之盛事也。以尔道行纯全，法源广布，兹特加殊礼，锡之玉册、玉宝，俾传宗乘，归镇法门。若逢国庆章奏用之，其余奏书文移，仍用原印”㉖。

再次就是参加须弥福寿之庙的熬茶活动，熬茶形式大致为班禅先坐在面向大殿的座位，章嘉呼图克图、敏珠尔呼图克图；济咙呼图克图率众喇嘛坐在两侧。等到乾隆入座，众喇嘛开始颂赞释迦牟尼经、怛喇额克颂。念完这两个经，向众喇嘛分发酥油茶，乾隆派诸皇子向六世班禅献哈达。然后由两名扎萨克喇嘛引导诸皇子熏香，再赏诸大臣、众喇嘛哈达。众喇嘛念过乌恰勒经及设供经、宗喀巴颂经后，六阿哥向六世班禅呈献特为熬茶制造的五十两重银曼达及哈达等。然后六世班禅开始摩顶，众喇嘛讽吉祥诗经。最后，六世班禅离开座位向乾隆献哈达。[27]熬茶时，在承德的皇室和蒙古王公都纷纷布施，请求六世班禅摩顶赐福。

六世班禅在承德一个多月，先后三次前去须弥福寿之庙晤见六世班禅，听班禅讲授佛法，解释经典。班禅对乾隆看望自己十分感激，奏称："文殊菩萨大皇帝驾临普陀宗乘之庙、须弥福寿之庙，为众生祈求福祺，因佛事告成，赐小僧及众徒饮茶、赏哈达外，特赐小僧数样珍物，又逾格加恩，赏大菩萨画像。文殊菩萨大皇帝为振兴黄教，安乐众生，仁爱我等佛徒，格外施恩，实难报称。"[28]并献哈达、佛尊谢恩。

三

六世班禅在承德的祝寿和佛事活动圆满结束后，在皇六子永瑢的陪同下，于八月二十五日离开承德，九月初二日巳时抵达京城黄寺，受到数千名喇嘛及和尚的欢迎。在京期间，六世班禅获准游历紫禁城，分别在皇宫内的各个佛堂念经。游览了南苑、圆明园、香山、万寿山等处。值得一提的是，六世班禅参观长春园路经水法门时，见到水法精妙绝伦，极为赞赏，对陪同参观的永瑢讲："此次所见，小僧不仅见所未见，而且闻所未闻，想必额斯润宫亦不过如此。此水法能够喷水，甚属奇特，其如何制造，实难想象，诚属完美之至。"[29]第二天复经水法，六世班禅登上台阶再次仔细观赏，赞叹不已。在观赏风景名胜的同时，六世班禅还到永宁寺、觉生寺、恩佑寺、雍和宫、柏林寺、永安寺、永慕寺、弘仁寺、万寿寺、广慈寺、阐福寺瞻拜，设供礼佛。还主持了香山静宜园昭庙的开光仪式，连续讽经三天。十月初三日，乾隆在皇宫内的保和殿宴请六世班禅，场面极为隆重，仅赏物就足足摆了30桌。[30]

六世班禅在京期间，传授佛法，为众多佛徒授戒，可谓功德无量。十月二十九日，乾隆“闻班禅额尔德尼发烧身感不适，当即派医诊视，方知出痘。十一月初一日，朕亲临探视，喇嘛甚喜，尚甚健谈。初二日，病情突变，入夜圆寂”[31]。乾隆对此很是哀痛，当即前往黄寺拈香，“赏银五千两、绸缎一百二十四、大小哈达三百二十条”[32]，筹办后事。命令铸造金塔安放六世班禅遗骨，在黄寺大殿诵经百日，并颁谕抚慰六世班禅来时留住各地的徒众，还动用数万两银子在六世班禅示寂之地建造清净化城塔，存放六世班禅遗物。乾隆四十六年二月十一日，乾隆到黄寺看望六世班禅之兄仲巴呼图克图等人，赏曼达、哈达、缎匹等物，供奉于六世班禅灵前。二月十三日，永瑢、永贵、博清额、留保住、伊鲁勒图等护送六世班禅灵塔返藏，永瑢、永贵送至昌平返京，博清额和伊鲁勒图则一路护送，路经各地纷纷捐献供养。六月二十五日渡过木鲁乌苏河后，八世达赖派人来迎六世班禅灵塔。八月二十一日，抵达后藏扎什伦布寺。

六世班禅到承德、北京朝觐乾隆，密切了中央政权与西藏地方政权的关系，加强了西藏地方对祖国的向心力，推进了藏传佛教的广泛传播。六世班禅从扎什伦布到承德、北京，路经之地多为蒙、藏人民聚居地区，六世班禅一路为“众生”摩顶赐福，讲授佛法，在承德的“内外扎萨克、喀尔喀、土尔扈特、杜尔伯特蒙古王、公、扎萨克、台吉等，各献伯勒克叩谒”[33]。大大加强了班禅在蒙藏地区的影响，清政府则利用班禅的影响，密切了与各少数民族上层人物的联系，进一步加强了中央政府在蒙藏地区的统治力。

六世班禅对乾隆皇帝专为自己修建的须弥福寿之庙极为重视，特意依照西藏扎什伦布寺的寺规，为须弥福寿之庙制定了学习显密教法的规划，离开承德之前，还选留 20 名喇嘛在须弥福寿之庙传习后藏经律，传播宗教文化。清政府也同样重视这座耗巨资修建的建筑群，乾隆及后来的清朝皇帝每到承德，必诣须弥福寿之庙拈香，举行宗教活动。规定常住庙的除六世班禅选留的 20 名喇嘛外，还有另行挑选的 180 名喇嘛，每人每月支给钱粮银一两五钱，米二斗，由热河仓支放。[34]此外，特设一名堪布喇嘛进行管理寺务及宗教活动，乾隆对这位堪布喇嘛格外看重，特“赏热河扎什伦布堪卜喇嘛罗卜藏端珠布”[35]石青缎面貂皮长褂一件。对须弥福寿之庙建筑物的维护、修缮和陈设物的增添也是不遗余力的，诸如“须弥福寿庙住宿楼上西间，新挂画像班禅像两边，配画像护法二尊”[36]之类的记载，以及热河总管定期所报《须弥福寿之庙佛像供器数目清册》的详细程度，充分说明清政府的重视态度。

清政府修建须弥福寿之庙，旨在“上以扬历代致和保邦之谟烈，下以答列藩倾心向化之悃忱”[37]。纵观历史，清政府是达到了这一目的的。今天，我们应该更好地保护这座象征民族团结的建筑物，发挥其应有的作用。

注释：

①中国第一历史档案馆藏宫中满文朱批奏折 425。

②③引自《清高宗实录》卷 1072，第 28 页。

④⑪中国第一历史档案馆藏内务府奏销档 356。

⑤㉛㉜㉝中国第一历史档案馆藏军机处满文班禅寄信档 1740。

⑥中国第一历史档案馆藏内务府造办处活计档 3747。

⑦中国第一历史档案馆藏内务府造办处活计档 3612。

⑧中国第一历史档案馆藏内务府造办处活计档 3617。

⑨中国第一历史档案馆藏内务府造办处活计档 3618。

⑩中国第一历史档案馆藏内务府造办处活计档 3622。

⑫中国第一历史档案馆藏内务府奏销档 364。

⑬引自《须弥福寿之庙碑记》。

⑭中国第一历史档案馆藏内阁起居注 161。

⑮中国第一历史档案馆藏宫中朱批民族 1463–13。

⑯⑰中国第一历史档案馆藏军机处满文班禅明官档 1740。

⑱⑲中国第一历史档案馆藏簿册方略馆33卷内起居注。

⑳中国第一历史档案馆藏军机处满文录副2843-13。

㉑中国第一历史档案馆藏起居注164-4。

㉒㉓㉔㉕㉖㉗㉚中国第一历史档案馆藏军机处满文班禅议复档1740。

㉘中国第一历史档案馆藏军机处满文录副2842-25

㉙中国第一历史档案馆藏军机处满文录副奏折284-14

㉞中国第一历史档案馆藏内务府来文财务3-1102。

㉟中国第一历史档案馆藏宫中各项档簿1871。

㊱中国第一历史档案馆藏内务府造办处活计档3624。

㊲引自《须弥福寿之庙碑记》。

乾隆三十六年中甸大宝寺争教命案原委

坐落在北京故宫的中国第一历史档案馆中藏有大量的清代奏折，其中有一些言及中甸，堪称珍贵。如朱批奏折民族类（藏族）1549(1)—(5)件为乾隆三十六至三十七年的五道上奏，后均有乾隆简短手批，内言乾隆三十六年六月十一日（1771年7月22日）发生在中甸大宝寺门前的格鲁派与噶玛噶举派教民互斗命案，十分详细。令人奇怪的是，以下史料撰述对此事无丝毫提及，即：

1.《清实录藏族史料》（西藏人民出版社1982年）

2.《迪庆三百年大事资料简编》（西洛嘉初先生撰述，1985年，迪庆州概况编写办）

3.《迪庆藏族自治州宗教志（送审稿）》（云南社科院宗教所杨学政等撰，1990年，迪庆藏族自治州宗教志编撰委）

4.《中甸县藏文历史档案资料》（瑟格·苏郎甲初，西洛嘉初辑录译注，1991年中甸县志办）

很显然，这四件奏折在外鲜有流传，故据此略述原委，这对于中甸县志的编纂、特别是中甸宗教史的研究无疑是有较大史料价值的。

一、象山寺的关闭

众所周知，自明代至康熙初年，噶玛噶举派在迪庆及丽江一带一直是最大的宗教势力，而中甸的大宝寺据考即为康熙初年由大宝法王（噶玛巴）选址创建，但尔后没几年，五世达赖在西藏执掌政教大权，借助和硕特蒙古人的支持，沉重打击了噶玛派势力。在中甸则借助和硕特及康熙支持，以归化寺为中心，定量教于一尊，一扫噶玛派势力，强迫改宗，仅留大宝寺，归于黄教，其余寺院不是拆毁就是改宗，噶玛派遭此打击，从此一蹶不振。但丽江仍是噶玛派的天下，而且在德格土司辖地的八蚌寺司徒活佛，仍势力较大，该寺一直试图恢复中甸的噶玛派势力，但苦于无从下手。大宝寺曾是噶玛派在中甸的精神象征，寺存而易主，噶玛派信徒对此难以容忍，从而酿成了大宝寺命案。

乾隆八年（1743），司徒活佛与德格土司鲁朱江错共同出资，由噶玛派喇嘛三滇在中甸打览村创建康修（一名孔赛寺）小寺，当地的黄教民岂能容忍！很快就拆毁了该寺。三滇仍坚持不懈，于乾隆十三年（1748）又建象山小寺，该寺实际上是被毁康修小寺的再生，这样渐集喇嘛十余人，打鼓念经，旨在接续中甸噶玛派之脉。黄教视该寺为眼中钉，但又不敢贸然动武，遂于乾隆二十八年（1763）派喇嘛赴京向理藩院呈控，当时的云贵总督吴达善妥善处理了此事，规定该寺定额 15 人，不许额外加增，并取结奏覆备案。这样就等于承认了象山寺的合法存在，黄教弄巧成拙，心中自然不甘，但又无可奈何，只好伺机再下手，到了乾隆三十四年（1769），机会终于来了。

当时象山寺容留了巴塘噶玛派游僧滇结，此人为了争取教民，言冰雹必伤禾苗。糟糕的是，此言并未应验，黄教终于有了借口，遂指使教民上告官府，言滇结蛊惑人心，要求将其驱逐出境。中甸同知和锦不仅驱逐了滇结回巴塘，还封闭了象山寺，让寺中的 7 位喇嘛还俗，并下令不准噶玛派喇嘛在中甸居住。噶玛派此次失于预言天象不应，在宗教上威望扫地，只好忍气吞声，而滇结因失言而祸及寺院及使噶玛派在中甸失去了立足之地，心中羞惭万分，准备伺机报仇雪恨。黄教终于达到了目的，不免洋洋得意。但祸机已伏，得不到解决的矛盾必将激化。

二、象山寺被焚

奇怪的是，这一年，也就是乾隆三十四年十月间，象山寺被一把火烧掉了。当时中甸已无噶玛派喇嘛，居住边外巨甸的该派喇嘛汪增冲皮等遂上告官府，指控黄教的焚寺为斩草除根之举，要求赔偿损失。黄教自然不会承认，官府遂让乡人公约赔银五百两断结，乾隆三十六年正月由云贵总督彰宝批结。被迫还俗的象山寺喇嘛罗忠等以断赔银两未敷起盖庙宇及置买器具原用之数，复行呈控。又经彰宝批令司道查明。乾隆三十五年处理此案的是丽江知府王锡缙及维西协副将苏国富，他们自然不会推翻旧案，只言起盖象山寺实用银一百八十余两，连同器具共赔银五百两已属有余。噶玛派实际上是想恢复在中甸的势力，赔银只不过是借口，而黄教与官府勾通一气，只想赔银了事。罗忠等知道在赔银问题上没有什么文章可做了，遂于乾隆三十六年三月二十七日在中甸领银具结。黄教十分高兴，看来噶玛派已无计可施了，而他们在中甸最后的、也是唯一的一个合法宗教据点已被焚毁了，任何一个教派如无寺院就难以立足。但噶玛派不会善罢甘休，一场更大的冲突酝酿着。

中甸是黄教的一统天下，噶玛派在此势单力薄，中甸的官府已预感到他们会向德格土司寻求支持，但不好防范。噶玛派在中甸被逼上了绝路，他们必定作拼死之争，尽管这不会有什么积极的结果。

三、德格土司的支持

德格土司是萨迦派的大施主，但他对境内的噶玛派与宁玛派也同样善待，况且境内的八蚌寺是噶玛派在康区的重镇，该寺的历世司徒活佛地位极高，颇受德格土司的尊崇。德格土司与司徒活佛在中甸的康修小寺刚建即毁，尔后的象山小寺也同遭厄运，作为一个土司，政教行于一方，这太丢面子了。德格土司虽然不愿忍西藏的黄教势力，但黄教在德格没有什么地位。对于中甸黄教势力对噶玛派的欺凌，德格土司是不满的。

这时滇结与罗忠（又译作罗鸠）赴德格土司处寻求支持，滇结是巴塘乃古地方人，即前述被逐之噶玛派游僧。罗忠是象山寺被迫还俗的僧人。滇结与罗忠向德格土司倾诉了从康修小寺到象山小寺的一系列黄教对噶玛派的迫害，当然都是一面之词，但他俩都是当事人，德格土司心中不免发怒，遂派属下红教喇嘛（应为噶玛派）读机那加（rDo- rje rnam-rgyal）及菊美和米巴六中（为德格土司手下头人）带民人 18 名（一说为 11 人），持德格土司印字的藏文禀帖（一说仅为路票，并无印文），于六月初三日至中甸，到讯投递藏文禀帖，署丽江府分驻中甸同知鲁铎与署维西协营都司六十四即找人译成汉文，乃言乾隆三十五年黄教与噶玛派争控旧案，鲁铎与六十四随即向当时署理云贵总督印务的德福作了禀报，认为噶玛派这十几人是要寻衅，德福当即批令调查在案。鲁铎等此次禀报为六月十七日，而十一日的大宝寺命案已发生，而鲁铎等禀报该命案为十八日，这可能是德福收到较迟，或鲁铎等也未即知。

四、大宝寺命案

从德格来的 11 人有翁结、布鲁、阿娘、腊了、追结，温结，此 6 人各带鸟枪一杆；还有布吕、阿乐、阿利、阿猛、布库，此 5 人负责管马及烧茶煮饭，他们在读机那加、菊美及米巴六中 3 人的率领下于六月初三抵中甸后，会同滇结与罗忠于八日占领了大宝寺，因为象山寺已毁，而大宝寺是黄教从噶玛派手中夺去的，守寺的黄教喇嘛被轰了出去。噶玛派一行气势汹汹，本已作好殊死战的准备，而黄教在中甸人多势众，一场血战已不可避免。

以黄教的佃户头目别藏为首，纠约所管佃民派克，更马宁精、加那苴、七丹更初、七里藏、丹棱角、苏朗、苏结格什 8 人，又邀率当地土人格什吹叠、格马七里，蚌补特 3 人，还有未经纠约随同附和的佃民密那特、免公杵鸠、青旺替、土人囊终次颠 4 人，在别藏的率领下，这 16 人来到归化寺让黄教喇嘛共赴大宝寺与噶玛派讲理泄愤，该寺的黄教喇嘛头目奚苏哈降巴本欲让官府讯断，不让他们去闹事，但归化寺的喇嘛象巴公杵与吹窘棱禅 2 人见有佃户土人相帮，即挺身前往，与别藏一行同赴大宝寺。

大宝寺的噶玛派一伙人早已准备好了，读机那加与菊美谕令跟役先后放空枪恐吓，而米巴六中与滇结、罗忠随执刀出寺，黄教喇嘛象巴公杵、吹窘棱禅、佃民派克，土民格什吹叠及格马七里并蚌补特等6人各拾柴棍蜂拥而上，将滇结、罗忠与米巴六中（一说亦为僧人）混殴毙命，读机那加与菊美急了眼，下令跟役翁结、布鲁、腊了，追结，温结、阿娘（十月初一日奏折言其后病故）6人开枪，黄教喇嘛象巴公杵、吹窘棱禅，佃民派克，土民格什吹叠及格马七里并蚌补特6人全部毙命，两边附和及观看者亦互有受伤，归化寺黄教头目奚苏哈降巴等遂进城报官，及中甸文武赶到，大宝寺前的这场恶战已告终，遂将各犯拿获，解赴永昌讯审，各供认不讳，十月二十七日彰宝的上奏言菊美后病故，读机那加与别藏照杀3人而非一家之例定斩，跟役翁结、布鲁、腊了、追结、温结5人杀了6人，亦定斩。佃民更马宁精，加那苴、七丹更初、七里藏、苏朗、苏结格什6人定为遣发给乌鲁木齐种地兵丁为奴，内有年逾五十者仍照原例充军。噶玛派跟役内在寺煮饭的布库，烧茶的布吕、出外放马的阿利、阿乐与投禀他往的阿猛因不在场，定为解四川省管束。黄教佃民丹棱角虽被纠约，因年老并不助势帮闹，又佃民密那特、免公杵鸠、青旺替及土人囊终次颠均系往观，致被枪伤，此时已平复，归化寺喇嘛头目奚苏哈降巴因拦阻不听，即赴城报官，拟无罪。德格土司经彰宝两次咨查均未覆到，俟川省覆到再办。署中甸同知鲁铎与中甸都司六十四因噶玛派人众携鸟枪由德格至中甸并未查察，致起事端，殊属疏懈，敕部严加议处，中甸土守备玉洁不能管束土民，实属怠玩不堪，应一并革退，以示惩儆。

乾隆的朱批为：“该（刑）部速议具奏!”

五、德格土司武力支持的受阻

德格土司鲁朱江措在3个月后仍不知中甸发生的命案，因为九月二十八日，四川阜和营游击宋元俊收到该土司的禀文，言："云南中甸地方司德（司徒）呼图（克）图连我德格两家费银修一座孔赛寺，系红帽喇嘛住持，讵中甸黄帽喇嘛把我们寺院遭遏。我差头人二名带领散番十八名往那里求地方官查办，未见回来，不知生死。这件事我土司实在难甘。只求施恩查办，若隔省不便查办，我就要发兵去与他讲话!"宋元俊不了解此事，先申饬该土司文静住敌，随差人转禀中甸同知衙门。十一月十四，中甸同知鲁铎、都司陈国英接据宋元俊公文，马上向云贵总督彰宝作了禀报，彰宝于十一月二十八日接据鲁铎等禀文，于十二月初四日又上奏清廷，认为宋元俊知德格土司狂妄，并不迅速禀明川省上司，立即查办约束，乃亦听信土司一面之词，辄自行代为移查，实属不合要求"查明严参"。彰宝还飞咨四川总督，要求对德格"严行查究钤束妥办，毋使再滋事端"。他还"于滇省交界关隘处所密饬文武各员不露声色，留心密加守御盘诘，不使该处番夷再行入境滋事，并将滇省审办过案情抄送川省查阅"。

乾隆的朱批是："知道了。有旨谕川省。"

乾隆于三十六年十二月十七日下旨，言："土司等动辄以发兵为词，目无法纪。总由川省连年办理番情因循姑息，致伊等敢于藐视官长，恣意横行。今将小金川严办，将来自可知所惊惧。而此等土司亦不可不严行训饬，使之谨畏守法。但（四川总督）桂林等现在进兵，姑可毋庸办，及俟军务告竣后，传唤该土司到军营，严切面谕，俾知炯戒。嗣后如有应行分剖之事，均禀明地方官静听秉公查办。若再敢擅称发兵，必行重治其罪。至红黄二教喇嘛彼此仇杀伤人之案，已据滇省审拟治罪，此后自应彻底清厘，以杜后患。著桂林于军务告竣后一并妥协经理，勿使（该土司）再往滇省滋事。"

这样，德格土司无法再用武力支持中甸的噶玛派了，失去了这种支持，噶玛派在中甸就复兴无望了，从此中甸成了黄教的一统天下。

20 世纪 80 年代西藏历史研究概况

20 世纪 80 年代是西藏历史研究的繁荣时期，《西藏研究》《中国藏学》等专刊的相继创办，为西藏历史研究开辟了广阔的天地，取得了可喜的成绩。

一、吐蕃研究

吐蕃奴隶制国家政权的形成，有人认为是在公元七世纪上半叶松赞干布时代。褚俊杰《试论吐蕃从部落制向国家制的过渡》（《西藏研究》1987 年第 3 期），认为松赞干布时代的吐蕃王朝已是个制度完备，疆域辽阔的成熟的奴隶制国家政权，而整个早期吐蕃时期是从部落制向国家制过渡的时期。傅菊辉《试析政治对藏民族形成及吐蕃王朝的影响》（《西藏研究，1989 年第 4 期）认为，政治性即战争和部落联盟实现了藏民族的形成；严密的政治、军事，法律制度，对外用战，政治上的联姻，促进了吐蕃王朝的强大，吐蕃落后的奴隶制政权对所征服的较先进地区不能进行有效的管理，其政治中心逻些，所处位置偏僻，统治者难以通观全局，作出最优决策；统治阶级内部的权力之争，最后导致了吐蕃王朝的衰亡。吐蕃社会政治性的特点，一是藏族社会中的政治姗姗来迟，二是政治与宗教开始结合。熊文彬《两唐书〈吐蕃传〉吐蕃制度补证》（《中国藏学》1989 年第 3 期），运用了新的材料和新的观点，对两唐书吐蕃传有关吐蕃政治制度的记述进行了补证。

吐蕃王朝在政治制度上建立了一套严密的政治组织，官吏等级制度。陈庆英《试论赞普王权和吐蕃官制》（《西藏民族学院学报》1982年第4期）一文，根据《贤者喜宴》，将吐蕃中央官员分为三个系统。贡论：管议政、判事、主兵（立法）。曩论：执行诏命、主管财政、统计、民事以及王室的生活供应（行政）。喻寒波：管审议，纠察、司法（监察）。作者的这种分类是以唐廷的三省（尚书，中书——门下、御史台）来比拟并根据藏文材料推定的。陈楠《吐蕃职官制度考论》（《中国藏学》1988年第2期），立论与陈庆英相近，也是主张吐蕃官制为贡论、曩论和喻寒波三大系统，考证翔实，多发前人之复。如尚、论、王族与宦族、大相一职的设置及人数的变化、僧相（钵阐布）的设立等等，均有论述。尤其是作者注意到吐蕃中央官员与地方系统职员的差别，也就是说注意到部落氏族与中央王权之间的差别与联系。匈牙利人乌瑞《〈贤者喜宴〉分析研究》，（《国外藏族研究译文集》第1集，1982年），第一个把《贤者喜宴》一书在研究吐蕃官制中的重要性提了出来。日本人山口瑞凤《吐蕃支配时期的敦煌》一文，发表于1980年，分两大段，七个问题，详尽地译出了P. T. 1089号卷子职官名称。汶江《吐蕃官制考——敦煌藏文卷子P. T. 1089号研究》（《西藏研究》1987年第3期），注意到了P. T. 1089卷子的重要性，但其译法和提法值得商榷。王尧、陈践《吐蕃官考信录》（《中国藏学》1989年第1期），根据巴黎图书馆藏的原卷胶片转写，译出了P. T. 1089卷子，并列出了作者认为可信的吐蕃中央官系和地方官系表，很有参考价值。吐蕃在军事上还建立了一套严密的兵民结合的组织——千户府，吐蕃全境共有31个千户府和4000个下千户府。付菊辉《试析政治对藏民族形成及吐蕃的影响》（《西藏研究1989年第4期）。王尧、陈践《吐蕃兵制考》（《中国史研究》1986年第1期），全面研究吐蕃兵制，颇有见地。

吐蕃奴隶制国家的法律制度，始于松赞干布，制定了《六类大法律》，即：《王廷、衙署职官安置之法》《十万金顶具鹿之法》《王朝准则之法》《两造申诉判决之法》《总法》《内府管理之法》。芒松芒赞时，编纂了法典。在行政、刑事，民事、军事等方面都有了一定的法律规范。阿旺《吐蕃法律综述》（《中国藏学》1989 年第 3 期），分析研究了吐蕃法律的基本内容，勾勒出藏族早期的法律雏形。近年研究吐蕃法律的尚有《吐蕃律例文献》（《敦煌吐蕃文献考》），仁青《吐蕃法律初探》（《西藏研究》1983 年第 4 期）。

吐蕃时期，由于有了统一的政权，其经济得到了很大发展。张保家《吐蕃王朝兴盛原因初探》（《西藏研究》1986 年第二期），认为吐蕃社会农牧业较发达，牛羊遍野，农田弥望，唐蕃联姻，大量的汉族手工业技术传入吐蕃，建立了冶金、纺织、建筑、制陶、酿酒、制墨等手工业。同时，吐蕃的对外贸易和战争掠夺，也大量增加了吐蕃的社会财富。孟作亨、格桑塔杰《西藏吐蕃时期畜牧业发展管窥》（《西藏研究》1989 年第 4 期），已有数千年发展历史的西藏畜牧业，到吐蕃时期已与农业紧密结合，水利建设，铁制工具及牛耕的使用，农产品的丰富，畜牧种类的增多，说明当时畜牧业已发展到一定水平。贾大泉《宋代四川同吐蕃等族的茶马贸易》（《民族研究》1982 年第 1 期），认为，宋代茶马贸易取代绢马贸易，原因在于宋代茶叶生产发展，吐蕃等族对茶叶需求增长，宋王朝对战马的急需，以及宋朝财政困难和禁止铜铁钱币出口的政策。茶马贸易的特点，一是由宋朝官府在四川、陕西、甘肃以及青海等地接连吐蕃等族的特定区域所直接经营和垄断，目的是满足军事上对战马的需求，二是用茶换取四川地区的羁縻马，既满足马的来源，又通过经济手段实现对少数民族的政治控制。宋代茶马贸易，保证了宋朝的战马之需。政治上保持了同西南吐蕃等族的友好关系和边境安宁，经济上促进了汉族和兄弟民族之间的生产发展。覃大泉的另一篇文章《汉藏茶马贸易》（《中国藏学》1988 年第 4 期），综述唐宋元明各朝汉藏茶马贸易的发展变化及其意义。格桑达吉《松赞干布经济思想初探》（《中国藏学》1989 年第 4 期），松赞干布 13 岁登上赞普宝座，执政二十余载，其经济思想表现为发展生产，富国强兵。具体措施有十条：迁都逻些，稳定社会；“效法上流”，学习先进生产技术；制定《三十六法》，维护生产者利益；建立了赋税制度和土地分配制度；“任重量宽”，起用贤才良士；规定“计称无欺”，统一度量衡；“善用财食”，赏罚分明；注重民族间的经济文化交流；设立驿站。松赞干布的经济思想，在客观上促进了吐蕃经济的发展，为吐蕃强盛奠定了物质基础。

唐蕃联姻，唐太宗李世民与松赞干布共同创建的“甥舅情谊”，宏观上已有定论，近年研究重在具体问题上。黄显铭《文成公主入藏路线初探》（《西北民族学院学报》1980 年第 1 期），论证文成公主入藏是由长安经东道康区而行，提法较为新颖，否定了经由青海入藏说。四年后，黄显铭发表《文成公主入藏路线再探》（《西藏研究》1984 年第 1 期）一文，根据翔实的史料再次否定青海入藏说，阐明从东道康区入藏的理由。金城公主入藏，与吐蕃赞普赤德祖赞联姻，为唐蕃第二次联姻。吐蕃为迎公主所遣使臣，众说不一。杨铭《吐蕃迎金城公主遣使考》（《西藏研究》1987 年第 4 期），根据所见资料，在前人研究的基础上，考订出吐蕃迎婚使有尚·赞咄热(拉金)、尚·钦藏、名悉腊等。对辨证诸书记载之错误很有价值。研究唐蕃联姻的文章尚有何瑞云《唐太宗和亲政策浅析》（《西藏研究》1983 年第 2 期）等。

唐蕃联姻，使节往来，对汉藏文化均产生了深远的意义。张云侠《汉藏文化交流的使者——文成，金城公主》（《中国藏学》1988 年第 1 期），围绕文成公主与松赞干布，金城公主与赞普赤德祖的结婚对汉藏人民带来的种种益处，肯定了唐蕃联姻在汉藏文化交流中的历史作用。谭立人，周原孙《唐蕃交聘表》（《中国藏学》1990 年第 2 期），否定了唐蕃双方使节往还 160 至 190 余次之说。作者根据藏文史料作了统计，得出结论是唐蕃使节交往共计 290 余次，并附以详表。顾吉辰《唐蕃聘使考》（《西藏研究》1990 年第 2 期），根据史籍，考述唐与吐蕃聘使姓名、职衔、任务，肯定这些一千多年前的唐蕃友好使者，在双方政治，经济发展、文化交流方面所起的作用。罗秉芬《唐代藏汉文化交流的历史见证——敦煌古藏文佛经变文研究》（《中国藏学》1989 年第 2 期），通过对法国巴黎国家图书馆影印出版的《敦煌古藏文手卷选集》第一辑 P. T640 号、P. T126 号两份藏文手卷内容与汉文《无常三启经》《无常经讲经文》《孝子经》《父母恩重经》《父母恩重经讲经文》等引文的比较，推断出译自于汉文佛经或佛经变文，是汉藏文化交流的一个重要历史见证。张云《论吐蕃文化对西夏的影响》（《中国藏学》1989 年第 2 期），探讨藏文化对其他少数民族的影响，从宗教文化，语言文字、风俗习惯三个方面研究吐蕃与党项的文化关系。汶江《吐蕃治下的汉人》（《西藏研究》1982 年第 3 期），探究吐蕃境内汉人的来源、遭遇及其作用，尚属首篇。

松赞干布等吐蕃杰出人物，对吐蕃社会发展具有不容置疑的作用。郑铁巨《略论松赞干布的武功及内外策略》（《西藏研究》1984 年第 3 期），肯定了松赞干布所采取的平定内乱、迁都拉萨、兼并诸羌及对唐战争等军事行动，对建立吐蕃政权所起的作用。并论证其“外部国政如治御奔马，内部国政如护理赤子，中部国政如管理奴隶”策略的具体表现，即恩威并用，建立完整一致的军政组织、严肃治军、军事与外交并进、对唐亲善、吸收中原文化、引进先进生产技术等措施，无疑推动了吐蕃社会的发展。汶江《赤松德赞碑铭试解》（《西藏研究》1982 年第 1 期），由铭文引发对赤松德赞政绩及时代环境的探究，对铭文的解释较为贴切，立论新颖，值得一读。

近年吐蕃研究的热点还集中在对吐蕃这一名称的由来。江慰庐《浅释“吐蕃”一词的由来及其含义》（《西藏研究》1982 年第1期），在牙含章《关于“吐蕃”、“朵甘”、“乌斯藏”和“西藏”的语源考证》（《民族研究》1980 年第 4 期），徐淑宜《从吐蕃谈起》（《教学与进修》1980 年第 3 期），王尧《唐蕃会盟碑疏释》（《历史研究》1980 年第 4 期），谭英华《吐蕃名号、源流考》（《东方杂志》43 卷 4 号）等人研究的基础上，通过考证唐代“蕃”字的读音及“吐蕃”名号由来之诸说，认为唐朝人的“吐蕃”称谓，尚系当时藏语“播青布”的音译，应读阼 TU—BO，原意就是“大蕃”。从汉文字面音读、固有含义和其后的衍化、扩展产生影响等方面看，也实系高度表示出了唐代汉族人民对当时西藏人民的颂祝与赞美。王益鸣、王仿生《“大蕃春萌”瓦当砚考》（《西藏研究》1984 年第 1 期），则认为，当时吐蕃对唐自称为“大蕃”，而唐代的修史者们不愿意将“大蕃”这个美好的称谓用于对方政权，因而改“大”为“吐”。任乃强、曾文琼《〈吐蕃传〉地名考释》，基本持此观点。安才旦《“吐蕃”一称语源及含义述评——兼论“吐蕃”源于古突厥语说》（《中国藏学》1988 年第 4 期），对“吐蕃”这一名号的语源及其最初的含义的几种有代表性的假说进行辨析，并从考证“吐蕃”和“Tü P ŏ t”这两种称谓由唐至今的承袭线索入手，进一步论证“吐蕃”一称并非源于藏语、汉语，而源于突厥的观点更接近历史的本来面目，唐人译写时，“吐蕃”二字均有寓意，“吐”暗示“蕃”出自中原。

对吐蕃地名的考订也有进展，任乃强、曾文琼《〈吐蕃传〉地名考释》（《西藏研究》1982 年第 1、2、3 期，1983 年第 3、4 期，1984 年第 1 期），就《旧唐书》《新唐书》中的“吐蕃传”，及《通典》《唐会要》《册府元龟》《通志》及《太平寰宇记》等史、地名著中记述唐代吐蕃情俗的专篇，以近世实测地图，考订传文中的地名，很有成效。日本人佐藤长《古代西藏地名补正三则》（《西藏研究》1989 年第 4 期），就其本人所著《西藏历史地理研究》一书中的哲那尔、钦国、北方八地三个地名，重新作了考订。杨正刚《苏毗初探》（《中国藏学》1989 年第 3 期），主要运用藏文史料，考证苏毗的地理位置。

研究吐蕃盟誓问题，也有了一个好的开端。法国人石泰安《八至九世纪唐蕃会盟条约的盟誓仪式》（《西藏研究》1989 年第 4 期），通过考察唐蕃盟约、汉藏各自的习俗，认为汉学家和藏学家们在盟誓仪式的问题上犯了一种奇怪的评价错误，即视八和九世纪唐蕃之间缔结和约的盟誓仪式以刑牲作祭祀是吐蕃人所具有的特性，而实际上这里却是指一种汉地习惯。王维强《吐蕃盟誓之根源探讨》（《西藏研究》1990 年第 1 期）认为，吐蕃人的神灵崇拜和语言崇拜，是吐蕃盟誓的思想根源，社会根源则是吐蕃奴隶制国家制度下部落制的存在，需要一种维系部落与部落之间、部落与奴隶制国家政权之间的胶合剂，吐蕃人以盟誓为这种胶合剂，并使其制度化。

吐蕃文物的研究也有突破。张骏《西藏文化丰富了敦煌石窟》（《西藏研究》1982 年第 2 期）一文中，涉及唐朝年间吐蕃占领敦煌六十七年期间，对敦煌壁画中“经变”内容、绘画安排的影响，即一改盛唐时代每壁只绘一幅“经变”为多幅“经变”，并裁每壁下部为屏风，绘以多种变的“诸品”，还出现了吐蕃官名和吐蕃人的形象。巴桑旺堆《新见吐蕃摩崖石刻》（《西藏研究》1982 年第 2 期），对新发现的洛札县城西北 5 公里的多穷村右侧石崖上及在洛札县城东洛札其曲河与门当河汇流之处石壁上的石刻的形成时间、内容，作了初步分析探讨。恰白·次旦平措《简析新发现的吐蕃摩崖石文》（《中国藏学》1988 年第 1 期），对一千多年前的内容涉及政治、宗教、译经、雕刻、法规等方面的，位于西藏昌都地区察雅县境丹玛山的摩崖石刻的内容、所建年代、方位，作了有益的研究。恰白·次丹平措的另一篇《论工布地区第穆摩崖文字》（《中国藏学》1988 年第 3 期），译出了位于西藏林芝县门日区广久乡雍仲增村附近一巨石之上的刻文，并将对《吐蕃古文选读》和《吐蕃碑刻钟铭选》两本书所收“工布第穆地区摩崖石刻文字”释文、释意的不同看法一一列出，以供探讨。

二、元明清西藏研究

西藏究竟从何时才成为中国的领土，历来有两种说法，一种认为从唐朝开始西藏就是中国的一部分，一种则认为始自于元代。苏联学者 b·Л·古列维奇《西藏是中国领土的一部分》（《西藏研究》1984 年第 2 期）认为，唐蕃关系密切，元代始西藏成为中国的组成部分。阿沛·阿旺晋美《西藏历史的若干问题》（《中国藏学》1989 年第 1 期）认为，西藏从元代起正式纳入中国版图之说是符合历史事实的。1247 年，萨迦寺主萨班·贡嘎坚赞与阔端会面，议定了西藏归顺蒙古的条件，此为西藏地区的萨迦政权与蒙古正式建立政治关系之始。1264 年，元中央设立了掌管全国佛事和藏族地方行政事务的机构——总制院，任命八思巴主持院务，元朝对西藏的统治完全巩固。该文对流行的明朝时西藏地方和中央的关系十分松散一说持否定态度，认为明朝中央和西藏地方只是宗教关系薄弱，政治上完全是隶属关系，因为西藏地方的统治者都必须经过明王朝的册封。牙含章《明代中央和西藏地方帕竹政权的关系》（《中国藏学》1989 年第 1 期）说，1354 年受元朝皇帝扶植的萨迦政权被噶峰派的帕木竹巴万户长推翻后，帕竹政权也得到了元顺帝的承认。明朝建国之时，帕竹政权即向明帝归顺，历代法王更替，都得到明帝的职封，从第五代法王起，世袭阐化王。元明对西藏的统治都是通过地方政权实施的，唯有清代驻藏大臣的设置，使统治更为直接。顾效荣《清代设置驻藏大臣简述》（《西藏研究》1983 年第 4 期），吴丰培、曾国庆《清朝驻藏大臣制度的建立与沿革》（中国藏学出版社 1989 年出版），就清代设置驻藏大臣的历史背景、设置经过，驻藏大臣的职权，军政措施，及其管辖下的藏族僧俗官员等，作了较为详尽的叙述。李克域《从须弥福寿之庙的两首御制诗匾看清朝对西藏的施政》（《西藏研究》1984 年第 1 期），赵云田《略谈清代理藩院对西藏的治理》（《西藏研究》1984 年第 3 期），顾祖成《清朝前期治藏政策述略》（《西藏研究》1989 年第 4 期）等篇文章，基本肯定了清朝对西藏"政教合一"的统治方法，较历代更为成功。西藏地方在清朝直接治理下，加强了西藏民族对中央政权的向心力，密切了祖国各族人民之间的联系，促进了西藏社会安定与发展，巩固了祖国的边疆。吴健礼《略论清朝对西藏地方的主权》（《西藏研究》1983 年第 4 期），以历史事实为根据，阐明清朝对西藏的主权是不容置疑的。陆莳连《简论清末西藏地方与中央王朝的关系》（《西藏研究》1986 年第 1 期），根据藏文文书，证明清末中央政府对西藏继续行使主权。

研究西藏历史的人们，大多认为吐蕃时代的西藏社会是奴隶社会，只有少数人持异议。牙含章《试论西藏封建农奴制度》（《中国藏学》1988 年第 1 期)，同意吐蕃时代为奴隶社会，从九世纪至十三世纪，奴隶制逐渐崩溃，封建农奴制逐渐产生。文章分析了二者的区别、转化的原因及谿卡的产生、组织、生产形式、农奴承担的差役、农奴主高利贷剥削形式等。郭冠忠《西藏领主庄园的经营管理》(《西藏研究》1984 年第 2 期) 认为，领主庄园即谿卡的出现是在十世纪。着重探讨了庄园的概貌、经营管理机构、经营方式、领主的经济收支。美国学者梅文·C·高尔德泰恩《西藏农村的结构与差税制度》(《中国藏学》1990 年第 1 期)，通过后藏康玛宗南部萨达村的差税制，论述西藏农奴赖以生存的经济形态——政府差巴地（雄居巴）的特点和作用。其调查及分析都十分细致，有数据，有文献依据。全文的论述客观上反映了封建农奴制的黑暗。

杜永彬《德格土司辖区的政教关系及其特点》(《中国藏学》1989 年第 2 期) 一文，根据文献、档案资料和实地调查材料，对位于康区西北部的德格社会产生过重大影响的土司制度和藏传佛教的相互关系及其特点进行探讨。吴均《论安木多藏区的政教合一制统治》(《青海民族学院学报》1982 年第 4 期)，亦属研究局部地区政教关系特点的文章。杨士宏《卓尼土司制下几种土地制度的遗存》(《西藏研究》1989 年第 3 期)，研究卓尼土司政教合一制度赖以存在的几种土地制度，颇有见地。吴从众《解放前门巴族的封建农奴制度》(《西藏研究》1986 年第 1 期) 一文，从农奴主对生产和农奴人身的占有、农奴主对农奴的残酷剥削、刀耕火种占重要地位的社会生产、僧俗农奴主的统治和农奴的反抗斗争四个方面分析了西藏东南部门巴族的社会形态。

专门论述元明清时期西藏经济的文章尚不多见。曾文琼、杨嘉铭《打箭炉锅庄考略》(《西藏研究》1989 年第 4 期)，通过实地考察，介绍锅庄名称来历、出现的原因、锅庄贸易的形成和发展。安珠多吉《对康区“锅庄”一词之我见》(《西藏研究》1990 年第 1 期)，不同意有关“锅庄”一词来源的各种假说，认为锅庄一词是藏语音译。陈一石《明代茶马互市政策研究》(《中国藏学》1988 年第 3 期)，论述明统治者“以茶驭蕃”政策的运用及其后果。陈一石、陈泛舟《滇茶藏销考略》（《西藏研究》1989年第3期），综述唐宋至民国时期滇茶藏销概况。赵毅《明代的汉藏茶马互市》（《中国藏学》1989年第3期）一文，研究了一向为史学界所忽视的明代茶马互市的特点，即朝贡互市制和差发马制度。张雪慧、王垣杰《从几份档案中看滇藏经济贸易——兼谈对云南藏区社会经济与历史研究的重要性》（《中国藏学》1989年第1期），是研究地域经济不可多得的一篇文章。

随着西藏正式纳入祖国版图，交通也得到了发展。蔡志纯《元代吐蕃驿站述略》（《西藏研究》1984年第4期），洛桑群觉、陈庆英《元朝在藏族地区设置的驿站》（《西北史地》1984年第1期），冯汉镛《川藏线是西南最早国际通道考》（《中国藏学》1989年第1期），罗桑开珠《玉树——古代的藏汉通道》（《中国藏学》1990年第1期），陈一石《川边藏区交通乌拉差徭考察》（《西藏研究》1984年第4期），王珏《西藏邮政杂考》（《中国藏学》1990年第1期）。以上诸篇，基本反映了元明清时期西藏交通发展的概貌。

人物研究的文章较为多见。陈庆英《元帝师八思巴年谱》（《世界宗教研究》1984年第1期）一文内容较为详细，颇有参考价值。萧蒂岩《元明汉族史家笔下的八思巴》（《西藏研究》1983年第1期），从《大藏经》和《元史》上节录并注释元明汉族史家的《拨思发行状》《帝师殿碑》和《八思巴传略》三篇文章。周生文、陈庆英《大元帝师八思巴在玉树的活动》（《西藏研究》1990年第1期），记述八思巴五次到玉树地区活动经过及其意义。道吉《八思巴致忽必烈新年吉祥贺词初探》（《西藏研究》1987年第3期），介绍《八思巴致忽必烈新年吉祥贺词》的不同版本、写成时间和地点，八思巴写文的动机，及其可信性和价值。研究元代历史人物的文章尚有陈庆英、周生文《元代藏族名僧胆巴国师考》（《中国藏学》1990年第1期），就目前发现的史料，初步考证元代地位声名仅次于八思巴的胆巴的生平，及对元朝的影响和历史地位。陈庆英还写有《元朝在西藏所封的白兰王》(《西藏研究》1983 年第 4 期)。仁庆扎西《元代中央王朝中的藏族宰相桑哥》(《西藏研究》1984 年第 2 期),认为忽必烈中央王朝中的权臣桑哥是藏族。

有关历辈达赖喇嘛的文章有:拉毛措《三世达赖喇嘛索南嘉措与蒙古的关系》(《中国藏学》1989 年第 3 期),以藏文古籍《三世达赖喇嘛传》和一些蒙、汉文史料为基础,对三世达赖喇嘛和蒙古统治者的相互往来进行了研究,肯定了三世达赖喇嘛对密切蒙藏关系所作的努力。王辅仁《达赖五世朝清考》(《西藏研究》1982 年第 3 期),着重分析清廷邀请达赖五世的原因,达赖五世所处的历史地位、朝清经过等。黄颢、吴碧云《六世达赖仓央嘉措生平考略》(《西藏研究》1981 年创刊号),根据所见史料,综述仓央嘉措生平。于乃昌《仓央嘉措生平疏论》(《西藏研究》1982 年第 3 期),就庄晶翻译的《仓央嘉措情歌及秘传》一书"导言"中对于乃昌所撰《门巴族民间情歌与仓央嘉措》一文提出的质疑,通过实地考察和史料分析,考证六世达赖喇嘛的生地、族属、教派信仰、卒年。蔡志纯《真假六世达赖是蒙藏各政治势力斗争的产物》(《西藏研究》1987 年第 3 期),着重阐述三个六世达赖喇嘛的出现是政教合一制度在西藏形成发展过程中,蒙藏封建主利用这一偶像来巩固和扩大自己势力的产物。冯智《七世达赖喇嘛噶桑嘉措的政教业绩》(《中国藏学》1989 年第 3 期),根据藏文古籍《七世达赖喇嘛传》和其他资料,对七世达赖喇嘛政教业绩进行了研究,肯定了他为国家的统一、民族的团结所作的努力。洛丹《七世达赖喇嘛的确认、册封、坐床》(《西藏研究》1990 年第 2 期),论述康熙皇帝册封七世达赖喇嘛及七世达赖入藏坐床经过和意义、陈锵仪《简述十三世达赖入觐》(《中国藏学》1988 年第 1 期),根据翔实的清代档案史料,肯定十三世达赖离藏北上旨在求救,是达赖心向祖国的一次特殊行动。并从清廷预备接待、陛见赐宴、接待开支三方面分析清廷对十三世达赖的重视态度。汤池安《第十三世达赖喇嘛土登嘉措"遗嘱"辨析》(《中国藏学》1989 年第 4 期),提供了十三世达赖喇嘛 1931 年所书《灵丹妙药·透明洞察·人天甘露》的全部译文，认为该文并非十三世达赖喇嘛遗嘱。

研究历辈班禅的文章尚不多见。杜江《六世班禅朝觐乾隆事略》(《西藏研究》1984 年第 1 期)，综述六世班禅入觐经过及其产生的意义。马连龙撰有《七世班禅罗桑巴丹旦白尼玛年谱》（《西藏研究》1989 年第 4 期)。李鹏年《略述九世班禅圆寂致祭和十世班禅转世坐床》（《中国藏学》1989 年第 2 期)，根据中国第二历史档案馆所藏档案史料，叙述九世班禅圆寂致祭，转世灵童的寻访和征认，十世班禅坐床典礼等经过，其史料之翔实，叙事之详细，为不可多得的一篇佳作。

有关清代人物的文章有郭云川《固始汗获“持教法王”称号年代考述》（《西藏研究》1987 年第 4 期)，否定固始汗在 1636 年获得“持教法王”说，认为固始汗 1638 年获得“持教法王”称号的说法是正确的。陈金钟《阿尔布巴阐述平定准噶尔之战》（《中国藏学》1989 年第 4 期)，根据阿尔布巴撰写《户口册与历史》一书中的记载，肯定阿尔布巴在康熙末年协助清廷平定准噶尔在西藏侵扰的成绩。马林《雍正帝治藏思想初探》（《中国藏学》1988 年第 3 期）认为，“准噶尔事一日不靖，西藏事一日不妥”、“喇嘛之教亦不轻弃”、“观乎其时，审乎其势，当宽则宽，当严则严”三条，是雍正帝治藏思想的精华所在。曹自强《藏族民族英雄颇罗鼐事迹述略》(《西藏研究》1986 年第 1 期)，赞扬颇罗鼐对国家和民族所做的贡献。汤池安《论珠尔默特那木扎勒之死》（《中国藏学》1988 年第 3 期）认为，珠尔默特那木扎勒为驻藏大臣所杀，是一个悲剧。珠尔默特那木扎勒初被傅清、拉布敦误为叛逆，二百多年后又被某些人错认为民族英雄，均出自主观的判断。一旦认识到这出悲剧是珠尔默特那木扎勒同达赖喇嘛格桑嘉措的矛盾冲突所致，就不会对珠尔默特那木扎勒这一角色的褒贬产生错觉。王璐、天放《乾隆皇帝与第三世章嘉活佛》（《西藏研究》1987 年第 4 期)，阐述清朝廷所尊崇的藏传佛教四大活佛之一章嘉活佛参与朝廷事务，在处理民族、宗教等问题上所起的作用。马连龙《三世章嘉与六世班禅朝清》(《中国藏学》1988年第4期),根据《三世章嘉传》和《清高宗实录》,研究三世章嘉促成六世班禅入觐过程中的作用。张庆有《琦善与策墨林诺们汗》(《西藏研究》1990年第2期),记述琦善担任驻藏办事大臣期间与摄政王策墨林诺们汗之间的矛盾与争斗。

三、西藏宗教研究

宗教在西藏具有重要地位,因此西藏宗教问题研究很受国内外学者重视。涉及西藏宗教渊源的文章有田必伟《藏族原始宗教观念演变试析》(《西藏研究》1989年第3期),探讨随着藏族原始社会的演变而相继出现的自然崇拜、图腾崇拜、英雄崇拜等原始崇拜观念。丹珠昂奔《藏族的自身有神观念——谈阳神和战神》(《西藏研究》1987年第4期),谈藏族的自身有神、自身多神观念。研究本教的论著较为集中。王尧、陈观胜译《本教史》《国外藏学译文集》第1、2集,分别于1985、1987年出版)。段克兴《西藏原始宗教——本教简述(《西藏研究》1983年第1期)。才让太《本教文献及其集成》(《中国藏学》1990年第2期)、才让太《试论本教研究中的几个问题》就本教的创始人、产生原因、内容、名称进行了探讨。晏春元《本波教起源地象雄为嘉绒藏区》(《西藏研究》1989年第3、4期)。褚俊杰《吐蕃本教丧葬仪轨研究》(《中国藏学》1989年第3、4期),讨论了敦煌古藏文本教写卷的学术价值,提供了P. T. 1042的译文和疑难词语的考释。褚俊杰译有《本教丧葬仪式》、《〈本教九乘〉导论》,刊于《国外藏学译文集》。岳岩译《敦煌吐蕃文书中有关本教仪轨的故事》(《国外藏学译文集》1987年第4集)。李安宅《藏族宗教史之实地研究》(1988年第1期)。李绍明《评李安宅遗著《藏族宗教史之实地研究》(1990年第1期)。

研究藏传佛教的有李安宅《从拉卜楞寺的护法神看佛教的象征意义》(《西藏研究》1981年创刊号),蒲文成《关于西藏佛教前后弘期历史年代分歧》（《西藏研究》1982年第3期），韩官却加《西藏佛教的活佛转世制述略》（《西藏研究》1984年第4期），才旦夏茸《藏传佛教各宗派名称辨析》（《西藏研究》1984年第1期），杨承丕《格西——西藏僧侣的一种特殊学位》（《西藏研究》1984年第4期），东智才让《西藏佛教的正月大祈愿法会》（《西藏研究》1986年第2期），日本人上山大峻《敦煌资料和初期西藏佛教研究》（《西藏研究》1987年第3期），罗碧玲《试论藏传佛教寺院教育的"问难"》（《中国藏学》1989年第2期），刘洪记《略述三大寺高级佛教人士的培养制度——从学僧到甘丹池巴》（《中国藏学》1990年第2期），佟锦华《藏族古代作家文学与藏传佛教的关系》（同前）。

《西藏研究》刊载的有关活佛形成、派系沿革等方面的论著有达瓦次仁等人的《萨迦寺与萨加派的沿革》（1984年第1期），张尚瀛《昔日拉卜楞寺和历世嘉木样活佛》（1984年第2期），成崇德《论哲布尊丹巴活佛系统的形成》（1986年第2期），周润年《噶玛噶峰派黑帽系活佛的封号及传世年谱》（1986年第2期），丹曲《试论嘉木样活佛系统的形成》（1987年第3期），扎扎《嘉木样二世生平及其在拉卜楞寺的历史作用》（1989年第3、4期）。《中国藏学》刊载房建昌的《西藏甘丹池巴世系》（1990年第2期）。

有关西藏寺庙的资料或文章，刊载在《西藏研究》的有强巴洛卓《甘丹寺及其创建者宗喀巴》（1982年第2期），邬朝贵《举世瞩目的布达拉宫》（1982年第1期），江道元《世界屋脊的明珠——布达拉宫》（1983年第2期），杨时英《承德普陀宗承之庙与西藏布达拉宫》（1987年第4期），波米·强巴洛卓《色拉寺及其创建者释迦益西》（1987年第3期），才旦夏茸《喀的喀寺院的宗喀巴大师圣像》（1987年第3期），何周德《扎塘寺若干问题的探讨》（1989年第3期），黄崇文《须弥福寿之庙的建立及其历史意义》（1989年第3期），贾湘云、何宗英《关于白居寺创建者及始建年代问题》（1982年第2期）。

附带说明的是，20世纪80年代出版的有关西藏研究的专著和史书为数不少。《西藏研究》编辑部编辑出版的《西藏研究丛刊》，现已面世的汉文部分有《通鉴吐蕃史料》《西藏志》《卫藏通志》（合刊）、《西藏宗教源流考》《番僧源流考》（合刊），《西招图略》《西藏图考》（合刊）、《藏事辑要》《仓央嘉措及其情歌研究资料汇编》《明实录藏族史料》《清实录西藏史料》《西藏研究论文选集》《民元藏事电稿》《藏乱始末见闻记四种》（合刊）。中国藏学出版社创办《西藏知识小丛书》，出有邓锐龄《元明两代中央与西藏地方的关系》、吴丰培、曾国庆《清朝驻藏大臣制度的建立与沿革》、廖祖桂《西藏的和平解放》、杨公素《所谓"西藏独立"活动的由来及剖析》、佟锦华《藏族传统文化概述》、张天路《西藏人口的变迁》、吴从众《西藏境内的门巴族、珞巴族和回族》、多杰才旦《西藏的教育》。吴丰培整理的《清季筹藏奏牍》《联豫驻藏奏稿》《景纹驻藏奏稿》。《赵尔丰川边奏牍》《豫师青海奏稿》《川藏游踪汇编》《丝绸之路资料汇钞》等。西藏社会科学院编辑《西藏学参考丛书》出有冯其友人翻译的查尔斯·贝尔（英）著《十三世达赖喇嘛传》。此外，近年问世的专著尚有《达赖喇嘛传》《藏族史略》《西藏简史》《蒙藏民族关系史略》等。

康熙年间口外行宫的兴建

行宫，是指专供皇帝出外巡幸时起居用的宫苑，又称离宫。口外行宫，则是指清廷在古北口至木兰围场之间修建的行宫。这些行宫，大都依山傍水，景色秀美，清爽宜人。从康熙到乾隆百余年间，先后修建的口外行宫多达几十处。最近查阅满文档案，发现从康熙四十一年至四十三年（1702—1704）短短的三年间，同时破土动工修建的口外行宫就有八处。本文主要根据目前查到的满文档案史料，就此八处口外行宫兴建的原因、经过及管理等方面进行探讨，以期有助于口外行宫及避暑山庄早期历史的研究。

一、以往研究中存在的问题及史料的缺憾

清代口外行宫，从南到北依次为巴克什营、两间房、常山峪，鞍子岭，王家营、桦榆沟、喀喇和屯、热河、兰旗营、二沟、钓鱼台、黄土坎、中关、汤山、什巴尔台、波洛和屯、张三营、唐三营、济尔哈朗图、阿穆呼朗图等20处。这些行宫规模不一，最大的热河行宫，面积有564万多平方米，最小的像钓鱼台、黄土坎等行宫，面积仅有2万多平方米。各行宫间的距离也远近不一，地点的选择着重考虑地理环境因素。行宫的建筑，则着重于自然本色，不事雕饰彩绘，朴实无华，富有山林野趣。从清代档案看，康熙四十一年至四十三年间兴建的口外八处行宫有两间房、鞍子岭、桦榆沟、喀喇和屯、上营（热河）、蓝村（兰旗营）、波洛和屯、一百家子。

关于以上八处口外行宫的兴建年代，当代史学工作者们已经做

了不少考证工作。20世纪70年代中国人民大学清史研究所的几位教授率先提山“避暑山庄建于康熙四十二年至乾隆五十五年”[①]的观点，以及孟绍信先生撰写《康熙皇帝与避暑山庄》一文、郑绍宗先生撰写《承德市早期历史研究中的几个问题》一文，河岩先生专著《清代皇帝北巡御道与行宫》一书，都根据目前所能掌握的史料，进行了认真细致的研究和考证推定，将口外行宫兴建年代基本锁定在康熙四十二年左右，为后人的研究铺平了道路，创造了便利。但通过新近查阅的清代满文档案进行比较，发现以前的研究中，在兴建八处口外行宫的问题上，所引用的史料存在两方面的弱点，第一个是研究者经常使用的《清圣祖实录》《钦定热河志》《承德府志》等，虽然都编撰于清代，与历史事实出入不会太大，但这些史料与档案比较，都有一个共同的特点，就是这些官修史书都是事隔多年以后修撰的，由于时空的距离，影响到历史事实的准确性。第二个是以往使用的私家笔记等史料，记述上有侧重，不够全面。因此，迄今为止，口外八处行宫分别由谁负责兴建、每处修了多少间房、花费是多少、资金是如何筹拨的，那些能工巧匠又是从何处调集的，工程完竣后负责施工的官员受到何种奖励，又怎样进行管理，康熙帝在这些工程进行过程中作了什么指示，诸如此类的问题，在以前的研究中或未涉及，或无定论。像翰林院侍讲学士汪灏著《随銮纪恩》、文华殿大学士张玉书著《扈从赐游记》等文中，对已经建成的行宫都有描述，如康熙四十二年（1703）七月二十三日，先期到热河的汪灏，“闻驾发汤泉，去行宫北门迎候。上从二十里外黄土坎登舟，泛热河顺流而下，扈从十余小舟尾焉。午刻入行宫，臣灏等仍入朵殿直庐”[②]。康熙四十七年（1708）六月，张玉书随驾游览热河行宫后，在其所著《扈从赐游记》中详细描述了游览的路线，看到的景致，用生动的文字勾勒出一幅美丽的行宫图。这些都是研究口外行宫兴建、发展史不可多得的珍贵史料，只是美中不足，这些史料仍然不能解决诸如前面提到的那些问题。

那么，档案能为我们解决什么问题呢？对这些口外行宫兴建问题的研究能有多少帮助呢？我们知道，档案是在当时办事过程中自然形成的，不同于后来为某种目的而专门编写的著作等史料，因此更能客观地反映历史原貌，是我们研究历史的可靠依据。档案与官修史书或私家著述比较有其不容忽视的原始性、群体性和系统性，档案有时仅仅是片言只语，也会给我们带来解决问题的契机。像前面提到的兴建八处口外行宫中的一些问题，目前虽未掌握全部的档案史料，但是我们捕捉其中的蛛丝马迹，也会给我们解决不少问题。当然，档案虽然重要、也有其解决不了的问题，像汪灏著《随銮纪恩》、张玉书著《扈从赐游记》中对景物的描写，就很难在档案中见到。另外，档案无法弥补的一个弱点是清前期档案不完整，往往缺轶的就是最需要、最关键的。《内务府奏销档》就缺了康熙四十三年七月到十二月的，而这几个月正是奏销行宫工料的关键时期。因此说，档案和文献两种史料都是在历史研究中不可或缺的，只有摆正二者的关系，充分发挥其互补作用，才能对历史研究更有帮助、当然，浩如烟海的清代档案还需要去发掘整理，尤其是满文档案，其突出特点是更能反映清前期的历史，因此更需要花费一定的人力和物力去发掘整理。

二、口外行宫兴建的原因

清代口外行宫，是随着清前期皇帝一年一度的木兰秋狝活动开始兴建的。木兰围场，原为蒙古喀喇沁、敖汉，翁牛特诸部游牧之地，康熙年间辟为狩猎灵囿，其范围东西 300 余里，南北 200 余里，可谓广袤千里。康熙帝为了“肄武绥藩”，亲自率兵在木兰围场纵马奔驰，取得了极佳的练兵效果，同时也加强了北部边防，密切了与蒙古各部的联系，巩固了清王朝的统治，在当时的历史条件下起到了一定的积极作用，充分体现了清统治者对蒙古“怀之以德”的同时“摄之以兵”[③]的政策。

木兰围场的重要作用，不仅仅在于政治上的需要，它还有一个很重要的原因就是木兰围场地方林木茂密，动物繁多，河流纵横，水产丰富，气候温和，水土美好。木兰围场的自然环境，既是良好的狩猎场，亦是理想的避暑地。这就满足了清统治者两方面的需求，第一是可以通过骑射练兵习武，第二是统治者可以避开京城的炎热，在清爽宜人的山区处理公务，同时也为惧怕内地酷热而且容易患痘症的蒙古、回部、西藏王公伯克喇嘛等人，提供了理想的朝觐场所。

康熙木兰行围，撇开政治、军事的因素不说，单单从人性的角度讲，每年一度蒙古草原会见亲人也是很重要的内容。康熙帝一生多子女，生有女儿 20 个，长大成人有 9 人，9 人中有 7 人嫁与蒙古王公。康熙帝思念这些远在塞外的亲人，时逢北巡，经常探视公主，翻阅康熙朝满文朱批奏折，某某日行抵某某公主府的记载有很多。皇二女和硕荣宪公主于康熙三十年（1691）下嫁巴林部鄂齐尔郡王之子乌尔衮，康熙四十年（1701）六月底，康熙帝一行即将抵达二公主府，内务府即遵旨派总管领萨尔图、尹达浑率厨师 3 人，先于皇帝前往二公主府备办筵席，随身带去的食物有“面三百斤、芝麻油五十斤、糖稀十斤，芝麻三升、淀粉四升，澄沙三升、江米面三升、葡萄干细粉三斤、枸杞细粉三斤、稻米六斤斗、绵糖十五斤、蜂蜜十斤、冰糖一斤八两、块糖一斤八两，核桃糖一斤八两、枸杞二升、核桃仁五斤、乌枣十斤”④，原打算还要带鸡鸭鹅蛋，康熙帝以公主府有鸡鸭鹅蛋未准。从所带食物的品种和数量看，其宴会规模自然不小。康熙帝在空旷无垠的草原上宴赏蒙古王公大臣，并与自己的爱女欢聚一堂，享受悠悠天伦之乐，该是何等的惬意。

木兰行围的必要性，也就决定了康熙皇帝频频出巡口外，从康熙十六年至六十一年（1677～1722），46 年之间，康熙皇帝前后巡幸塞外，共计 48 次，其中有些年份每年巡幸两次。皇帝出巡，起居饮食是必不可少的。在兴建口外行宫之前，由于没有固定的住所，吃、住、行等方面都存在诸多不便。首先是食物，大部分得从京城带往，不足部分还得从京城后续送往。此外，不少食物还得靠路经地方庄屯供应。康熙三十九年（1700）七月，康熙帝北巡，出古北口，相继驻喇嘛洞、纳木桑扎塞、英图和洛、齐老图、扎哈苏台诺尔、汗特穆尔达巴汗昂阿，九月入古北口回宫。此次出巡前，内务府与盛京内务府的尚膳总领商晕，准备将食物“去时为一队带往，返回时为一队接应。将盛京等地庄屯食用猪、鹅、米等物为一队，送至科尔沁一带。由何路遣往之处，拟会同向导等商议”⑤。从这段文字分析，京城得备办两份食物，一份是皇帝起銮时即行带往，一份是皇帝回銮时送至某处备用，而皇帝在蒙古草原巡幸时，则由盛京内务府所属庄屯或口外庄屯备办一份送往，估计是根据皇帝巡幸的时间和路线来定。这年就是因为康熙帝出巡不出两个月，食物就免由盛京等地庄屯供给，而只由京城和口外庄屯备办两份。携带食物的问题，实际操办起来无论是京城备办，还是由庄屯备办，其繁烦不便都是可想而知的，何况其用量亦不在少数。从档案记载看，由于出外，皇帝，后妃、皇子们的食物，都较平日作了相应的核减，如皇帝处本来“每日需用五十斤猪一头、三十斤猪三头、鹅五只、鸭一只半、鸡十五只、笋鸡五只、乳猪二头半。其中，减去三十斤猪一头、鹅一只半、鸭半只、笋鸡五只，乳猪二头半。而去往蒙古塔拉之后妃、皇子处，每日需用三十斤猪二头，猪肉十七斤、鹅四只半、鸡十一只半，鸭四只半、笋鸡七只，去时奏准减少猪肉十八斤、鸡一只半，鸭二只半，笋鸡七只，其余仍照前例。皇太后处每日所需三十斤猪一头、鹅一只、鸡二只，笋鸡二只、乳猪一头，将此照常。此等需用猪、鹅、鸡、鸭、笋鸡、乳猪，均由口外庄屯支取，一直随从携往。车辆不济，相应令喜峰口外庄屯就近预备送至扎哈苏台诺尔地方等候，以备由扎哈苏台诺尔往返使用。口内靠近古北口之庄屯，酌情备办，由坡赖村随送至扎哈苏台诺尔地方，而后遣回，委派认路向导一名带往。古北口外之庄屯，由北缓送至扎哈苏台诺尔地方。再，随从太监等食用之牛肉，原自京城至喀喇和屯，由广禄司支取食用；波洛和屯以北，取庄屯所备之猪食用。此次前往太监等食用牛肉四十八斤八两，随内宫主位、皇子等前往蒙古塔拉之太监等食用牛肉，其二十一斤送至波洛和屯，仍由广禄司支取食用外，免去博洛和屯以北所食用之猪肉，将庆丰司备往羊只，每日取食二只”。内务府大臣玛斯喀等人的这份奏折奏入后，奉旨：“皇太后不食猪肉，著免乳猪；朕用乳猪，著亦免，食羊肉即可。”[⑥]可见在携带食物上尽量从简。当然，皇帝的饮食不会因此而单调。塞外的飞禽走兽、水产鱼类，足使皇帝的膳食丰盛无比。

其次是住，在兴建口外行宫前，康熙帝北巡，随行携带帐幄蒙古包，遇有庄屯的地方，就住在庄头家里。康熙四十一年（1702）五月十二日，康熙帝就曾颁降谕旨：“朕甚畏此炎热，六月初四、五日，将去口外避暑，均往庄头之房屋，并无远行之处。择一值班侍卫带往即可。俟至野外，轮班看守亦可。各处费用，尽量节省。看守时，派内务府护军百名，俟至行围，照旧将前往侍卫、护军，或由留住皇太子、皇子带往。内务府护军则遣回。”[⑦]从康熙帝的这道谕旨可以看出，在兴建口外行宫前，康熙帝北巡，就是住在庄头家里，而且这些庄头应该是相对固定的。只是住在庄头家里，存在三方面的问题。一是皇帝出巡，并不会单枪匹马，其随行队伍极为庞大，既有皇帝的一家老小，又有随伺太监宫女，还有扈从大臣、侍卫官兵等，庄头家住房再多，也禁不住人员众多，要想安顿妥帖，也并非易事。何况皇帝出巡，不只是休憩游玩，还要处理政务，没有较为宽敞固定的住处，对办理政务也极其不便。二是安全上存在问题，由于是临时住处，没有常设警卫人员，侍卫、护军都是皇帝临时带往，这些人不熟悉当地情况，在安全保卫上存在困难。尤其是当时的口外地方，偷盗抢劫时有发生。康熙四十一年，内务府大臣玛斯喀先期前去口外选修下榻的房屋，当地的庄头等就跪在地上告诉玛斯喀：“口外贼匪极众，稍许富裕村屯，贼匪探得消息，即伙同二三十人，白日闯进家中，掠去衣服牲畜等物，亦不知在何处栖身。”[⑧]可见盗贼之盛，绝非少数兵力所能抑制。三是增加经费，皇帝出塞巡幸，前半段主要是避暑，此时随围的主要兵力都不随驾而行，皇帝需从大内带往侍卫、护军，及至前往木兰行围，还得将这些人先行遣回京城，造成不必要的人力和物力的浪费，不符合康熙帝节俭的主张。康熙四十一年五月二十五日，御前侍卫海青转降谕旨给领侍卫内大臣等：“皇上前往避暑，约在六月初四、初六、初九此三日启程，因均在庄屯房屋下榻，毫无走动之处，随行人等及内护军等之牲畜，尽量少带，即便上驷院马匹，亦尽量少带。多带马畜，无端疲瘦，俟至进哨，所有人等再行带往即可。”⑨说明在避暑期间，康熙皇帝还是要求一切从简，能不带的尽量不带，以节省开支。

兴建口外行宫，还有一个很重要的原因是，康熙中期，随着政局的逐步稳定，国力逐渐强盛，过去很多用于战争和武备的开支可以用在基础建设上。仅康熙四十年前后，除对紫禁城加以修缮外，修建的王府、园圃就有很多，当时的四贝勒（即后来的雍正帝胤禛）、八贝勒（即后来的廉亲王允禩）二人的府第，就是在原来驼馆的旧址上建起的一东一西、颇具规模的宅院。畅春园是康熙皇帝经常游憩并处理公务的地方，为了使皇太子允礽能在皇帝身边得到很好的教育，康熙帝下令在畅春园修建了专供皇太子读书学习的无逸斋，从建筑的设计、规制的确定及建材的调用，康熙帝都作了详细批示。南苑则是康熙皇帝行围狩猎，练兵习武的地方，此间也对南苑的新旧衙门、德寿寺、圆灵宫、大西天、道经场等进行了大规模的修缮。此外，在圆明园、檀柘寺等地也新修不少庙宇。从档案上可以知道，当时内务府用于日常维修的工匠就有 1971 人。由于有经济实力的支撑，在京城兴建各种建筑外，我们不排除当时康熙帝毕竟过惯优越的宫廷生活，外加年事渐高，出外巡幸需要有舒服的起居环境，因此与口外八处行宫同期兴建的也有蓟州等地的桃花寺、白涧等口内地区的行宫。尤其值得一提的是，在有名的多伦会盟之后，康熙皇帝敕建多伦诺尔庙（即后来的汇宗寺），康熙四十年六月二十八日，康熙帝亲临拈香后，尽管该庙在当年四月至六月刚刚进行过油饰，康熙帝自己也觉得非常牢固壮观，但见到只有大殿中央供有佛尊，认为过于空寂，立即下令仿照畅春园永宁寺供佛式样造办送往。诸如此类，康熙四十年前后兴建的土木工程，非常之多。

三、口外行宫兴建的过程

口外八处行宫中的两间房行宫，是古北口外由南到北的第一处行宫。康熙四十一年九月初二日，内务府奏请派员督修口外行宫，康熙帝钦定派遣广储司郎中尚知杰前往两间房监工，说明两间房行宫工程至晚在康熙四十一年九月后动工兴建。两间房行宫由吏部郎中穆丹承建，所谓承建人即经皇帝钦定的出资人，皇帝之所以指派这些人承建工程，是因为这些人在官任上都经手过大笔款项，手头掌握一定的资金。康熙四十二年，康熙帝北巡，往返经过两间房行宫，仔细观看了建成的房屋，于九月十七日颁降谕旨给穆丹："尔所建房屋牢固美观，况尔所建房屋，系出塞第一站，竣工从速，朕往来行走，并无耽搁。尔甚属奋勉，兹赏朕手书扇子、朕用貂皮帽、白鼠皮褂袍。俟至京城，将尔建房所用银两数目造册交付内务府大臣，以便议叙。"穆丹随即奏称："穆丹本系末介奴仆，仰赖皇恩，承应差使。建成此等房屋，并非奴才格外奋勉。此等房屋未能照限在五个月内建成，不胜惶恐，皇上不予治罪，又格外施恩，赏御书扇子、御用帽、褂、袍，奴才欢喜若忭，无言以奏。"那么，穆丹负责修建的两间房行宫到底有多少间呢？档案为我们揭示了这一秘密，到康熙四十二年九月十八日内务府郎中佛保验收时，"共建房四百一十七间。用银四万八千九百九十八两余"[10]。

两间房以北是第二处行宫鞍子岭行宫。鞍子岭行宫工程由监察御史雅思泰承建，至康熙四十三年五月二十五日呈报建房工竣。据雅思泰讲："康熙四十一年九月，派我去鞍子岭修建行宫，我当即加速施工，后因己银不继，乞请动支内库银两，仰蒙圣上仁爱，借给银两万两，又赏御笔扇子。雅思泰我能建成房屋，皆赖皇上屡加豢养之恩，并非奴才奋勉而成者。共建大小房屋四百二十间，用银五万九千两余。现均已修竣。"[11]鞍子岭行宫在修建过程中，由于雅思泰手中的银两不敷周转，曾于康熙四十二年六月奏称："去岁派我建房后，我便竭力奋勉，欲尽皇上委办之事。但其已给银两雇用之匠夫不能建者，又得增给银两另雇；其备办所需物件之人不能送到物件，又得多出银两另买，故我出差携来银两现已告罄，无法付给匠夫及采办物料。今正值鸠工用料之时，俟银两到后施工则迟，若于别处求调，又不易得。今将误工，望暂借公库银二万两，以完皇上交办事务。俟我之银到，将陆续偿还。”这份奏折，康熙帝阅后批道：“彼等建房工速且固，住之极为舒适。彼等委实效力，银两不继者亦实，著将内库银借二万两给雅思泰，免收利息，视其所得相继还完。”⑫

自鞍子岭北行，即第三处行宫桦榆沟行宫，是三品官邓光钱等人承建的，“共建大小房屋、楼阁、游廊四百四十五间，堤坝一百二十丈长”。邓光钱是在康熙四十三年三月呈报建房完竣的。桦榆沟行宫工程，“共用银六万一千余两，其中邓光钱出银二万零三百余两，张万鹏、张鼎臣、张鼎鼐、张常柱均各出银一万零一百五十两余。”⑬

桦榆沟以北则为第四处行宫喀喇和屯行宫，由原侍郎托岱承建。康熙四十年十二月十八日，内务府郎中佛保，将坡赖村的建房地盘图恭呈御览。康熙帝随即降旨：“照此在喀喇和屯建房一处，内房均加游廊，墙外建堆房一处，其河边修花囿一处，著复绘图呈览。建此房时，派原侍郎托岱、原巡抚喀拜、曾赴两淮盐差之监察御使赫硕色，自力修建。著将彼等召至，会同内务府大臣宣旨。俟上元过后，即去勘查地方，备办所用木石、砖瓦、石灰等物，过年从速修建。”⑭那么，喀喇和屯准备建的房屋到底有多少间呢？备办木料又有多少呢？这在内务府奏销档中记得很清楚，康熙四十一年正月初五日，内务府奏称：“喀喇和屯地方拟修建房屋一处，共大小三百九十七间，需长一丈八尺、粗一尺五分松木二十四根，长一丈五尺、粗一尺五寸木料四根，长一丈七尺、粗一尺四寸木料三十六根，长一丈五尺、粗一尺四寸木料二十八根……以上共大小松木四千一百五十七根，丈之滚木二千一百二十九根，七尺之滚木四千四百一十八根半。”[15]拟与喀喇和屯行宫同时修建的还有两处每处为40间房的行宫，但究指哪两处，笔者不好臆断。总之，建此三处房屋，所需材料大致有角柱石260块、新样城砖720块、方砖11 231块、旧样城砖134 725块、小方砖34 855块、其他砖1 350 573块、筒瓦217 413块、平瓦578 625块、勾头8832块、滴水8832块、黑白石灰3 214 716斤。以上记录是至今为止有关口外行宫建筑用料最详细的记录，相信研究古建筑的行家，应该从这份记录中测算出建筑的规模、等级、结构等。

康熙四十二年八月十六日，康熙帝在查看喀喇和屯行宫所建房屋之后，命郎中佛保向托岱转传谕旨："观八处所建房屋，尔所建房屋多于他处，且做工精良。著将现在建成房屋即作工竣，造册上报。明年但凡掉落一砖一瓦，亦与尔无关，另有维修之人。其尚未上瓦房屋，今年即便上瓦，亦赶上寒冬，无法坚固，索性明年竣工即可。尔建房所用银两数目，著造具清册，交付内务府大臣，以便议叙。兹赏朕用貂皮帽、白鼠皮褂，朕亲书对联、横披、单条。”康熙四十三年五月初四日喀喇和屯行宫竣工后，托岱呈文称："托岱我本愚鲁，毫无仰副皇上委用至意奋勉之处，今蒙皇上格外悯爱，赏赐御用帽、褂，御笔墨宝，又赏我母以匾额，宽免养赡新满洲等差，并施厚恩予以议叙，托岱我即便粉身碎骨，亦断难还报。现我所建房屋均已竣工，故钦遵上谕，将我建房所用银两数目造具清册，一并奏呈，共建房四百一十四间，用银六万一千一百五十二两一分。”[16]

喀喇和屯东北是第五处行宫上营宫行，上营即热河上营，是现今避暑山庄的前身。负责修建上营行宫的是原巡抚喀拜，喀拜在康熙四十三年呈报上营地方建房竣工时讲："康熙四十二年七月二十日，在蓝村地方按郎中佛保转传谕旨，尔等系获罪之人，如若能在朕指定地方从速建成住房，将另行降旨办理。敬勤勿怠，但将朕之住房盖成瓦房，其余为草房。钦此。钦遵。备办匠夫、用料时，因奴才等力所不及，乞请借支银两，继又特降谕旨，豁免各项贡赋，并屡降慈旨，赏赐御笔扇子，免交银息。皆缘皇上借给银两，得以工竣，奴才即便粉身碎骨，亦难还报于万一。共建大小房屋四百一十间，现均已竣工，共用银五万七千两余。”[17]在喀拜修建的上营行宫之前，即与喀喇和屯行宫修建的同时，上营地方也应在修建房屋。康熙四十一年七月二十五日，内务府奉旨派郎中舒赫德，员外郎华色前往口外监督将各庄头储存的粮食出售给正在喀喇和屯等地施工的工匠、人夫，起因是康熙帝认为“古北口外上营，喀喇和屯等地建房，相应将庄头等存储粱谷，低于市价出售，如此则于工匠、人夫有利”[18]。这份档案提到了上营也在建房。而且我们知道，九月初二日，内务府奏请派员督修口外行宫，康熙帝指派营造司郎中套格、员外郎席图、广储司郎中尚知杰、会稽司员外郎萨哈廉、銮仪卫云麾使阿林、畅春园总管李延喜、副总管萨木哈前往。具体派往地点是：“尚知杰派往两间房、套格派往鞍子岭，席图派往喀喇和屯、萨哈廉派往上营儿、李延喜派往蓝村、阿林派往波洛和屯、萨姆哈派往一百家子地方。”[19]既然要派往监工官员，那工程肯定是在进行，只是规模要逊于喀拜所建行宫。估计汪灏所著《随銮纪恩》中所描述的热河上营行宫，即指前期修建的那一部分。就是在喀拜承建的工程竣工之后，上营行宫也在不断增建，康熙四十三年八月，内务府所属商人王惠民就因奉命前往喀喇和屯、上营、桦榆沟三处建房1530间，需要带往匠夫3000人，出古北口时需用出关印票，请求给予颁发。

上营西北是第六处行宫蓝村行宫，蓝村行宫后改称兰旗营行宫，其承建者是监察御史赫硕色。赫硕色在康熙四十三年正月呈报蓝村行宫工程完竣时讲：“康熙四十二年九月十三日，接御前侍卫海青、郎中佛保转降上谕：原不知尔，今方知尔尚可。尔所建房屋，好且率先全部竣工者善。尔如同内府官员虔诚奋勉，朕皆闻之。赏尔朕用帽，白鼠皮褂袍、朕书字对、单条。此房朕已住过，如有修缮之处，与尔无关，另有修缮之人。嗣后凡有养赡新满洲等差，不再派尔。俟尔赴京，将尔建房所用银两数目造册交付内务府大臣，以便议叙。钦此。钦遵。将奴才赫硕色建房所用银两数目造册，一并具呈。共建房四百二十三间，用银五万三千六百八十七两余。”[20]从这段文字，可以看出蓝村行宫是最早完工的，康熙帝对建筑的外观和质量是满意的。

蓝村行宫北上，便是第七处行宫博洛和屯行宫，博洛和屯行宫是銮仪卫云麾使阿林负责监工，但是由谁承建，共建成多少间房屋，花费多少银两，从目前掌握的史料尚无从考证，也许是由于康熙四十三年七月到十二月这一时间段的内务府奏销档的缺轶，给我们留下了永久的缺憾和难以解开的历史之谜。

最北端的第八处行宫是一百家子行宫，即后来的张三营行宫。一百家子行宫是监察御史永泰承建的。那么，康熙帝对一百家子行宫是怎么看的呢，康熙四十二年九月十一日，康熙帝颁降谕旨给永泰称："尔所建房屋，属八处之首，朕往来经过，无一人控告，朕已住过。嗣后虽有修缮之处，与尔无关，另有修缮之人。本年雨水丰足，尔所建房屋率先竣工。尔前往应差，所得已告罄尽，朕稔知之。嗣后凡有养育新满洲等差，不再差尔。尔返至京城后，将尔建房所用银两数目造具清册交付内务府大臣，以便议叙。"永泰于康熙四十三年正月报告"共建房四百一十间，用银五万七千四百一十三两"[21]。这里有一个问题值得研究，就是坡赖村与一百家子的关系问题，坡赖村即唐三营行宫，最早动议要兴建的行宫应在坡赖村，坡赖村位于八处行宫的最北端，虽然没有更多的史料作为依据，但在清代内务府档案中有这么一份记载，康熙四十年十二月二十二日，内务府转奏坡赖村千总黄明等人的呈请称："奴才我等均系抄没而来之要犯，仰赖圣上的好生之德，令我等驻口外，安逸数年，去年复蒙擢我三人为官。本年奉旨，坡赖村等地千总等均无官差，著将石料、砖瓦、石灰等项交付彼等备办。运送之事，奴才等亲率我等之人夫，抬运送达，烧制砖瓦。石灰，采挖石料，不可无工匠，需用许多银两，奴才等无能，请给我等每人各借银八千两，每两银利息一厘，以便我等雇用匠夫，以竣皇上交办之事。"康熙帝遂命内务府大臣等讨论借银之事，而内务府大臣等讨论的结果是“兹坡赖村建房之事即已停止，亦免借银给千总等”，康熙帝亦降旨曰：“依奏。行宫有两处即足矣，多少里为一程之处，俟向导等勘查返回，由内务府大臣等一同问询具奏。”㉒从不曾借银给千总黄明这件事和“兹坡赖村建房之事即已停止”这句话看，坡赖村行宫兴建较早，但在其他行宫兴建之前，即已停工，同期修建的口外八处行宫中的最北端的行宫，选择的是一百家子地方，即后来习惯叫的张三营。

口外行宫建成后，承建者都得到了相应的奖励，奖励包括三个内容：一是赏赐御用衣物、字画，二是豁免贡赋，三是加以议叙。有关赏赐御用物品和豁免贡赋的内容，前文已经提及，恕不赘述。议叙则是按各自所出银两的数目来决定的。监察御史永泰承建一百家子行宫，用银 57453 两余；郎中穆丹承建两间房行宫，用银 48 998 两余，故议二人俟有应升之缺升补，随加三级。邓光钱等承建桦榆沟行宫用银 61000 两余；其中邓光钱出银 20 300 两，张万鹏、张鼎臣、张鼎鼐、张常柱各出银 10150 两余，故议邓光钱，张万鹏兼郎中衔，张鼎鼐为郎中，张鼎臣为空衔六品官、张常柱俟员外郎缺出补用。监察御史雅思泰承建鞍子岭行宫，用银 59000 两余；托岱承建喀喇和屯行宫，用银 6100 余两；原巡抚喀拜承建上营行宫，用银 57000 两余。只是由于“彼等所建房屋虽均竣工，然因跨年完工，相应监察御史雅思泰俟其应升缺出升补，加一级；查得，托岱带原职在旗供职，相应准加三级：原巡抚喀拜已革职，给五品顶戴，以示尊重”㉓。对蓝村和波洛和屯行宫承建者的议叙，因档案中不见记载，也就无从考证。

口外八处行宫的修建，从已知七处行宫的修建情况看，各处行宫的建筑，一般都包括瓦房，草房、楼阁、游廊、堤坝等。兴建过程中，要先派熟悉路线、地形的人去勘察地点，建筑设计师则根据其他地方已有的行宫图样绘制地盘图呈览，经过皇帝钦定后，再派监工大臣督办工程，承建者即出资者，往往是在官任上赚有盈余银的官僚，当银两不敷时，也可从国库借用，但事后必须归还。所建房屋间数最多的是桦榆沟行宫，为 445 间，用银数目最多的则是喀喇和屯行宫，为 61 152 两 1 分，大致与桦榆沟行宫所用银两数目相等。从所建房间数目和所用银两数目看，当时建造的行宫规模、房屋用料、质量应该是比较接近的。还看不出皇帝偏爱哪一处，或更重视哪一处，要说以后上营行宫逐渐发展成为避暑山庄，独受皇帝青睐，应该是因其优越的地理位置和自然环境而胜出。

四、口外行宫建成初期的管理

康熙四十二年间，口外八处行宫初步建成之后，自然而然就带来了如何管理的问题，所谓管理，是指行宫的安全守卫和建筑修缮。

口外行宫修建之前，口外地区的安全主要由驻守古北口等地的八旗、绿营兵负责，当时沿长城一带的兵力部署情况是："古北口有章京四员、笔帖式二员、披甲八十名，喜峰口有章京四员、笔帖式二员、八旗骁骑校八员、披甲七十二名，冷口地方有章京二员、笔帖式二员、领催一员、披甲二十二名，罗文峪有章京二员、笔帖式二员、领催二员、披甲二十二名，此四处有章京十二员、笔帖式八员、披甲二百零七名。再，古北口有总兵所属游击二员、守备二员、千总四员、把总八员、马兵三百名、步兵一千二百名，三屯营有副将一员、守备二员、千总二员、把总二员、马兵一百二十名、步兵二百七十三名，遵化有游击一员、千总一员、把总五员、马兵四十六名、步兵一百五十二名，……以上总兵所属官弁一百三十四员、绿营马兵一千五百六十二名、步兵五千七百五十八名，共兵七千三百二十名。"[24]从人数上讲，绿营兵人数远远多于八旗兵。由于长城沿线驻有重兵，关口地区还算太平无事，只是口外地区庄头住处分散，旗人又分居各沟。再加百姓生活拮据，因此偷盗抢劫等治安案件时有发生。针对这种情况，康熙四十一年的时候，从古北口、喜峰口抽调满洲章京二员、兵二十名，绿营官四员、兵六十名，于各庄屯间形势之地择六处驻兵，不时巡查。就有驻兵之处，由关口章京，总兵马金良共同查勘，择要派拨章京官兵驻守，每月更换一次。可见在口外行宫建成之前，口外地区的治安巡防已在加强。那么在口外行宫建成之后，既然各处建有那么多建筑，当然需要有专人负责看守。康熙四十二年，康熙帝特降谕旨曰："口外行宫所建房屋，甚属恭敬，且房屋又多，如照定例命彼等保结三年，亦勉为其难。其如何看守、维修之处，著内务府大臣会同郎中佛保议奏。"内务府遵旨查看发现，"颇赖村等地驻守千总黄明等所属，除守仓人等外，有四百三十一人，彼等皆仰承皇恩，黄明等因得授官职，各获生计，除守仓外，并无他项差事"。因此建议，"俟此八处所建房屋工竣，即行交付黄明等三位千总，择其属下干练者，每处选派四十人，其中补放首领二人加以看守"。这些守卫官兵的待遇，则是照"彼等守仓之例，每月其首领各食钱粮银一两五钱，属下人等各食钱粮一两。兹建堆房八十间，其中核减二十间，代之以每处各建官房四十间，守卫人等每人给房一间。黄明等员之属下人等，在其驻地皆承皇恩拨给地亩，蓝村、博洛和屯，坡赖村此三处，与其驻地较近，相应不议外，其迁往两间房、鞍子岭、桦榆沟、上营，喀喇和屯五处每处各四十人，每人各给二丁地亩"[25]。

至于口外行宫房屋庭园的维修和管理，从建成之初就提到了议事日程。康熙帝第一次巡幸查看新建口外行宫，便对各个承建者许诺维修之事不要承建者负责，因此内务府建议将日常房屋庭园的清扫、维修等事务，一并交付各处行宫驻守之人兼管，但又考虑到每处驻守之四十人力所难能，建议将"两间房，鞍子岭、桦榆沟、喀喇和屯、上营五处，由口外所有五十八屯，每屯各抽人夫一名资助。蓝村、博洛和屯、颇赖村、毗近千总黄明等员之驻地，相应由其属下人内抽调五十名，依次承办修葺事宜"。关于维修所用工料，内务府也有周密考虑。"既然有建房人等建窑烧制用剩砖瓦，相应每处备办毛头儿、滴水、折腰、罗锅瓦、方砖、砖各二千块，筒瓦、平瓦、斧刃砖各一万块，以供每年维修之用。俟其用尽，再另行议奏。所用石灰，不便由口内运往，相应将建房时所修石灰窑交付庄头等，用于烧制石灰，并按其远近折价，以抵应交贡赋。所用纸张，由广储司支取使用。每年春季糊窗及修缮砖瓦掉落之处，派巴彦一名，备办所需各种工匠、杂用木料等物。纸张等物，亦交付巴彦送往。派内务府官员一名，会同守卫千总黄明等，由头处行宫起依次修葺。丰宸院系专管花園，宫殿等事务衙门，此八处所建房屋，应归丰宸院管理。其领取纸张、工匠等事务，一旦由黄明等员禀报，即由丰宸院转行该处支取。”㉖

内务府大臣对行宫守卫和维修两方面的建议，也许是康熙帝认为委派千总黄明依次修缮，太过繁烦。因此，颁降谕旨曰：“桦榆沟有邓光钱、张万鹏、张鼎臣、张鼎鼐、张常柱等人庄屯，相距近且人亦众，相应交付彼等看守。两间房、鞍子岭，毗邻鞍子村，原本有千总驻守，亦有人力，著将此核查。蓝村有鹰手，喀喇和屯等地，著查明附近居住人等，饬令看守。此事若由丰宸院兼理，则丰宸院事务过多，调派闲散司员二、三人专管为好。”㉗分析以上史料，可以得出这样的结论，两间房、鞍子岭行宫，由当地驻守千总负责守卫，桦榆沟行宫由邓光钱等负责守卫，蓝村行宫由附近鹰手们负责守卫，其余各行宫，肯定也是遵照谕旨选派各行宫附近居住人等守卫。归丰宸院管理之事，未被康熙帝采纳，而特派闲散司员管理，以专责成。

五、口外行宫兴建的影响

口外行宫，因木兰行围之所需而建，从康熙到乾隆的百余年间，行宫不断增建，在南起古北口，北至木兰围场的御道上，形成了一道道亮丽的风景。这些行宫尽管如今大都破损衰败，但她毕竟是中华民族历史上一个亮点，也是劳动人民智慧的结晶，值得我们追思纪念。

首先，口外行宫的建立，更有力地加强了清政府对蒙古等少数民族的统治，密切了与各少数民族之间的联系。由于行宫的兴建，便利了皇帝的出行，康熙帝北巡的次数明显增加，康熙帝一生，先后北巡达48次，在行宫兴建之前，只有在康熙三十年（1691）一年当中北巡两次，而行宫修建后，则频繁地在一年中北巡两次。康熙帝塞外巡幸期间，蒙古诸部王公贵族相继来朝，络绎不绝，仅康熙四十二年为例，来朝的就有蒙古喀喇沁、乌珠穆沁、科尔沁，巴林、苏尼特、敖汉、喀尔喀、翁牛特、土默特、奈曼、和托灰特、厄鲁特等部王、公、台吉、额附等。康熙帝在与来朝蒙古王公贵族的交流中获取政治、军事等方面的信息，从而更有效地加强统治。口外行宫的修建，由于便利了木兰行围，使木兰习武更加经常化，制度化，每年随围的官兵，多则两三万人，少则数千人，军队经过艰苦的行军，激烈的追逐，紧张的驰骋，得到了近于实战的锻炼，使清统治者收到了政治和军事的双效作用。

其次，是形成了清朝的第二个政治中心——避暑山庄。我国历史上，凡是有远见的统治者都非常重视民族问题，康熙帝作为一位胸怀大略的政治家，在北方始终推行以蒙古诸部为屏藩的理念，在北部边防上产生了极大的影响。对待少数民族，则是因俗而治。口外行宫兴建之初，从所建房屋间数和所费银两数目上虽看不出避暑山庄的前身热河上营行宫有任何特别之处，但热河上营行宫凭借其适中的地理位置和优越的自然环境，在众多的行宫中脱颖而出，使康熙帝乐于对其不断进行增建，以至于形成颇具规模的皇家园林，发展成为清代的第二政治中心。

口外行宫的修建，也促进了塞北地区生产的发展和经济的繁荣。行宫修建期间，大批工匠涌向塞北，这些能工巧匠，不仅将自己高超技艺的结晶留在了当地，而且这些工匠的吃穿日用，也刺激了当地生产的发展。康熙四十一年时，口外各庄头所储存的粮食有3万余石，这些粮食就被运到各工地售卖给工匠们。康熙四十八年，“口外两间房、鞍子岭、桦榆沟，喀喇和屯、热河此五处，补放六名园头”[28]，让他们种植瓜果，蔬菜，这些都对当地生产发展和经济繁荣起到了促进作用。

当然，口外行宫的修建，在当时也有其负面的影响，别的不论，单从其守卫和修缮的费用讲，就不容置疑地增加了社会负担。拨给守卫行宫官兵的土地，是从当地旗人和庄屯已经开垦的土地中划拨的，仅康熙四十三年八月，经内务府奏准，就从博洛和屯正蓝旗地亩内，划拨2490亩；由喀喇和屯正蓝旗地亩内，划拨3720亩；由桦榆沟、热河等地正蓝旗地亩内，划拨2580亩，共拨地8790亩[29]。随着行宫的增建，已拨土地日渐不敷，到康熙四十八年时，又从朝中大臣马齐等人在口外各沟建立的庄屯地亩中，抽出部分拨给守卫官兵。在行宫建筑的修缮问题上，一开始也并非制度化，出现了很多矛盾，譬如，康熙四十三年初，派镶蓝汉军旗刑部侍郎降四级进玺、正红旗原侍郎唐喀二人，前往修缮口外行宫，唐喀当即称："原本派我办理崇文门税务，然仅做数月便出事被革职，我虽两次兼职，然派我与原侍郎进玺一同前往口外建成之八处行宫，其应修缮脱落闪裂糊饰之处甚多，所需匠夫亦多，唐喀我无法承担。"内务府告诉唐喀："尔之都统以尔系出过大差之人，加以派遣。口外所建房屋，均系去年建成房屋，只需略加修缮。皇上住房，至关重要，兹尔速去修缮，如若不去，必将误事。"[30]而唐喀宁愿被治罪，也坚持不去，说明实在是力所难能。另外，建筑所需，必然砍伐大批林木，这也给日后当地的自然环境造成了极大破坏。

注释：

①中国人民大学清史研究所，承德文物局：《承德避暑山庄》，第4页，文物出版社1980年版。

②汪灏：《随銮纪恩》，《小方壶斋舆地丛钞》第1帙，第2卷，第290页。

③《清太宗实录》卷20，天聪八年十月庚戌。

④中国第一历史档案馆藏内务府上传档（原件满文）5。

⑤⑥中国第一历史档案馆藏内务府奏销档（原件满文）116。

⑦⑨内务府来文档（原件满文）1038。

⑧⑲㉔中国第一历史档案馆藏内务府奏销档（原件满文）122。

⑩⑬⑯⑳㉑中国第一历史档案馆藏内务府奏销档（原件满文）124。

⑪⑰㉓中国第一历史档案馆藏内务府行文档（原件满文）24。

⑫中国第一历史档案馆藏宫中满文朱批奏折：康熙四十二年六月监察御史雅思泰奏折。

⑭㉒中国第一历史档案馆藏内务府奏销档（原件满文）118。

⑮⑱中国第一历史档案馆藏内务府奏销档(原件满文)120、121。

㉕㉗㉚中国第一历史档案馆藏内务府奏销档（原件满文）123。

㉖中国第一历史档案馆藏内务府奏销档（原件满文）123。在此引文内出现的建筑构件名称，均依据满文音译。巴彦，亦系满文音译，指富裕的人。

㉘㉙中国第一历史档案馆藏内务府来文档（原件满文）40。

康熙帝与多伦诺尔汇宗寺

汇宗寺，始建于康熙三十年（1691），原名多伦诺尔庙，位于内蒙古自治区锡林郭勒盟多伦县城的北面。汇宗寺建成后，在蒙藏地区颇具影响。本文根据中国第一历史档案馆所存清代满文档案，对康熙帝敕建汇宗寺、钦定陈设布置及其意义和影响，试作探讨。

一、康熙帝敕建汇宗寺

汇宗寺的修建，缘起于多伦会盟。清初，我国北方的蒙古分为三大部，即漠南蒙古、漠北蒙古、漠西蒙古。康熙二十六年（1687），漠西厄鲁特蒙古准噶尔部的首领噶尔丹开始进攻漠北蒙古，第二年秋天，又迫使漠北喀尔喀蒙古扎萨克图汗、土谢图汗、车臣汗三部数十万人迁入漠南蒙古地区。康熙三十年（1696）五月，康熙帝亲率上三旗和古北口绿营官兵溯滦河而上，在多伦诺尔（蒙古语：意为七个湖泊），召集漠北喀尔喀蒙古贵族及漠南蒙古四十九旗王公，以赐宴的形式举行了会盟。康熙帝答应了喀尔喀贵族们“请照四十九旗一例编设”[①]的要求，将喀尔喀蒙古编为三十四旗，旗下设参领、佐领，划分为左、中、右三路，建立了与漠南四十九旗相同的制度。关于多伦会盟的经过，康熙帝曾在给达赖喇嘛的谕中讲：“喀尔喀土谢图汗、车臣汗，诸济农、诺颜、台吉决志入内，奏请效力者有之，奏请与四十九旗同列者亦有之，呼吁频仍不已。朕既已受而养之矣，若不自始至终永使得所，措置安定，必致散亡。是以刻日于本年四月，朕亲出大阅，喀尔喀之汗、济农、诺颜、台吉等皆执臣礼，跪而稽颡，谆请与四十九旗同列。朕设大宴厚赐之，照四十九旗编为旗队，给地安插。土谢图汗以其妄举兴戎，陈情请罪，朕发众喀尔喀议之，皆言加彼之罪，则于我众无光，朕是以宥免其罪，仍留土谢图汗、车臣汗之号。又念扎萨克图汗被杀冤痛，属下裔民散亡可矜，授其亲弟策旺扎卜为和硕亲王，其余各分等级授以郡王、贝勒、贝子、公、台吉之衔，明其法度，昭其典章矣。尔喇嘛普济生灵，向以喀尔喀国破为忧，今已安措喀尔喀，使得其所，遣致尔喇嘛知之，尔喇嘛闻此必大欢喜也。”[②]康熙帝此谕，是对当时多伦会盟原因、经过及结果的高度概括。通过多伦会盟，清廷不仅加强了对喀尔喀蒙古的管理，孤立了噶尔丹势力，而且巩固了北部边疆，其影响是非常深远的。

多伦会盟期间，康熙帝答应了蒙古各部贵族“愿建寺以彰盛典”的要求，选择多伦诺尔这个“川原平衍，水泉清溢，去天闲刍牧之场甚近，而诸部在瀚海龙堆之东西北者，道里至此亦适相中”的地方，修建了在清代满文档案中称之为多伦诺尔庙的寺庙，即后来的汇宗寺，命令蒙古诸部各派一名喇嘛作为住持，康熙帝“或间岁一巡，诸部长于此会同述职”。康熙五十三年（1714），即汇宗寺修建二十多年后，经过多次修缮改建，汇宗寺已是“殿宇廊庑，钟台鼓阁，日就新整，而居民鳞比，屋庐望接，俨然一大都会也。先是，寺未有额，兹特允寺僧之请，赐名曰‘汇宗’，盖四十八家，家各一僧，佛法无二，统之一宗，归其有极。诸蒙古恪守侯度，奔走来同，犹江汉朝宗于海，其亦有宗之义也。”[③]从以上所引《汇宗寺碑文》分析，康熙五十三年时，汇宗寺已是殿宇廊庑、钟台鼓阁齐全，且整修一新，而且由于各部蒙古部众经常到汇宗寺拈香拜佛，其所在地多伦诺尔已是人口众多、房屋鳞次栉比的繁华市镇。而汇宗寺在建成初期，并无寺名，此时，汇宗寺的住持喇嘛等请求康熙帝赐给寺名，康熙帝遂赐名汇宗寺。

汇宗寺“共占地 18.4 公顷，坐北朝南，南北长近 500 米，东西宽 1000 米，建有影壁、跳舞场、山门、钟鼓楼、天王殿、后殿，东西配殿、释迦佛殿、藏经楼等。主体殿两侧有5座官仓、11座佛仓及当（档）子房等。大殿与北京护国寺相仿，楼两重，每层63间，为砖木结构，高15米。殿体前后包厦、殿顶覆以青蓝色琉璃瓦，滚龙脊，正脊上塑有风磨铜庙顶1个，密宗法轮金刚图1个，金羚羊2只，造型精致美观。它依山而建，主建筑物均在一条正南正北的中轴线上，两侧配以其他一些建筑，具有典型的清代中原建筑风格，整个建筑富丽堂皇。汇宗寺正殿曾在清咸丰年间被焚，后又集资照原样重建，只是殿顶换为青瓦。”④

二、康熙帝钦定汇宗寺的陈设布置

汇宗寺的主体建筑，系康熙帝动拨国库银十万两敕建，在康熙三十年动工。当时所修建筑并无雕梁画栋、油漆彩画，非常质朴。如果说汇宗寺修建之初，财力有限，拨给汇宗寺的工程费用仅限于土木工程的话，到康熙四十年（1701），由于政局逐步稳定，国力逐渐强盛，很多过去用于战争和武备的开支开始可以用在基础建设上。仅康熙四十年前后，除对紫禁城加以修缮外，修建的王府、园圃就有很多，当时的四贝勒（即后来的雍正帝胤禛）、八贝勒（即后来的廉亲王允禩）二人的府第，就是在原来驼馆的旧址上建起的一东一西、颇具规模的宅院。畅春园是康熙皇帝经常游憩并处理公务的地方，为了使皇太子允礽能在皇帝身边得到很好的教育，康熙帝下令在畅春园修建了专供皇太子读书学习的无逸斋，从建筑的设计、规制的确定及建材的调用，康熙帝都作了详细批示。南苑则是康熙皇帝行围狩猎、练兵习武的地方，此间也对南苑的新旧衙门、德寿寺、圆灵宫、大西天、道经场等进行了大规模的修缮。此外，在圆明园、檀柘寺等地也新修不少庙宇。从档案上可以知道，当时内务府用于日常维修的工匠就有1971人。由于有经济实力的支撑，在京城兴建各种建筑外，康熙中期，由于木兰行围的需要，开始在口外兴建行宫，同时兴工修建的行宫就达八处，而汇宗寺作为康熙帝“或间岁一巡”之地，此时也在原来的建筑工程基础上，开始进行油饰彩画，并加强陈设布置。

康熙三十九年（1700），内务府会同工部议奏称，“多伦诺尔地方所建庙宇，俟明年木料干燥，再行具奏油饰彩画，俟完工奏闻。其供佛之项，令何喇嘛住持之处，另行具奏请旨。等因奏入，奉旨：著依议。”这里面讲了三个问题：一是要对汇宗寺进行油饰彩画；二是要增加供品陈设；三是要选择喇嘛作住持。其中第一个问题，内务府在康熙四十年初派郎中景珠前去多伦诺尔督工，从“四月初十日开始油饰彩画”，到六月时，“前面大殿、后殿，以及大门均已油饰彩画过半”⑤。整座庙宇的油漆工程原计划进行三个月，拟至七月初十日竣工，但因进度较快，提前于六月二十四日完工。汇宗寺油漆彩画工程，所用“桐油、飞金、五色药、绳、麻菰钉等项，均由部携往使用外，支给油饰彩画匠夫雇价银，及制作佛座、供桌、鼓缰等物之工匠雇价银，拉运铜锭之车辆雇价银，共一千五百余两。”⑥由于从北京带往物品不见有清单，所以工程总费用很难测算，也许随着清代档案的进一步发掘整理，会为我们解开这一历史之谜。

当油饰一新的汇宗寺展现在人们眼前时，康熙帝于当年七月二十八日亲临该庙拈香礼佛，巡游观赏之后，极有感触，对随行大臣等讲：“朕于二十八日行抵多伦诺尔庙看得，所建雄浑坚固，砖瓦石料均属上乘，朕心甚悦。惟其中央供奉佛尊外，并无他物，略显空寂。著尔等照畅春园永宁寺所供之例，造办一份，因属野外，若用金银铜等制造，恐有意外，著尽数用木料细雕而成，刷以金漆。兹正值上漆时节，可从速造办，不误时节完工，俟朕回銮，阅看送至。”内务府大臣等接奉此旨，当即回京开始调查北京西郊畅春园永宁寺供奉佛尊、法器情况。内务府经过调查，制定出方案：“永宁寺正殿供奉金曼达一个，拟将此免去，现用木细雕造办上漆喷金，镶嵌少红石、硝子石、洋珠。其日月，则用水晶石制作。免去银七供，制作木刻七供一份。金把碗一只、银水碗十只，系用来盛水，若用木制，开裂毁坏，亦难逆料，相应造办铜把碗一只、铜水碗十只。免去铜镀金仙人十三，用木细雕而成。免去嵌银镀金瓷海螺三个及绿松子石、珊瑚、青金石之垫，用绢贴飞金，嵌少红石、硝子石而成。免去铜镀金花瓶一对，做木雕花瓶一对。免去铜花瓶六对，做木花瓶六对。免去银奔巴二个，做绢奔巴二个。免去银海灯一盏，做铜海灯一盏连罩。铜镀金蜡台一对，因用于点蜡，故仍用专磬制，但不镀金。用玻璃珠串各种锦制作幡八个，平幡十一个，现免去玻璃珠，串琉璃而成。其花翎伞，既属野外，易于虫蛀，免于制作，可做贴飞金伞两把。免去银香盒一个，做成木香盒一个。其挂鼓一个、铜赤烛一份、香炉十个、钹三个、盘一个、大鼓一个、木刻八宝一份、香筒一个、花瓶一对、灵芝一对、珊瑚树二对。香几八个、供桌七张、照永宁寺供奉之例造办。两侧配殿六间，悬挂妆缎圆幡二十四个、平幡三十个，拟照水宁寺之例制作。免去铜花瓶六对，改为木刻花瓶。免去银七供四十二个，改做木七供。免去银水碗六十个，改做铜水碗。免去银海灯六个，改做铜海灯六个连罩。免去香盒二个。改做木刻盒二个。其铜蜡台二对、铜香炉八个、赤烛两份、磬二个、大鼓二个、挂鼓二个、照永宁寺之例制作。正殿既然供奉八宝、花瓶、灵芝、珊瑚树等项，配殿则免制作，造办供桌六张。放置磬之香几二个。后面正殿三间，加做缎欢门三个，平幡十八个、铜香炉四个。木刻花瓶三对、铜赤烛一对、木刻香盒一个，并制作铜海灯三盏连罩、铜银碗三十个、木刻七供二十一个、铜蜡台一对、磬一个、供桌三张、放置磬之香几一个。后面两侧配殿中间，制作悬挂缎欢门二个、平幡十二个、铜香炉二个、供桌二张、香几二个、木刻花瓶二对。”⑦制作以上物件，经派广储司员外郎鄂索里、营造司员外郎华塞核计。广储司采购磬、琉璃、铜等，需用银 640 两，各种工匠雇价银为 1100 两。营造司购进椴木、榆木、莎木等，需用银 350 两。所需飞金、药料等项，按其时价计，亦需用银 1451 两，各种工匠的雇价银则为 1891 两余。这样，统共需要用银 5432 两余。其余的各色棉、妆缎、缎、金钱、丝线等，直接由内库支取使用。内务府如此精细的估算结果，康熙帝看了之后，对器物的制作并未提出异议，只是觉得用银过多，要求内务府再加复核。

除了置办供器之外，康熙帝对汇宗寺佛像的供奉也非常关心。还是在康熙帝到汇宗寺礼佛当天，即六月二十八日，康熙帝给扎萨克喇嘛彭苏克格隆等颁降谕旨："多伦诺尔庙大殿供奉十八罗汉、四天王，著照永宁寺画像绘制悬挂，并印制甘珠尔经一套。其后殿、前后两侧配殿，应供何佛之处，著尔等议奏。"扎萨克喇嘛彭苏克格隆接奉谕旨，经过讨论，奏称："庙中大殿悬挂十八罗汉、四天王画像，遵旨照永宁寺画像绘制悬挂外，后殿三间，中正殿现存菩萨画像三幅，挂于后墙，画像过长，无法悬挂，可于金柱间以木板隔开油饰，用来悬挂菩萨像。再，大殿前两侧配殿，亦照永宁寺两侧配殿供奉佛像之例，在东配殿绘制鄂托齐（满文音译）佛像八张、普贤坛城、塔齐勒（满文音译）画像六张供奉；西配殿供奉多克西特（满文音译）画像九张、塔齐勒画像六张。后面两侧配殿，供奉印制之甘珠尔经。"内务府当即派员外郎马保住监绘佛像，马保住经与扎萨克喇嘛彭苏克格隆核计，所需要绘制的多伦诺尔庙大殿供奉罗汉画像 18 张、天王画像 4 张，东配殿供奉普贤坛城画像 1 张、鄂托齐佛画像 8 张、塔齐勒画像 6 张，西配殿供奉达克西特画像 9 张、塔齐勒画像 6 张，合共 52 张佛像，并印制甘珠尔经一套，需用妆缎、绫、绢、飞金、各色漆、药、椴木、莎木等，完全由内务府支取使用。另外，支给裁缝、画匠雇价银 991 两余，印制甘珠尔经各种工匠雇价银 923 两，统共用银 1914 两余，完全由广善库支取。其余放置甘珠尔经之书柜、念经矮桌 54 张、金柱之间隔板刷漆等，则由工部办理。核计结果奏报康熙帝后，康熙帝亦令再行复核，彭苏克格隆等不敢怠慢，又重新核计，奏称"先前系照永宁寺画像之例，按精细绘制核计。多伦诺尔庙位于蒙古草原地方，风大劲吹，相应较永宁寺佛像稍加粗制，画像曾计镶片金，片金系年久将掉色，相应不用，改镶蓝边，廉、幔原拟用绫，免绫皆为纺。原拟用红黄飞金七十三块、田大庆九斤十二两、松花石碌十一斤六两、朱砂六斤八两、雄黄四斤十四两、定粉十三斤、梅花青六斤八两、胭脂一百五十六块、光淀花四斤十四两、黄胆六斤八两、藤黄一斤十两、浙石一斤十两、纺顺三斤四两、石黄四斤十四两、广胶十六斤四两，兹拟用红黄飞金四十三块七百二十张、田大庆八斤二两、松花石碌九斤八两、朱砂五斤六两、雄黄四斤、定粉十一斤、梅花青四斤十两、胭脂一百三十块、广淀花三斤十四两、黄胆四斤十两、藤黄一斤四两、浙石一斤四两、纺顺二斤四两、石黄四斤六两、广胶十三斤四两。先前计用工匠雇价银共九百九十一两一钱二分，现减银二百八十一两六钱。再夹甘珠尔经，上下用木板二百一十二块，每板掐三宝花三朵，兹拟于上下两板，免其五朵花，仅在上面板为一朵花，每板原拟漆九遍，现拟免其二遍，为七遍。原拟用宽木蒙黄妆缎，兹拟免黄妆缎，以高丽纸为衬，表面蒙以官庆纸。宽木板中间，盖佛之罩，原拟为三层，兹拟以黄缎为面、红绢为里，为一层。免刻制铜钩，改为光面。原拟用飞金十一块五百四十张，兹拟为八块三百六十张。原拟用粘生漆一百七十二斤七两，兹拟为一百五十九斤四两。原拟用退光漆四十七斤十一两二钱，兹拟为四十二斤七两四钱。原拟用龙爪漆三十三斤二两，现拟用三十一斤十两。原拟用土子灰八十斤，现拟用七十斤。原计工匠雇价银为九百二十三两六分，现减银一百二十八两二钱。原拟画佛像、印甘珠尔经两处之各种工匠雇价银为一千九百一十四两一钱八分，现经复核共减雇价钱四百零九两四钱。此外各项，仍照前奏造办。”[8]康熙帝同意了这一方案，并交代既然动用广善库钱粮造办，相应由和硕亲王福全不时加以巡查。

汇宗寺所要陈设的佛像、供器、经文，经过历时半年的绘制造办，在康熙四十一年（1702）初全部完成，总共备办佛像55张，其中52张系新绘，3张系中正殿原存，甘珠尔经106函，以及挂佛幔子及圆幡32个、平幡71个、欢门5个、脑幡144个、吊关牌子48串、磬4个、钹3对、奔巴2个、海螺3个、海灯10盏、铜碗100只、把碗10只、香炉24只、蜡台4对、大鼓3个、挂鼓3个、供桌20张、幡杆14根、八宝8个、大花瓶6个、小花瓶40个、珊瑚树4

棵、灵芝2棵、曼达1个等。运送这些物品，共需用轿夫170人，车36辆。“自京城至独石口，所需轿夫由沿途地方官调用，车辆由兵部驿车内调用，口北地方，并无驿站人等，相应用督造此等物件之官员等节省银两雇备车辆、轿夫送往。”[9]同时派内务府散秩大臣一员、披甲十名随行料理。

由京城备办佛像供器送达后，康熙四十一年四月，汇宗寺的住持达喇嘛章嘉呼图克图呈称：“佛尊、甘珠尔经、幡、供奉各项，极为亮丽美观，惟佛殿之隔扇、窗、柱均经油饰，若无遮挡风雨之物，似不能年久，其殿六间，请拨给遮雨之雨搭。”[10]康熙帝当即应允，命内务府按需拨给。及至康熙四十三年（1704），章嘉呼图克图再次咨文内务府称：“本处多伦诺尔庙大殿五间，有隔扇十二个、窗八个、横披五个、廉夹三个；后殿三间，有隔扇四个、窗八个、横披三个、廉夹一个；两侧配殿十二间，有隔扇十六个、窗三十二个、横披十二个、廉夹四个；再有喇嘛住房十一间，有隔扇四个、南北大窗共三十四个、横披十一个、廉夹一个；沙弥等住房三间，有窗二十六个。此等殿座之隔扇、窗、横披、廉夹所糊高丽纸，绫、纱等项，均皆破损。此外，庙前所立神树，系有绳索，业已糟朽。此均系敕建寺庙，请予重新糊饰更换。”亦应其请，当即备办送往。根据目前查到的档案分析，诸如此类康熙帝关心重视汇宗寺的事例不在少数。

综上所述，除了证明康熙帝重视汇宗寺的后续维护和条件改善以外，还给我们澄清了两个问题，而且是很有意义的两个问题。首先是命章嘉呼图克图为汇宗寺扎萨克喇嘛管理寺务的时间问题。在以前的研究中，通常认为康熙四十四年（1705）清廷册封驻京八大呼图克图之首席活佛章嘉为“灌顶普善广慈大国师”，赐予敕印，第二年清廷又赏48两重的金印，掌管喇嘛教事宜，住持多伦诺尔庙。现在依据档案记载可知，至晚在康熙四十一年四月时，章嘉呼图克图已是多伦诺尔庙的扎萨克达喇嘛。其次是汇宗寺所藏甘珠尔经问题，根据早年日本人泷川政次郎所写《多伦诺尔庙》等调查资料记载，汇宗寺所藏经文是藏文经中最古老的版本，但其确切印制年代从未有人考证过。此次通过满文档案的记载可知，汇宗寺所藏甘珠尔经系于康熙四十年历时半年印制而成，且于康熙四十一年初送到汇宗寺。

三、康熙帝敕建汇宗寺的意义及其影响

在声势浩大的多伦会盟之后，康熙帝应允蒙古各部之请，在滦河的发源地修建了汇宗寺，并以五世达赖喇嘛的高徒章嘉呼图克图住持寺务，掌管漠南地区宗教事务，同西藏的达赖喇嘛、班禅额尔德尼、漠北哲布尊丹巴呼图克图共同成为藏传佛教四大领袖。雍正九年（1731），雍正帝为庆贺内、外蒙古及西北地区全部归附清朝，强化对蒙古地区的统治，动拨国库银两，在汇宗寺西南敕建一座更为华丽的寺庙，赐额“善因寺”，请章嘉呼图克图一并管理汇宗寺和善因寺两大寺庙。雍正十年（1732），哲布尊丹巴呼图克图移居多伦诺尔，使多伦诺尔逐渐发展成为蒙古地区的藏传佛教中心。

康熙帝敕建汇宗寺，在清前期对加强蒙古地区的统治和民族团结，巩固北部边防具有非常重要的意义。要说清廷通过多伦会盟，改革了喀尔喀蒙古的行政管理体制，确立了对蒙古草原的有效统治，而汇宗寺的修建，则使多伦诺尔成为蒙古草原的宗教中心。蒙藏地区一向信奉藏传佛教，利用藏传佛教统治蒙藏民族，是清廷推行的一项传统政策。康熙帝修建汇宗寺的真正目的所在，是要利用藏传佛教统治蒙古地区。康熙帝授予汇宗寺住持章嘉呼图克图很大的权力，统管整个漠南蒙古地区的宗教事务，甚至还要对漠北蒙古地区涉及藏传佛教案件进行判决，康熙帝通过章嘉呼图克图这种特殊的社会地位和政治影响，号令蒙古各部，巩固和加强了对蒙古的统治，汇宗寺的建立，无疑是对多伦会盟成果的一种发展。由于汇宗寺的修建，康熙帝经常驾临多伦诺尔，在到汇宗寺拈香礼佛的同时，召见蒙古王公贵族，赏赐宴赉，既联络了感情，又密切了关系，对清

廷加强蒙古地区的统治，起到了其他任何一种手段和形式都无法替代的作用。

康熙帝敕建汇宗寺，不仅对清廷加强蒙古地区的统治和蒙古地区的社会安定起到了重要作用，同时也促进了多伦诺尔地区经济的发展。多伦诺尔地处京师出古北口、张家口通向蒙古地区的交通要道，多伦会盟后，康熙帝应蒙古王公的要求，特地允准北京的八大家商号到多伦诺尔设立商铺，经商贸易，由理藩院发给专用票照，注明商号名称、经营货物品名数量，划定了其经营活动范围。汇宗寺修建之后，由于多伦诺尔地区人口的增加，生意日渐兴隆，吸引了山西、直隶、山东等地的商人纷至沓来，他们不仅在多伦诺尔开设店铺，还将货物运往其他各地，大大促进了蒙汉两地的经济发展，加强了民族间的沟通和交流。汇宗寺的修建，也带动了多伦诺尔地区手工业的发展，铜银佛像、金银首饰、法器供品是当地最具特色的手工业品。通过本文叙述，我们已经知道汇宗寺的法器供品最初都是在北京制造，及至后来，北京、直隶等地的工匠开始在多伦诺尔开设手工作坊进行加工和销售，寺院对法器制作工艺的较高要求，促使工匠们不断提高加工技术和制作工艺，生产出很多精品，以至于发展到后来，多伦诺尔以法器制造为重点的手工业生产规模和所生产的工艺品，均可与西藏媲美。由于商人的云集和从事手工业的人数不断增加，多伦诺尔很快就形成市镇。在每年一月和六月的祈愿大法会期间，各地牧民蜂拥而至，拈香拜佛，同时也带来畜产品交换日用生活品，往往使一年中的商业活动达到高潮，以至于康熙帝发出“俨然一大都会也”的感慨。

汇宗寺的修建，也有其无可避讳的负面影响，首先是大量牧民出家当喇嘛，成了寄食阶层，劳动力的减少，制约了当地社会生产力的发展。其次是人口大量集中，无序开发，对当地环境造成了极大影响，如今多伦的沙化，与其早期的开发有直接关系。

注释：

①清圣祖实录：卷 151，北京：中华书局，1985。

②温达等：《亲征平定朔漠方略》卷 10，殿本。

③乌力吉，巴雅尔著：《蒙藏关系史大系·宗教卷》，拉萨：西藏人民出版社，2001。

④任月海等：《可爱的多伦》，锡林浩特：锡林郭勒日报社，2000。

⑤中国第一历史档案馆藏内务府奏销档第 117 册，原件系满文。

⑥中国第一历史档案馆藏内务府上传档第 5 册，原件系满文。

⑦中国第一历史档案馆藏内务府奏销档第 118 册，原件系满文。

⑧⑨中国第一历史档案馆藏内务府奏销档第 120 册，原件系满文。

⑩中国第一历史档案馆藏内务府行文档第 24 册，原件系满文。

二世哲布尊丹巴与多伦诺尔善因寺

善因寺，清雍正九年（1731）建成，位于内蒙古自治区锡林郭勒盟多伦县城的西北，东与康熙三十年（1691）始建，位于多伦县城北面的汇宗寺相呼应。雍正十年（1732），随着哲布尊丹巴呼图克图移居善因寺，多伦成为整个蒙古地区的宗教中心。本文根据中国第一历史档案馆所存清代满文档案，试对雍正帝敕建善因寺这一皇家寺庙，并派员迎奉哲布尊丹巴呼图克图入住善因寺的经过及其影响作一探讨。

一、雍正帝敕建善因寺

雍正帝敕建善因寺，是康熙帝敕建汇宗寺做法的继续。清初，蒙古分为三大部，即漠南蒙古、漠北蒙古、漠西蒙古。康熙年间漠西蒙古准噶尔部与清廷之间爆发了清准战争。康熙三十年（1691）五月，康熙帝亲率上三旗和古北口绿营官兵溯滦河而上，在闪电河畔的多伦诺尔（蒙古语：意为七个湖泊），召集漠北喀尔喀蒙古贵族及漠南蒙古四十九旗王公举行会盟，将喀尔喀蒙古编为三十四旗，建立了与漠南蒙古相同的旗佐制度。通过多伦会盟，清廷加强了对喀尔喀蒙古的管理，孤立了漠西噶尔部噶尔丹势力，巩固了北部边疆。多伦会盟期间，康熙帝答应了蒙古各部贵族“愿建寺以彰盛典”的要求，选择在《汇宗寺碑文》中描绘为“川原平衍，水泉清溢，去天闲刍牧之场甚近，而诸部在瀚海龙堆之东西北者，道里至此亦适相中”的地方，修建了在清代满文档案中称之为多伦诺尔庙，后康熙帝赐名汇宗寺的寺庙。汇宗寺的主体建筑，系康熙帝动拨国库银 10 万两敕建，在康熙三十年（1691）动工。当时所修建筑并无雕梁画栋，油漆彩画，非常质朴。到康熙四十年（1701），清廷政局逐步稳定，国力逐渐强盛，遂对汇宗寺这一康熙帝“或间岁一巡”之地，在原来的建筑工程基础上进行油饰彩画。同年七月，康熙帝巡幸多伦诺尔，亲往礼佛，事后谕令照畅春园永宁寺所供之例，造办佛像供器一份及藏文甘珠尔经一份，于次年初送往陈设。与此同时，章嘉呼图克图作为多伦诺尔庙的扎萨克达喇嘛，住进了多伦诺尔庙，开始了其该庙住持的生涯。

如果说康熙帝敕建汇宗寺缘起于多伦会盟，那么雍正帝敕建善因寺则缘起于对章嘉呼图克图的敬重。章嘉呼图克图是清代内蒙古地区藏传佛教最大的活佛，深受清廷优遇，康熙帝封二世章嘉呼图克图阿旺却丹为“灌顶普善广慈大国师”，赐国师印及敕书，住持多伦诺尔汇宗寺，授权总管内蒙古藏传佛教事务，节制内蒙古等地的呼图克图、呼毕勒罕、诺们罕及寺院住持等，掌管盛京、五台山、多伦诺尔等地印务，以至于有权向皇帝具折奏事，极受清廷信赖和倚重。雍正帝即位，一如既往地对章嘉呼图克图加以扶植，在赐银 10 万两命于库伦地方为哲布尊丹巴呼图克图修建庙宇的同时，也赐银 10 万两在多伦诺尔为三世章嘉呼图克图呼毕勒罕敕建庙宇，并赐名善因寺。至于为什么修善因寺作为三世章嘉呼图克图呼毕勒罕的焚修之所，可从以下两点分析：其一，雍正帝敕建善因寺时曾讲：“多伦诺尔地方，乃喀尔喀归顺时我皇考巡狩于此，众喀尔喀瞻仰朝觐有名之地，爰造寺宇，俾去世之张家胡图克图（引者注：即章嘉呼图克图）居住”[①]，即前朝皇帝曾经专特修建寺庙，供二世章嘉呼图克图居住．作为继承者，需要仿效前朝做法；其二，雍正帝在《善因寺碑文》中讲得很清楚：“章嘉胡图克图道行高超，证最上果，博通经品，克臻其奥，有大名于西域，诸部蒙古咸所尊仰。今其后身，秉质灵异，符验显然。且其教法流行，徒众日广。”就是说，二世章嘉呼图克图在世时，通过清廷的极力扶植和个人的努力，已为蒙藏地区民众普遍信服和尊奉。康熙五十三年（1714），二世章嘉呼图克图圆寂，雍正二年（1724），“禀性灵异”的三世章嘉呼图克图呼毕勒罕被迎至京城，读书习经。雍正帝认为三世章嘉呼图克图呼毕勒罕需要有一个修行之所，因此如《善因寺碑文》中所讲：“特行遣官，发帑金十万两，于汇宗寺之西南里许，复建寺宇，赐额曰‘善因’，俾章嘉胡图克图呼毕尔汗主持兹寺，集会喇嘛，讲习经典，广行妙法。”至于修庙并让章嘉呼图克图住持的目的所在，雍正帝在该碑文中讲得也很清楚：“蒙古汗、王、贝勒、贝子、公、台吉等俱同为檀越主人，前身后身，敬信无二，自必率其部众，听从诲导，胥登善域。”即通过“因其教不易其俗，使人易知易从”的方法，达到对蒙藏民族的牢固统治。

雍正帝发帑敕建善因寺事在雍正五年（1727）十一月十八日，由于雍正帝颁降谕旨之时已是冬天，而多伦诺尔又地处塞北，“冬春天气较寒，夏秋大雨时兴，一岁之中，可以施工之日甚少”，[2]因此当年是肯定不会动工的。估计其主要土木工程是在雍正六年（1728）至雍正七年（1729）间进行，因为根据目前尚能见到的档案资料看，从雍正八年（1730）开始，内务府营造司由工部领取的物料，均非主体工程所用物料。如内务府奏销档记载，雍正八年（1730）四月十九日，“营造司具呈，编多伦诺尔地方修建庙宇桅杆所用长十三丈、粗一寸三分棕绳两根，取用秫棕一百零一斤六两四钱”。又雍正八年五月初三日，“营造司具呈，置办多伦诺尔地方所修庙宇内挂欢门、扬幡”[3]等物，亦属陈设装饰类物品，因此可以断定，主要建筑此前业已修竣，而其装修陈设等项工作仍在继续，直至雍正九年（1731）哲布尊丹巴呼图克图呼毕勒罕入住善因寺前夕，善因寺总体工程方始告竣，故而通常所称善因寺建于雍正九年（1731），是其建成时间，而并非其始建年代。

善因寺占地面积近 27.5 公顷，坐北朝南，其规制据《口北三厅志》已载：“门二里，左右钟鼓楼各一，御书清、汉碑亭各一，正殿二重，前殿为楼，共八十一间，其中柱皆中空以泻水，制作工巧。

殿皆覆以黄琉璃瓦，周以缭垣，巨丽无比。”如果说这段文字是对善因寺建筑布局的大概描述，那么笔者在中国第一历史档案馆有幸看到了一份清官舆图房珍藏的善因寺建筑图（见附图）。该图纸本彩绘，上北下南，横 117 厘米、纵 100 厘米，主要建筑和院落分别贴有黄签，签上标有各个院落和建筑的名称、进深及高度。图中，善因寺的院落错落有致，建筑色彩绚丽，彩画层次分明，是一份十分珍贵的清代寺庙建筑图。根据该图所示，善因寺整个布局为内外两重院落，外院为长方形，十座三间房依次排列；内院为三进院，所有主体建筑以内院为中轴由南而北修建，东侧小院一处，“收储房三间，面阔一丈一尺、进深一丈六尺，厨茶房各三间，面阔一丈一尺、进深一丈四尺”；南墙东西两侧，“看守房六间，各面阔九尺，进深一丈”。[4]至于墙屋顶，第一、第二进院建筑全部覆盖黄琉璃瓦，南墙和 3 米多高的内墙，亦覆盖黄琉璃瓦，其余建筑及外墙则为灰瓦。

至于善因寺建筑图的绘制时间，因图中未标，无法断定其具体年代，但有两种可能性最大：一是其始建时期，即雍正年间。根据修建清代皇家建筑的通常做法，在动工前都要派遣熟谙工程之大员勘估工料用银数目并绘制建筑图进呈，经过皇帝认可方能施工，善因寺作为皇家寺庙，料亦不会例外。二是善因寺建成 80 余年后进行过一次大的维修，嘉庆二十二年（1817）十二月二十一日，直隶总督方受畴奏称：“汇宗寺建自康熙三十年，善因寺建自雍正九年，历年久远，且地居塞外，风雨剥蚀，不特地面海墁全行碱坏，即椽子望板，亦大半糟朽，应将各殿头停一律揭瓦。善因寺大楼金柱塌陷，必须拆卸修建，琉璃瓦脱黝，亦须抽换整齐，以饰观瞻，而资巩固”。因此将善因寺殿宇头停分别揭瓦勾抿，海墁城砖改用条砖，油漆彩画过色见新，大楼金柱四面添用抱柱等工程，除木植由围场取用不计外，估需工料用银“五万一千七百十二两”，可见此次维修工程规模之大，费用之巨。此次工程，在“善因寺西首建盖座落五间，又值房六间，垂花门一座，茶房三间，膳房三间，墙垣甬路等”，估需工料银也在“一万九千七百三十二两”。[5]方受畴对这些估需数目酌加核减后绘图贴说，进呈御览，奉嘉庆帝朱批："依议办理，图留览"。从善因寺西首建盖房屋这点分析，现存善因寺建筑图似非嘉庆年间所绘，因为图中并无在西首建盖的这组建筑，但从军机处抄录保存的方受畴奏折封面看，写有"图三，未发下"字样，可见当时进呈的有三幅图。如果可以理解为这三幅图分别是汇宗寺原貌图一幅，善因寺原貌图一幅，要改建的善因寺图一幅，断定现存这幅图系嘉庆年间所绘亦不为过。不过，现存这幅善因寺建筑图，无论系雍正年间所绘，还是系嘉庆年间所绘，对我们了解善因寺历史及当前古建恢复维修，都有极其重要的利用价值。

二、二世哲布尊丹巴移居善因寺

善因寺本是为三世章嘉呼图克图呼毕勒罕所建，建成不久却令哲布尊丹巴呼图克图呼毕勒罕入住，这其中之原因还得追溯至哲布尊丹巴呼图克图转世系统之确立。雍正元年（1723），雍正帝赐喀尔喀蒙古所尊奉的一世哲布尊丹巴金册金印，册封为"启法哲布尊丹巴达喇嘛"。同年，一世哲布尊丹巴在北京黄寺圆寂，雍正帝亲临致祭，派员护送哲布尊丹巴灵柩还库伦。哲布尊丹巴呼图克图转世系统由此确立，以后历世哲布尊丹巴呼图克图均受清廷册封。雍正二年（1724），哲布尊丹巴呼图克图呼毕勒罕转世，为喀尔喀土谢图汗敦多布多尔济之次子，名罗布藏丹彬多蜜。喀尔喀各部王公对认定土谢图汗敦多布多尔济之子为哲布尊丹巴呼图克图呼毕勒罕持有异议，故派使者赴藏，携回喇嘛吹忠之文，称额驸敦多布多尔济之子即是，但喀尔喀各部王公仍然不服，因此喀尔喀王丹津多尔济远赴京城请封。雍正帝因此颁降谕旨："理藩院奏请敕封泽卜尊丹巴胡图克图（引者注：即哲布尊丹巴呼图克图）之后身，夫泽卜尊丹巴胡图克图与班禅、达赖喇嘛等之后身，出世甚确，应封于库伦地方，以掌黄教"。"泽卜尊丹巴胡图克图原有宿根，与达赖喇嘛、班禅厄尔得尼（引者注：即班禅额尔德尼）同等之大喇嘛也，故喀尔喀等俱尊奉之。且伊所居库伦地方，弟子甚多，着动用帑银十万两修建大刹，封伊后身住持，于此齐集众喇嘛，亦仿西域讲习经典，广为开导，以阐扬黄教。”⑥此为清廷正式宣布哲布尊丹巴呼图克图与达赖喇嘛、班禅额尔德尼之地位平等，其用意在于利用哲布尊丹巴呼图克图的影响力，来加强对喀尔喀蒙古的统治。二世哲布尊丹巴呼图克图5岁从东科尔呼图克图处受格宁戒，6岁在库伦坐床。

雍正九年（1731）至十二年（1734）间，厄鲁特蒙古准噶尔部贵族噶尔丹策零（策妄阿喇布坦之子）进攻喀尔喀，九年遣大策零敦多卜率3万人谋略喀尔喀，被清军击退。雍正十年（1735），噶尔丹策零又遣小策零敦多卜率3万人进逼额尔德尼昭，占据杭爱山与清军对抗，又复大败。正是在准噶尔部贵族屡屡发兵进攻喀尔喀，哲布尊丹巴处境危险的大背景之下，为确保二世哲布尊丹巴呼图克图的安全，始有清廷将其移居漠南蒙古多伦诺尔善因寺之举。雍正九年（1731）九月，侍卫巴雅斯胡朗报称敦多布多尔济闻知准噶尔来侵，即携哲布尊丹巴呼图克图呼毕勒罕避入山中，搭寮而居。雍正帝闻此，认为小小木寮岂能御敌，敦多布多尔济此举有些愚拙，遂密谕敦多布多尔济，一旦有准噶尔侵扰库伦地方讯息，即将哲布尊丹巴呼图克图呼毕勒罕迁往多伦诺尔。不久又于十月二十七日谕令军机大臣丰盛额等曰：“哲布尊丹巴呼图克图呼毕勒罕极为年幼，达锡吹木丕勒托津亦甚年迈，值此准噶尔贼猖獗之际，伊等身居库伦地方，心绪不安，朕甚为伊等轸念。既然库伦地方所建之庙尚未成，而多伦诺尔庙已建成，俟来年青草萌发，将呼毕勒罕本人、达锡吹木丕勒托津缓迁至多伦诺尔庙居住，章嘉呼图克图呼毕勒罕亦送往多伦诺尔居住。甘珠尔巴诺们罕既然住在多伦诺尔，则二呼毕勒罕（引者注：即指章嘉呼图克图和哲布尊丹巴呼图克图的呼毕勒罕）在甘珠尔巴诺们罕处习经亦甚方便，俟军事平定，再将呼毕勒罕迁往库伦地方居住可也”⑦。此后不久，带兵驻扎察罕叟尔的靖边大将军顺亲王锡保也从俘获的厄鲁特人那里得到消息，说准噶尔意欲掳掠喀尔喀游牧至克鲁伦，然后劫掠二世哲布尊丹巴呼图克图呼毕勒罕，这更加验证了迁居的必要性。但雍正帝对此做法也有顾虑，因为自从哲布尊丹巴呼图克图呼毕勒罕坐床，喀尔喀人众即行顶礼膜拜，出行入居，必来库伦叩拜，迁往他处，喀尔喀人众一时难以接受。因此，雍正帝谕令和硕亲王丹津多尔济将迁往多伦诺尔之缘由晓谕喀尔喀人众，并安排好库伦的防守事宜，以免引起喀尔喀人惊慌。当丹津多尔济遵旨晓以利害以后，喀尔喀众扎萨克欣然接受，并无不悦之色，只是正在二世哲布尊丹巴呼图克图准备迁往多伦诺尔之时，土谢图汗旺扎尔多尔济亡故，所有在库伦的大小喇嘛为之念经超度 49 天，外加当年干旱，青草晚发，因此迟至雍正十年（1732）闰五月二十二日，二世哲布尊丹巴呼图克方在徒众八百余人的扈从和其母垂穆朝的照料下，缓缓南行，开始移往多伦诺尔。

雍正帝对内迁二世哲布尊丹巴呼图克图极为重视，在确定迁移的同时，就特赐二世哲布尊丹巴呼图克图及达锡吹木丕勒托津银各一万两，用作迁移时置办物件之费用。对于其住处善因寺，愈益加以完善。尚在雍正十年闰五月初八日，雍正帝就谕知理藩院：“呼图克图、达锡吹木丕勒托津等抵达多伦诺尔之后，将住新修之庙，其住房、铺垫等物，料想尚未备办，故派内务府总管鄂善前往监督装饰呼图克图等所住房屋，凡铺垫、使用器皿等各项物件，均照蒙古礼一一备办。多备往哈达，以备喇嘛等念经之用。呼图克图抵达之日，鄂善须备盛筵，连其沙弥及所属人等一并款待”⑧。鄂善经向原先监修多伦诺尔庙工之布兰泰之子笔帖式永贵、原修八品工师王至正等打听，得知善因寺房屋均经糊饰，所铺毡席、应挂雨搭帘子、使用碗盘等器皿，均已备齐，唯有房内物品需要添置。因此，将一应备办物件经咨询章嘉呼图克图身边之扎萨克喇嘛席喇布达尔札，拟于呼图克图住房，置办床、幔、香炉、铜匙，筷、桌，凳等物，并筹备二世哲布尊丹巴呼图克图抵达多伦诺尔之日款待之盛筵，拟从京城随带内务府内管领、茶承应掌、承应人、仓人、饼师等人，携带所需面、糖，油、茶、器皿等物前往，只是起程前因鄂善改署兵部侍郎事务，遂派护军统领八十前往办理以上事务。

另外在安全上也采取了一系列措施。雍正十年（1732）七月十一日，雍正帝谕令大学士鄂尔泰等曰："据闻，多伦诺尔地方蒙民聚集极众，甚至有明为盗贼者。现迁哲布尊丹巴呼图克图呼毕勒罕住多伦诺尔庙，故而叩拜喇嘛之蒙古、商民至此者益众，须应严禁偷盗。多伦诺尔地方，或设理事同知管理，或如何管理之处，著尔等议奏。"鄂尔泰等奉此谕旨，经过讨论，认为"独石口接近多伦诺尔，且已增兵，相应由独石口副将处调派绿营兵四十名、守备或千总一员，拨给一年口粮，在多伦诺尔地方建盖草房，遣往官兵严行查缉盗贼，每年轮换一次。多伦诺尔地方，系镶蓝、正蓝察哈尔旗交界地方，故每旗各派兵十名、章京一员，在多伦诺尔地方查缉盗贼，总管等酌情予以轮班"。又因"多伦诺尔系张家口同知博什所管地方，张家口至多伦诺尔相距五百余里，不便管理，独石口员外郎关宁无所办理事项，且挨近多伦诺尔，相应由关宁兼同知任，不时巡查多伦诺尔地方，严缉盗贼，办理蒙民事务，其缉盗蒙古、绿营兵亦由关宁管带"⑨。雍正帝不仅照准鄂尔泰等人所议，同意设立多伦诺尔理事同知，而且还命派侍卫二人，专门负责守卫二世哲布尊丹巴呼图克图的安全。所派侍卫二人，准许每半年轮换一次，直至乾隆二十年（1755）清廷平定准噶尔方撤。

经过清廷精心准备和安排，二世哲布尊丹巴呼图克图一行于雍正十年（1732）秋入住善因寺，护军统领八十备下丰盛的饼桌、羊肉盛情款待，所派侍卫夏图、叶伯肯也尽其职守看护，善因寺一时香客盈门，热闹非凡。二世哲布尊丹巴呼图克图入住善因寺之后，其徒众由于不适应寺院定居生活，且多伦诺尔地方柴薪难觅，提出要迁往水草丰美之处，因此二世哲布尊丹巴呼图克图在次年春迁至草原，众多朝拜者及商民亦寻踪而至。入冬，二世哲布尊丹巴呼图克图则入住善因寺⑩。乾隆五年（1740）春，随着喀尔喀局势的逐步稳定，二世哲布尊丹巴呼图克图致函定边左副将军策棱，要求返回库伦，经策棱转奏，乾隆帝降旨照准，曰："若令呼图克图于本年迁移，俟此文至，呼图克图整备妥当，正赶炎热，相应于来年返青之时，再行迁移。迁移之时，著赏呼图克图银一万两遣往”。是年四月初七日，二世哲布尊丹巴呼图克图之母垂穆朝因染天花亡故[11]，二世哲布尊丹巴呼图克图遂带徒众移住克尔莫图。乾隆六年（1741）春，二世哲布尊丹巴呼图克图移往喀尔喀地方，为了安全特派喀尔喀兵五百名防守，以备准噶尔一旦反复，随时将二世哲布尊丹巴呼图克图再次移往多伦诺尔，以收乾隆帝所说“万无一失”之效。[12]乾隆十年（1745），乾隆帝巡幸多伦诺尔，二世哲布尊丹巴呼图克图再次前往善因寺，候驾觐见。

三、善因寺的历史地位

多伦会盟之后，康熙帝应蒙古各部之请，在滦河的发源地修建了汇宗寺，并以五世达赖喇嘛的高徒章嘉呼图克图为住持，掌管漠南地区宗教事务，同西藏的达赖喇嘛、班禅额尔德尼、漠北哲布尊丹巴呼图克图共同成为藏传佛教四大领袖。雍正五年（1727），为了章嘉呼图克图呼毕勒罕驻锡，雍正帝动拨国帑，在汇宗寺西南敕建一座规模更大、更为华丽的寺庙，赐额“善因寺”。雍正十年（1732），又将哲布尊丹巴呼图克图移居多伦诺尔，善因寺因此成为少年二世哲布尊丹巴呼图克图得到妥善庇护和接受教育的最佳场所，拉近了哲布尊丹巴呼图克图与清廷的关系，而多伦诺尔又凭借章嘉呼图克图和哲布尊丹巴呼图克图的影响，逐渐发展成为蒙古地区的藏传佛教中心。

雍正帝敕建善因寺，如同康熙帝敕建汇宗寺，在清前期对加强蒙古地区的统治和联络蒙古民众，巩固北部边防具有非常重要的意义。要说清廷通过多伦会盟，改革了喀尔喀蒙古的行政管理体制，确立了对蒙古草原的有效统治，那么汇宗寺和善因寺的修建，则使多伦诺尔成为蒙古草原的宗教中心。蒙藏地区一向信奉藏传佛教，利用藏传佛教统治蒙藏民众，是清廷推行的一项传统政策，康熙帝敕建汇宗寺和雍正帝敕建善因寺的真正目的所在，都是要利用藏传佛教统治蒙古地区。清廷通过在蒙古草原修建寺庙，借用章嘉呼图克图和哲布尊丹巴呼图克图特殊的社会地位和宗教影响，号令蒙古各部，巩固和加强了对蒙古的统治。如果说汇宗寺的修建，是对多伦会盟成果的一种发展，一种适应政治需要的创新的话，那么雍正帝敕建善因寺，则是对以往政策的一种继承，且在康雍乾盛世贯彻始终，延续至乾隆时期乾隆帝还远赴多伦诺尔，召见章嘉呼图克图和哲布尊丹巴呼图克图，赏赉筵宴，既联络了感情，又密切了关系。可以毫不夸张地讲，耸立塞北的汇宗寺和善因寺，对清廷加强蒙古地区的统治，起到了其他任何一种手段和形式都无法替代的作用。

撇开政治作用不谈，仅仅从善因寺建筑本身考察，起码有四方面可以肯定：一是善因寺作为皇家寺庙，布局规整，其殿宇楼阁、斗檐抱厦，无不融入满、汉、蒙、藏等多民族的建筑艺术风格，是各民族人民智慧的结晶；二是善因寺修建年代虽然晚于汇宗寺 30 余年，其历史不及汇宗寺久远，但二者相比，善因寺的修建和装饰陈设速度远远快于汇宗寺。汇宗寺的修建和装饰陈设前后用了 10 年，而善因寺只用了 4 年，表明其为清朝国力强盛时期的产物；三是善因寺建筑规模大大超过了具有同等政治、宗教、历史地位的汇宗寺，汇宗寺占地面积为 18.4 公顷，而善因寺占地面积为 27.5 公顷．超出汇宗寺占地面积 9.1 公顷，从而成为整个漠北蒙古地区规模最大的皇家寺庙；四是善因寺建筑的奢华程度，在蒙古地区也是独一无二的。从现存清代善因寺建筑图看，善因寺建筑错落有致，彩绘绚丽夺目，部分墙屋顶覆以黄琉璃瓦，标志着规格之高和曾经的辉煌，而享有同等地位的汇宗寺屋顶所覆仅为蓝琉璃瓦，《口北三厅志》称善因寺建筑“巨丽无比”，实不为过。

雍正帝敕建善因寺，在多伦诺尔地区设立理事同知，完善了当地的行政管理体制，加强了对蒙古地区的统治，促进了蒙古地区的社会安定，而且也促进了多伦诺尔地区的经济发展。多伦诺尔地处京师出古北口、张家口通向蒙古地区的交通要道，汇宗寺和善因寺修建之后，各地蒙古人众纷纷前来拈香拜佛，尤其是二世哲布尊丹巴呼图克图移居善因寺以后，更吸引了喀尔喀蒙古人众前来拜谒。由于多伦诺尔地区人口的增加，形成了巨大的物资需求空间，生意日渐兴隆，吸引了山西、直隶、山东等地的商人纷至沓来，他们不仅在多伦诺尔开设店铺，还将货物运往其他各地，大大促进了蒙汉两地的经济发展，加强了民族间的沟通和交流。汇宗寺和善因寺两大寺庙的修建，也带动了多伦诺尔地区手工业的发展，法器供品是当地最具特色的手工业品，堪与西藏媲美。

注释：

①⑥内阁起居注：43-6. 中国第一历史档案馆藏。

②⑤军机处录副奏折 2153-18. 中国第一历史档案馆藏。

③⑧内务府满文奏销档 180（原件系满文），中国第一历史档案馆藏。

④内务府舆图 1501- 中国第一历史档案馆藏。

⑦⑩军机处录副奏折 1554-1（原件系满文），中国第一历史档案馆藏。

⑨军机处议复档 779-2（原件系满文），中国第一历史档案馆藏。

⑪军机处录副奏折 1056-5（原件系满文），中国第一历史档案馆藏。

⑫军机处录副奏折 1556-25（原件系满文），中国第一历史档案馆藏。

恪靖公主远嫁喀尔喀蒙古土谢图汗部述略

有清一代，满蒙联姻是作为一项国策来推行的，形成了一整套完备的制度。据学者统计，满蒙联姻时间长达300年，其间，嫁给蒙古王公的公主，格格多达432人，所娶蒙古王公之女亦有163人[①]。恪靖公主系康熙帝第六女，在得到封号的公主中排行第四，故称四公主。四公主于康熙三十六年（1697）嫁与喀尔喀蒙古土谢图汗察珲多尔济之孙敦多布多尔济[②]。恪靖公主远嫁漠北蒙古，但她的府邸却在漠南蒙古归化城附近，一向备受学者关注，但有些问题仍待深入探讨和研究。笔者最近翻阅清代内务府档案，发现一部分内容涉及恪靖公主下嫁并在数年之后远赴喀尔喀蒙古，以及迁居其位于归化城附近康熙帝敕建之府邸的满文档案史料，故而撰文对相关问题进行探析，以期接近历史的真实。

一、恪靖公主经指婚嫁与喀尔喀蒙古土谢图汗孙敦多布多尔济

康熙帝一生，共有20位女儿，其中10位在10岁前去世，因此排行公主只有10位，其中又有2位在12、13岁时去世，仅有8位长大成婚，得有公主的正式封号。康熙帝曾将其弟常宁的女儿自幼养于宫中，排行为大公主，因而康熙帝的排行公主前后共有11位，得到封号的则有9位。康熙帝第六女恪靖公主之封号，在笔者目前所见到的康熙四十四年（1705）九月前的满文档案中，只有一份康熙三十七年（1698）正月二十五日的内务府满文奏折写“ginggun elbe gung ju"，即恪靖公主，此后均写四公主，直至康熙四十四年十月始复见写"ginggun elhe gungju"，满文"ginggun"意为"恭敬、谨慎"，"elhe"意为"安静、平安"。《清圣祖实录》载四公主于康熙三十六年（1697）受封恪靖公主，而《清史稿》则载四公主于康熙四十五年（1706）受封恪靖公主，二者之说法时间上相差十年，其中原因，尚需学界深入研究，但若用档案印证，《清圣祖实录》之说法应更确切。在康熙帝的9位公主中，有7位公主嫁与蒙古王公，四公主即恪靖公主出嫁之前，已有大公主即和硕纯禧公主嫁与科尔沁台吉班第、二公主即和硕荣宪公主嫁与巴林部鄂齐尔郡王之子乌尔衮、三公主即和硕端静公主嫁与喀喇沁杜棱郡王札什之子噶尔臧。从三位公主所嫁之区域看，均在距京城不远、康熙帝出塞巡行常去的漠南蒙古地方，而四公主则是第一位远嫁漠北喀尔喀蒙古的公主[③]。

据中国第一历史档案所存《玉牒》记载，康熙帝第六女，系"康熙十八年（1679）己未五月二十七日寅时，贵人郭络罗氏佐领三官保之女所出，康熙三十六年（1697）五月选喀尔喀凯亲王敦多卜（布）多尔济为和硕额驸，本年十一月下嫁，雍正二年封恪靖固伦公主，公主于雍正十三年（1735）乙卯三月初九日薨，年五十七岁"[④]。四公主之所以被指婚下嫁喀尔喀蒙古土谢图汗部，是与土谢图汗部的政治、经济地位和地理位置有密切关系的。《清史稿》所述土谢图汗部"本为喀尔喀四部之首，内则哲布尊丹巴住锡库伦，外则邻接俄罗斯，有恰克图互市，形势持重，号称雄踞"[⑤]，可谓扼要描述了土谢图汗部之重要性。当喀尔喀蒙古归附清廷以后，康熙帝便注意笼络土谢图汗部首领，康熙三十年（1691）多伦会盟，封土谢图汗察珲多尔济之子噶勒丹多尔济为多罗郡王，次年噶勒丹多尔济卒，即命由噶勒丹多尔济之长子敦多布多尔济承袭扎萨克郡王。

敦多布多尔济初次见康熙帝的时间，有学者根据《清圣祖实录》"康熙三十四年八月乙卯，赐喀尔喀哲布尊丹巴呼图克图、土谢图汗多罗郡王敦多布多尔济等衣帽缎匹等物有差"[⑥]之记载，一般认为是在康熙三十四年（1695），但要说到康熙帝对敦多布多尔济开始有印象，要早于康熙三十四年。乾隆八年（1743）四月初五日，敦多布多尔济去世，时年68岁，其遗言称自16岁起即仰承圣恩[7]。由此推算，敦多布多尔济16岁那年恰巧就是其承袭多罗郡王的康熙三十一年（1692）。敦多布多尔济具有土谢图汗部的政治背景和扎萨克郡王的身份，应是被选为额驸的根本原因。数年后最终选定敦多布多尔济为和硕额驸，则是皇太后一锤定音。康熙三十六年（1697），康熙帝第三次御驾亲征，五月初，在凯旋途中接到在京的皇太子胤礽的奏折，遂朱批曰："著奏闻皇太后，原拟将四公主嫁与喀尔喀土谢图汗之孙王敦多布多尔济，因噶尔丹未灭，故拖延至今。兹哲布尊丹巴呼图克图，土谢图汗等俱至，其降旨或终止之处，朕未便擅断，谨请皇太后旨。著口奏于皇太后。"[8]皇太子胤礽接奉康熙帝谕旨，当即向皇太后口头奏请四公主的婚事，得到了皇太后的首肯。康熙帝之所以在途中即安排筹办四公主的婚事，想必一是第三次亲征告捷，举办婚礼，图其吉祥；二是土谢图汗等人来见康熙帝，便于当面商量婚事。婚事商定之后，敦多布多尔济起程南行，于当年八月在塞外迎候康熙帝，随后来京成婚。

清制，公主出嫁之后，从游牧地方来京，住京时间是有一定期限的，但在康熙年间尚不严格，其严格规定始自于雍正年间[9]。从《玉牒》中可以看出，四公主出嫁是在康熙三十六年（1697）十一月，但其准备工作则在康熙三十五年（1696）已经开始。首先是为其准备住处。康熙三十五年（1696）三月十七日，内务府郎中佛保接奉谕旨："公主，格格增加，皇城内公主、格格等下榻房少，著内务府大臣等会议具奏。"[10]内务府大臣等随后遵旨调查发现，已嫁公主、格格等来京，在皇城内的住处共有六处，但已不敷下榻，故拟再备六处院落。因此拟拨奉宸院、庆丰司所属房屋两处，收购司库费扬古名下房屋一处，并另于紫禁城外的皇城内寻找院落较为宽敞的房屋三处收购，修缮预备。想必在这之后的二年出嫁的四公主，在前往喀尔喀地方之前即住在内务府此次准备的六处房屋中的一处。其次是准备嫁妆。四公主的嫁妆，在接奉皇太后懿旨后，内务府就立即查照前面三位已经出嫁的公主的婚礼成案，开始紧锣密鼓地备办。康熙三十六年（1697）五月二十四日，内务府具折称："查得，康熙二十九年四月，送大公主哈达一百条，周绸手帕三十条、蜀锦手帕四十条、白翠蓝布手帕八十条、粉一百盒、胭脂二百帖、象牙梳十把、黄杨木梳七十五把、篦子二十把、毛掸子二十把、牙刷二十把、胭脂刷八把，送二公主、三公主亦如此。"[11]内务府筹办四公主之婚礼期间，康熙帝于五月底返回京城，但在京月余之后，七月至九月又前往塞外巡幸，因此到十一月才为四公主举行了婚礼。

清代公主下嫁，因系皇女出嫁，礼仪自然极其繁复。其程序有初定礼、成婚礼，回门礼三个步骤。据《钦定大清会典》记载，公主初定、成婚，宴两次，均在保和殿，殿外鼓乐齐鸣，殿内王公齐集。成婚礼毕，公主及额驸在午门外行礼，婚后第九日回门谢恩。赐公主以珠宝、金银、器皿、袍服，绸缎、布匹，及牲畜、粮庄等项。公主下嫁外藩，纳彩及下嫁日要进牲酒，赐额驸父母宴。公主和额驸均岁支银米。

二、敦多布多济承袭土谢图汗及恪靖公主远赴漠北

嫁与敦多布多尔济的恪靖公主，婚后并未立即远赴漠北。以往研究中，一般认为恪靖公主婚后即赴漠北喀尔喀蒙古地方居住，但从新近发现的满文档案分析，实际并非如此，可从以下四点进行考察：其一，康熙三十九年（1700），恪靖公主随其夫君远赴漠北喀尔喀地方时，理藩院奏请将恪靖公主的嫁妆全部运往，但康熙帝考虑其嫁妆过多，有些物件过于沉重，且草原生活条件有限，路途转运多有不便，并未同意将全部物品一次运往喀尔喀地方[12]。由此也可以知道，在康熙三十九年三月前，恪靖公主因未去过喀尔喀地方，其嫁妆一直放在京城。其二，恪靖公主于康熙三十七年（1698）八月二十一日子时生下一女，按照清制，公主等生育，以喜庆礼，由宫中送礼。恪靖公主之喜事，因系女婴，送往的礼物有"第三日洗浴，

盆内置各重三钱之金元宝二颗，银元宝四颗，送往结发奶母夫妇一对。第七日开始摇摇篮，送往装饰摇篮一个，各样绸缎小衣服、被褥八桌，各种细米、鸡蛋共六百套，牛二头，羊二十只，鹅二十只，鸡四十只”。满月礼有“各带两颗小珍珠之耳坠三对、小金镯一对、装饰手帕一条、缎袍褂二袭，靴一对，袜一对，各样绸缎二十匹、里子布二十匹、银二百两”[13]恪靖公主生产之时，如果远在漠北喀尔喀地方，内务府是无论如何也无法于当天获知公主生产的消息的，只有公主在北京的情况下，内务府才有可能当天得知公主生女之喜讯，即刻奏请备办礼物送往，由此也证明恪靖公主在其孕期和生产期都居住在京城。其三，康熙五十六年（1717）九月，康熙帝追述康熙三十五年（1696）第一次亲征时讲：“中路往征噶尔丹时，至察汉托沃，见泉流甚细，朕令八旗所扎八营，每营各掘一井，八井之水，泛滥而出，人马俱赖以济。后皇七子送恪靖公主，经过此泉，已无涓滴矣。”[14]有学者认为此处之皇七子送恪靖公主，是指皇七子允祐护送刚刚下嫁的恪靖公主前往喀尔喀。实则不然。皇七子允祐奉旨护送恪靖公主去往喀尔喀时，满文档案写其身份是七贝勒，而皇七子允祐受封七贝勒的时间是在康熙三十九年（1700）三月，因此护送之事应发生在康熙三十九年三月之后。其四，恪靖公主成婚是在十一月，天寒地冻，自然不宜出行，去往喀尔喀必须要等到来年春暖花开时节，但来年春天公主已有身孕数月，自然就难以成行了。

实际上，恪靖公主婚后第四年即康熙三十九年（1700）才首次前往漠北喀尔喀地方。额驸敦多布多尔济的父亲噶勒丹多尔济是喀尔喀土谢图汗察珲多尔济的长子，康熙二十五年（1686）即授为扎萨克，康熙三十年（1691）受封多罗郡王，次年去世。敦多布多尔济则是噶勒丹多尔济的长子，康熙三十一年（1692）承袭多罗郡王。康熙三十八年（1699），其祖父土谢图汗察珲多尔济去世。次年三月，敦多布多尔济由和硕郡王晋和硕亲王，并承袭土谢图汗爵[15]。敦多布多尔济既已承袭汗爵，自然要返回其游牧地方，恪靖公主随其夫君远行，自在情理之中。当恪靖公主决定远赴漠北喀尔喀时，理藩院和内务府就开始着手办理有关事项。首先是奏请选定护送人员。经奏报拟选人员后，康熙帝钦定七贝勒允祐，皇十子允䄉护送，所带随行人员有王府长史、内务府官员、内管领、侍卫、护军、奶公、哈哈珠子、茶上人、饭上人、弓矢匠、库使、厩长、牧长、牵驼人、庖丁、承应人、牧丁等。其次是请旨确定带往物件的数量。康熙三十九年（1700）三月，理藩院曾为护送公主至喀尔喀地方事具题，奉旨："此事所议未周，公主前往，彼处无房，住蒙古包游牧，携往如许多财物器皿，放置何处，何况动用兵部驿车、旗存车辆，所需甚繁，送达亦难，仅带往公主现随身所用物品，其余财帛器皿等物，而后从缓送往为宜。著交付玛伍，巴彦内倘有情愿奋勉者，遣派三四名，将现在带往物品雇车载往。"⑯因此理藩院与内务府拟照公主等初迁之例遣往，仅带往公主当时所用物品，其余财帛器皿等物，未曾带往⑰。再次是备办路途所用各项物品。其护送人员，按身份之不同，分别拨给马 2 至 5 匹；公主所用物件，除宫中所派官车外，尚由张家口商人出车八辆运送杂物，并带往羊只用于路途食用。往返估计用时 100 天⑱。当一切准备妥当后，恪靖公主动身北上，去往婚后尚未去过的喀尔喀蒙古地方。

三、在漠南归化城附近地方选址修建恪靖公主府

恪靖公主到漠北喀尔喀蒙古地方的第二年春，就踏上了返京的路途。宫内获知消息后，内务府从康熙四十年（1701）二月底即开始筹办恪靖公主归途所需米面等物，拟派内务府官员 2 名、内管领 2 名带往迎接，获得康熙帝允准。所要带往的物品有猪、精米、麦面、各种小米、杂面、淀粉、炒面、芝麻、茶叶、咸菜、盐、干果、蜂蜜、糖等。所带物品，都要足敷 60 日之使用⑲。恪靖公主于是年五月初八日入张家口，不久行抵京城。

恪靖公主此次回京后，未见有史料记载恪靖公主再次去往喀尔喀地方，这可能跟当时准噶尔始终窥视喀尔喀地方，经常因游牧分

界问题与喀尔喀发生摩擦有关。从康熙四十四年（1705）满文档案提到恪靖公主所生之女夭折、原配有奶妈等蛛丝马迹分析，恪靖公主应该是一直住在京城，但公主长住京城又有所不宜，故而引发选址修建公主府一事。归化城位于京城和喀尔喀蒙古南北交通枢纽的中间地带，其周边土默特蒙古地方宜耕宜牧，且从恪靖公主在喀尔喀蒙古地方仅仅度过一个冬天即返回京城一事分析，恪靖公主本人也是希望住在离京城较近，并且去喀尔喀地方也近便的地方。恪靖公主府的修建，是在康熙四十二年（1703）至康熙四十四年（1705）的三年之中分三期进行的。第一期是在康熙四十二年（1703），是选址、工料估算阶段。[20]经过勘察，选定在归化城以北、鞥滚岭以南修建公主府，内务府派员绘制所建房屋之图样，料估所需钱粮，最后由内务府郎中佛保呈览。第二期是在康熙四十三年（1704），是工料准备阶段。是年初，康熙帝命内务府大臣等会同右卫将军费扬古，归化城都统扎拉克图等就砍伐木植，备办物料、募集工匠等事宜会议，所议结果是："鞥滚岭以西有现成伐木地方，距归化城百余里，即令于此产木地方，砍伐建房木植。伐木之人夫，烧制砖瓦石灰，粗工之人夫，均为归化城之人夫。烧制砖瓦石灰之匠役，指引伐木匠役，采石匠役、运送所烧砖瓦石灰、所伐木植至建房处所，建房之木匠、瓦匠等工匠，及建房所用一应物件，派巴彦一名修建。所派巴彦，于本年遣往，将建房所用各项物料预先备办。为此，派内务府官员一名，与巴彦一同遣往，察看鞥滚岭以南建房处所。"[21]第三期是在康熙四十四年（1705），是动土修建阶段。当所有工料齐备之后，公主府工程于是年春开工。内务府经奏请康熙帝，派上驷院主事兼内管领寿成前去监工，九月基本完工。[22]这座修建于300余年前的恪靖公主府，其影壁、府门、仪门、议事厅、寝殿，堆房、配殿及院落围墙等主要建筑，至今基本完好，是目前保存最好的一座公主府。

四、恪靖公主入住归化城附近公主府度过其半生

恪靖公主入住新建成的公主府是在康熙四十四年（1705）的年底。是年十月十八日，恪靖公主通过内务府奏称："皇父于归化城地方为我所建府邸，曾称于本年九月竣工，因九月内未报，额驸派人往视，房屋已竣，惟有些许修整之处尚未完工，据蒙古卜卦，明年系戌年，忌迁，本年迁居之处，谨请皇父训示。"康熙帝随即降旨："甚好。著迁。其在喀尔喀地方之人畜，仍留原处。"[23]随后钦天监择得是年十一月初三日辰刻宜于恪靖公主起程，康熙帝遂同意按钦天监所选日期启程。

恪靖公主入住公主府，是分两步进行的。第一步是公主和额驸轻骑简从，携带随侍人等和日用物品先行入住公主府；第二步是将在京的财物运往其府邸。分两步迁往的原因不外乎两个，一是物品过多，二是时值冬天。恪靖公主告诉内务府，其嫁妆之数目，内务府大臣等皆知之，嫁妆之外，尚有自行置办的大柜子 4 对、小柜子 8 对、皮箱 50 个[24]，足见所带物品数量之多。恪靖公主之所以有如此多的财物在京城，是因为康熙三十九年（1700）恪靖公主去往喀尔喀地方时，只带了随身物品，其嫁妆等物，本打算陆续运往，但因恪靖公主很快返回京城，且一直住在京城，嫁妆等物就未再送往喀尔喀地方。此次迁往归化城附近府邸，内务府拟派内管领 1 名、官员 1 名护送，计在途 20 日，拨给羊 40 只、牛 3 头，至于米面果品菜蔬等项，计其足敷遣往。口内沏茶之奶，食用乳猪，鹅等项，由礼部派官 1 名备办；口外沏茶之奶，所烧柴薪，由理藩院派官 1 名、领催 1 名备办。康熙帝认为恪靖公主当初去往喀尔喀时，所有物品都是由宫中备办的，但此次乔迁，除由宫中稍加资助外，应自备资斧前往。其沉重物件，寒冬时节不宜携带，应俟来年返青再行带往。额驸敦多布多尔济亦称公主此次前往，带往之人有 129 人，所有人乘坐及装载行李，需用车 130 辆。经奉旨核减之后，打算带往 81

人、车60辆、马70匹，康熙帝最后同意由上驷院拨给马100匹。恪靖公主和额驸敦多布多尔济由此北去，入住新建成的公主府。至于沉重物件及公主自行置办的箱柜等大件，则于第二年春运往公主府，既有大大小小的箱柜，又有桌椅、围屏、蒙古包、帐房、床、鞍、瓷器等物，随往的还有34户人[25]。第二次运送的物品及人口，统共用了240辆车，兵部还派章京1名、兵丁20名护送。从所用车辆上看，其规模要比公主和额驸入住归化城府邸时的规模还要大，应该是将所有属于公主的财物全部运往了归化城附近的府邸。由此也说明恪靖公主此次迁往归化城附近府邸，是从心理和生活上真正接受了草原，将草原作为了永久的归宿。

恪靖公主入住公主府之后，亲情难以割舍，始终与其父亲康熙皇帝保持紧密联系。根据《清圣祖实录》统计，从康熙四十六年（1707）六月到康熙五十三年（1714）五月的八年间，趁康熙帝巡幸塞外，恪靖公主共见康熙帝5次，额驸敦多布多尔济亦见康熙帝5次，其中有两次是公主和额驸一同见的康熙帝。康熙四十六年，是恪靖公主府落成并恪靖公主入住其府邸的第三年，康熙帝由围场西行，意在探望公主与额驸。恪靖公主偕同额驸敦多布多尔济出迎于德尔济库木都和洛请安，并迎康熙帝至归化城附近之公主府驻跸，畅叙久别之情。这次是康熙帝唯一一次驾临公主府，也是父女二人唯一一次在公主府见面。

雍正即位，封和硕恪靖公主为固伦公主，和硕额驸敦多布多尔济为固伦额驸。雍正三年（1725）十一月，恪靖公主单独来京请安，额驸敦多布多尔济则于十月，十二月两次来京。雍正十三年（1735）三月初九日，恪靖公主在其生活了30年之久的公主府去世，享年57岁。雍正帝得知公主去世，当即赏银3000两，遣官致祭[26]。额驸敦多布多尔济当时在多伦诺尔陪护其侧福晋垂穆朝所生之子二世哲布尊丹巴呼图克图，得到恪靖公主去世的噩耗，“于三月二十六日自多伦诺尔起程，称其腿疼，于四月二十八日始抵归化城”[27]。此时，距公主去世已有50余日。额驸敦多布多尔济因腿疾在途耽搁，应属情有可原，因为额驸敦多布多尔济染患足疾，浮肿疼痛，已有时日，行动多有不便。额驸敦多布多尔济抵达归化城之后，祗领雍正帝为办理公主之丧事所赏银两，一面请示恪靖公主灵柩之安放地点，一面处理恪靖公主在归化城地方的人口、房屋、田产等，最后留恪靖公主所生之子根扎布多尔济及所娶康熙帝第三子诚亲王允祉之女和硕格格仍住公主府，于乾隆元年（1736）五月二十一日，启程护送公主灵柩北行，此时距公王去世已有年余。恪靖公主之灵柩起行当日，办理归化城事务兵部尚书通智等仅留一人于城中办事，其余官员全部出城相送，直至越过鞥滚岭送出数程后始才折返。副都统五十六则率带官员 2 名、兵丁 60 名，一路安设台站，行程近 300 里，送出土默特北部边界后，才交由喀尔喀人众继续护送，送至库伦地方汗山安葬[28]。

严格讲，恪靖公主去世前的几年与额驸敦多布多尔济基本处在分居状态，其原因是额驸敦多布多尔济需要长住多伦诺尔照顾二世哲布尊丹巴呼图克图呼毕勒罕。雍正二年（1724），哲布尊丹巴呼图克图呼毕勒罕转世，是敦多布多尔济与其侧福晋喀尔喀女子垂穆朝所生之子。雍正九年（1731）至十二年（1734）间，因准噶尔部贵族屡屡发兵进攻喀尔喀，为确保二世哲布尊丹巴呼图克图的安全，清廷决定将二世哲布尊丹巴呼图克图移居漠南蒙古多伦诺尔之善因寺。雍正十年（1732）闰五月二十二日，二世哲布尊丹巴呼图克图在其徒众 800 余人的扈从和其母垂穆朝的照料下，移往多伦诺尔，是年秋入住善因寺。直至乾隆六年（1741）春，二世哲布尊丹巴呼图克图才移往喀尔喀地方，其间敦多布多尔济始终奉命在二世哲布尊丹巴呼图克图身边照料[29]，陪伴恪靖公主的时间自然要少得多。额驸敦多布多尔济于恪靖公主故后的第九年即乾隆八年（1743）闰四月初五日去世，时年 68 岁。而《玉牒》载敦多布多尔济于雍正八年（1730）癸酉闰四月卒，其雍正八年当属乾隆八年之笔误，因为不仅档案反映雍正十三年（1735）恪靖公主去世后敦多布多尔济从多伦诺尔赶到归化城办理丧事，处理公主府田产、遣散公主府属众等过程及其去世的确切时间，而且《清高宗实录》亦载乾隆三年（1738）十二月敦多布多尔济来见乾隆帝，乾隆五年（1740）敦多布多尔济请求进京请安，乾隆帝考虑敦多布多尔济素有足疾，令人转告若已痊愈可以来京，否则不必来见。乾隆七年（1742）八月，乾隆帝在乌克图尔济尔哈朗阅兵，敦多布多尔济亦曾带兵参加。另外，额驸敦多布多尔济去世后，当时奉命看护二世哲布尊丹巴呼图克图的二等侍卫杜什巴立即呈报军机大臣等，请求代为转奏，敦多布多尔济旗下的头等协理台吉巴勒仲多尔济等也报知理藩院，闰四月二十六日，经理藩院奏闻，乾隆帝赏银1000两，遣官致祭[30]。所有这些，均可表明《玉牒》记载之敦多布多尔济去世时间确实有误。

注释：

①参见杜家骥：《清朝满蒙联姻研究》，第3页，人民出版社2003年版。

②根据包文汉等整理《蒙古回部王公表传》，内蒙古大学出版社1998年版，敦多布多尔济时为扎萨克多罗郡王。

③④参见中国第一历史档案馆藏：宗人府《玉牒》第28号。

⑤《清史稿》卷521，《藩部四》。

⑥《清圣祖实录》卷168。

⑦参见中国第一历史档案馆藏：《二等侍卫杜什巴满文呈文》，乾隆八年四月初五日。

⑧中国第一历史档案馆藏：《皇太子胤礽满文奏折》，康熙三十六年四月二十八日。

⑨参见光绪《大清会典》卷65。

⑩中国第一历史档案馆藏：《内务府郎中佛保满文奏折》，康熙三十五年三月十七日。

⑪中国第一历史档案馆藏：《内务府满文奏折》，康熙三十五年

五月二十四日。

⑫参见中国第一历史档案馆藏：《内务府满文奏折》，康熙四十四年十一月二十四日。

⑬中国第一历史档案馆藏：《内务府满文奏折》，康熙三十七年八月二十一日。

⑭《清圣祖实录》卷274。

⑮根据包文汉等整理《蒙古回部王公表传》，敦多布多尔济于康熙四十一年因平庸被降为郡王，其土谢图汗号由察珲多尔济次子多尔济额尔德尼阿海袭替。

⑯㉕参见中国第一历史档案馆藏：《内务府满文奏折》，康熙四十四年十一月二十四日。

⑰参见中国第一历史档案馆藏：《内务府满文奏折》，康熙四十四年十月十八日。

⑱参见中国第一历史档案馆藏：《内务府满文奏折》，康熙三十九年五月二十二日。

⑲参见中国第一历史档案馆藏：《内务府满文奏折》，康熙四十年三月初二日。

⑳参见中国第一历史档案馆藏：《内务府满文奏折》，康熙四十三年正月二十一日。

㉑㉒㉓㉔参见中国第一历史档案馆藏：《内务府满文奏折》，康熙四十四年四月十八日。

㉖㉗参见中国第一历史档案馆藏：《归化城都统丹津等满文奏折》，雍正十三年闰四月二十一日。

㉘㉙参见中国第一历史档案馆藏：《办理归化城事务兵部尚书通智等满文奏折》，乾隆元年五月十一日。

㉚参见中国第一历史档案馆藏：《和硕怡亲王弘晓满蒙文合璧题本》，乾隆八年五月。

雍和宫始建年代考

清代建筑群雍和宫，最初是康熙帝赐给其四子贝勒胤禛的府邸，称作“禛贝勒府”，康熙四十八年（1699）三月，胤禛受封“雍亲王”后，其府邸被称作“雍亲王府”。胤禛继位后，于雍正三年（1725）颁旨将其潜邸雍亲王府改为雍和宫行宫。乾隆九年（1744）改建成藏传佛教寺院，成为著名的梵宫。

胤禛即后来的雍正帝是康熙帝第四子，生于康熙十七年（1678），三十七年（1698）晋封贝勒，四十八年晋封雍亲王，六十一年（1722）继承帝位，雍正十三年（1735）崩逝，终年58岁。雍正帝是清入关之后的第三位皇帝，在位时间并不长，仅仅为13年，但取得的政绩丝毫不比其父康熙和嗣子乾隆逊色。雍正帝在位期间，重视选拔、使用人才；整顿吏治，惩治腐败；加强封建中央集权，设立“掌书谕旨，综军国之要”的军机处，亲理军政要务。此外，还开豁“贱民”，废除各种人身依附关系；发展生产，兴修水利，改土归流，巩固边疆。说雍正帝是康乾盛世的有力推动者，毫不夸张。

雍正帝入承大统之时，已年届45岁。这就是说，胤禛长大成人分府出宫之后，直至继位，有几十年的光阴是在其府邸度过的。细算起来，雍正帝应是清入关后的10位皇帝中，唯一一位在皇子时期出宫居住，在宫外度过漫长岁月的皇帝，从而其生活过的府邸，也就是后来的雍和宫，地位尤显重要，也备受关注。

以往对雍和宫的研究，可谓成果颇丰。除了清代官修史书和清代以至于民国时期文人墨客的记述之外，对雍和宫进行专门研究的著作，最早的当推光绪末年进士金梁先生在其晚年所著《雍和宫志略》。《雍和宫志略》这部著作，作为雍和宫研究的专著，确有其独特之处，金梁先生在该书序言中讲，“中多奇秘，为向所未有之特著，亦可谓之世界未有之奇著也”。“其中对于佛教、佛像，尤发前人所未发”。以上话语虽有自诩之嫌，但仍不失为比较客观的评价。因为有两点是可以肯定的，首先，《雍和宫志略》确实是有关雍和宫的第一部专著，在此之前从未有人就雍和宫作过如此专门、系统、仔细的研究。其次，金梁先生耄耋之年写成的《雍和宫志略》，是经过博览群书、采集多种史料而形成的，像清代官修史书《钦定大清会典》《日下旧闻考》《畿辅通志》，私人著述《清宫述闻》《宸垣述略》等等，无不涉猎，故而《雍和宫志略》的内容还是很丰富的。然而，也正因为《雍和宫志略》在内容上比较详细全面，往往为研究者用作参考，因此后人的著述除在观念、手法、形式、语言上各有优长外，在内容和史料上的突破尚不多见，因而该书中的某些不严谨和舛错之处，亦难免被原样复制或沿用。

仅就雍和宫的始建年代而言，《雍和宫志略》中有如下描述："清雍正帝胤禛初受封时，是康熙三十二年（1693）十二月，他的爵号是'多罗贝勒'。他迁出皇宫阿哥所居住新府时，是康熙三十三年（1694）五月。这时他的府邸，不叫雍和宫，也不叫雍亲王府，而叫'祯贝勒府'。又因他是康熙帝玄烨的第四子，故此他的府邸，又叫'四爷府'"。我们可以看山，这段话有一显而易见的错误，就是胤禛受封贝勒是在康熙三十七年，因此康熙三十三年时的"祯贝勒府"是不存在的。金梁先生之所以如此描述，其依据是该书引述的《清宗人府事例》原文："康熙三十二年十二月谕宗人府：皇二子允祉、皇四子允祯、皇五子允祺、皇七子允祜、皇九子允禟、皇十子允（䄉）……俱已分别册封分府，唯允祯、允佑二人是贝勒，而所分之府，是亲王府邸，规模违制，着由官房租库，将前明内宫监官房拨给允祯，鹁鸽市向导处衙门拨给允佑，另将宫门口，张永贵抄产改为向导处"。在此暂且不说该段引文中的皇二子允祉排序应为皇三子，皇四子允祯应名为胤禛，内宫监应为内官监诸如此类的文字错误外，较为关键的问题是出在金梁先生根据这段引文所得出的两个结论，即胤禛“迁出皇宫阿哥所居住新府时，是康熙三十三年五月”和“雍和宫的庙址和庙东边的藏经馆，在明朝的时候，都是民房。在民房的中间，有一所巨宅，是明朝内宫监的官房。清朝建都北京，把这所官房没收，改为内务府官房”。而且金梁先生这一雍和宫修建年代和胤禛出宫入住府邸时间为康熙三十三年以及修建地点是明代内宫监官房的结论，从此几乎成为定论，为许多学者和史学爱好者沿用，流传甚广。翻阅继《雍和宫志略》一书之后出版的各类有关雍和宫的著述，多采用此说，如：1985 年河南人民出版社出版的魏开肇先生所著《雍和宫漫录》，1989 年中国青年出版社出版的尹育政先生所著《雍和宫》，2002 年宗教文化出版社出版的陈观涛先生所著《话说雍和宫》，甚至于洋洋近 50 万字的专著，2002 年当代中国出版社出版的李立祥先生等著《雍和宫》等，无一例外地沿用了胤禛入住其府邸即后来的雍和宫是在康熙三十三年，且其地点是明朝内宫监官房的说法。至于其他论述文章，亦鲜见持有异议者，目前所知道的是 1985 年人民出版社出版的冯尔康先生所著《雍正传》，书中附有“雍正年表”，其中一条讲道“康熙三十八年（1699），胤禛二十二岁，是年，康熙为诸皇子建府，胤禛府邸在其中，为后日之雍和宫”。冯尔康先生的说法，本来更接近历史真实，但不知是由于表述过于简洁，不曾讲明立论依据，故而未被采用，还是别有缘故，该说至今尚不见为雍和宫研究者沿用或附和。

由此可见，有关雍和宫的始建年代，目前知道的仅有康熙三十三年说和三十八年说两种，康熙三十三年说起始于上世纪 50 年代金梁先生所著《雍和宫志略》，康熙三十八年说起始于上世纪 80 年代冯尔康先生所著《雍正传》。而翻阅清人著述，尚不见有人提及雍和宫的始建年代。像乾隆七年（1742）乾隆帝命大学士鄂尔泰等开始编纂，乾隆三十四年（1769）成书的《国朝宫史》，描述雍和宫“在皇城东北，世宗宪皇帝藩邸也。登基后命名曰‘雍和宫’。皇上御极之十年，念龙池肇迹之区，非可亵越。因庄严法相，选高行梵僧司守，以示蠲洁崇奉之意”。乾隆三十九年（1774）乾隆帝命寘光鼐等根据康熙二十五年（1686）朱彝尊编辑的《日下旧闻》加以增补、考证而成，有关北京历史、地理、城坊、宫殿、名胜等的资料选辑《日下旧闻考》，以及私家撰述如嘉庆年间进士吴振棫先生所著《养吉斋丛录》，民国时期章乃炜先生等编辑的《清宫述闻》，也大都与《国朝宫史》等雷同，只是讲到雍和宫所处位置，概未提及雍和宫始建年代。由此可知，《雍和宫志略》是最早考证雍和宫始建年代的一部著作。

金梁先生作为依据的《清宗人府事例》所载康熙上谕，经查《康熙起居注》《清圣祖实录》《钦定大清会典事例》均不见记载，而金梁先生所说《清宗人府事例》一书，笔者尚未睹其芳容。现在不妨分析一下金梁先生所引《清宗人府事例》中的康熙上谕，如果这道上谕的时间没有出错，确为康熙三十二年，那么就存在明显的纰缪，首先是“皇二子允礽，皇四子允祯、皇五子允祺、皇七子允佑，皇九子允禟，皇十子允（䄉）……俱已分别册封分府”这段文字，根据《钦定大清会典事例》载，“皇子生十五岁，由府（此指宗人府）请封，其爵级出自钦定”，如果按照这一规定，皇子受封最早也得年及十五岁，而康熙三十二年时，除允礽、胤禛、允祺已到15岁外，允祐、允禟、允（䄉）均不到15岁，远未到受封年龄，显然不曾受封。进而讲，皇子即便业已受封，也不见得立即分府出宫。乾隆二十四年（1759），乾隆帝谈到皇子服饰时曾讲，“第念皇子年届受封，岂必概庸王爵，自亲王、郡王以及贝勒、贝子、公，秩分五等，唯朕所命。但皇子等均在内廷，自不与外廷宗室同科。”①《养吉斋丛录》中讲：“重华宫旧为乾西二所，高宗潜邸也。当赐居时，成大婚礼于此。登极后升为宫。”乾隆帝幼时，12岁入宫住毓庆宫，17岁迁入西二所成婚，直至25岁继位，也未分府出宫。从中不难看出皇子受封和分府出宫未必同步，因此康熙三十二年时皇子允礽等“俱已分别册封分府”似乎不大可能。其次是“允祯、允祐二人是贝勒”这句话，放在康熙三十二年，同样不妥，因为胤禛受封贝勒是在康熙三十七年三月，允祐受封贝勒则是在康熙三十九年（1700）三月。由此考察，胤禛等人分府出宫及其府邸的修建最早也得推至康熙三十九年。

此外，金梁先生引用《清宗人府事例》中的康熙上谕，得出雍和宫所在位置是明朝内宫监官房的结论，也大有商榷之处。首先，明代只设内官监，向未设有内宫监这一官署或机构。明代所设内官监的职能，据《明史·职官志》载："掌木、石、瓦、土、塔材、东行、西行、油漆、婚礼、火药十作，及米盐库、营造库、皇坛库，凡国家营造皇室陵墓并铜锡妆奁器用暨冰窨诸事"，纯属为皇宫服务的机构。内官监的位置，据《芜史》记载，"北安门内黄瓦西门之里，则内官监也"，北安门即后来的地安门，黄瓦门即后来的黄花门，很明显，内官监位于当时的皇城内。这样一来，位于皇城内的内官监，当然与位于皇城外的雍和宫南辕北辙，毫不相干，金梁先生所说雍和宫的原址是明代"明朝内宫监官房"的结论自然也就不成立了。

细究起来，金梁先生在雍和宫的始建年代和修建地点的研究中之所以存在问题，还是由于史料的匮乏引起的。笔者最近偶阅中国第一历史档案馆所存《内务府奏销档》，发现有几件满文档案与胤禛分府出宫之事直接有关，有助于澄清胤禛分府出宫的时间，也有利于断定雍和宫的始建年代及修建地点。

康熙一生，生有35位皇子，除幼年夭折者外，长大成人的尚有23位，到康熙四十年前后，已有多位皇子封爵婚娶，分府出宫势在必行，因此开始在京城多处修建王府。康熙四十年正月，内务府曾奏称，"康亲王所献地方，建王府一处，包括马厩在内。其监造官员等，仪由内务府遣派修建即可。等因具奏。奉旨：着依议。钦此。钦遵。饬令郎中董奠邦等修建去迄"。[②]文中所说康亲王，推算起来当是清太祖努尔哈赤第二子代善后嗣，即代善第八子祜塞之第三子杰书，顺治十六年（1659）袭巽亲王，改号康，康熙三十六年（1697）薨。杰书的第五子椿泰，康熙三十六年袭康亲王。康熙四十年修建王府的基址应是椿泰献出的地方，至于献地缘由，是否自愿，可另作讨论，但目前所能证明的是，在当时个人捐献是征地方式之一。至于修建王府的规制和费用，我们可以从董奠邦所监造的工程窥见一斑，规模拟“建房一百三十八间”，所需费用照工部所定价值计算，包括物料、雇工价银在内，需银“五万八千一百六十六两四钱四分四厘”。后来董奠邦等呈求增修仓房、堆房，添加隔扇、横批窗，开凿随墙门等，要追加数千两白银，总费用要在六万两以上。内务府以修建先前建成之 6 座王府时，亦曾有增建项目为由，奏请“照郎中董奠邦等续算具呈之例增建”[③]，获康熙帝照准。我们知道，从皇太极崇德年间起，清代对王府营造的规模是有严格规定的，而且是逐步完善的。根据档案可以看出，康熙四十年前后修建的王府，每座规模在百余间房屋，耗资六万两白银左右，而差不多规模的王府，同一时期建的即有 7 座之多。

通过档案还可以知道，这些新修王府，其修建之初，并未指定由哪位皇子入住。康熙四十一年（1702）四月初三日，内务府以“驼馆地方修建两处房屋，哪一处分给哪位阿哥之处，谨此请旨。等因奏入，奉旨：位于西边者拨给四阿哥，位于东边者拨给八阿哥”。同时，内务府奏请交付钦天监择定“四贝勒，八贝勒迁居吉日”，遂奉康熙帝谕旨：“四阿哥本年为本命年，相应不可迁居，明年再迁即可。八阿哥于本年由木兰返回后，再行移居”[④]。就是说，胤禛、允禩的府邸建成之后，并未立即入住，而是因要选择良辰吉日，先被搁置了起来。因此，从建成到入住，新建府邸有相当长的时间是闲置的，这就为其改建提供了充裕的时间。

还是在康熙帝赐给胤禛、允禩府邸之后，胤禛、允禩就去观察了即将成为自己宅第的新建房屋，经过一番考察，指出其中的不如意之处是“饭茶房及马厩均皆狭窄，亦无囤积草料及秫秸之处”。为了解决所修府邸饭茶房及马厩过于狭窄的问题，内务府做了一番详细调查，发现“四贝勒府邸前有正白汉军旗伊斯津牛录下子伯辉之房屋一处，此房原为赏赐房屋，地方长三十六丈五尺，宽二十九丈，有瓦房一百五十五间半，土房三十一间，亭一座。八贝勒府邸前有镶黄汉军旗刘元彻牛录下子刘俊杰之房屋一处，地方长四十九丈五尺，南宽十七丈，北宽二十丈，有瓦房一百五十二间，土房三十一间”。故而拟将“贝勒等之饭茶房移出，以马厩为饭茶房。取伯辉、刘俊杰此二人之房屋为马厩，并修囤草之院”。⑤就是说，在新修胤禛、允禩府邸的南面，本来各有近200间旗人私宅，由于胤禛、允禩觉得新修府邸不够宽敞，内务府遂将这些房屋买下，修成马厩和囤草之处，而把原来修在王府院内的马厩拆除，改建成饭茶房。

四贝勒胤禛、八贝勒允禩入住新居的时间，据康熙四十二年（1703）五月初四日内务府之奏折称：“四贝勒于本月初六日移住新居，八贝勒于十五日迁居”。⑥由此可知，康熙四十一年，八贝勒允禩并未按康熙帝所说，在当年的木兰行围结束之后迁入新建府邸，而是晚了一年才入住，个中原因，虽然由于档案资料的缺佚而无从知悉，但分析起来当与新建府邸的改造和扩建有关。

就胤禛等人的分府出宫事宜，内务府做了非常细致的安排，一是在出宫之日，举行隆重的乔迁仪式，“照先前诸阿哥迁居之例，查核内务府所属年长结发夫妇，于贝勒等之前，其男先行迁入。所有护送大臣、侍卫及官员等，备饭桌二十、饼桌二十，赏作克食”。二是贝勒府的安全保卫及清扫卫生，其“守护内门、扫地，额定太监十五名，其中划入贝勒处现有扫地太监等，其不足额数，则拨给掌仪司太监至额满，并设首领各一名。看守大门、巡守外院及随扈，则由分给诸贝勒之人等看守随扈即可”。三是贝勒府的日常开销，“自迁居之日起，贝勒、福晋等每日所食猪、乳猪、鹅、鸡、笋鸡，贝勒之子女所食猪肉、鹅，婢女等所食猪，照现在所食之例，交付广储司，给至一年。其奶牛，交付庆丰司支给。逢诸贝勒入宫之日，在宫内所食分内猪肉、鹅、鸡、鸭、笋鸡，由膳房备办；遇不进餐之日，不必备办。”至于“奶妈、妈妈里、奶公、哈哈珠子、太监等所食肉，均不再支给。其饭茶人等，由分给诸贝勒之人等内选取。新招之人，不谙劳作，相应饬令饭茶头目，酌派现在贝勒等处原有饭茶人等前往，教习半年”。内务府的这些安排，康熙帝一一照准，唯有派拨太监一事，康熙帝降旨曰："诸阿哥有其自立太监，并未划入额定之数。现在宫内使唤尚且不足，着免给太监。"⑦看来清代宫内太监不敷使用，由来已久，《国朝宫史》载康熙四十八年上谕："明季宫女至六千人，内监至十万人，饭食不能遍及，日有饿死者。今则宫中不过四五百人而已。"嘉庆四年（1799）亦有类似谕旨："向来宗室王公及一品文武大臣，所有太监，并未定有额数，以致投允私宅太监，人数过多，宫内服役者，转不敷应用。"

根据以上所述，可以确定四阿哥胤禛出宫之后入住的府邸，即后来的雍和宫，是康熙四十年在驼馆地方修建的一所房屋，修成之后康熙帝赐给了胤禛，康熙四十一年胤禛等人亲自视察，提出对局部进行改造，因而将原来所建马厩改建成饭茶房，在其南边另置土地修建马厩，胤禛随后于康熙四十二年五月初分府出宫，开始了长达20年的宫外生活。

注释：

①《钦定大清会典事例》第6册，第5094页，新文丰出版公司印行，光绪二十五年刻本。

②中国第一历史档案馆藏：《内务府满文奏销档》，康熙四十一年六月初七日，内务府奏。

③《内务府满文奏销档》，康熙四十一年六月初五日，内务府奏。

④《内务府满文奏销档》，康熙四十一年四月初三日，内务府奏。

⑤《内务府满文奏销档》，康熙四十一年四月二十六日，内务府奏。

⑥中国第一历史档案馆藏：《内务府满文奏销档》，康熙四十二年五月初四日，内务府奏。

⑦中国第一历史档案馆藏：《内务府满文奏销档》，康熙四十二年五月初四日，内务府奏。

从清宫所藏满文档案看准噶尔蒙古赴藏熬茶活动

引言

熬茶，是指在藏传佛教寺庙发放布施的一种宗教仪式。清代熬茶，通常由熬茶者向众喇嘛发放银两等物件，众喇嘛则为之讽经祈福。乾隆初年准噶尔蒙古派使赴藏熬茶，因有极其复杂的历史背景，故而清廷并未将此视作单纯的宗教活动。

首先从政治上讲，清入主中原之后，远在西北的卫拉特蒙古四部之一的准噶尔部起初与清廷基本保持和平交往，但随着噶尔丹势力的增强，准噶尔与清廷之间的关系曾一度转为以战为主的关系，噶尔丹兵败之后，准噶尔汗国陷入困境，而发展到噶尔丹策零统治时期，随着准噶尔汗国日益强盛，则与清廷保持时战时和的状态。雍正十一年（1733），准噶尔部兵败额尔德尼召之后，开始连年遣使进京，请求开放肃州等地的贸易，清廷也多次派人到准噶尔地方晓以利害。乾隆帝是在双方关系缓和的情况下，才考虑准许准噶尔部派人赴藏熬茶的。

其次从准噶尔与西藏的关系上讲，准噶尔蒙古进藏，对清廷来说，始终是个敏感问题，因为准噶尔蒙古策妄阿喇布坦当政时期，利用蒙古民众对藏传佛教的崇信，为了控制拉萨以号令众蒙古，曾经派兵侵扰西藏，占领拉萨，直到三年后才被清军逐出西藏，所以无论是清廷还是西藏当地的僧俗显贵，都对准噶尔人进藏持有戒心。

再次从宗教上讲，准噶尔蒙古人众信奉藏传佛教，入藏熬茶拜佛，是藏传佛教信徒毕生的信念和追求，尤其遇有上层人物去世，更得派人赴藏布施，请喇嘛念经超度。清廷为了笼络安抚蒙藏人民，一向推崇藏传佛教，面对准噶尔部力求派使赴藏，也不好断然拒绝。因此尽管存在诸多不便，最后还是同意准噶尔部派使熬茶。

中国第一历史档案馆保存的涉及乾隆初年准噶尔蒙古赴藏熬茶事宜的档案有满文《熬茶档》《夷使档》等专档，除此之外，相关内容尚可散见于宫中满汉文《朱批奏折》，军机处满文《录副奏折》《上谕档》等，这些珍贵清朝官方原始档案的存留，为我们还原准噶尔蒙古赴藏熬茶活动之史实提供了极其丰富厚实的史料基础。今从这些满文档案看，准噶尔部派使赴藏熬茶共有三次，第一次是在乾隆五年至乾隆六年（1740—1741），第二次是在乾隆八年至乾隆九年（1743—1744），第三次是在乾隆十二年至乾隆十三年（1747—1748）。准噶尔蒙古熬茶使第一次赴藏熬茶，半道由青海西宁返回，而第二次、第三次则真正进入西藏，完成了所担负的熬茶使命。现就这三次准噶尔蒙古赴藏熬茶活动分别论述，以共同好。

一、准噶尔蒙古第一次派使赴藏熬茶

准噶尔蒙古第一次提出派使赴藏熬茶，是噶尔丹策零以五世班禅额尔德尼圆寂需作佛事并为噶尔丹策零之父已故策妄阿喇布坦熬茶为由，奏请乾隆帝准许遣使入藏，向已故班禅额尔德尼进献布施并为其亡父念经超度。五世班禅额尔德尼名洛桑益西，于康熙五十二年（1713），被康熙帝册封为“班禅额尔德尼”，赐金册金印，印面满、藏、汉三种文字对照，印文为：“敕封班禅额尔德尼之印”，“额尔德尼”由此成为历世班禅之封号。五世班禅额尔德尼于乾隆二年（1737）圆寂后，乾隆帝即料到准噶尔蒙古会提出派使赴藏熬茶，故在乾隆三年（1738）派侍郎阿克顿一行前去与噶尔丹策零谈判时即预先嘱令：“噶尔丹策零倘若提及达赖喇嘛、班禅额尔德尼，则告之曰，达赖喇嘛身体甚好，班禅额尔德尼去岁圆寂。本朝大皇帝派遣诸大臣、喇嘛等赍送布彦，我等来时，遣往之人尚未返回。等因相告。彼若提及遣人赴藏熬茶，则称，俟定边界和好之后，台吉尔若奏请圣上，料必遣派大臣官员等伴送尔之所派之人前往。”[①]并降旨噶尔丹策零曰：“朕不拦敬奉黄教之人，先前尔属人等潜行入藏，祸害藏地，残害土伯特人众。今尔等之人遽经其地，土伯特人众怀愤生事，亦未可料。尔果欲赍送布彦诵经，俟遵朕旨定议后，若遣使前往，可遣百人赴藏。”[②]噶尔丹策零接到乾隆帝的这一谕旨，并未否认原先发兵入藏的事实，承认“前此起衅，发兵骚扰是实。兹礼待土伯特、前去诵经之少许人，断不致生事。惟携往藏地用于诵经之物件，百人难以送达，故不便与哈柳一同派往。兹吾与大国敦固修好，想诵经贸易之处，倘不仍旧，则属无益，故此奏请准将赴藏之人为三百人。至使臣贸易等杂事，已令哈柳口奏。”[③]噶尔丹策零在此提到的哈柳，曾于乾隆三年（1738）侍郎阿克顿等与噶尔丹策零谈判回京时第一次随同到京，受到清廷礼遇，赏赐颇丰，提出派人赴藏熬茶，获准只可派100人前往。紧接第二年哈柳再次进京，带至噶尔丹策零奏书，在乾隆帝同意派使赴藏熬茶的基础上，要求将人数由已准的100人增加到300人。这一要求，经过军机大臣鄂尔泰等议奏获准同意，遂将熬茶人数定为300名。

早在乾隆三年（1738）哈柳来京请求入藏熬茶并获准后，时任西宁办事大臣的巴灵阿就开始考察熬茶使的进藏路线，巴灵阿认为准噶尔“遣人赴藏熬茶既从巴尔库尔（巴里坤）而来，势必由肃州、赤金、安西等处而入青海境内，其间隘口汛卡之险要，通衢四达之关键，必须详加审查，以杜微渐”[④]。巴灵阿查出途径青海进入西藏的四季可行的大道，从肃州、赤金、安西进发，共有六条，第一条自肃州正南稍西行十日至阿里汉河，自阿里汉河西南再行一日至库尔鲁克；第二条自肃州西南尚有一条路直达库尔鲁克，计程也在十一日；第三条自赤金向正南稍东行六七日至阿里汉河，从阿里汉河再行一日至库尔鲁克；第四条自赤金正南经过苏勒河直至库尔鲁克，计程也在六七日；第五条自安西向正南过希尔哈尔金河约六七日至依克柴达木，依克柴达木的正南是大戈壁，无路可通，因此须从依克柴达木复向正东行六日至库尔鲁克；第六条自安西向东南过希尔哈尔金河约十日也至库尔鲁克。也就是说，所有六条路都可到达库尔鲁克，库尔鲁克是自肃州、赤金、安西三处经青海进藏之必经之地。从库尔鲁克再往东南行经卡伦台站则到额默克，额默克系得卜特尔、依克柴达木两路卡伦之总台，传递公文运送粮食之要道，自额默克正南行四日至索洛木出青海境，过木鲁乌苏入玉树地方即可到达西藏。巴灵阿的结论是准噶尔熬茶使通过青海进藏，所经地方均系扼要重地，即便令其由西宁出口进藏，虽不到卡伦总台，也要沿途安设小台，且经涉各扎萨克驻牧之处，因此行经青海腹地存在诸多不便。巴灵阿的奏折经过军机大臣等议奏，考虑安全及物资供应等诸多方面的问题，将准噶尔进藏熬茶路线确定为由肃州进入，出扁都口，前往东科尔地方贸易，而后由东科尔赴藏。

与此同时，远在西藏的驻藏大臣纪山与郡王颇罗鼐也在安全防范上做了周密安排。乾隆四年（1739）八月，驻藏大臣纪山接到军机大臣等议准准噶尔派使赴藏熬茶之事一文，命令纪山等人严固卡隘，注重防范，若有消息，即行调兵防备堵截。纪山当即密奏西藏地方原本备有厄鲁特、唐古特马步兵 5 万名，既有准噶尔熬茶之事，更须勉力防备。其基本部署是喀喇乌苏、达木、羊八井、纳克桑等处驻兵 6000 名，令扎萨克头等台吉珠尔默特纳木扎勒率兵驻守；阿里克地方驻兵 5000 名，令公珠尔默特车布登驻守。且“于阿哈雅克路所属哈济尔、得卜特尔、仲千里麻尔诺木浑地方设卡三处；腾格里淖尔路所属穆斯加根、兴济勒沃岳地方设卡二处；纳克桑路所属工斯塘、特巴克托罗盖、沃莫库鲁木地方设卡三处；如托克路所属塞塘理塘地方设卡一处；努热路所属努如地方设卡一处。此等卡伦，每卡驻兵百名，干练可靠头目各一名”[⑤]。此外，考虑暂由西藏兼管之那克树等三十九族人众，均在木鲁乌苏、喀喇乌苏之间游牧，也需要遣派干练官兵收束防范，因此委派绿营官兵及唐古特精兵，前往那克树等三十九族游牧地界边缘了望，管束其游牧所有人众。纪山和颇罗鼐认为这样喀喇乌苏地方有重兵驻守，且又往外拓展设卡于阿哈雅克地方，熬茶使行抵西藏边界后，遣派官兵护送至藏，妥为办理熬茶拜佛，则无不虞。

西藏在物资供应上也作了充分准备，从东科尔开始，清廷派500名官兵护送准噶尔熬茶使进藏。自东科尔至西藏，路程约三个月，途中遇有水草丰美之地，虽然可以歇息牧养马畜，然渡河涉水，耽搁延宕，在所难免，因此加量拨给四个月米石、八个月盐菜银，以资沿途食用。抵藏之后，其在藏期间及由藏返回时所需口食米石，则由四川巡抚方显札饬驻藏管理钱粮官员，仍行咨文驻藏大臣纪山，会同郡王颇罗鼐，按入藏之人数，拨给四个月口食米石。在返回时，如若不需四个月口食米石，则由统兵将军、副都统酌情及时办理。纪山预计官兵至藏居留二个月，返回时拨给四个月口食米石，其护送熬茶使等之需用口食米石之官兵、跟役约近1000人，六个月共需口食米1494石，因西藏所产皆为青稞，用米还得提前去往各地采买。此外，西藏附近地方，无处放牧牲畜，即便柴薪，亦在八、九日路程之外方可砍伐，在藏用草料、柴薪，均需差役由各处背运而来。准噶尔熬茶使及护送官兵之骑驮马驼，有数千余匹，一齐抵藏，肯定无处牧放，需要计其足敷乘骑入藏，将其余马驼均留于喀喇乌苏地方，酌留官兵，交付颇罗鼐之子扎萨克头等台吉珠尔默特纳木扎勒，遣派干练斋桑、兵丁，赶到水草丰美的地方代为牧放。其官兵之驮包，由颇罗鼐处遣派贤能第巴，将唐古特人等之乌拉牛预先聚集于喀喇乌苏地方，俟准噶尔熬茶使抵达，妥加驮载进藏。抵藏之后，其喂养官兵骑至马畜所需草料、柴薪，均照驻藏官兵支取草料、柴薪之例，逐月供给发放。

从以上情况分析，清廷在答应噶尔丹策零派使赴藏熬茶的请求之后，即开始了积极的准备工作，只等准噶尔熬茶使前来即护送入藏。但事情的发展似乎有些出乎清廷的意料，噶尔丹策零原先说的是其熬茶使于乾隆五年（1740）四月底到达哈密，但却迟迟不见来，直到六月十七日，准噶尔派往进京奏事的莽鼐一行 7 人到哈密卡伦，莽鼐曾于乾隆四年（1739）随哈柳进京，乾隆帝准许准噶尔派 300 人赴藏熬茶后，经哈柳奏请，派莽鼐先行回去传信给噶尔丹策零。因此莽鼐此次到哈密告称噶尔丹策零原准备等到哈柳返回，再令进藏人等启程，但哈柳于乾隆五年（1740）四月二十九日方回到准噶尔地方，准噶尔首领等人认为天已转暖，路途蚊蝇孳生，不便行走，想等入秋天凉再去。因此噶尔丹策零先派莽鼐奏明情况，并请准熬茶人等由口外可可沙西、希喇哈尔占等地行至东科尔，以免患病出痘。其前往熬茶之斋桑齐默特等，此时正在乌鲁木齐地方等候，可于八月二十日后抵达哈密。

此后的一段时间里，准噶尔熬茶使便杳无音信，但清廷的准备工作却并未因此而停止。早在乾隆五年（1740）二月，军机大臣鄂尔泰等即筹划遣派凉州、庄浪满洲兵 500 名护送准噶尔熬茶使，军机处还咨文告知凉州将军乌赫图、西宁办事大臣巴灵阿："此次伴送准噶尔熬茶使赴藏，已派尔等二人。尔等沿途须好生照看，凡事共同商议。好生管束兵丁，妥为牧放马匹，若有疲乏羸瘦者，巧为办理，断不可成累赘。再，准噶尔之噶尔丹策零既皆遵旨恭顺和好，相应沿途尔等凡事皆宜留意而行。乌赫图之将军之职，不可令准噶尔人等知晓，训诫官兵等皆呼大臣。尔等抵藏，须尊崇黄教，恭敬喇嘛，酌情行事。礼佛并叩拜达赖喇嘛时，务须恭敬。晓谕驻藏副都统纪山、郡王颇罗鼐，准噶尔熬茶使倘若提请由藏延请喇嘛及额木齐，或有不便之请，则颇罗鼐等告之曰，吾等虽在藏为首办事，然事无巨细，若未奉有圣旨，吾等未敢擅断。等因加以抚慰。"[6]但因乾隆五年（1740）准噶尔熬茶使始终不见来，乌赫图于乾隆六年（1741）二月初八日方带官兵自凉州启程，于十四日行抵庄浪，十六日率带庄浪官兵接着前行，二十一日抵达西宁。直到此时，因仍无准噶尔人的消息，乌赫图遂于西宁地方歇养马畜滞留 8 天，至二十九日会同西宁办事大臣巴灵阿率带官兵前行，于三十日抵达东科尔地方。

准噶尔熬茶使到达东科尔，则是在一个月之后。乾隆六年（1741）二月十六日，哈密提督李绳武所派副将钱子发带兵 300 名，在乔湾之布鲁顿地方迎接准噶尔人等后启行，自四月初一日至初四日陆续抵达东科尔，乌赫图等将准噶尔人等安顿在东科尔城东南的一处院内。准噶尔熬茶使一行有“为首喇嘛二人、随行喇嘛十八人，斋桑二人，噶尔丹策零之亲信二人，蒙古二百二十四人，回子五十二人，番子三人，共三百零三人，鸟枪一百五十支，撒袋七十二副，腰刀五把”⑦。其为首喇嘛为多约特、禅机，斋桑为齐默特、巴雅斯瑚朗。

准噶尔熬茶使在东科尔休整 10 天左右，喇嘛多约特、禅机等即提出西宁塔尔寺系宗喀巴佛诞生地，黄河以南扎西车里寺系阿寿、阿旺喇嘛居住地，宗喀巴佛系众喇嘛之佛祖，扎西车里寺所居喇嘛，亦为名僧，来时噶尔丹策零献有布施，要求前去熬茶。开始乌赫图等以其先请准熬茶时，仅称赴藏熬茶，并未具奏前往他处熬茶而未应允，然经斋桑齐默特等再三告请，以扎西车里寺位于黄河以南，路途遥远且沿途皆系蒙古游牧地方未加应允外，因塔尔寺位于西宁以南 50 里处，距东科尔一日路程，往返需时二三日，且无蒙古游牧，遂答应了其前往塔尔寺熬茶的请求。五月初三日，准噶尔约 60 人前往塔尔寺，巴灵阿率满洲官兵 100 名护送，当日即抵塔尔寺。初五日，准噶尔熬茶使入寺熬茶，进献布施，燃灯念经，于当日返回东科尔。此后准噶尔熬茶使提出前往位于距东科尔城约 30 里地方的大藏寺、东科尔寺熬茶，也如愿以偿。

准噶尔熬茶使到达东科尔之后，除了在东科尔附近寺庙熬茶之外，并未立即进藏，而是在东科尔滞留达数月，其问题就出在准噶尔熬茶使携带货物贸易之事上。准噶尔请求进藏时，原本只讲是熬茶，但准噶尔熬茶使真正来的时候却带来了大量货物，这些货物经过肃州时虽曾出售一部分，但大部分都带到了东科尔。贸易一事，从准噶尔方面讲是其熬茶活动的一部分，因为路途遥远，熬茶使所带皮张等实物，不可能动用大量人力、物力直接带到西藏，须在半道某个合适的地方换成便于携带的金银等物带往。但此事事先并未与清廷很好沟通，护送熬茶使的乌赫图等人并不知道熬茶使要带来如此多的货物，因此官方预先安排也不够周密，而仅靠东科尔当地市场，购买力相当有限。

准噶尔熬茶使本欲五月二十日始启程赴藏，但其贸易之事，因价格问题难以解决，故而迟迟无法成行。期间双方在价格问题和启程赴藏问题上多次交涉，准噶尔斋桑齐默特等认为，如果赶在夏季行路，水草丰美，人会觉得舒服；若秋季行路，则进藏路途极其寒冷，在藏不宜过冬，而返回东科尔地方又无水草，人畜之给养草料将无法解决。此外双方讲和之后，准噶尔人等进京纳贡，往来贸易四五次，对于物价已有一定的心理预期，所以此次前来，希望按照以前在北京或肃州的贸易价格出售货物。准噶尔熬茶使认为并未讨要高价，如果乾隆帝命令降价出售，也可以服从，当初请求赴藏熬茶时，乾隆帝曾颁有敕书准许将货物携至西宁、东科尔等地出售后，采买在藏熬茶所用物件携带至藏。但到东科尔以来，凡涉及牧放牲畜及供给食用牛羊口粮，均称奉有乾隆帝谕旨，但议及货价，皆称系民人自行购买，所出价低，其货物不便出售，因此要求携带所余货物进藏。在东科尔准噶尔熬茶使一味强调肃州等地贸易价高，但却忽略了一个重要问题，即东科尔本是一个小城，没有太大的货物吞吐能力，购买力极其有限，准噶尔人等携来大量货物，且品种单调，形成庞大的卖方市场，货物自然销不出去。而清廷一方则认为准噶尔熬茶使“因不加价，即告称进藏者，显系以其货物为重，借此佯装，不宜即遂其愿，相应俟将军等处一旦挑定马驼，确定日期赴藏，彼等便计穷无望，不再萌发贪得无厌之心。”⑧因而断然拒绝了齐默特等人的要求。齐默特等人见加价无望，进一步提出到东科尔已有两三个月，拟赶在夏季行路，若久留东科尔，所有物件皆得采买，其原先携来50余天口粮，食用至今已有两月有余，衣烂粮绝，状况已极窘迫。先前奏请赴藏熬茶，奉有乾隆帝谕旨，等到贸易地方，要尽速贸易启程，且以其马驼倘若疲惫，准给调换马驼，认为乌赫图等没有遵行谕旨。而且以前请乌赫图等确定启程日期，乌赫图等言称将咨文总督、巡抚，俟有回文，再确定启程日期。准噶尔人等声称其贸易事小，赴藏熬茶事大，要乌赫图等确定启程日期，尽早起行。双方交涉至此，乌赫图等计划安排七月初启程赴藏，具体启程日子则由准噶尔熬茶使来定，准噶尔熬茶使告称要在七月底启程。

此后的日子里，准噶尔熬茶使售出狼皮3600余张、羊皮30500张，其余物品则打算不再出售。事情到此，准噶尔熬茶使本该启程赴藏了，但在七月二十日，斋桑齐默特等派人告诉乌赫图等："先前我等曾来与大臣等商定于七月底启程赴藏，故此我等派人前去探察我等之在牧驼马，马尚可骑用，驼则全然不可，问询我等曾在藏地游历之人，据称藏路地势险峻，且极为寒冷，并无适宜骆驼之水草。我等蒙古往来行走，但靠驼马，而今我等之骆驼已不堪用，且马亦水土不服，倘若行至中途驼马不支，不仅于我等极为无益，且难返回我等地方。我等谨此告知大臣等，俟至办妥我等之贸易之事，请准返回。"[9]乌赫图等问齐默特等其中原因，齐默特等说并无他故，只是现在天已寒冷，草亦枯萎，藏路险峻，不宜于驼马远行，故而意欲返回。这时乌赫图等还是主张进藏，告知齐默特等说既经请旨前来，理宜即行赴藏。驼马有膘壮堪用者，可挑其膘壮者，如若不敷，可补给驼马，其余羸瘦驼马留原地牧放，俟由藏返回，牧放之马驼业已上膘，则易返回。而齐默特等以时值寒冷，草木枯黄，马驼不支，即便补给数百驼马也难前往为由，执意返回。而且讲熬茶之事每年皆可前往，返回之后，拟将何时前来为宜，何时入藏为宜之处，加以斟酌，整治行装，再行前来。此消息传到北京，军机大臣等认为准噶尔人请求为黄教赴藏熬茶，但又携至多项货物，现因未能如愿抬高价钱，不便明言，故托词马驼羸瘦不能前往，指望便利其贸易之事。此次准噶尔等派使熬茶，不仅不便官为资助，如果以后习以为常，日后频频前来贸易，以此为惯例随意勒索，则更有制肘之处。故乾隆帝命乌赫图等还是规劝准噶尔熬茶使按原先议定之例入藏，如若执意返回，也可听其自便。当乌赫图将乾隆帝的谕旨转告齐默特等人后，齐默特仍以天气寒冷为由坚持返回。

此次为了准噶尔贸易，清廷也曾动用官银十万余两，但准噶尔熬茶使自有主张，到八月底的时候，其携来羊皮、狼皮、狐狸皮、沙狐皮等皮张业已尽数售罄，羚羊角、绿葡萄、瑙砂等物，亦售出大半，其余物品，决定不再出售，而且拟于八月二十六日启程返回游牧。乌赫图等带领官兵，于二十六日自东科尔启程护送准噶尔熬茶使，九月二十一日经赤金地方，十月初九日抵达哈密，将300余名准噶尔人如数移交提督李绳武等。乌赫图于当月十三日率凉州、庄浪官兵自哈密启程返回外，西宁办事大臣巴灵阿率侍卫、章京等仍回到西宁。准噶尔第一次派人赴藏熬茶之事至此无果而终。

二、准噶尔蒙古第二次派使赴藏熬茶

准噶尔蒙古第一次派使熬茶半道折回，从噶尔丹策零后来的奏书看，似乎也在噶尔丹策零的预料之外，因为齐默特一行返回后，噶尔丹策零即以吹纳木喀为使派往京城，吹纳木喀于乾隆七年(1742)正月二十二日到哈密，驻防哈密安西提督李绳武奏报此消息称："据云，赴京进贡，并去岁蒙恩许熬茶，齐默特等去藏不远，中道而返，恐天朝见责，故遣使谢罪，并恳仍许熬茶。"此折奉乾隆帝朱批："朕已料彼必为熬茶之事再来陈请也。"[10]吹纳木喀三月到北京，携至噶尔丹策零奏书，果然请求赴藏熬茶，且经由噶斯而行，乾隆帝对吹纳木喀讲："尔台吉噶尔丹策零奏章，朕已入览，今尔口奏之语，朕之大臣亦悉以闻。前噶尔丹策零以其父故屡请赴藏熬茶，朕廷臣议应勿许，朕特施恩，念其为父讽经，尊崇黄教，本属善事，降旨允之，复遣大臣官兵护送，助以牲畜口粮。乃尔使齐默特等既至东科尔，惟以贸易为事，迁延数月，并不进藏，遽欲还部，朕之大臣屡谕不听，始以奏闻。"[11]吹纳木喀解释说齐默特回去后曾告诉是受到了守卡人的阻拦而返回，噶尔丹策零不信，因此派使具奏。乾隆帝认为进藏熬茶，本是噶尔丹策零最重要的事情，应该遣派可靠之人，为什么要派齐默特呢。况且齐默特等返回时，已经明确降旨，现如今就是仍欲进藏，亦应等候再降旨允行才能前往，岂容自作主张，且要求取道噶斯而行呢。见乾隆帝态度如此坚决，吹纳木喀讲出原因，是因为以前齐默特回去后，并没把乾隆帝的谕旨告知噶尔丹策零，所以众人怀疑。进藏一事，在噶尔丹策零最为切要，恳请能够恩准。乾隆帝遂以熬茶人数、日期俱未议定，未具体降旨，只是以天气即将转暖为由，遣回了吹纳木喀等人。

吹纳木喀一行七月经过哈密返回准噶尔游牧地方，但时隔不久，又被噶尔丹策零派赴进京，于十月初三日从哈密启程，途经肃州、宁夏而行，于十一月十七日到京。吹纳木喀等人带来的噶尔丹策零奏书中讲明齐默特等去年未曾入藏而由东科尔地方擅自返回属实，已经治罪，拟派300人于乾隆八年（1743）三月初启程。且提到：“若照前由南行，则绕弯且于马畜无益；倘取道噶斯，则路近且水草丰美，有益于牲畜。吾等前往土伯特念经之人携带物品，理宜径直带往，惟于多坝、西宁地方贸易毕，带其易获物品前往念经，庶得两便。若皆行经噶斯，将所留人等，留噶斯口附近水草丰美之处。其带我等之物径赴念经者，行经麻勒占、呼济尔路；其往多坝、西宁者，自哈济尔、得卜特尔、柴达木路至多坝、西宁，渡过木鲁乌苏之多伦沃罗木渡口，逐水草而行，则于牲畜有益，相应奏请准自此路行。”⑫这段话，颇让朝臣费解，因此问吹纳木喀是何意，吹纳木喀讲：“吾等返回游牧，将大皇帝颁降慈旨告知噶尔丹策零后，噶尔丹策零甚为感激欣悦，仅令我等歇息十日，即令从速启程。噶尔丹策零之意，倘蒙大皇帝悯顾，恩准我等遣人赴藏，则先前所行之路远且难，请就近准由噶斯路而行。由我等遣往三百人内，分出一队，带现有财帛、供品，先行自噶斯口纳木噶地方沿麻勒占库察路径行赴藏。另分一队，携带皮张等物，自哈济尔、得卜特尔路前往西宁、多坝，换取物品后，再由多伦沃罗木渡口渡木鲁乌苏河，进藏会合，则于我等赴藏之事及牲畜、盘费均皆有益。”⑬其意就是

300 人分两路而行，一路带部分物品抄近道，一路绕道贸易换取金银携往西藏。对于路线问题，军机大臣等告诉吹纳木喀分两路不可行。为此，乾隆帝颁降敕书给噶尔丹策零曰："尔先前请求赴藏熬茶，朕已恩准，然尔等之人半道折回。兹复请派人赴藏，此次由噶斯路行走，理应不准，惟因系为尔父诵经之好事，且极为恭顺具奏，故朕特地施恩，照尔所请，仍准派三百人赴藏，虽不能准由噶斯路而行，然仅此一次亦准尔之所请，但将尔赴藏人等分两路，一路自噶斯纳玛干行经麻勒占库察路径直入藏，一路至西宁、多坝贸易已毕，由多伦鄂罗木路赶赴藏地。如此，不但我大臣、官兵等难以照看，即尔所遣人等，亦难分起行走。此等情形，朕已面谕吹纳木喀，因彼等称欲至西宁贸易，相应仍准三百人为一队，一同至西宁，俟贸易事毕，皆由多伦鄂罗木入藏。朕酌情沿途赏补牲畜、盘费，并派大臣、官兵等护送。尔等之人何时自游牧地方启程、何时抵达我边界地方之处，务必预先报告边界大臣等。"[14]吹纳木喀遂于十二月十五日启程返回。

允准准噶尔蒙古第二次派使赴藏熬茶后，乾隆帝即安排凉州将军乌赫图和侍郎玉保护送并办理相关事宜，并谕令在四个方面做了准备：

一是增派官兵，拓展沿途卡伦。西宁至伊克柴达木、得卜特尔，原设卡 30 处，有青海蒙古兵 200 名、绿营兵 100 名分别驻守。因准噶尔赴藏人等此次行经噶斯路，须将卡伦酌情往远处拓展至哈济尔。皂哈、巴哈柴达木等卡伦，仅驻有蒙古兵，并无绿营兵，因此需要在使臣往返之前，由西宁总兵所属绿营兵中，再增派 100 名，交付西宁办事大臣莽鹄赉，酌情派往卡伦驻守。赴藏经过路线附近的青海游牧蒙古人众，预先要离开住处迁往他处，等熬茶使通过后，才可照常游牧。由满洲、索伦、蒙古侍卫、章京内，拣选 4 人带领引见，分别遣往哈济尔、得卜特尔 2 处卡伦，等候准噶尔熬茶使抵达后，伴送赴藏。

二是调遣官兵，以便护送准噶尔熬茶人等。钦差将军乌赫图、侍郎玉保总统管带伴送；派理藩院章京1员、笔帖式2员、领催2员，负责往来为熬茶使等传话、办理杂事；仍拣派庄浪、凉州的满洲官兵500名护送赴藏，妥为办理马畜、撒袋、鸟枪等物；准噶尔熬茶人等来时，侍郎玉保即带领章京、官员等至卡伦地方迎接，带至东科尔照料贸易，会同将军乌赫图率领官兵伴送入藏。俟熬茶事毕，由原路送出边界后，除乌赫图带领官兵返回任所外，侍郎玉保则率领部院章京等回京。清廷也做了噶尔丹策零不让熬茶人等赴西宁东科尔贸易，奏请经卡伦取道麻勒占库察径直入藏的准备。其预案是如果准噶尔事先派人至卡伦报称由彼就近前往，则侍郎玉保等即一面奏闻，一面咨文将军乌赫图，带领满洲官兵前往卡伦，护送熬茶使由卡伦直接入藏，并由卡伦地方守候的300名绿营官兵内，酌留照看熬茶使存留人畜者外，将其余绿营兵遣回原处。由索伦等章京内酌留1人，会同绿营官员看护，仍令驻西宁办事大臣莽鹄赉稽查办理。

三是采办粮石牲畜，以备接济准噶尔熬茶使及其护送官兵。准噶尔台吉噶尔丹策零为其父遣人入藏熬茶，自备资斧前往，但路途遥远，人数逾百，加之护送官兵近千人，需要酌情接济。因此，事先饬令准噶尔熬茶使路经诸地的总督、巡抚等备办廪给牛羊、米面等项，由东科尔地方启程前往西藏时赏赐一次外，事毕返回时，于青海附近地方再赏赐一次。另外，命令各该地方官员预先备办马驼，当准噶尔熬茶使及其护送官员的马畜疲乏或倒毙时，视其情形酌量给予补充或更换。其换下的牲畜，交付地方官员妥为牧放，以备返回时补充或更换使用。

四是筹办银两，以便支付盘费和贸易之价银。事先命令四川总督筹银3万两，转交将军乌赫图、侍郎玉保携带，用于支付赴藏途中及在藏期间的所需盘费，等熬茶事毕后核销。另外，为了保证准噶尔人赴藏途次在青海的贸易顺利进行，除事先召集商贾前去贸易外，还下令陕甘总督等筹办官银17至18万两，以便贸易之用。

与此同时，驻藏大臣索拜也做了相应准备，一是加强前后藏防备，增设卡伦，派官兵及第巴等驻守那克树地方。二是将卡伦、兵丁以及游牧，于熬茶使抵达阿哈雅克卡伦之前内迁至水草丰美地方，交付扎萨克头等台吉珠尔默特纳木扎勒妥加管束，俟熬茶使抵达西藏地界附近，交付珠尔默特纳木扎勒由其所辖驻守兵丁内简派干练斋桑、第巴 2 名，率兵 300 名往迎，一直护送到拉萨，并加以防范准噶尔人探取消息。三是熬茶使拜谒大小昭庙、哲蚌、色拉、甘丹等大寺时，妥派官兵加以管束，依次拜谒。熬茶使倘若前往后藏拜谒班禅额尔德尼并熬茶，则派可靠斋桑、第巴 2 人率兵 300 名护送。四是熬茶使携带进藏货物，视颇罗鼐力所能及，尽数购买，也可动用国帑收购。五是班禅额尔德尼呼毕勒罕甫经转世，年方六岁，而后藏除商卓特巴济隆罗布藏策旺外，别无管事者，故请郡王颇罗鼐遣派可靠大第巴 1 名，在熬茶使抵达之前遣往扎什伦布，会同商卓特巴济隆罗布藏策旺办事。

乾隆八年（1743）四月初二日，侍郎玉保即由西宁启程，二十六日行抵得卜特尔卡伦。将军乌赫图于三月二十八日率官兵自凉州启程，四月初三日行抵庄浪，再带庄浪官兵于十五日抵达东科尔。侍郎玉保于五月二十七日行抵纳马噶，得到消息称准噶尔熬茶使已于五月二十一日至噶斯，查询来人及牲畜情形，有“为首使臣吹纳木喀、喇嘛第巴纳尔巴、商卓特巴，副使巴雅斯瑚朗、多尔济，噶尔丹策零近侍四人及随从等在内共三百零三人、二千三百五十三匹马、一千三百七十三峰驼、一千八百三十九只羊、一百七十三支鸟枪、七十副撒袋”[15]。第二天侍郎玉保在噶斯之噶顺会见吹纳木喀等，问其逾期原因，吹纳木喀告称，四月初十日即自游牧启程，因塔里木河发洪水，月余才渡完河。六月初三日，准噶尔熬茶使到哈济尔，此后双方商谈前往东科尔贸易及在附近寺庙熬茶事宜，吹纳木喀等要求先派一部分人前往东科尔贸易，并提供了清单，前去贸易和熬茶者共 175 人，驮载行李货物 600 余包，并打算采办缎绫、哈达、茶叶、把碗等物件。侍郎玉保给赏 60 头牛、600 只羊以及米石、炒面等，派头等侍卫达赖等带绿营兵 100 名护送，于六月初七日自哈济尔卡伦启程前往东科尔。熬茶使抵达东科尔贸易期间，准备前往衮布木庙、大藏寺、塔尔寺熬茶念经，而在卡伦地方等候的有为首使臣喇嘛商卓特巴、斋桑吹纳木喀等。侍郎玉保带领他们到哈坦和硕等处，于靠近拜都河渡口附近玛勒延库察路等候其前往东科尔贸易之人，俟贸易之人返回后，即速进藏。准噶尔人到达东科尔后，于七月初三日前往大藏寺熬茶，七月十三日前往衮布木庙熬茶，七月二十一日前往塔尔寺熬茶，进献寺庙以哈达、金盅二只、银盅、银奔巴、银灯、银盘、铁镜、绸缎，转交噶尔丹策零致各寺庙的唐古特字、蒙古托忒字信5封，各寺庙喇嘛亦回赠氆氇、玉珠、哈达等物，并交给致噶尔丹策零回信5封。

准噶尔人在东科尔的贸易熬茶活动，至八月初基本完毕，将军乌赫图于八月初八日照料准噶尔人等自东科尔地方启程，二十六日行抵哈坦和硕地方。次日吹纳木喀至乌赫图住处相见，告称其前往东科尔贸易人昨日全数抵达，鉴于天已转冷，打算尽速进藏办妥熬茶事宜，只是骆驼已倒毙500余只、马也倒毙460余匹，请赏给马匹、骆驼。乌赫图答应赏给更换所需驼300只、马300匹，并接济口粮。当办完补充牲畜口粮事宜后，乌赫图于九月初三日率领熬茶使自哈坦和硕启程赴藏，历时一个月，于十月初三日抵达拉萨。初六日，喇嘛商卓特巴、斋桑吹纳木喀等将噶尔丹策零交付之宗喀巴史迹经书、衣冠、坐褥等物进献达赖喇嘛。次日，喇嘛商卓特巴、斋桑吹纳木喀等又将噶尔丹策零为其父母祈福而供献之金银缎匹等物进献后，达赖喇嘛照其所请，为之念经，准噶尔熬茶使合掌跪地聆听叩首。而后，喇嘛商卓特巴、斋桑吹纳木喀等先后到大小昭、色拉、哲蚌、甘丹等大寺庙亲自熬茶，进献物件，散发布施银两。同时，还分派属下人前往里定、齐齐克塔拉、色当、格木贝、桑布等小寺熬茶，散给布施银。随同熬茶使前来之人众，纷纷前往达赖喇嘛处进献伯勒克为自己祈福，顶礼膜拜。十一月初三日，准噶尔人等前往扎什伦布熬茶，于二十四日返回前藏。

准噶尔熬茶使在藏期间，“进献达赖喇嘛金十两、银一百两，进献大昭银三千七百二十二两，进献小昭银三百六十九两，进献布达拉银一百零九两，进献哲蚌寺银四万九千二百八十二两，进献色拉寺银三万一千九百六十八两，进献甘丹寺银二万八千七百八十九两，进献热振寺银六百零八两，进献齐齐克塔拉寺银五十四两，进献净寂寺银五百两。进献珠木札勒寺银一百八十二两，进献尼塘寺银二百二十八两二钱，进献德格都温都孙寺银九千零五十两，进献道喇都温都孙寺银八千八百一十两，进献班禅额尔德尼金二两、银一百两，进献扎什伦布寺金二百两、银三万八千七十六两，进献前世班禅额尔德尼塔金二百两、银二千两，进献色赖卓特巴寺银二百二十五两，进献鲁木布泽寺银二百九十两，进献纳木灵寺银七十八两八钱，进献鞥衮寺银九百二十四两，进献荣扎木沁寺银五十八两，进献色当寺银二十六两，进献拉穆吹忠金一两，进献哲蚌吹忠金一两。噶尔丹策零之子策妄多尔济那木扎勒进献班禅额尔德尼金十三两、银三十两，进献拉穆吹忠金一两。大策零敦多卜之孙达克巴进献哲蚌吹忠金一两、银二十七两。”此次准噶尔人等在藏期间，前后共给二十个寺庙进献“金四百三十六两、银十七万五千五百零六两”⑯。给七世达赖喇嘛、六世班禅额尔德尼等人带来噶尔丹策零的信 6 封，而七世达赖喇嘛、六世班禅额尔德尼等也给噶尔丹策零回信 4 封。

熬茶结束后，乌赫图等带领准噶尔人于当年十二月初五日由藏启程，十三日抵达喀喇乌苏。十二月十六日自喀喇乌苏启程，二十八日到达边界卡伦，令其自行返回游牧地方，而乌赫图、侍郎玉保分别返回各自之任所。

那么，此次准噶尔熬茶使赴藏，到底有多少人进藏，其费用又如何呢？据驻藏大臣索拜奏称：“其护送大臣、满洲官兵及跟役共七百三十七人，骑至马驼骡九百二十八头匹；因赍送颁降达赖喇嘛、班禅额尔德尼敕书及运米等差而来绿营官兵跟役六十二人，骑至马驼七十五头匹；准噶尔人等二百三十五人，骑至马驼骡五百九十六头匹。”这样算下来，进藏人数共为 1034 人，带至牲畜共为 1599 匹。而“将此照采买驻藏防守官兵所需草料、柴薪之例，每人每日支给柴薪十斤，无论马驼骡，每畜每日支给草料十斤、料豆二升计，自抵藏之日起至启程之日止，共六十二日，核计给过柴薪六十四万一千零八十斤，以每斤按定价给银五毫计，共需银三百二十两五钱四分；草料九十九万一千三百八十斤，以每斤给价银五毫计，共需银四百九十五两六钱九分；料豆一千九百八十二石七斗六升，以每石给价银七钱五分计，共需银一千四百八十七两七分。再，准噶尔之驼一百九十四只，理应喂盐，六十二日共喂盐三千二百零一斤，以每斤给价银一分计，共需银三十二两一分。以上草豆、柴薪及盐之价银共二千三百三十五两三钱一分”[17]。护送准噶尔熬茶使入藏官兵及准噶尔人乘骑骑马驼所需之草料、柴薪等项，事先曾令郡王颇罗鼐动用西藏库存银两采买。因此，当熬茶活动结束后，即刻按实际消费的草料、柴薪等项数目，依据当地驻防官兵采买此类物品的市价核算，共需上列价银 2335 两 3 钱 1 分，如数交给郡王颇罗鼐归库。

三、准噶尔蒙古第三次派使赴藏熬茶

准噶尔蒙古第二次派使赴藏熬茶结束后，时隔两年，乾隆十年（1745），噶尔丹策零病逝，其次子策妄多尔济那木扎勒于次年初继珲台吉位，继续与清廷的和好通使关系，其所派使臣哈柳，于乾隆十一年（1746）三月初九日到京，递交了策妄多尔济那木扎勒的奏书，奏书中称其父于乾隆十年（1745）突然去世，以前遇有此事，曾派人赴藏念经，因此要循例先行遣往数人，熬茶超度，随后遣往多人念经，以弘扬黄教。其中心意思是要派人赴藏熬茶，而且要分作两批前往。对此，乾隆帝特降敕书：“尔为尔父祈福诵经，理所应当，素常无事，本不准行，似此之事，焉有不准行之理。唯修善事，不在次数之多寡，尔等之人往返之辛劳，尔等亦知之。分作两次，未免繁琐。尔等且将欲修善事，一次修齐。此次前往，特为尔父修善事，相应朕仍照前例，施恩遣人照看，赏补牲畜、口粮。又为尔父超度，专特施恩赏银曼达、茶桶、酒海各一个，红、黄香一百束，交付使臣哈柳等赍往外，又赏大哈达一百条，小哈达一千条，茶一千包，俟尔等诵经人等赴藏之时，由我边界地方取而带往。尔等前往人数、启程日期、何时可抵我边界之处，须先来报。”[18]从乾隆帝敕书看，对准噶尔蒙古第三次派人赴藏熬茶之事是答应得很爽快，但限定一次前往，不得分作两次。

乾隆十一年（1746）十一月初六日，准噶尔台吉策旺多尔济那木扎勒派赴京城请安的使臣宰桑玛木特一行26人从哈密启程，于十二月二十二日到京，所递策旺多尔济那木扎勒奏书中讲，其“诵经人三百，约于兔年（1747）九月十五日行抵哈济尔等处。惟我等赴唐古特地方诵经人众内，有自带货物乘作法之隙售卖者，亦有径直带物前往诵经者。故请将携实物前往诵经之众安置于哈济尔、得卜特尔过冬，俟赴东科尔贸易人众返回，与住哈济尔、得卜特尔之众会合，一同前往诵经。”[19]策旺多尔济那木扎勒还让使臣玛木特等口奏，请赏给其赴藏人等以牲畜、口粮等物，并强调诵经之事，要在用银，请在其前往东科尔地方贸易人等贸易时，饬令内地商贾用银换购。清廷委令侍郎玉保专门与玛木特商议，就启程时间、贸易地点等具体事项和环节逐一协商，最后基本同意策旺多尔济那木扎勒所请。

清廷照准准噶尔的熬茶请求后，自乾隆十二年（1747）初即开始筹办相关事宜，从军机大臣讷亲的奏折看，借鉴前两次的经验，在以下几方面做了准备：

一是确定进藏路线，委派官兵设卡。此次准噶尔熬茶使进藏路线，仍定为噶斯路，均照乾隆八年（1743）第二次熬茶之例，酌量派兵丁拓展卡伦，预先迁移途经青海地方的游牧蒙古人众，具体由西宁办事大臣众佛保负责办理，以期确保准噶尔赴藏熬茶使及途经地方之安全。

二是采办粮石牲畜，以备接济准噶尔熬茶使及其护送官兵。准噶尔熬茶人等长途跋涉前往西藏，而且是数百人，必须做好各项补给事项，其中食粮和乘骑牲畜更为重要。预先交付陕甘总督、巡抚等员，仍照乾隆八年（1743）第二次熬茶之例，备办口食所需牛羊、米面等物，除酌情赏给赴藏熬茶使外，还供应给留在青海看管其羸瘦疲惫牲畜及行李杂物人员。同时，还备办一定数量的马驼，根据护送官兵及准噶尔人马驼的羸瘦疲惫情况，及时给予更换。其换下来的驼马交给当地官兵妥善牧放，以备返回时再使用。

三是筹办银两，以便支付盘费和贸易价银。乾隆八年（1743）第二次熬茶时，备带银3万两，实际花费2万两，剩余1万两携回，加之这次派往官兵少于前次，所以让陕甘总督动支当地官库银2万两，交付侍郎玉保带往，以便支付赴藏途次及入藏期间的盘费，返回后如数核销。另外，准噶尔熬茶使此次于卡伦地方贸易，为了便于携带和熬茶布施，请求其所带货物仅以银两交易。因此，此次较上次贸易所需备银17至18万两之数应略为增加，并令甘肃巡抚黄廷桂筹办此项银两，由当地道员、知府等员内选派干练者，率领有贸易经验的人前往卡伦地方，与准噶尔人进行贸易，其易取的物品限期变价出售，所得银两补还原项。

四是调遣官兵，以便护送准噶尔熬茶人等。前于乾隆八年（1743）熬茶时，先到东科尔贸易结束后才入藏，因而由西宁遣派绿营兵100名驻防卡伦，100名看管准噶尔所留人员、牲畜和物件，100名看护准噶尔人赴青海各寺熬茶，另派500名满洲官兵看护准噶尔人入藏。此次赴藏熬茶使等不到东科尔，将其货物在卡伦地方贸易，而后入藏，不必遣派过多兵丁。因此，决定不再遣派满洲官兵，改派西宁绿营官兵450人，派总兵1员管带，预计准噶尔人来的时间，赶赴哈济尔卡伦等候。侍郎玉保率领由京所派章京等员于四月启程前往西宁，会同西宁办事大臣众佛保协商办理所有应办事项。

五是备办礼品，以便赏给准噶尔熬茶使及达赖喇嘛、班禅尔德尼等西藏活佛。拟赏给准噶尔熬茶使的大哈达100方、小哈达1000方，侍郎玉保由京城内库支取带往；茶叶1000包，交付甘肃巡抚黄廷桂由该处存储茶叶内拨给，委派官兵先期如数运抵西藏，等准噶尔熬茶使等抵达后赏赐。另外，又备办颁给七世达赖喇嘛、六世班禅额尔德尼的敕书及赏赐所需茶桶、银壶等物件，也由侍郎玉保启程时带往。

六是深思熟虑，以防不测。准噶尔熬茶使若告求将策妄阿喇布坦、噶尔丹策零尸骨做成擦擦，则要驻藏大臣傅清婉言回绝。准噶尔蒙古前次派使熬茶时，西藏郡王颇罗鼐曾尽心竭力备办诸项事务，保证了在西藏的熬茶活动圆满完成，而准噶尔蒙古这次派使熬茶之前，西藏郡王颇罗鼐刚刚去世，颇罗鼐的儿子珠尔默特纳木扎勒袭封郡王，总理藏务，然而珠尔默特纳木扎勒年轻气盛，阅历不多，办事恐有不周到的地方，因此事先命令驻藏大臣傅清务必与郡王珠尔默特纳木扎勒多加协调，以期熬茶活动的顺利进行。

乾隆十二年（1747）五月初五日，准噶尔派人到哈密报告，其派赴西藏熬茶人等，于八月十五日抵达哈济尔地方，贸易事毕即行赴藏。八月二十日，侍郎玉保抵达哈济尔，当日策妄多尔济那木扎勒的近侍阿尔布扎前来告诉，其赴藏熬茶使喇嘛绥绷、斋桑巴雅斯瑚朗等300人，于六月初十日由游牧地方启程，行至塔里木河，因水大难渡，不能如约于八月十五日前抵达，或可于八月二十六七日抵达哈济尔地方。然熬茶正使斋桑巴雅斯瑚朗，副使斋桑玛木特等300人，带着驼2000余只、马近3000匹、羊3000余只、鸟枪200余支、撒袋近60副，直至九月十四日才行抵哈济尔，较预报的时间晚了近二十天。斋桑巴雅斯瑚朗等告诉其中原因，这次仍是塔里木河发大水，渡河时许多马匹、骆驼等牲畜被冲走，但携带而来的货物价银仍在30万两左右。侍郎玉保告诉他们说，按原先约定应该携带价银8万两的货物，增加如此多的货物，现在召集到得卜特尔地方的商贾没有如此大的购买力，也没能力运走换取的货物。由于准噶尔熬茶使抵达哈济尔的时间过晚，倘于九月二十一、二日抵达得卜特尔，二十三、四日开始贸易，即便加紧办理，亦须将近一个月时间才能贸易完毕，至十月二十日左右才可启程赴藏。按西藏的习俗，自正月初五日始，至二十九日止，举行法会念经作法，召集藏属官兵施放枪炮，各地人众聚集瞻拜，各处商贾亦云集贸易，非常热闹熙攘。

若于十一月二十日抵藏后即行加紧熬茶，至来年正月十五、二十日方可完毕。因此，侍郎玉保要求必须及早赴藏，赶紧办理熬茶事宜，争取于正月初五日前启程返回。然而，由于贸易进展缓慢，未能按侍郎玉保计划的时间赴藏。直到十月初，斋桑巴雅斯瑚朗来找侍郎玉保时，尚称商贾之间议价近半月，仅议定沙狐、貂皮、狼皮、水獭等六、七项皮张的等级，其价钱至今尚未议定，而狐狸皮之等级仍迟迟未定。于是，侍郎玉保命令办理交易参将马得胜，限定在10天内务必议定狐狸皮、俄罗斯毡子、骆驼价钱。至十月十二日，"共点取灰鼠皮一万六千八百四十张、狼皮五千六千九十六张、羊羔皮八万九千三百五十二张"[20]。

准噶尔熬茶使贸易期间，九月二十六日，斋桑巴雅斯瑚朗等请求派6人前往衮布木、大藏、扎西车里、郭隆等寺熬茶，而后前往西藏，侍郎玉保以此次策妄多尔济那木扎勒并未事先奏请皇帝前往衮布木等寺熬茶为由婉言谢绝。十月初三日，斋桑巴雅斯瑚朗又提出，策妄多尔济那木扎勒已将在衮布木等寺熬茶所用物品交付携来，前次噶尔丹策零为其父赴藏熬茶时，曾在衮布木等寺熬茶，此次若无法前往衮布木等寺熬茶，则策妄多尔济那木扎勒熬茶之事便有所缺憾。侍郎玉保回答说，扎西车里寺靠近西宁界内河州，衮布木、大藏、郭隆等寺靠近东科尔，并非西藏地方，策妄多尔济那木扎勒既不知详情，将赴衮布木等寺熬茶所用物品交付携至，可以派6人前往熬茶。但熬茶结束后，不必由彼赴藏，仍由原路返回，会同留在得卜特尔地方的人暂住等待赴藏人等返回。十月十六日，准噶尔前往衮布木等寺熬茶的6人启程，侍郎玉保派理藩院笔帖式颛泰、千总马贤应带兵10名护送，于十一月初五日抵达东科尔。十一月十二日，准噶尔人前往大藏寺熬茶4次；十六日，前往郭隆寺熬茶4次；二十一日，前往衮布木寺熬茶4次；三十日，前往扎西车里寺熬茶3次，分别供献金银、缎匹，哈达、俄罗斯毡子、布、熏牛皮、狐狸皮、木碗、小素珠等物件，并带去策妄多尔济那木扎勒致各寺庙喇嘛的蒙古、唐古特字信函，于十二月十七日，自东科尔启程返回。

至于准噶尔赴藏熬茶使的启程时间，则迟迟无法确定，直到十一月初七日，斋桑巴雅斯瑚朗等才向侍郎玉保说，其贸易进行得十分不顺利，计划于本月十三日启程赴藏，并打听从什么路入藏。侍郎玉保告诉说，由得卜特尔地方启程进藏，越过哈西哈岭，经巴彦喀喇北面山根布伦路而行，仍由木鲁乌苏摆渡过河。同时答应委派会蒙古语官弁照看其留于哈济尔、得卜特尔地方看管杂物及剩余马驼的38人。巴雅斯瑚朗等又请求拨给应赏的300只骆驼、300匹马及口粮。侍郎玉保等如数赏发，并按先前之预定，于十一月十三日率领准噶尔熬茶使自得卜特尔启程赴藏。二十八日抵达木鲁乌苏后，斋桑巴雅斯瑚朗等请求拨給马畜，侍郎玉保未答应，巴雅斯瑚朗称抵达喀喇乌苏后若不拨給马畜，则难以抵藏，侍郎玉保答应等到喀喇乌苏后根据具体倒毙疲惫牲畜之数目再行拨给。十二月初七日，抵达喀喇乌苏，西藏之公班第达、噶伦策零旺扎勒率官兵300名前来迎接。七世达赖喇嘛、郡王珠尔默特纳木扎勒委派多尼尔等人，仍照前次之例作为口粮拨给准噶尔人等以米石、炒面、茶叶、酥油等物。此时，经侍郎玉保查看准噶尔熬茶使乘骑驮载而来的牲畜，其600余匹马多已倒毙，800余只骆驼可用的仅剩两成多，于是按喇嘛、斋桑等每人马二匹，随从人员每人马一匹计算拨给外，还拨给驮载物品所需牛300头。在喀喇乌苏经过短暂几天的休整后，十二月初十日启程前行，十九日到达拉萨。

从到达拉萨的第二天起，准噶尔进藏喇嘛、斋桑及其随从人员就开始进行礼节性的拜访西藏僧俗首领的活动。二十日，前往大小昭瞻拜，而后前去拜见郡王珠尔默特纳木扎勒。二十一日，达赖喇嘛在布达拉宴请准噶尔熬茶使，侍郎玉保、索拜、傅清等亦照例一同前往，准噶尔熬茶使叩谒达赖喇嘛、进献伯勒克。从二十六日起，准噶尔人等开始前往各寺庙进行熬茶、拜佛、诵经、布施等项佛事活动。

准噶尔熬茶使在藏期间，正赶上年节，因此其活动较前次要频繁而丰富。首先是参加年节期间七世达赖喇嘛举行的法会或宴会。

这年十二月二十九日是除夕夜，达赖喇嘛在布达拉念经作法，新年的正月初一、初二日，达赖喇嘛举办宴会，准噶尔熬茶使参加了法会和宴会，还遣派 6 人前去参加后藏的法会，先行向班禅额尔德尼问候，进献哈达、供佛之衣物、奉献法会之物品。此后达赖喇嘛于正月十三日以年礼至大昭念经，直至二十三日法会结束达赖喇嘛才返回布达拉。此间，正月十五日，准噶尔熬茶使向达赖喇嘛进献丹舒克，侍郎玉保等随行观看准噶尔人呈递其台吉策妄多尔济那木扎勒进献七世达赖喇嘛的丹舒克物品、瞻拜达赖喇嘛。

其次是前往各寺庙熬茶。关于熬茶之事，巴雅斯瑚朗起先曾告诉侍郎玉保等说要等法会结束再前往各寺庙熬茶，但听说当地有人出痘，就要求从正月十八日开始就前往色拉、哲蚌、甘丹等寺庙加紧熬茶，而后赴后藏熬茶。侍郎玉保答应了这一要求。至二月初二日，斋桑玛木特等告称，已在色拉、哲蚌等寺熬茶完毕，本应先往甘丹、色当二寺熬茶后再赴后藏，但据闻甘丹、色当二寺之人亦在出痘，所以要在第二天即赴后藏熬茶，等返回后不再出痘，再前往甘丹、色当二寺熬茶，倘若仍然出痘，则派已出痘的少部分人前去熬茶。侍郎玉保于是率 100 余名官兵照看准噶尔斋桑巴雅斯瑚朗等 150 人，于二月初三日启程前往后藏。初九日，抵达后藏，受到六世班禅所派喇嘛人众的迎接。此后总理班禅额尔德尼商上事务的商卓特巴喇嘛益西车累与侍郎玉保商议，前藏有人出痘，其本地喇嘛等未出痘者众，班禅额尔德尼亦未出痘，倘若仍前照其所请拜谒数次，供献祈福物品熬茶，多有不便，请让熬茶人等歇息一日，于第三日拜谒班禅额尔德尼，所有呈递丹舒克之事，当日完成。十一日，准噶尔喇嘛、斋桑等叩拜班禅额尔德尼，递丹舒克，为其台吉祈福。十六日，六世班禅筵宴准噶尔熬茶使，交付回信及赏赐物件。十九日，侍郎玉保率熬茶使离开后藏返回前藏。又派出过痘的准噶尔侍卫布林等带 29 人前往拉萨，进献其留于色拉、哲蚌、大昭、小昭等寺之灯火银两，再由拉萨前往甘丹寺熬茶，然后由甘丹寺直接前往喀喇乌苏。巴雅斯瑚朗等也要求不再去前藏，让留于前藏的 216 人前往羊八井暂住，最后于喀喇乌苏集结，一同返回游牧。侍郎玉保于二十四日抵达前藏，留在前藏的斋桑玛木特请求前瞻拜达赖喇嘛，此事经七世达赖喇嘛同意，于二十八日准其 11 人瞻拜。三月初七日，在拉萨的准噶尔熬茶使得到了驻藏大臣等补给的牲畜、食物等后启程前往喀喇乌苏。至此，准噶尔蒙古第三次所派熬茶使在西藏的熬茶活动结束。

准噶尔蒙古第三次派使赴藏熬茶，除在甘丹寺熬茶用银 27913 两外，其用于布施或献礼的金银总数，较前一次赴藏熬茶略有增减。据侍郎玉保奏称："进献达赖喇嘛、班禅额尔德尼、各寺庙之金四百余两、银五万九千八百余两，散给各寺庙喇嘛等布施银九万六千八百余两，其中给银各二十五两之堪布喇嘛十五名，给银各五两之喇嘛一万六千六百余名，给银各一两之喇嘛一万零二百余名，给银各一钱之喇嘛二万零六百余名，得布施银之喇嘛共四万七千七百余名，此次共用金四百余两、银十五万六千七百余两。"[21]此数经军机处比较发现："金较前次少十六两七钱，银较前次多五百八十九两一钱"[22]。

另外，准噶尔蒙古此次赴藏熬茶与前一次比较，还有两件事可以说是在意料之外，第一件事是准噶尔人在哈济尔贸易时，因嫌物价低，将熏牛皮 7000 张、俄罗斯毡子近 700 张直接带到了西藏，拟提请郡王珠尔默特纳木扎勒同意后出售。其结果按郡王珠尔默特纳木扎勒之说法，当地人根本不用这些物品，没有人会去购买。斋桑巴雅斯瑚朗等人又找侍郎玉保帮忙说情，侍郎玉保回答："在得卜特尔地方交易时，给尔等携至之大熏牛皮银一两五钱、小熏牛皮银一两三钱，毡子不计优劣，每尺给银七钱，尔等为买高价，未曾出售，告称带回，并未声明在藏交易，此处无人购买者实。"[23]巴雅斯瑚朗见没有通融的余地，无奈进献给寺庙用修善事。

第二件事是准噶尔熬茶使在藏期间，拉萨等地流行天花。乾隆十三年（1748）正月十七日，斋桑玛木特等得知当地有人出痘的消息后，因其熬茶人等多未出过痘，极为惊慌，打算避往其他地方，但熬茶活动尚未完结，因此要求看护的官兵住远一些，并适当减少，且从第二天起即前往色拉、哲蚌、甘丹等寺庙加紧熬茶，而后前往后藏熬茶。这些要求，侍郎玉保一一答应。但准噶尔人仍以人多气味杂为由，要求随行官兵回避或再减少，侍郎玉保遂指出官兵若不随行，存在诸多安全隐患，因此不能再减少随行的官兵。这样，虽然侍郎玉保没有完全满足其撤离官兵的要求，但相应减少了随行护卫的官兵数目，以消除其顾虑。然而对侍郎玉保的这一作法，乾隆帝极不赞同，训斥说："玛木特等告请其众畏惧出痘时，侍郎玉保等自应驳斥，尔等不过畏惧身生出痘而已，我兵丁既已出痘，岂有复出之理，不必远离。然听从彼等所言，饬令官兵撤离远住，所办甚属姑息。"㉔

这两件事说明，准噶尔蒙古此次赴藏熬茶确实也遇到了一些始料未及的问题，但在各方面的协调努力下，其熬茶活动还是得以善始善终。

结语

从清朝满文档案的记载看，通过清廷允许准噶尔派人赴藏进行的大规模熬茶活动共有三次，其中第一次因故中途返回而未曾进藏，其余两次都圆满完成。准噶尔蒙古笃诚信奉藏传佛教，其赴藏熬茶，旨在祈求福祉，超度亡灵，保佑众生，故而对熬茶活动极为重视。因此当圆满完成这两次赴藏熬茶活动之后，准噶尔台吉策妄多尔济那木扎勒曾希望采用减少人数的方式，将派人赴藏熬茶活动常态化。乾隆十五年（1750），台吉策妄多尔济那木扎勒派人进京向乾隆帝进递奏书请准每年派少许人赴藏熬茶。乾隆十六年（1751），准噶尔新袭台吉喇嘛达尔扎也派人进京向乾隆帝奏书请求赴藏熬茶。然而，清廷以准噶尔台吉没有为其亡父熬茶超度之事为由，均婉言拒绝，准噶尔蒙古持续派人赴藏熬茶的要求未能得以实现。

在乾隆五年至十三年（1740—1748）的九年时间内，准噶尔蒙古先后三次派人赴藏熬茶，无论对准噶尔蒙古来讲，还是对清廷乃至西藏、青海地方来讲，都是一件重大活动，受到了各方面的高度重视和相互协作，特别是清廷在安全保障和物资供应方面给予了最大限度的帮助，从而保证了准噶尔派人赴藏熬茶活动的圆满完成。在当时历史背景和条件下，能够得以实现熬茶活动实属不易，是各方面尽心协作的结果。这些不仅有利于改善清廷与准噶尔蒙古的关系，而且也有利于促进西部蒙古与西藏、青海地区之间的交流，特别是在宗教文化方面的交流。

纵观这三次熬茶活动的内容及相关交涉情况，准噶尔派人赴藏熬茶不仅仅是要进行一种宗教仪式，而且在很大程度上隐含着贸易的目的，因此其每次携带之货物数量都非常可观，准噶尔人等中途在东科尔等地长期停留贸易，甚至将货物直接带到了西藏拉萨。另外，当时虽然清廷和准噶尔蒙古业已讲和，谈判划界，停止交战，准噶尔台吉每年遣使进京纳贡，清廷则允许在肃州等地定期开市贸易，但清廷对准噶尔蒙古仍存有戒心，故将其赴藏途经地区居民都事先派官兵撤离，不准接触准噶尔人，而且委派官兵随时随地严密观察准噶尔人的言行。再者，清廷接待和护送准噶尔人员赴藏熬茶花费大量的人力和财力，而且还组织内地商人到东科尔或卡伦地方购买其货物，必要时又动用官库银两采买，无疑是一种负担。所以，当准噶尔台吉提出以常态化方式继续派人赴藏熬茶时，清廷之婉言谢绝就成为其必然的结果。

注释：

①中国第一历史档案馆藏军机处满文夷使档 1760－4。

②③⑥中国第一历史档案馆藏军机处满文夷使档 1761－1。

④中国第一历史档案馆藏宫中朱批奏折 40－2。

⑤⑦⑧⑨中国第一历史档案馆藏军机处满文熬茶档 1741－1。

⑩台湾华文书局出版《清高宗实录》第四册，第 2362 页。

⑪台湾华文书局出版《清高宗实录》第四册，第 2404 页。

⑫⑬⑭中国第一历史档案馆藏军机处满文夷使档 1761-3。

⑮⑯⑰中国第一历史档案馆藏军机处熬茶档 1742-1。

⑱中国第一历史档案馆藏军机处满文夷使档 1762-2。

⑲中国第一历史档案馆藏军机处满文夷使档 1762-3。

⑳中国第一历史档案馆藏军机处熬茶档 1742-2。

㉑㉒㉓㉔中国第一历史档案馆藏军机处熬茶档 1741-2。

乾隆初期沈阳故宫修建考实

沈阳故宫是清入关前太祖努尔哈赤和太宗皇太极两朝所建造的宫殿，位于明代沈阳中卫城中心，占地面积六万平方米左右，是北京故宫之外全国仅存的皇宫建筑群。

沈阳故宫早期建筑有大政殿和十王亭、大清门、崇政殿、凤凰楼和清宁、关雎、麟趾、衍庆、永福五宫及飞龙、翔凤二阁等。从天聪年间到雍正末年的百余年里，除必要的修缮及增建个别次要建筑外，其整个建筑群依然保持初建时的规模和格局。乾隆即位后，凭借政治上的稳定和经济上的繁荣，在兴建多处皇家宫苑寺庙的同时，也对位于盛京这一“王迹肇基之地”的“陪都宫殿”倾注了较多的关注，进行了较大规模的修缮和扩建。乾隆初期，除修缮大政殿、十王亭等东路建筑外，又增建了中路的东、西所建筑，即清宁宫东侧的颐和殿、介祉宫、敬典阁，西侧的迪光殿、保极宫、崇谟阁、继思斋；凤凰楼前的日华、霞绮二楼，师善、协中二斋等。乾隆后期，则增建了西路建筑，即戏台、嘉荫堂、文溯阁、仰熙斋等。经乾隆年间扩建改建，奠定了沈阳故宫东、中、西三路的新格局，直至清末无所改变。

因此，搞清楚乾隆年间的修缮和扩建工程，不仅对研究沈阳故宫的建筑史，而且对现在妥善维修和保护沈阳故宫的建筑，都具有十分重要的意义。然而，由于年代久远，史料有限，目前对乾隆年间的修缮和扩建工程仍有诸多不详之处。本文主要根据新近发现的中国第一历史档案馆所藏满文档案，仅就乾隆初期沈阳故宫的修缮和扩建工程进行考察。

一、东路建筑之修缮

东路建筑包括大政殿和十王亭。由于多年失修，到乾隆年间已相当残破。乾隆元年（1736）三月，盛京内务府掌管关防佐领巴格就以“宫殿渗漏，墙垣涨裂，请准维修加固”[①]。应当说明的是，这里巴格所说的宫殿是指位于中路的崇政殿、清宁宫等建筑。此时由于东三陵即永陵、福陵、昭陵尚在修缮之中，所以总管内务府议奏：“匠力不足，所需砖瓦石灰等物亦难赶烧，相应俟陵寝各处修缮已毕，再将修理宫殿房屋之处交付盛京将军、工部，会同佐领巴格等好生料估，交付钦天监择日具奏兴工修缮。”[②]遂奉旨暂行搁置。此后不久，稽察盛京事务吏科给事中广明亦奏称：“大政殿系太宗文皇帝办理朝政之所，现在恭设旧有御座龙床，文武大臣官员每月朝期上朝，仪同京师，因年月已久，垣墉不整。现今内务府请修宫阙，因大政殿暨左右朝房系工部管理，内务府未经奏请，仰祈敕部料估重修。”[③]于是，乾隆帝下令盛京工部筹办修缮事宜。盛京工部侍郎希德慎率领部属勘察后，于乾隆二年十二月十三日具折奏称：“大政殿修建年久，檐柱凹陷，斜向东北，应行垫高扶正，更换糟朽檐柱；头停瓦片损坏，应行揭瓦，油画亦因年久爆裂糟旧，应行重新油饰。大政殿内檩柱等处之天花板因被遮拦，不便查看，俟施工时拆开，视其所需续行折算增换。台阶甬路等处之砖石毁裂，亦应重修。至左右翼朝房十间歪斜，头停瓦片损坏渗漏，应行揭瓦；檩柱糟朽，应行添换；墙垣涨裂，应行拆修；内外油画因年久爆裂脱落，应行油饰。奏乐亭二座歪斜，头停琉璃瓦毁坏渗漏，请揭瓦；檩糟朽坍陷，应行添换；坐台歪裂，凹凸不平，砖块碱烂，应行拆砌；油画脱落，应行油饰。殿后瓦房五间，头停瓦片损坏渗漏，应行揭瓦；檩柱糟朽，应行添换；墙垣涨裂，应拆修。周围垣墙臌裂歪斜，砖块碱烂，应行拆砌。甬路砖块及海墁俱碱烂破坏，应行揭墁。”[④]从中不难看出大政殿和十王亭及其附属建筑因长年失修，多处破旧，亟须加以修缮。

此次修缮工程的预算，由郎中杨朝鼎、员外郎木尔德、六品官程玺奉命详细估算，“共享物料、车脚、匠夫等项银一万二千七百五十四两四钱余，需用颜料二万五千七百三十一斤余”⑤。希德慎请求“所需银两请于领取盛京户部正项钱粮办理。工完之日，将用过官匠役物料价值扣还正项。所需琉璃物料，臣部管理黄瓦厂五品官侯瑗照例烧造应用。再，大政殿工程甚属紧要，臣一面奏请，一面动用臣部库贮堤工平余银三千两，发郎中杨朝鼎等预为备办物料，俟修理大政殿钱粮领到之日补还原项。所需颜料臣部差员赴部领取应用”⑥。

这次的修缮工程，按照乾隆帝“此次维修，著恭谨修补，不必更新”⑦的旨意，除重点维修大政殿及其附属建筑外，还对清宁宫、崇政殿等建筑进行了必要的修缮。工程从乾隆三年二月兴土动工，至是年秋竣工。乾隆四年正月，多罗淳郡王弘暻奉旨视察盛京各工后奏曰：“自皇上登极以来，孝思纯笃，尽伦尽制，于列祖陵寝俱已修理维新，辉煌庄严。又准盛京管理内务府事佐领巴格因宫殿年久坍斜奏明修理。臣今奉命抵沈，敬谨瞻仰，工程业已告竣，备极坚固，巍峨灿漫，备壮观瞻。所有列祖御器俱用黄袱罩护，敬谨周密，极为全备矣。”⑧由此可见，此次沈阳故宫的修缮工程比较完满，使长年失修破旧的皇宫建筑焕然一新，肃穆壮观。

弘暻此次盛京之行，看到城中户口滋繁，环绕宫殿而居，对宫殿建筑防火构成很大威胁。故而奏请令盛京将军额尔图、内务府佐领巴格等，按京城一应紧要之处均设立激桶之列，酌量制造激桶，以备陵寝、宫殿防火之用。遂经将军额尔图等遵旨议定，在三陵每陵设立激桶二只，大政殿设立激桶二只，内宫设立激桶四只。应设激桶十二只，交付盛京工部制造。另外查知，“盛京城原设激桶四只，现已年久毁坏不能使用，城内仓库等地亦关紧要，请将现有旧激桶四只交付盛京工部修补维新外，另行制造激桶四只，共激桶八只设于八个城门，每门一只，存于值房备用”⑨。

二、中路建筑之增建翻修

中路建筑的增建翻修，缘起于乾隆帝初次东巡。乾隆八年九月，乾隆皇帝奉皇太后钮钴禄氏东巡至盛京，诣毕三陵驻跸沈阳故宫。乾隆帝在此举行受贺、宴赏、祭祀等活动，深感这里的宫殿较北京紫禁城过于简陋狭窄，存在诸多不便。此时的清政府正处于“鼎盛”时期，财力充足，具备大兴土木的条件。因此乾隆帝当即“躬亲相度”[10]，决定修建中路建筑。此项修建工程在当时的满文档案中多称为“敬典阁工程”或“敬典阁并宫殿配楼各项工程”。

这项工程的动工时间，目前研究沈阳故宫建筑史的学者一般都认为始于乾隆十一年。实际上，这一时间不甚确切，严格来讲应该是乾隆十年。据当时协管盛京事务的奉天将军达勒当阿奏称：“乾隆十年八月，工程处将宫殿周围东西红墙概行拆除，平整地基，围设席墙。”[11]充分说明乾隆十年已动土兴工，开始进行拆除旧有围墙、平整地基等前期准备工作，整个工程至乾隆十三年竣工。

此次增建的建筑，包括位于崇政殿至清宁宫一线左右两侧的东、西所，即东侧的琉璃门、东西值房、垂花门、颐和殿、介祉宫、中琉璃门、敬典阁，西侧的琉璃门、东西值房、垂花门、迪光殿、穿堂游廊、抄手游廊、保极宫、继思斋、崇谟阁，以及崇政殿北、凤凰楼南的协中斋、霞绮楼、师善斋、日华楼等。翻修改建的有崇政殿及殿前的飞龙阁、翔凤阁、东西七间楼房等。以上新建、翻修、改建“共殿宇房屋二百三十五间，成砌墙垣二百九十丈”[12]。

该项工程不仅规模大、工期长，而且耗资巨大。乾隆十三年四月二十日，盛京将军达勒当阿奏曰：“臣等恭照遵奉谕旨修建敬典阁并宫殿配楼各项工程，先经原任郎中胡常保督令带来人照依圆明园工程则例估计，约需工料银九万四千八百余两。再，重建崇政殿左右翊门、仓房、新添日台、井亭、班房、内外甬道海墁并起高、盖造銮驾库等项工程，以及油画裱糊，续经胡常保督令书算人按照估计，除将颜料等物行取外，办买杂项物料并匠夫工价约需银三万三千一百余两。一共约用银十二万七千九百余两。臣等当即委员备办木植、砖瓦、灰觔等项，嗣据该员等俱按时价办买，校之定例价值均各有省无浮，其钉铁、杂料、毡簾、雨搭、铜丝、网罩等项，并各作匠役俱系胡常保由京带来商匠承办。臣等前因胡常保已将一应工程遵照样式敬谨办造，查乾隆十二年（1747）内十分工程已完八九，至于未完处所，现今差来郎中杨佐新、员外郎傅彦到工接办。臣等随即会同该员等将未完处所俱已敬谨修理先竣。”⑬这说明，至乾隆十二年底，整个工程已进入收尾阶段，至乾隆十三年四月彻底完工。

崇政殿前原不设置日晷和嘉量。乾隆九年正月二十三日谕旨曰：“著承造嘉量四件，方式二件、圆式二件。做得时在午门处对日晷安设方嘉量一件，太和殿对日晷安设圆嘉量一件，乾清宫对日晷安设方嘉量一件，盛京崇政殿安设圆嘉量一件，照乾清宫日晷样式配做日晷一件。安设嘉量楼座俱照‘江山万代’样式成造。”⑭出于放置日晷、嘉量的需要，这次重修崇政殿时，特地将殿前掐边平水月台起高。乾隆十三年九月初九日，在月台东南安设日晷，西南安设嘉量。乾隆十四年五月二十八日，盛京将军阿兰泰奏称：“崇政殿前安设嘉量，乃为壮观瞻，倘若平素安设不动，日久风吹雨淋，难免污染受潮。请准奴才等将此副嘉量平素收贮内库，逢年节朝会庆典，依照原制放置，以免雨浸受潮污染。”⑮奉旨准行。

沈阳故宫原无专门存放銮驾之处，一般择宫内空房临时存放。这次修建中路建筑的同时，则将大政殿后面原有房屋改建成了銮驾库。其事情经过是，早在乾隆八年，宫内使用銮驾、乐器等物，奉旨存于大清门内东面七间楼房内。兴建东、西所等建筑时，因这七间楼房的北山墙正好处于东所宫门的位置，需要将北面两间改在南面修建，必须移动所存物件后毁楼重建。开始打算在大清门内另找房屋移存，但此时大清门内西面南楼七间、北楼九间，存放有银两、旧有物件及京城陆续咨送书文、马鞍等物，并无空房。乾隆十一年初，经盛京礼部侍郎纳尔泰等人仔细查看，大政殿后面有正房五间，并未存放任何物件，但不够存放銮驾、乐器等物。于是，纳尔泰奏称："在此五间房东西两边各修一间房，可永久存放銮驾、乐器。再者，大政殿后面房屋亦属院内房屋，请将大政殿后面五间正房增建二间之处，交付钦差监修敬典阁之内务府员外郎常保，增建为七间。此项应用木料，由盛京工部设官木料内选用。再，修建房屋所需砖块等项、匠夫工银，列入敬典阁工程钱粮一并销算。"⑯遂奉旨准行，于当年七月改建成房屋七间，将銮驾、乐器存入房内。乾隆十四年十二月十三日，工部派委冠军使舒常等由京送至法驾卤簿、銮驾卤簿各一副，也堆放在改建后的七间房内，但是尚余校尉等人的衣帽、棕毯、乐器配件等物无处存放，暂时存放在旁边的亭子内。乾隆十五年初，盛京将军阿兰泰奏请"在原有七间房两侧各增建两间房，恭存堆放之銮驾、剩余物件"，⑰遂又增建四间房。至此，大政殿后的房屋由五间增加到十一间，用作銮驾库直至清末。

另外，中路宫殿房屋的修建工程竣工后，又在各宫殿门口张挂了门神和对联。"盛京宫殿大清门旧有门神、对联各三对，凤凰楼前后二门有门神、对联各二对，其余宫殿门口未挂门神、对联。"其中对联是"康熙五十六年前任佐领噶达浑召集该处贡生秀才编写，每逢年节张挂"。乾隆八年，乾隆帝"驻跸盛京宫殿，在清宁宫内挂福字、绦镶，对联，门口贴门神、对联"⑱。是年十一月二十三日，遵旨开始在中路宫殿门口张挂门神、对联。这次新建宫殿后，工程处并未将宫殿门口应挂门神、对联制成交给接管的盛京将军等衙门。因此，盛京将军阿兰泰于乾隆十四年五月十八日奏曰："现新修宫殿门口亦应照中路宫殿之例张挂门神、对联。再，修新宫殿时，中路旧有飞龙阁等楼均经拆毁重修，原挂门神、对联尺寸已不相符，请准将新修飞龙阁等楼门神、对联，按尺寸重制张挂。"其张挂门神、对联的处所、数目及门框、门扇尺寸为：

"东，介祉宫内外各门框、门扇尺寸，门神、对联数目：琉璃门框高八尺一寸五分、宽七寸五分，门扇高八尺五寸、宽三尺五寸，门神一副、对联一联。东西值房门框各高五尺三寸五分、宽三寸五分，门扇各高五尺六寸、宽一尺四寸、门神二副、对联二联。垂花门框高七尺八寸五分、宽六寸，门扇高八尺、宽三尺五寸，门神一副、对联一联。颐和殿前面槅扇四扇，后面槅扇四扇，框各高八尺九寸五分、宽五寸，槅扇心各高五尺、宽一尺八寸，门神二副、对联二联。东顺墙门框高七尺一寸、宽六寸，门扇高七尺三寸、宽二尺三寸，门神一副、对联一联。东西便门框各高五尺七寸五分、宽四寸，门扇各高六尺、宽一尺九寸，门神二副、对联二联。净房单扇门框高五尺三寸五分、宽三寸五分，门扇高五尺五寸五分，宽二尺六寸，门神一扇、对联一联。介祉宫前面槅扇四扇、后面槅扇四扇，框各高八尺九寸五分、宽五寸，槅扇心各高五尺、宽一尺八寸，门神二副、对联二联。介祉宫旁东西角门框各高五尺六寸、宽二寸五分，门扇各高五尺六寸、宽一尺一寸，门神二副、对联二联。中琉璃门框高八尺一寸五分、宽七寸五分，门扇高八尺四寸五分、宽三尺五寸，门神一副、对联一联。敬典阁下层前面槅扇四扇、后面槅扇四扇，框各高七尺六寸、宽五寸五分，槅扇心高四尺一寸、宽二尺二寸，门神二副、对联二联；内东西梢间门框各高五尺七寸五分、宽四寸，门扇各高六尺、宽一尺七寸五分，门神二副、对联二联；上层前面槅扇四扇、后面槅扇四扇，框各高八尺一寸五分、宽五寸五分，槅扇心各高四尺六寸、宽二尺二寸，门神二副、对联二联。后顺墙门框高五尺九寸、宽五寸，门扇高六尺一寸、宽一尺九寸，门神一副、对联一联。

西，保极宫内外各门框、门扇尺寸，门神、对联数目：琉璃门框高八尺一寸五分、宽七寸五分，门扇高八尺五寸、宽三尺五寸，门神一副、对联一联。东西值房门框各高五尺三寸五分、宽三寸五分，门扇各高五尺六寸、宽一尺四寸，门神二副、对联二联。垂花门框高七尺八寸五分、宽六寸，门扇高八尺、宽三尺五寸，门神一副、对联一联。迪光殿前面槅扇四扇、后面槅扇四扇，框各高八尺九寸五分、宽五寸，槅扇心各高五尺、宽一尺八寸，门神二副、对联二联。东西便门框各高五尺七寸五分、宽四寸，门扇各高六尺、宽一尺九寸，门神二副、对联二联。西顺墙门框高七尺一寸、宽六寸，门扇高七尺三寸、宽二尺三寸，门神一副、对联一联。游廊门框各高六尺三寸、宽二寸七分，门心各高三尺四寸、宽一尺二寸，门神四副、对联四联。净房外门框高六尺二寸七分、宽三寸，门心高三尺四寸、宽一尺零五分，门神一副、对联一联；里门框高五尺三寸五分、宽四寸，单扇门高五尺六寸、宽二尺五寸五分，门神一扇、对联一联。保极宫前面槅扇四扇，框高八尺九寸五分、宽五寸，槅扇心高五尺、宽一尺八寸，门神一副、对联一联；后门框高六尺一寸、宽三寸四分，门心高三尺四寸、宽一尺一寸，门神一副、对联一联。继思斋前面门框高六尺一寸、宽三寸四分，门心高三尺四寸、宽一尺一寸，门神一副、对联一联；后面槅扇四扇，框高六尺九寸、宽五寸，槅扇心高三尺九寸五分、宽一尺九寸五分，门神一副、对联一联。崇谟阁下层前面槅扇四扇、后面槅扇四扇，框各高七尺六寸、宽五寸五分，桶扇心高四尺一寸、宽二尺二寸，门神二副、对联二联；内后廊东西单扇门框各高五尺七寸、宽五寸，门扇各高五尺七寸、宽二尺二寸八分，门神二扇、对联二联；上层前面桶扇四扇、后面槅扇四扇，框各高八尺一寸五分、宽五寸五分，槅扇心各高四尺六寸、宽二尺二寸，门神二副、对联二联。后顺墙门框高五尺九寸、宽五寸，门扇高六尺一寸、宽一尺九寸、门神一副、对联一联。

中，凤凰楼前各门框、门扇尺寸，门神、对联数目：凤凰楼上层槅扇四扇、中层槅扇四扇，框各高八尺一寸、宽五寸，槅扇心各高三尺三寸、宽一尺五寸，门神二副、对联二联。协中斋槅扇四扇，框各高九尺二寸五分、宽五寸五分，槅扇心高五尺三寸、宽一尺九寸，门神一副，对联一联。霞绮楼下层槅扇四扇，框高八尺二寸、宽六寸，槅扇心高四尺五寸五分、宽一尺八寸，门神一副、对联一联；上层槅扇四扇，框高六尺六寸、宽五寸，槅扇心高三尺五寸五分、宽一尺八寸，门神一副、对联一联。师善斋槅扇四扇，框高九尺二寸五分、宽五寸五分，槅扇心高五尺三寸、宽一尺九寸，门神一副、对联一联。日华楼下层槅扇四扇，框高八尺二寸、宽六寸，桶扇心高四尺五寸五分、宽一尺八寸，门神一副、对联一联；上层槅扇四扇，框高六尺六寸、宽五寸，槅扇心高三尺五寸五分、宽一尺八寸，门神一副、对联一联。飞龙阁下层槅扇拾二扇，框各高八尺二寸五分、宽五寸，槅扇心各高四尺八寸、宽一尺八寸，门神三副、对联三联；后板屏门四扇，框高八尺、宽三寸，门扇高八尺二寸，宽二尺二寸，门神一副、对联一联；上层前面槅扇拾二扇、后面槅扇四扇，框各高六尺八寸五分、宽五寸，槅扇心各高三尺八寸、宽一尺八寸，门神四副、对联四联。翔凤阁下层槅扇拾二扇，框各高八尺二寸五分、宽五寸，槅扇心各高四尺八寸、宽一尺八寸，门神三副、对联三联；后板屏门四扇，框高八尺、宽三寸，门扇高八尺二寸、宽二尺二寸，门神一副、对联一联；上层前面槅扇拾二扇、后面槅扇四扇，框各高六尺八寸五分、宽五寸，槅扇心各高参尺八寸、宽一尺八寸，门神四副、对联四联。东西门罩门框各高八尺一寸五分、宽七寸五分，门扇各高八尺四寸、宽四尺，门神二副、对联二联。清宁宫女墙便门框高五尺八寸、宽五寸，门扇高六尺一寸、宽一尺八寸，门神一副、对联一联。后基墙下碾磨房门框各高五尺三寸五分、宽三寸五分、门扇各高五尺五寸五分，宽一尺四寸，门神二副、对联二联。后仓过道门前后门框各高七尺三寸五分、宽五寸五分，门扇各高七尺七寸、宽三尺三寸，门神二副，对联二联”⑲。总计门神 75 副外加 4 扇，对联 79 联。经在各处门口张挂门神和对联，给新修的宫殿增添了色彩，庄严肃穆中不乏情趣。

中路建筑修建工程作为陪都宫殿工程，备受清政府重视。为了保证工程质量和顺利完成，特地从京城派遣具有从事皇家工程四十余年经验的郎中胡常保监修，而且“修建盛京宫殿之各种工匠，均系胡常保自京城带至；所有料估例项，亦系彼由京城抄录；核减料估之人，亦系其下人”⑳。可见其职权之大。但由于胡常保对其属下人等管理上的疏漏，肇致料估人杨育德等营私舞弊。乘招收匠夫之机措贿勒措，借采买物料之便收受回扣。仅据杨育德供称，就有“五次向木匠师张林借银一百七十八两，七次收受石匠师赵海荣之银八十二两八钱，三次收受浆匠师于华龙之银二十四两，三次收受工匠师刘德正之银二十一两，一次收受画匠师康冲之银十两，二次收受画匠师吴全之银六两，二次接受漆匠师李石万之银六两”[21]。又石匠师赵海荣在一次支取工料银一千两后，竟拿其中二百两向杨育德行贿。至乾隆十二年九月案发后，尽管胡常保一再否认知情，但究属失职，因此被革职查办。另外，在工程进行过程中，亦有工料拖欠现象。修建宫殿工程所需瓦件数量巨大，估算用银二万余两。此项瓦件的烧制任务，由将军达勒当阿交付隶属盛京工部世袭管理黄瓦窑烧制琉璃瓦供应修理陵寝宫殿之用的五品官侯瑗承办，但是宫殿工程所需物件，屡经严催，现崇政殿等处所需梁木等项还是迟迟未运至工程处。于是，乾隆十二年将军达勒当阿纠参侯瑗“物件不齐，延误工程，致使本年不能竣工，迟误之咎，实难宽免”。[22]与此同时，将军达勒当阿仍令侯瑗将此项未完物件从速烧造运至工程处，以便次年春季开工使用。

由于侵吞工程款项和拖欠工料事件的发生，不仅延缓了工程进度，而且在一定程度上也影响了工程质量。

修建工程开始后，为了保证宫内各种物件及施工现场的安全，采取了必要的防范措施。原先在中路“宫殿外墙北面二角设堆拨二处，南面东西二栅门设堆拨二处，大清门设堆拨一处，门内宫殿四周设堆拨四处，内外旧有堆拨共九处”，[23]由盛京内务府三旗委派披甲 630 名，每处堆拨派兵 70 名，分为 7 班，每班兵 10 名轮流看守。乾隆十年拆除中路宫殿外墙，以及翌年春拆毁翔凤楼、飞龙阁、银库等建筑后，经将军阿兰泰奏准，增设堆拨 9 处，连同旧有堆拨 9 处，共计堆拨 18 处，酌量增派官兵分三班昼夜巡查。另外，大政殿院内，原先有盛京工部六品官 1 员、额兵 10 名看守。大政殿后面銮驾库改建期间，亦临时增设堆拨 2 处，由盛京将军衙门选派官兵 2 名、兵 16 名，分班巡查。至乾隆十一年底宫殿外围红墙重新建成后，遵旨撤销了 18 处堆拨中的 6 处，其余 12 处作为永久性堆拨，额定官兵 720 名，分六班入值。

三、中路建筑之修缮

乾隆十三年竣工的中路建筑，因施工质量及建筑材料等问题，只经过三四年时间就出现了头停瓦陇灰土爆落、内里糊饰因潮湿裂、檐下油画颜色剥落、甬路海墁砖块碱坏等现象，需要加以修缮，乾隆十七年底，盛京将军阿兰泰趁进京陛见之便，面奏陈明，请求委派原先监修中路宫殿工程的原任郎中现任催总胡常保到盛京承办一应粘补、陈设事项，奉旨允准。

乾隆十八年，将军阿兰泰会同盛京工部侍郎觉罗吴拜，率领催总胡常保、佐领法保、沙尔汉，并从前随办之佐领王玺、主事傅璐等，一一验看理应修补处所，有“清宁宫一座，共五间，头停瓦陇灰土爆落，应夹陇捉节；前檐廊内地面并月台地面砖块碱坏，应起拆重墁；其内里顶格等件，应糊饰见新。

凤凰楼一座，计三间，头停瓦陇灰土爆落，应夹陇捉节。

关雎宫、麟趾宫二座，各计五间，衍庆宫，永福宫二座，各计五间，配宫二座，各计三间，头停瓦陇灰土爆落，应夹陇捉节；其琉璃瓦料间有破损者，应行粘补换新。

大清门一座，计五间，头停瓦陇灰土爆落，应夹陇捉节；地面砖块碱坏，应起拆重墁；前后檐下油画颜色爆裂糙旧，应重油画见新。文德坊、武功坊二座，油画颜色爆裂糙旧，应重油画见新。

清宁宫院内海墁砖块碱坏，应起拆添换重墁。

崇政殿一座，计五间，头停瓦陇灰土爆落，应平陇捉节。两山墙里皮颜色剥落，应行刷新。左右翊门二座，各计三间，头停瓦陇灰土爆落，应夹陇捉节。

飞龙阁、翔凤阁二座，各计五间，日华楼、霞绮楼二座，各计三间，师善斋，协中斋二座，各计五间，山檐槛墙外皮砖块内有碱损者，应剔凿补砌。

音乐亭二座，门罩二座，头停瓦陇灰土爆落，应夹陇捉节。

内外甬路海墁散水砖块内有碱损者，应行挖补。

东所敬典阁一座，计三间，头停瓦陇灰土燥落，应夹陇捉节。

山墙扇面墙群肩外皮砖块内有碱损者，应剔凿补砌；檐下飞檐椽望等件油画颜色稍有剥落，应行粘补油画；其内里顶格等件，应糊饰见新。

颐和殿一座，计三间，头停瓦陇灰土爆落，应夹陇捉节；山墙群肩外皮砖块内有碱损者，应剔凿补砌；檐下飞檐椽望等件，油画颜色稍有剥落，应行粘补油画；其内里顶格等件，应糊饰见新。

介祉宫一座，计五间，头停瓦陇灰土爆落，应夹陇捉节，山墙群肩外皮砖块内有碱损者，应剔凿补砌；檐下飞檐椽望等件，油画颜色稍有剥落，应行粘补油画；其内里顶格等件，就糊饰见新；净房一间，头停瓦陇灰土爆落，应夹陇捉节；山檐槛墙外皮砖块内有碱损者，应剔凿补砌；檐下飞檐椽望油画颜色稍有剥落，应行粘补油画；内里顶格等件，应糊饰见新。

垂花门一座，头停瓦陇灰土爆落，应夹陇捉节。檐下飞檐椽望等件，油画颜色稍有剥落，应行粘补油画。

值房二座，各计三间，头停瓦陇灰土爆落，应夹陇捉节；山墙群肩外皮砖块内有碱损者，应剔凿补砌；檐下飞檐椽望等件，油画颜色稍有剥落，应行粘补油画；其内里顶格等件，应糊饰见新。

前琉璃宫门一座，后坡拔檐些微张裂，应揭瓦，后檐拆砌修理；其余瓦陇灰土爆落，应夹陇捉节；过木颜色剥落，应行油饰。

后琉璃宫门一座，头停瓦陇灰土爆落，应夹陇捉节；其过木颜色剥落，应行油饰。

颐和殿东角门过木等件糟朽，应拆修；头停添换；甬路海墁散水砖块内有碱损者，应行挖补；看墙等墙头停瓦陇灰土爆落，应夹陇捉节；其群肩外皮砖块内有碱损者，应剔凿补砌。

西所崇谟阁一座，计三间，头停瓦陇灰土爆落，应夹陇捉节；山檐槛墙外皮砖块内有碱损者，应剔凿补砌；檐下飞檐椽望等件，油画颜色稍有剥落，应行粘补油画；其内里顶格等件，应糊饰见新。

迪光殿一座，计三间，头停瓦陇灰土爆落，应夹陇捉节；山墙群肩外皮砖块内有碱损者，应剔凿补砌；檐下飞檐椽望等件，油画颜色稍有剥落，应行粘补油画；其内里顶格等件，应糊饰见新。

保极宫一座，计五间，头停后檐椽望糟朽，应揭瓦修理，其余瓦陇灰土爆落，应夹陇捉节；山墙群肩外皮砖块内有碱损者，应剔凿补砌；檐下飞檐椽望等件油画颜色稍有剥落，应行粘补油画；其内里顶格等件，应糊饰见新。

继思斋一座，计三间，前后飞檐椽望糟朽，应揭瓦修理；其余瓦陇灰土爆落，应夹陇捉节；山墙群肩外皮砖块内朽碱损者，应剔凿补砌；檐下飞檐椽望等件，油画颜色稍有剥落，应行粘补油画；其内里顶格等件，应糊饰见新。

穿堂游廊一座，头停瓦陇灰土爆落，应夹陇捉节，檐下飞檐椽望，油画颜色稍有剥落，应粘补油画。

抄手游廊二座，头停瓦陇灰土爆落，应夹陇捉节；椽望油画颜色稍有剥落，应粘补油画。

净房一间，头停瓦陇灰土爆落，应夹陇捉节；山檐墙群肩外皮砖块内有碱损者，应剔凿补砌；檐下飞檐椽望，油画颜色稍有剥落，应行粘补油画；其内里顶格等件，应糊饰见新。

垂花门一座，头停瓦陇灰土爆落，应夹陇捉节；檐下飞檐椽望等件，油画颜色稍有剥落，应行粘补油画。

值房二座，各计三间，头停瓦陇灰土爆落，应夹陇捉节；山墙群肩外皮砖块内有碱损者，应剔凿补砌；檐下飞檐椽望等件，油画颜色稍有剥落，应行粘补油画；其内里顶格等件，应糊饰见新。

琉璃宫门一座，头停瓦陇灰土爆落，应夹陇捉节；其过木颜色剥落，应行油饰。

甬路海墁散水砖块内有碱损者，应行挖补。

看墙等墙头停瓦陇灰土爆落，应夹陇捉节；其群肩外皮砖块内有碱损者，应剔凿补砌。

其台阶踏跺等项石料些微闪裂处所，并一应零星粘补之处，俱在估计银数之内，酌量粘补”㉔。

以上应行修补处所，经过按例详加确估，共需工料银一千九百六十八两一钱四分一厘九毫，由盛京内务府库贮银内支领应用，各色颜料并架木由盛京工部领用。至于不敷琉璃瓦料，则交付盛京工部黄瓦厂自行照例估计领银烧造应用。

乾隆十八年六月，中路建筑的维修工程兴土动工，由催总胡常保负责监修，于是年底竣工。经过这次比较全面精心的维修，弥补了上次修建工程质量上存在的一些缺憾，使宫殿建筑群更为坚固壮丽。可以说，此次维修工程是十分必要和及时的，对保护宫殿建筑群具有重要作用。

注释：

①②⑦中国第一历史档案馆藏军机处满文录副奏折756—9。（本文所引档案，均为中国第一历史档案馆藏，以下从略）

③④⑤⑥军机处满文录副奏折756—8。（原件满汉合璧，但汉文不全）

⑧军机处满文录副奏折52—1。（原件满汉合璧）

⑨军机处满文录副奏折52—2。

⑩光绪朝《钦定大清会典事例》卷958。

⑪㉓军机处满文录副奏折765—2。

⑫军机处满文录副奏折756—3。

⑬军机处满文录副奏折767—1。（原件满汉合璧）

⑭《黑图档》乾隆十年京行档之一。转引自铁玉钦主编《盛京皇宫》。

⑮军机处满文录副奏折768—1。

⑯军机处满文录副奏折765—3。

⑰军机处满文录副奏折769—1。

⑱军机处满文录副奏折1560—19。

⑲军机处满文录副奏折106—8。（清单原件系汉文）

⑳㉑军机处满文录副奏折915—10。

㉒军机处满文录副奏折36—15。

㉔军机处满文录副奏折772—2。（清单原件系汉文）

清代“塔里雅沁回子”东迁呼伦贝尔开垦种田始末

“塔里雅沁”系蒙古语，又称“塔兰沁”，意为种田者。准噶尔蒙古统治新疆天山南北时，将世居天山南部和部分迁到伊犁地区的维吾尔族人，统称“塔里雅沁回子”。18世纪中叶，清朝统一新疆天山南北之初，仍将新疆以种田为生的维吾尔族人称为“塔里雅沁回子”。清乾隆年间，曾挑选部分“塔里雅沁回子”东迁到呼伦贝尔地方开垦种田。这部分“塔里雅沁回子”东迁到呼伦贝尔地方开垦种田的历史，在史籍中一般不见记载，即便提及，亦寥寥数笔，很不详尽。本文依据中国第一历史档案馆所存军机处满文档案，对“塔里雅沁回子”迁至呼伦贝尔地方开垦种田的起因、经过和结果作一论述，以期弥补史籍记载之不足。

一、“塔里雅沁回子”迁至呼伦贝尔开垦种田的起因

呼伦贝尔地处我国东北，地域辽阔，水草丰美，是优良的天然牧场。同时，呼伦贝尔地方与俄罗斯接壤，战略地位十分重要。雍正十年（1732），清廷为了加强该地的防务力量，从布特哈地方抽调索伦（即今鄂温克族）、达斡尔（不久，又遣回布特哈地方）和巴尔虎蒙古等兵丁3000名，携眷移驻呼伦贝尔，编设佐领①。雍正十三年（1735），巴尔虎蒙古自漠北移驻呼伦贝尔，从中挑选壮丁2400名披甲，分为八旗，编设佐领②，称之为“新巴尔虎”。另外，清廷将“投诚”的一部分厄鲁特蒙古也移驻呼伦贝尔，编设旗分佐领。这些兵丁作为驻防八旗的组成部分，平时坐卡巡边，守卫疆土，遇有战事，则

出征作战。按规定，这些兵丁不食俸米，只领半个饷银，当奉命出差或出征时，才支给一定量的整装银、盐菜银和食粮。所以，他们在无事之时必须牧放牲畜，捕鱼狩猎，并耕种少量农作物，以供养家口。

当时移驻呼伦贝尔的兵丁，设总管管理，归黑龙江将军统辖。乾隆二十年（1755），时任呼伦贝尔总管的瑚尔起奉命率领索伦等官兵出征新疆。乾隆二十四年（1759）底，清朝最终统一了新疆天山南北。在出征新疆期间，瑚尔起因战功卓著，升授正白旗蒙古副都统，但仍领呼伦贝尔出征官兵[③]。乾隆二十五年（1760），瑚尔起率领呼伦贝尔出征官兵凯旋。

在外征战五年，瑚尔起率领凯旋官兵抵达呼伦贝尔后发现，当地索伦、巴尔虎等兵丁的生计维艰，不少人竟然没有牲畜，靠捕鱼为生，甚至有人乞讨度日。目睹此情，瑚尔起从呼伦贝尔返回北京后，于乾隆二十五年（1760）八月十一日，具折奏称："此次奴才护送兵丁到呼伦贝尔地方看得，索伦、巴尔虎兵丁生计，较前甚属凋敝，或无牲畜，靠捕鱼为生，或乞讨度日。遂经询访得知，近几年干旱，粮食无获，加之冬天雪大成灾，牲畜倒毙甚多。今虽存留少许牛羊，但驼马甚少，尚不敷当差乘骑。查呼伦贝尔地方，距俄罗斯边界不足二百里，远离于山，地处旷野。以往数年，因干旱无雨，粮食歉收，且狩猎处所相距甚远，无法与布特哈地方相比。奴才瑚尔起荷蒙皇恩厚重，得知兵丁之困苦，若意以为如今奴才仰赖皇恩得以安生，事不关己，而不陈述所见，但恐待至此项兵丁贫困潦倒后，再行办理，极为费力，且与边界要务，亦无裨益。呼伦贝尔地方，河流泉水甚多，不计其数，相应恭请圣恩，从新降塔里雅沁回子内，挑取会灌溉地亩者一百名，饬交该处分别安插，责令旗佐，将有无牲畜者混编耕作，教习灌溉种田，俟有粮食收获，便不至于宰杀牲畜食用。数年之间，即可得以缓解，食粮充足，牲畜繁衍，兵力强盛，庶与边界，亦有益处。是否可行，伏乞圣主睿鉴。为此谨具奏闻。请旨。"[④]从这份奏折中可以看出，瑚尔起十分重视呼伦贝尔兵丁生活日益困难的问题，认为若不采取措施改善其生活条件，将会危及该地区的防务。瑚尔起的见解，本该是十分正确的，但其对造成生活贫困原因的分析，具有一定的局限性，只看到了天灾造成的困难，却忽视了另外一个很重要的原因，即从乾隆二十年（1755）清朝重新用兵新疆开始，至乾隆二十四年（1759）最终统一新疆天山南北为止，在这短短的五年时间内，清政府先后从黑龙江选调索伦兵丁共6950名出征[⑤]，其中不少兵丁就抽调自呼伦贝尔。大量壮丁的应调出征，必然导致当地生产力水平的下降，影响农牧业生产的正常进行，造成居民生活条件的恶化。

至于瑚尔起为了解决呼伦贝尔兵丁生活贫苦问题而提出的建议是否可行，乾隆帝接阅瑚尔起奏折后，并未立即明确表态，只令军机处大臣等议奏。乾隆二十五年（1760）八月二十一日，军机处大臣傅恒遵旨议奏称："查得，呼伦贝尔地处黑龙江极边，彼处居民，俱以畋牧为生，近几年被灾，牲畜亏损，生计较前萧条。伊等本系按蒙古方式生活之人，若酌量赏给牲畜孳生，数年之后，即可自行宽裕，庶与伊等生计有益。今若委派回子，教习伊等种田，不仅不能即可获益，且索伦等皆沾染汉习后，抛弃其原维生之道，亦在所难免。然伊等之生计，诚如贫苦至极，赏给少许牲畜，亦岂能孳生，必被食用殆尽。务俟种田收粮后，方利于生计。现在解往肃州等地赏给官兵及发配青州等地赏给民人为奴之塔里雅沁回子甚多，从中挑选会灌溉种田者百余人，派往呼伦贝尔，教习索伦等种田，亦未尝不可。唯如何办理，方令其生计得到实效，臣等未便揣度定夺。谨请将此，敕交将军绰尔多等，依据彼处习俗，体察地方情形，将或仍令放牧孳生有利于生计，或令耕种地亩有利于生计之处，定议具奏。俟奏到之日，再行议奏。为此具奏。请旨。"[⑥]这样，对瑚尔起的建议，军机处大臣傅恒遵旨议奏的结果，既没有完全赞同，也没有彻底否定，只提出了一些质疑。同时，傅恒向乾隆帝提出了建议，即将或仍令放牧，或令耕种地亩之处，交黑龙江将军绰尔多等，根据当地的实际情况，拟定具奏。也许是乾隆帝认为这样做过于周折，在接阅傅恒的议复折后，即刻降旨曰："此事，著照瑚尔起原奏施行。瑚尔起即以副都统补授呼伦贝尔总管，承办此事。"[⑦]这就表明乾隆最终采纳了瑚尔起的建议，同意挑选100余名“塔里雅沁回子”东迁呼伦贝尔地方，教习索伦等灌溉种田，解决当地居民生活贫困的问题。同时，为了办好此事，乾隆帝还将瑚尔起重新补授呼伦贝尔总管，具体负责办理有关事务。

二、“塔里雅沁回子”迁至呼伦贝尔开垦种田的经过

清廷在用兵新疆期间，将一部分投降和俘获的“塔里雅沁回子”等人，连同家眷内迁到甘肃肃州等地，分赏给当地官兵。乾隆二十四年（1759）十月，乾隆帝降谕曰：“齐凌扎布所解乌沙克、伯得格尔、塔里雅沁等回众，已谕送至肃州，分赏官兵。但伊等素染恶习，今虽从宽免死，仍须严加防范。著传谕杨应琚、吴达善，分赏此等回子时，必离其党羽，每处以十人为率，不可过多。”[8]乾隆二十五年（1760）二月，齐凌扎布奉命将回众解到肃州，并具折奏称：“解送之伯得格尔、塔里雅沁、乌沙克等回子等，由阿克苏至库尔勒中间脱逃男丁十六名，又在吐鲁番、辟展等地落后行走之男妇三十一名口，据素赉瞒咨，现在拿获二十人，由哈密递解。今解至肃州者共七百九十余名口，已交与吴达善。”[9]解送肃州等地的“塔里雅沁回子”多属随大小和卓叛乱者，当投降或被俘后，“从宽免死”，解送内地赏给官兵为奴，分散安置，以防滋生事端。

当决定选取“塔里雅沁回子”迁往呼伦贝尔种田之后，于乾隆二十五年（1760）八月二十八日，军机处大臣傅恒具奏：“查应行发往之回子等，解送肃州等地赏给官兵之回子甚众，若从中挑取百余名，尽可足数。今虽已过种田时节，若令即今挑取办理，陆续启程，逐程缓行，俟到达时，亦系明岁种田之期，请交陕甘总督，由解送肃州、甘州等地赏给官兵为奴之塔里雅沁回子内，选取会灌溉种田者一百名，分编数起，连同其妻子解送，教习索伦、巴尔虎等耕作。将伊等放往时，酌量五六人拨给台车一辆，送至京城。兵部接之，亦照此办给台车，令其赶种田之期，送赴呼伦贝尔。”[10]经奉旨准行，由兵

部咨文陕甘总督吴达善，要求按照军机处大臣傅恒所奏，从速办理挑取肃州等地“塔里雅沁回子”迁往呼伦贝尔事宜。

乾隆二十五年（1760）十月初九日，陕甘总督吴达善接到兵部咨文后，经与有关官员协商，“委派肃州镇属都司八燕保前赴甘、凉、宁夏一带，在于分赏过满汉各营官兵塔里雅沁等回子内，挑取年力精壮、善于耕作之回子一百名，并伊等妻子一并查出，令地方官照依节次送京夷人之例，给与口粮、车辆。将甘、凉挑出回子送到兰州，并宁夏挑出回子，由固原送至平凉府，等候汇同前往”。⑪从甘州、凉州和宁夏等地，选取“塔里雅沁回子”100户，共计200口人，在平凉府集中后，分编为三起：第一起30户，67口，由兰州营把总冯起云押解；⑫第二起34户68口，由兰州营把总萧元璧押解；⑬第三起36户，65口，由河州镇千总关信押解。⑭这三起“塔里雅沁回子”，于当年十一月，乘坐官办拨给的车辆，从甘肃的平凉府依次启程，经由台站路赶赴北京。凡途经“地方文员，会同营汛，每站各派兵丁十名、衙役十名，逐程接替护送。”⑮分别于乾隆二十六年（1761）正月初二、三、四日，三起“塔里雅沁回子”先后抵达北京。其中第三起的“回男阿里一名，于二十五年十二月二十九日，在清苑县地方生痘病故，实止解到回子三十五户，连本身、家口六十口”。⑯经过短暂的休息后，兵部办给车41辆，委派解送官兵6名、兵丁30名，仍分编三起，由北京起赴黑龙江。乾隆二十六年（1761）三月十三日，三起“塔里雅沁回子”先后抵达黑龙江将军所驻齐齐哈尔城。尔后，由黑龙江将军绰尔多酌派官兵解送到呼伦贝尔地方，移交瑚尔起。⑰

早在乾隆二十五年（1760）十一月初二日，新授呼伦贝尔总管瑚尔起赴任途经齐齐哈尔城时，黑龙江将军绰尔多将其暂留数日，共同商议有关“塔里雅沁回子”安置和种田事宜，并于十一月初八日具奏：“奴才等会同详议得，回子等送至呼伦贝尔地方后，由瑚尔起率领伊等选择堪以耕种水浇田之地耕作，每丁给建房一间。彼处木料易得，每建房一间，约计价银五两，一百丁应给房价银共五百两，交给瑚尔起，酌情委派索伦、巴尔虎等协助建房。每丁十名，编设一庄，共设十庄。管带伊等耕种、收割及交粮之员，若委派彼处索伦、巴尔虎官员，则原本游牧之人不谙农事。请从齐齐哈尔八旗领催内，拣选熟悉农事、堪以管束者一名，经引见后，赏给七品顶戴，仍食领催钱粮，派驻呼伦贝尔地方，责成管带十庄回子种田。因该员系驻异地办事，除其应得钱粮外，每月支给盐菜银二两。五年期满，果能勤奋管束，亦照管理齐齐哈尔等处官庄七品官员之例，考成具奏，以骁骑校补用。其所需农具，俟回子等抵达后，经询问清楚，尽其所需，购买运送，应需耕地官牛一百头，按户部奏定齐齐哈尔官庄耕牛买补之价，以每牛价银十一两计，共银一千一百两，交给瑚尔起，预先采买膘壮之牛，妥善喂养，回子等到达后，即行交给种田。查所需籽种，凡墨尔根所产小麦、大麦、燕麦、荞麦、黍子，均适于呼伦贝尔地方。十庄之丁一百名，以每丁支给二仓石计，应支给籽种共计二百石，其中大麦八十石，小麦、黍子各四十石，荞麦、燕麦各二十石。查墨尔根仓向不存贮小麦，相应饬令该副都统鄂布什，按时价采买小麦四十石拨给。其余各项籽种，由彼处仓存粮内动支，兑成新产籽种支给。一百丁每人应给白布一匹、羊皮大衣一件，按时价每匹布折给银九钱，皮衣每件折给银二两。一百户丁置办铁锅等项物品，视其足用，每户折给银二两。此二项共支银四百九十两，亦交给瑚尔起，妥善采办，亲自监督发放。”[18]遂奉旨准行。所有安置事宜，考虑极为细致周全。当100户“塔里雅沁回子”到达呼伦贝尔后，按照先期商议奏准的事项，逐项落实，进行了妥善安置。

乾隆二十六年（1761）三月底，“塔里雅沁回子”抵达呼伦贝尔地方，时值开春种田之际，总管瑚尔起经实地勘察发现，“伊棉河、开拉哩河、辉河等处，与兴安岭相近，地方寒冷。在正白旗巴尔虎游牧内，额布都克布拉克地方温热，土地肥沃，且与喀尔喀河博木巴图喝硕至额布都克布拉克一带，有先前所挖之旧水渠，引喀尔喀河水至额布都克布拉克地方，开垦种田，极为合适。是故，率领种田回子及仿效学习种田之索伦、巴尔虎、厄鲁特等，于额布都克布拉克地方播种小麦、大麦等，疏浚旧有水渠，由喀尔喀河引水达二十余里”。[19]“塔里雅沁回子”和索伦、巴尔虎、厄鲁特并不合种地亩，而是分别种地。在开始种田时，由墨尔根仓支拨大麦、燕麦、荞麦、黍子籽种，共计400石，借给索伦、巴尔虎、厄鲁特等人耕种，并规定两年后归还[20]。至年底，“一百名回子耕种地亩，共收获小麦、大麦、黍子、荞麦一千一百仓石，从中支给一百九十九名回子一年口粮九百五十五石二斗外，剩余一百四十四石八斗，作为籽种贮存。来年籽种尚有缺额，需要在本地补办”[21]。

这一年当中，除疏通旧渠引喀尔喀河水灌溉种田外，还另选地方开挖新渠，以备来年增垦地亩。在额布都克布拉克地方开垦种田后，瑚尔起发现，额布都克布拉克地方与索伦游牧相距稍远，且渠水量少，来年一齐大兴耕种地亩，渠水不敷灌溉。因此，于当年七月，瑚尔起率领官兵，“在索伦游牧内，开挖渠道三十余里，引辉河水至昭额里苏地方，以备来年将索伦、厄鲁特、回子调来此地种田”[22]。

乾隆二十七年（1762），索伦、厄鲁特就近在昭额里苏地方种田，巴尔虎仍在额布都克布拉克地方种田，“塔里雅沁回子”则分在两处种田。关于这一年的收成情况，据总管瑚尔起致黑龙江将军的呈文记载：“本年种田之时教习索伦、巴尔虎耕种水浇地之一百名回子内，有三十余名丁患病脚疼，未能种田，其余六十余名丁，在额布都克布拉克和昭额里苏二处地方种田，共收获小麦、大麦、黍子、荞麦、燕麦一千二百六十九仓石。回子一百八十九口，以每人每月支给四仓石口粮计，应支给一年口粮九百零七仓石二斗。来年种田，需要籽种二百仓石。从收获粮石中扣除此两项后，仍剩余一百六十二石四斗。查回子等去岁迁居呼伦贝尔地方，既教习索伦、巴尔虎等种田，又自已初始垦荒种田，故去岁收成欠佳，勉强能够支付口粮籽种，并无多余粮石，未能立业。本年余粮一百六十二石四斗，请交给回子等补充衣服农具，用以立业。再，去岁经奏准借给索伦、巴尔虎等籽种四百仓石，依照定限，本年秋收后，皆已偿还。”[23]由此可见，这一年，“塔里雅沁回子”种田收成仍不甚理想，不过比第一年要好一些。但其人员情况，则远不如头年，还在开春种田之际，就有30余名丁“患病脚疼”未能耕作，占所有100名丁的三分之一。另外，其总人口为199人，至年底减少了10人。在瑚尔起呈给将军文内，只提及总人数为189人，而未说明减少的原因，疑病故所致。而索伦、巴尔虎等人种田的收成情况，在档案中无明确记载，估计不会好于“塔里雅沁回子”的收成，因为这些人毕竟是刚刚学习耕作水浇之田。

三、“塔里雅沁回子”迁至呼伦贝尔开垦种田的最终结果

乾隆二十八年（1763）开春后，“塔里雅沁回子”仍分别在额布都克布拉克和昭额里苏二处地方种田，索伦、巴尔虎、厄鲁特等人也照旧学习耕作，垦种地亩。至七月初三日，呼伦贝尔总管瑚尔起缮折奏称：“学习种田之索伦、巴尔虎、厄鲁特等，因知晓种田之益处，故今年人人意气奋发，修固水渠，动用人力畜力，较上年多种地亩。今小麦、大麦已开始收割，黍子、荞麦长势甚好。除将秋收情形详报该将军外，率领官兵操演完毕后，冬天无事之际，奴才瑚尔起恭请赴京陛见，奏陈三年间挖渠引水开垦种田情形，聆听训谕。”“七月二十九日奉朱批：知道了。尔理合前来。钦此。”[24]这就表明，瑚尔起对三年间引水种田情况比较满意，而且估计到今年的收成比往年好。所以，他才专折奏请进京陛见，想乘便在乾隆帝前陈述三年之中引水种田的情况，希望得到乾隆帝的嘉奖或肯定。另一方面，乾隆帝批准了瑚尔起的请求。这也说明，乾隆帝希望进一步了解呼伦贝尔地方引水种田事宜。

然而，还未等瑚尔起进京陛见面陈情况，在乾隆帝批阅瑚尔起奏折后的25天，即八月二十四日，军机大臣傅恒就呈进奏折，要求停止呼伦贝尔引水种田之事，并撤回所有“塔里雅沁回子”。军机处大臣傅恒奏曰：“臣等伏思，索伦等向赖狩猎养畜为生，并不务农，自幼即行习猎，及至成年技艺娴熟者甚众。今若令唯勤于农，索伦等只图眼前利益，从习汉俗，日久之后，忘其旧习，弃其技艺，于边界地

方甚属无益。尚将塔里雅沁回子等撤回，令索伦、巴尔虎等仍照旧习狩猎养畜，似属有益。唯此事系属瑚尔起奏准施行之事，故不必问彼。又查得，遣至呼伦贝尔之塔里雅沁回子，均系因罪赏给肃州等地官兵及发遣青州等地后挑取派往者，彼等在呼伦贝尔三年，教习索伦等种地，相应免其罪，交付黑龙江将军国多欢等，将呼伦贝尔现有塔里雅沁回子尽数撤回。现伊犁地方急需种田回子，多多益善。由国多欢等酌情拨给彼等盘费，由彼就近遣往乌里雅苏台，交付成衮扎布等，乘解送羊只之便，支给足够盘费，遣往伊犁，与彼处种田回子等合居。可否之处，俟有旨下，钦遵施行。”[25]奉旨准行。

于是，由军机处咨文黑龙江将军国多欢，按照傅恒所奏停止开垦种田，撤回“塔里雅沁回子”。

乾隆二十八年（1763）九月初九日，黑龙江将军国多欢接到军机处咨文后，即刻转行呼伦贝尔总管瑚尔起，命令着手办理“塔里雅沁回子”启程前往伊犁事宜。此时，“塔里雅沁回子”所种粮食收割完毕，共收获 2102 石 5 斗。从中扣留“塔里雅沁回子”到达乌里雅苏台前应需三个月口粮外，其余粮石均在当地出售，由所得银两内，每户支给置办车辆及整装银各 1 两 5 钱。原先拨给的 100 头耕牛，倒毙 15 头，剩余 85 头外，再拨给 15 头牛，作为驾车牲畜。其使用的农具，均交给了当地的巴尔虎等人。[26]当时在呼伦贝尔的“塔里雅沁回子”98 户，壮丁 106 名，妇女 66 名，男孩 22 名，女孩 14 名，共计大小人口 208 名，在护送官兵的带领下，乘驾牛车，十月二十日启程，途经喀尔喀车臣汗部、土谢图汗部、三音诺颜汗部，大约在乾隆二十九年（1764）二月上旬，抵达乌里雅苏台地方。他们得到接济的三个月口粮和 35 头牛后，二月二十七日，由乌里雅苏台启程，前往乌鲁木齐。自乌里雅苏台至乌鲁木齐，道路难行，加之青草尚未长出，驾车牲畜内疲瘦或倒毙者较多，行至霍博克地方，无法继续行进。在此受困之际，正好遇到前来贸易的哈萨克，“塔里雅沁回子”就用随身携带的衣物，换取哈萨克马 30 余匹，才得以继续前行。于六月十二日，行抵乌鲁木齐附近的呼图壁地方。经乌鲁木齐参赞大臣旌额理派员了解发现，由乌里雅苏台前来途中，倒毙牛69头，而所剩官私牛马41头匹，也都疲瘦不堪使用。其人众掉队失踪4人，病故1人，203人尚健在。为了保证这些“塔里雅沁回子”安全抵达伊犁，乌鲁木齐参赞大臣旌额理接济马60匹，并支给40天口粮，委派官兵护送。六月十八日，由呼图壁启程[27]。七月二十日，抵达伊犁[28]。经伊犁将军明瑞奏准，从呼伦贝尔迁来的“塔里雅沁回子”94户，共204人，安置在巴尔托海地方，按“回屯”之例种田纳粮。

综上所述，清廷为了解决呼伦贝尔驻防官兵生计贫困的问题，不惜花费人力和财力，千里迢迢，从甘肃甘州等地迁移“塔里雅沁回子”，到呼伦贝尔地方开垦种田，向索伦、巴尔虎等官兵教习耕作技术，但只经过三年时间，事情尚未得到明显实效，便停止了开垦种田，撤回所有“塔里雅沁回子”。究其原因，主要有以下三点，一是清统治者唯恐索伦、巴尔虎等官兵弃牧务农，丧失骁勇善战的技能，从而不利于边疆地区的防务；二是呼伦贝尔作为草原地区，适合于畜牧业生产，特别是在当时的生产力和技术条件下，无法提高农业产量；三是首席军机大臣傅恒自始至终不赞同在呼伦贝尔地区开垦种田，主张持续发展畜牧业生产，保持当地居民的生活习俗。清政府在呼伦贝尔开垦种田的尝试，虽然仓促收场，但从清政府的角度讲，仍有主观上的积极意义。

注释：

①《清世宗实录》卷117，第11页。

②《清世宗实录》卷146，第7页。

③《清史稿》卷316，第10719页。

④中国第一历史档案馆藏：《军机处满文录副奏折》1835-028。

⑤沈斌华等著：《鄂温克族人口概述》，第27页，内蒙古大学出版社1991年版。

⑥中国第一历史档案馆藏：《军机处满文录副奏折》1834-038。

⑦中国第一历史档案馆藏：《军机处满文录副奏折》1834−038。

⑧《清世宗实录》卷599，第52页。

⑨《清世宗实录》卷607，第7页。

⑩中国第一历史档案馆藏：《军机处满文录副奏折》1836−018。

⑪中国第一历史档案馆藏：《军机处满文录副奏折》1861−049。此件原件系汉文。

⑫中国第一历史档案馆藏：《军机处满文录副奏折》1862−009。

⑬中国第一历史档案馆藏：《军机处满文录副奏折》1862−007。

⑭中国第一历史档案馆藏：《军机处满文录副奏折》1862−008。

⑮中国第一历史档案馆藏：《军机处满文录副奏折》1861−049。

⑯中国第一历史档案馆藏：《军机处满文录副奏折》1862−008。此件原件系汉文。

⑰中国第一历史档案馆藏：《军机处满文录副奏折》1887−006。

⑱中国第一历史档案馆藏：《军机处满文录副奏折》1852−002。

⑲中国第一历史档案馆藏：《军机处满文录副奏折》1887−006。

⑳中国第一历史档案馆藏：《军机处满文录副奏折》1852−002。

㉑中国第一历史档案馆藏：《军机处满文录副奏折》1901−004。

㉒中国第一历史档案馆藏：《军机处满文录副奏折》1901−001。

㉓中国第一历史档案馆藏：《军机处满文录副奏折》1993−026。

㉔中国第一历史档案馆藏：《军机处满文录副奏折》2041−014。

㉕中国第一历史档案馆藏：《军机处满文月折档》886−1。乾隆二十五年，迁到呼伦贝尔种田者，均从甘肃州等地挑取派往，并未从山东青州挑取派往，傅恒在此的提法有误差。

㉖中国第一历史档案馆藏：《军机处满文录副奏折》2064−028。

㉗中国第一历史档案馆藏：《军机处满文录副奏折》2095−015。

㉘中国第一历史档案馆藏：《军机处满文录副奏折》2101−029。

土尔扈特汗渥巴锡部众东归后拨地安置始末

明末清初，土尔扈特蒙古逐水草西迁至伏尔加河流域定居，百余年后，土尔扈特部众在其首领渥巴锡的带领下，举部东归。这支东归队伍，分别由土尔扈特、和硕特、辉特部的人众组成，其中绝大多数是土尔扈特部众，而直属渥巴锡的部众又占土尔扈特部众的多数。清廷极为重视对土尔扈特来归部众的安置工作，其中渥巴锡部众最后定居珠尔都斯草原，就是清廷几经周折、变通办理的结果。围绕渥巴锡部众的安置事宜，在清宫留下了包括办理地方事务大臣奏折、皇帝谕旨在内的大量满文档案，清楚地反映了清廷安置渥巴锡部众的全过程。然而由于这些档案深藏宫闱，落寂多年，到目前为止对这段历史的研究尚难深入。本文依据这些未曾公之于世的珍贵历史档案，对安置渥巴锡部众于珠尔都斯的起因、经过及其意义试做探讨，以求方家指正。

一、在天山北部的斋尔等地暂行安置及其经过

乾隆三十六年（1771）三月，署理定边左副将军车布登札布奏报俄方派人来告土尔扈特举部东归这一消息后，清廷就开始考虑指地安置问题。起初由于不知道东归人数的多寡，伊犁将军伊勒图提出如果来的人数在数千之内，即在伊犁附近地方安置；如果人数较多，则将其首领遣往朝觐，然后留在京城，其部众或安置在所辖察哈尔地方，或安置在内扎萨克蒙古地方。乾隆帝认为伊勒图极其不明事理，

只想躲避了事，指出应安置土尔扈特人众于额尔齐斯河一带，而让土尔扈特首领朝觐，只是意在开导晓谕，命其严加管束部众。不久，塔尔巴哈台参赞大臣安泰得知要将来归人众安置于其所辖地方，也以塔尔巴哈台地方储备之粮无多，且靠近俄罗斯边界，提出安置于天山迤南或伊犁地区。安泰这种逃避责任的态度，同样遭到了乾隆帝的严厉训斥。乾隆帝认为，既不能安置于天山南部，也不能安置于伊犁附近地方。因为伊犁地方控扼天山南北，此前业已移住满洲、锡伯、索伦、厄鲁特官兵，已无更多闲地可供安置，况且伊犁地方靠近哈萨克、布鲁特，不便防范逃窜。可以说，如此限定的结果，也只有天山北部离伊犁稍远的某个地方可以安置。随着土尔扈特部众的陆续来归，及至六月十八日，乾隆帝在颁降伊犁将军伊勒图等人的上谕中讲："若此辈一齐前来，我等尚需略加考虑，将伊等分散安置。今此辈各自行走，相继而来，我等办理之际，无需费力。此辈之中，若有杜尔伯特、乌梁海之人，除即安置于杜尔伯特、乌梁海地方外，土尔扈特、绰罗斯等人，理应另行指地安置之。指地安置时，若安插伊犁之哈沁、沙喇伯勒等地，则与西界较近，易于伊等逃窜；乌鲁木齐附近之地，又临近我巴里坤驿道，均不得安置伊等。朕惟，若将伊等安置于塔尔巴哈台以东，科布多以西，额尔齐斯、博罗塔拉、额敏、斋尔等地，方善。"①从这道上谕中不难看出，清廷对西迁百余年后回归的土尔扈特部落是抱有一定戒心的，由于担心土尔扈特人再次迁走，故而不敢安置于靠近边界的地方；同时又担心土尔扈特人对安全构成威胁，因此也不敢安置于通往内地的乌鲁木齐、巴里坤这些军事重镇附近。应当说，这道上谕是乾隆帝经过深思熟虑后形成的较为成熟的想法。在时隔数日之后，乾隆帝再次谕令伊勒图，强调务使土尔扈特部众住于博罗塔拉、额尔齐斯、斋尔这些远离重要城镇，不妨碍台站交通，且与哈萨克、喀尔喀蒙古等换取牛羊近便的地方。

除了在具体地点上考虑安全之外，针对土尔扈特部众的安置问题，清廷有一贯的策略，就是要分散安置，互不统属，各管其众。这一方面是出于接济方便的考虑，另一方面是出于安全的考虑，其目的是“以分其势”。渥巴锡、策伯克多尔济本是汗王之后，乾隆帝打算等他们到木兰朝觐之后，均皆分封，各管其众，互不兼辖。因此要求伊勒图等在办理过程中，必须遵循这一原则，务使土尔扈特人分地而居，各个游牧地之间须有一定距离，使之互不相干。伊勒图等遵照乾隆的旨意拟定了安置方案并具折奏称：“新旧土尔扈特人众由和布克赛尔、斋尔直至额尔齐斯依次安置，和硕特人众安置于额林哈毕尔噶之古尔班济尔噶朗等地。除此之外，又有绰罗斯、辉特人众及跟随喇嘛等、因无台吉而兼附于现归台吉等之人众，彼等均为小股，各自人数原本无多，倘兼附土尔扈特安置，或兼附和硕特安置，则土尔扈特、和硕特二部人口众多，久而久之，以此等小股人等为彼等所带回，必为彼等所兼并，于事无益。经奴才等商议，将此人众，均令暂住伊犁，遣派侍卫、员弁照料，供应口粮，候旨办理。”②就是说，除了留在伊犁的一部分人和遣往额林哈毕尔噶之古尔班济尔噶朗的和硕特人以外，其余土尔扈特人众要依次安置在自和布克赛尔、斋尔至额尔齐斯一带地方。这一安置方案，因符合乾隆帝的意图获准实施。

乾隆帝考虑到时任伊犁将军的伊勒图办事经验不多，且不懂蒙古语，故命办事经验丰富、又略懂蒙古语的钦差大臣舒赫德署理伊犁将军，而将伊勒图调任乌什参赞大臣，后又调任塔尔巴哈台参赞大臣。同时，对陆续到来的土尔扈特部众，随到随接济，随到随安置。东归队伍出发时，“土尔扈特人众约为三万数千户、十五万余口，和硕特人众二千余户、一万余口，又绰罗斯、辉特及跟随喇嘛等二千户、近一万口”，③共计17万人，回归途中折损过半，最后渡过伊犁河的有15 793户、66 073人。其中，渥巴锡部众在渡伏尔加河时，“其部众原为二万余户、十一万余口，今已渡伊犁河者，计有八千二百五十一户、三万五千九百零九口”。④如此众多的人口，要顺利移往斋尔等地亦非易事。据当时的统计，对陆续抵达伊犁地区的土尔扈特、和硕特等部众，动用当地从哈萨克易获之羊10 000余只、仓存粮食10 000石，每十人给羊一只，每人给粮一斗，以作路途口粮。

委派满洲协领巴虎、前锋协领胡图克、防御八十四，厄鲁特额外副总管博罗胡尔噶、佐领萨音讷木库、额外佐领巴图锡等员，自乾隆三十六年（1771）六月十七日开始，督率土尔扈特部众渡过伊犁河，陆续迁往斋尔地方。又委派满洲佐领胡图可、厄鲁特额外佐领博罗辉等员，督率和硕特部众渡过伊犁河，迁往乌鲁木齐所属古尔班济尔噶朗地方⑤。

当土尔扈特部众尚在前往安置地途中时，伊勒图考虑到分别安置各指定地点后接济粮食较为困难，于是奏称："现遣往和布克赛尔、斋尔、济尔噶朗等地人等，复由塔勒齐散给口食羊只。惟看得，彼等极为疲惫者众，有牲畜者寡，况又羸瘦。奴才等适才所奏由和布克赛尔至额尔齐斯依次安置地方，距斋尔较远，倘若务将彼等送至指定地方，难免路途又复受损。斋尔地方尚属宽敞，彼等之牲畜无多，尚可暂行居住，况距塔尔巴哈台又近，便于接济彼等口粮。倘若塔尔巴哈台粮石不敷，由伊犁、乌鲁木齐接济亦为近便。此等人众，倘准暂住斋尔过冬，明春再行遣往，则便利多多。适才舒赫德在途察看其行走情形后，咨行奴才者亦与此同。故奴才当即札饬安泰，俟土尔扈特部众抵达斋尔，即将彼等暂行尽数安置于彼，接济口粮过冬。"⑥乾隆帝从实际考虑，也赞同伊勒图的这一建议，认为土尔扈特部众经过长途跋涉，备显窘迫，当务之急，应是解决口粮问题，而调运口粮，还需考虑近便，应在斋尔地方暂行集中安置，以便安全越冬。这样，除和硕特部众仍移往古尔班济尔噶朗地方和土尔扈特部众内老弱病残者暂留伊犁调养外，其余人众全部遣往"位于绰尔东北五十里，逾山而至，东北至额敏三百里，地广绕水草"⑦的斋尔地方过冬，其暂住地基本分布情况为渥巴锡部众在博湖图，策伯克多尔济、舍楞部众在纳穆，巴木巴尔、旺丹、博罗、默们图部众分别在楚尔、多罗诺图、乌兰霍托、舒鲁岱等地。

将所有回归人众安顿于暂住地之后，清廷始得考虑这些人的永久居住地问题。自乾隆三十六年（1771）十月至三十七年（1772）正月，经反复斟酌，清廷最后确定来归人众的居住地最终安排：策伯克多尔济部众，移住和布克赛尔；巴木巴尔部众，移住济尔噶朗；默们图部众，移住精河；舍楞部众，移住科布多所属青吉勒等地；和硕特部众，移住珠尔都斯。唯有渥巴锡部众继续留居斋尔地方，而且一部分老弱病残者仍住伊犁调养。

二、在天山北部斋尔居住期间遇到的问题及其解决方案

土尔扈特汗渥巴锡部众被安置于斋尔地方后，远途劳顿虽告结束，但生活上的各种困难却接踵而至。归纳起来，存在如下四种问题：

首先是温饱问题。土尔扈特部众离开伊犁前往斋尔时，按人数领取了粮食和羊作为路途所需盘费。到达斋尔之后，虽然按月发放口粮，但仍不能彻底解决温饱问题，其根本原因有三：一是渥巴锡部众系远道来归，路途历尽艰辛，踏上故土之时已是粮尽炊断，衣不遮体，牲畜殆尽。也就是说，土尔扈特人众几乎不具备任何自救能力，需要依靠他人帮助。二是塔尔巴哈台地方本属极边，物资匮乏，储粮原本无多，当地有限的资源无法满足数万之众生活之需。塔尔巴哈台参赞大臣安泰最初得知数万土尔扈特部众将安置于斋尔，其本能的反应就是塔尔巴哈台所存粮食本是比照当地近两千名驻防官兵的数目储备的，如果按照以每人每日三合三勺粮计，每人每月给粮一斗、十人合给羊一只的标准按月发放，估计土尔扈特人众即便只有五万，当地粮食也只能支撑四个月。何况安泰所制定的标准，按照乾隆帝的说法，十人合给羊一只，作一日之餐尚可足食，要作为一月口粮，谈何容易。三是土尔扈特东归壮举，虽经渥巴锡等人详尽筹划并实施，但中间少了一个重要环节，就是未曾与清廷通信联络。清廷在事先不知情，毫无准备的情况下，面对这一突发事件，做出应急反应，也需要一个过程。清廷在了解了土尔扈特人众的窘境之后，几乎是动员了全国的力量来帮助土尔扈特人渡过难关。据镌刻于至今耸立在承德普陀宗乘之庙院内石碑上的乾隆帝亲自题写的《优恤土

尔扈特部众记》记载，新疆、甘肃、陕西、宁夏及内蒙古等地各族人民捐献物品计有："马牛羊二十余万头、米麦四万多石、茶两万余封、羊裘五万余件、棉布六万余匹、棉花近六万斤、毡庐四百余具。"除此之外，清廷还拨专款采办牲畜、皮衣、茶米等等，尽力接济来归的土尔扈特人众。清廷所做的这些努力，对贫困中的土尔扈特人固然是雪中送炭，但所有运作过程，需要耗时耗力，不可能瞬间齐备。因此，土尔扈特人众所得到的资助是陆续的，存在时断时续的问题。

其次是疾病流行。据署伊犁将军舒赫德奏称："此辈投出之时，正值严寒，隆冬时节从原地起行，至夏季始抵于此，途中又遭兵事，其蒙古包、帐篷等悉被遗弃，风餐露宿，行抵大瀚海数日不得水，故见水则不管其好坏即饮，食倒毙牲畜之肉，腹胀而死。又因汗病死亡者甚多。即便未受穷困饥馑之苦者，亦俱勉强到达。"[⑧]可见，土尔扈特部众到达伊犁之时，已深受疾病侵害。尤其是渥巴锡部众，在回归途中一路冲锋陷阵，其损失最大，病弱伤残者也最多。鉴于渥巴锡部众这一贫病交加的情形，清廷加以区别对待，凡病弱伤残者，约 15 000 余人，一律暂行留在伊犁，安置于伊犁河南岸克特曼、双科尔等地养病，使之免于再受路途颠簸之苦，惟将尚属强壮、能够坚持行走者迁往斋尔。但这部分渥巴锡部众到达斋尔之后，一种不幸突如其来，天花开始在渥巴锡所属部众中流行，本已很脆弱的生命抵御不了瘟疫的肆虐，许多人因此而丧生。渥巴锡的妻子、女儿染患天花，于乾隆三十六年（1771）十月二十二日同日病殁。十一月初三日，渥巴锡的母亲又因染患天花而病殁。到了十一月二十七日，渥巴锡之五岁幼子阿苏盖出天花亡故，最后仅剩一婴儿。渥巴锡部众出天花不已，不断有染患者，而痊愈者极少。此间男女老少 22 490 余口，相继亡故者 3390 余口，次年正月领取口粮人数仅为 19 000 余口。渥巴锡遭此不幸，乾隆帝很是同情，立即谕令护送渥巴锡等从避暑山庄返回游牧地的户部侍郎福康安加以开导安抚，并转赏银两要渥巴锡回至游牧地后用于为其亲人念经超度。还考虑渥巴锡在思想上会有波动，即一是担心渥巴锡面对丧亲之痛会对自己的来归之举产生悔意。二是与其邻近的策伯克多尔济、巴木巴尔等部中并无天花流行，因此怕渥巴锡会怀疑清廷指给自己的牧场不佳，以至于会有过激行动。基于这种考虑，乾隆帝要塔尔巴哈台参赞大臣伊勒图在安抚的同时，须不露声色地加以防范。渥巴锡离开避暑山庄，一路缓行，于乾隆三十七年（1772）正月十二日才返抵其游牧地博湖图，但为避痘疫，并未深入其游牧地，只是住在边缘地带，直至月余之后据报尚未去探视其幸存的婴儿；所属斋桑等来见，也不准进蒙古包，只是命人传话。也许正是这些防范隔离措施，使渥巴锡逃过一劫而得以幸存。这年年底，疾病和天花再次流行，又有不少人死亡。天花不仅夺走了数千人的生命，而且也使幸存者产生了恐慌心理，包括渥巴锡本人在内的部众都不愿再在斋尔居住，他们希望能有更好的生存环境。

再次是畜牧不旺。渥巴锡部众回到故土之时，所带骆驼、马匹、牛羊所剩无几，严重影响了日后牧业生产的发展。清廷通过募捐和购买等手段调集大量牲畜分发给来归之众，仅来归当年分发的牲畜就达 20 万头之多，其中 10 万头牲畜是作为维持生计的孳生牲畜发放的。但正处于贫困中的土尔扈特人并未像清廷期望的那样很好地牧养这些牲畜，而是将大多数牲畜偷杀食用。我们不妨从以下数字了解当时的情况，到乾隆三十六年（1771）底，“巴尔品所管默们图等游牧，孳生牲畜原为一万零四百一十八头，现剩三千六百九十六头，仅剩三分之一；萨喇善所管策伯克多尔济等游牧，孳生牲畜原为七千七百一十九头，现剩一千四百八十余头，仅剩七分之一；阿思哈所管渥巴锡游牧，孳生牲畜原为三万七千四百六十四头，现剩九千二百七十四头，仅剩四分之一”⑨。可见，其牧养牲畜数目在急剧下降。在此暂且不论策伯克多尔济等人游牧牲畜减少的原因，但就渥巴锡部来讲，其原因大致有二：一是给养不足，清廷尽管调拨了大量粮食、牲畜用来接济，但毕竟被接济人口众多，物资供应许多时候还是捉襟见肘。二是在渥巴锡前往避暑山庄觐见乾隆帝期间，代为管束部众的渥巴锡之妻染患天花亡故，部众一时无显要首领管理，外加时值冬季，因此随处移动，各寻背风处躲避风寒，住处逐渐分散，远离了清廷派往管理大臣的驻地，给收束管理带来了难度。尽管管理游牧的大臣等一再嘱令各个斋桑等严加制止，但宰杀孳生牲畜的现象还是屡禁不止。渥巴锡游牧地流行天花期间，许多人由于其亲属患病，将清廷拨发的孳生牲畜偷杀熬汤，用于为患者滋补，也有部分患者分到的孳生牲畜，因无力喂养，被他人盗去偷杀。

等到渥巴锡从避暑山庄回到伊犁，伊犁将军舒赫德将其游牧地的详细情况一一告知，并要渥巴锡回到游牧地后一定要严加管束部众。渥巴锡也不愿坐视盗风日盛，尤其后来发展到偷盗管理游牧大臣等人的马驼，就连渥巴锡自己的坐骑五匹，也在其住处附近被盗，因此采取了一些很严厉的措施。先是将伊犁将军缉获解送的六名盗犯，“在其蒙古包附近责打，灼其左眼，用火镰烙其脸颊”。继而用托忒文颁布两份布告，其中一份写：“盗羊一只以上，其拿获此贼之人，赏以百狮（土尔扈特人众所用货币）；讦告之人，赏以十狮。”另一份写有“诸斋桑须好生管束所属之众，每日点数，倘有欲往他处者，经禀告准假方可。斋桑等倘不管束其众，复行偷盗，将免其职拍罪。”[10]渥巴锡如此赏罚分明，偷盗之风略被遏制，但盗案仍有发生，以至于渥巴锡采取了更严厉的措施，将“一名偷驼之人，用斧击头而毙，悬尸于木示众，并宣称再行偷盗，拿获后概照此办理”[11]。渥巴锡的这些措施，对维护其内部安定起到了一定作用。

渥巴锡游牧地孳生牲畜的锐减，直接影响了渥巴锡部众的生计，为以后的生产自救及发展带来了困难。渥巴锡返回游牧地之时，其部众所剩马匹已很少，但骆驼尚有6000余峰，因此舒赫德为其生计考虑，要阿思哈告诉渥巴锡：“倘以尔等之驼换取牛羊立业，则现在伊犁、塔尔巴哈台厄鲁特等尚有少许牲畜，我等为尔等通融办理，视其自愿赶至牛羊，换取尔等骆驼，尚可利裨尔等生计。”[12]渥巴锡虽然同意交换，但厄鲁特、察哈尔可供交换的牛羊也不多，厄鲁特所报用来贸易羊只也就2000余只。为了加强解决困难的力度，又决定从达里冈爱等官牧场途经塔尔巴哈台送往伊犁等地的羊只内，“动拨二三万只，由塔尔巴哈台遣派官兵，命与渥巴锡属众，或以驼只，或以银两贸易”[13]。这些易获牲畜仍不能满足渥巴锡部众生产、生活之需。因此渥巴锡提出派人前往青海、喀尔喀蒙古地区，或与哈萨克易换牲畜，但未得到清廷允许。最后渥巴锡派出商队携带银两、骆驼，前往库尔喀喇乌苏、博罗塔拉、伊犁、塔尔巴哈台等地，以伊犁将军舒赫德等人奏定“头等驼一峰折羊二十五只，二等驼一峰折羊二十只，带牛犊乳牛一头折羊十只，牛一头折银四两，羊一只折银七钱，重七钱银币折银三钱”[14]之例进行贸易。现根据档案粗略统计，至乾隆三十八年（1773）渥巴锡部众迁居珠尔都斯为止，渥巴锡派出的商队通过贸易，共换取牛马600余头、羊近40 000只。这一贸易活动，确实有助于解决渥巴锡部众生活中的燃眉之急，从交易过程中拒购当时不能挤奶及怀羔羊只的情况看，贸易目的还是重在解决生活困难，对生产发展所起的作用并不十分明显。

再次是务农不善。清廷在平定准噶尔之后，调迁满洲、察哈尔、索伦、达斡尔、锡伯等八旗兵前往伊犁等地驻防实边。这些驻防兵在征战巡边的闲暇，亦耕亦牧，收到了农牧丰收、社会安定的实效，清廷在借鉴此经验的同时又基于防止土尔扈特人众因专事游牧力量逐渐强大的顾虑，在土尔扈特回归之初就确定了令其“农牧并举”的方针，计划“明年春季，由伊犁、塔尔巴哈台、乌鲁木齐再酌情拨给彼等籽种，令其耕种”[15]。至于安置在斋尔的渥巴锡部众究竟在何处种地为宜，管理渥巴锡部众的三等侍卫阿思哈经过派人勘察，称“惟有布鲁勒地方堪以耕种。据闻，塔尔巴哈台厄鲁特去年曾于果哲尔德地方耕种，果哲尔德距布鲁勒甚近，本年若令厄鲁特仍于彼处耕种，相互混杂，似属烦琐，将厄鲁特等另行拨地耕种方善。再，斋尔之舒鲁斯泰、乌兰霍托、多罗诺图、楚尔、擦勒海、博湖图、布尔噶苏泰、达尔达木图等地，为过冬之地，春夏不可居此。现游牧皆已迁出，移牧于乌尔图布拉克、雅玛图、沙喇霍洛苏等草原。察哈尔等倘于沙喇霍洛苏地方种地，不可在土尔扈特游牧之中，令察哈尔等在他处种地，则于事有益”。最后确定“抽一千人携眷安置布鲁勒种地，命渥巴锡游牧人等，俟至三、四月，由果哲尔德向东南游牧，夏秋在雅玛图、斋尔西礼、喀喇麦礼游牧，冬季在乌兰霍托、楚尔、撒勒海等地度过”[16]。所抽1000人，考虑其不会种地，原定每人只种10亩，并拨给了所需麦种。及至渥巴锡回到游牧地，看到部众极其困难，也认识到种地比较有益，遂向管理游牧的侍卫阿思哈要求多种地亩，因此又决定增拨粟黍籽种200石。确定耕种地点、人数、亩数以及调拨籽种等前期工作结束后，到乾隆三十七年（1772）三月，渥巴锡部众耕种了青稞、麦子，并陆续出苗，四月二十日前又赶种了粟，耕种面积达13 000亩。只是土尔扈特蒙古原本是游牧民族，不谙农事，虽经清廷拨给籽种、农具，挑派绿营兵教习耕作技术，但毕竟是一厢情愿的事，其耕种者本身并无生产积极性。据阿思哈报称，渥巴锡部众在“月初领取口米后，半个月间尚各奋力，二十日以后则怠惰推诿，耕作不力。照料种地土尔扈特人众之护军校常春、教习耕种千总安成福等尽力开导敦促，方勉强种齐，此外再不能增种”[17]。原先决定增拨的200石粟黍籽种，也只种了起先运到的40石。渥巴锡部众种下粮食后，也未善加管理，却远牧他处，再加这年雨水稀少，山水短缺，渥巴锡部众只是作法祈雨，也未找水源引水灌溉，天旱地干，所种作物长势不佳，及至最后，全都枯黄，基本颗粒无收。

面对如此结果，乾隆帝除严厉训斥阿思哈办事不力外，再次颁旨接济，并同意舒赫德等人分散渥巴锡部众（迁往博罗塔拉、塔尔巴哈台1500户，迁往伊犁1900余户）的方案，从乾隆三十八年（1773）初始，实际迁往博罗塔拉、伊犁的有1265户。至于留在斋尔的渥巴锡部众，则拟令“遣派三千二百人，在布鲁勒、沙喇霍洛苏等地，耕地四万余亩。所需籽种两千七百余石，官为拨给”[18]。后核计仅耕这些地亩仍然不敷一年口粮，又拟于额敏河以南地方耕种18 000亩，并增调土尔扈特男丁850人，加拨籽种1600石，耕畜由1500头增加到2000头，农具则由乌鲁木齐调运，分在六处耕种，派60名绿营兵教习耕作，由守备安成福督办，至乾隆三十八年闰三月中旬，麦、粟、黍三种作物全部播种完毕。清廷期望土尔扈特汗渥巴锡游牧“存留男妇大小共一万三千一百余口”，通过这60 000亩地、4400石籽种，到秋天能收获粮食 35 000 余石，以解决“该游牧一年需口粮二万七千余石，尚可余粮七千余石，以为明岁籽种之用”。[19]好在这年雨水充沛，作物长势极好，六月底已有收获。从收成上来讲，这年已比上年大有成效，但务农毕竟有违渥巴锡部众的生活习俗，种地之后需要管理灌溉，种地就意味着定居，就再不能寻觅冬暖夏凉的地方随意迁移，游牧民族受不了这种束缚，渥巴锡部众种地实在是一种无奈之举。

另外，由于缺粮饥馑和疾病流行等原因，渥巴锡部众潜逃事件也偶有发生，凡被获者，均受到惩处。这些逃亡事件的出现，对稳定人心和共同克服所面临的诸多困难，毫无疑问也造成了一定的负面影响。

面对以上种种问题，渥巴锡认为要从根本上解决问题，最佳方案就是另选地方迁移，离开斋尔这个天气寒冷且邻近哈萨克使其部众易于逃窜的地方。渥巴锡向伊犁将军舒赫德提出自己的想法，请求另行选址安置。伊犁将军舒赫德基于当时渥巴锡部众的实际情况，表示同意考虑，但关键问题是找到合适的地方。

三、最终移住天山南部珠尔都斯地方及其经过

清代满文档案中的珠尔都斯，文献史料中亦称裕尔都斯，据《西域图志》载：“裕尔都斯，地名，回语，星也，其地泉眼如星，故名。位于伊犁东南路，在空格斯东南二百里，逾山而至，东西六百里，南北二百里，巴伦裕尔都斯河东流，准裕尔都斯河西南流，合尔东流。”即是一个位于纳喇特山与艾尔温根乌拉之间的高位山间盆地，开都河蜿蜒其间，水草丰茂，极宜放牧。明末清初，卫拉特蒙古辉特部曾在珠尔都斯游牧。乾隆年间，辉特汗阿睦尔撒纳叛乱，已故台吉达什达瓦之妻率众东迁，珠尔都斯地方遂被闲置。因此，当考虑来归人众的安置问题时，珠尔都斯自然而然进入到清廷的视线。

安置回归人众于珠尔都斯的想法，最早见于乾隆三十六年

(1771) 七月舒赫德的奏折，舒赫德奏称："为便于接济和硕特游牧口粮，今冬暂安置于古尔班济尔噶朗，明年返青后，奴才拟由古尔班济尔噶朗计其近便，安置于现无人居住之珠尔都斯。唯珠尔都斯地方可否过冬，原先达什达瓦人等皆在喀喇沙尔山中过冬，现喀喇沙尔虽安置回子，但人数极少，且住喀喇沙尔以南库尔勒、布库尔，喀喇沙尔山亦宽阔，与回众无关。"[20]在此说的是拟将和硕特人众迁往珠尔都斯，并于乾隆三十七年 (1772) 初实施这一计划。而真正将渥巴锡部众迁往珠尔都斯一事提到议事日程却是在乾隆三十七年九月，舒赫德亲自前往渥巴锡游牧地，面商将其极其贫困人众迁往伊犁、塔尔巴哈台等地接济事宜之时，渥巴锡提出："大皇帝赏给我等之斋尔游牧地方甚好，惟邻近哈萨克，我部人多，贫困者众，倘有不肖之徒妄自窜至哈萨克、俄罗斯，我委实担当不起，为此甚是惕怵。倘若靠里另有可牧之地，我等迁往居住益善。"舒赫德认为渥巴锡所提要求有道理，也想找到更理想的安置地，经过反复考虑，也"唯有喀喇沙尔地方，先前达什达瓦之父墨尔根戴青曾率万户居住，目前闲置"。因此告诉渥巴锡："尔之所思甚善，此尚是，惟此宽敞之地难觅，现此斋尔地方尚属辽阔，绵延千余里。此外，特克斯、博罗塔拉地方居有厄鲁特、察哈尔，特穆尔图湖地方虽属宽阔，但距布鲁特、哈萨克过近，再无地方可觅，唯有珠尔都斯、喀喇沙尔地方宽阔，现在闲置，开都河鱼亦甚丰，虽属回子地方，先前曾有众多厄鲁特居住，尚可居住。惟尔众现无力迁移，暂不能迁移。兹将尔属极其贫困人等，我等代为养赡管束，尔对尚在游牧人等，当仁者仁，当管者管，率斋桑等好生留心办理。俟尔众稍得恢复，再行商议。"[21]渥巴锡表示自己新来乍到，不熟悉地方情形，愿听舒赫德办理。而舒赫德由渥巴锡游牧地返回伊犁后，即向伊犁地方的达什达瓦厄鲁特打听珠尔都斯的情况，得知珠尔都斯、喀喇沙尔一带不仅有夏、冬季牧场，尚有可耕之地，足够渥巴锡部众居住，因此准备渥巴锡到伊犁之时再商议乾隆三十八年 (1773) 秋或来年春进行迁移。

伊犁将军舒赫德准备迁移渥巴锡部众的打算，遭到了塔尔巴哈台参赞大臣伊勒图的反对，其理由有三：一是此前名为努鲁布者告发有四位斋桑密谋逃跑，遭到清廷追查，倘若赶在这时商议迁移之事，会产生迁移之事由此而发的错觉，怕引起渥巴锡部众惊惧。二是渥巴锡部众所养骆驼及拨给羊只已经开始繁殖，四万多只羊已有一半产羔，当年所种地亩也多，一旦粮食丰收，生活即可安定。三是秋收之后再令迁移，天已寒冷，牲畜难免损失，而况彼等之牲畜本属不多，不能驮往所获粮食，迁过去以后，食粮又复不继。因此主张仍令在斋尔居住，俟两三年后，将伊犁、塔尔巴哈台赡养土尔扈特等交还彼等时，再定其迁牧事宜[22]。舒赫德同意了伊勒图暂不迁移的主张，但坚持俟至迁移之时，仍迁往珠尔都斯[23]。而此时，万里之遥的乾隆帝，虽然后来赞成伊勒图暂不迁移的主张，但起初已经同意了舒赫德要迁移的建议，因此舒赫德接到先发回来的乾隆帝同意迁移的朱批谕旨，即开始筹办迁移事宜。他先是从伊犁派遣熟悉地形的厄鲁特蓝翎伊斯麻里等七人至喀喇沙尔，从乌什、喀喇沙尔等地亦派熟悉珠尔都斯地方之人，详细勘察何处可安置若干户种地、何处可过冬之处，以便确定具体迁往地点。这支十余人的队伍经过仔细测量，发现“宜于夏牧之处甚多，且可耕之地共有十八万余亩，此等地亩内，计其三年轮耕一次，扣除和硕特人等、喀喇沙尔绿营兵、库尔勒、噶匝玛回子等所耕七万九千三百余亩，尚有十万零六百余亩，足敷渥巴锡部属每两年轮耕一次”[24]。至于伊勒图担心的几个问题，也提出了解决办法：第一，舒赫德觉得努鲁布告发四位斋桑密谋逃跑，渥巴锡惧而请求迁牧，清廷顺遂其意，趁机办理，正合时宜；第二，渥巴锡部众牲畜不足，不能驮运口粮，也是事实，但稍加变通，也能解决。舒赫德就此事奏称：“渥巴锡部众迁往珠尔都斯，人数众多，马驼短缺，尚不敷其妻孥乘骑并驮载用品，若再驮往其接济粮石、籽种、耒耜，全然不可，倘官为办理遣往，或雇觅牲畜运往，不仅所需雇价银过多，可得牲畜亦无多。奴才思虑再三，复与办事官员等熟商，拟俟本年粮食收获后，于九月将彼等迁往珠尔都斯。彼等抵达珠尔都斯后，以种地者每月给粮三十斤、不耕地者每月给粮二十斤计，至秋收时，约需三万石粮食，现哈密、辟展等地所存御赐彼等办事银五万八千余两，珠尔都斯、喀喇沙尔附近库车、沙雅尔、布古尔、库尔勒、吐鲁番等地，回子等均种有地亩，近几年因粮食收成甚好，粮价极低，该约三万石粮食，即于乌什等十城收购，送往喀喇沙尔，计脚价银在内，每石不过需银八九钱，尚不足一两，三万石粮，方共需银万余两。所需耒耜，由辟展、哈密等地送往，亦属近便。土尔扈特等本年在塔尔巴哈台、斋尔等地所种粮食收获后，其启程前，除所食口粮盘费外，大约尚余两万石粮谷，现塔尔巴哈台并无多余粮石，此项土尔扈特等所余粮石，及本年农事所剩耒耜，皆就近留于塔尔巴哈台，备作军粮，万一接济策伯克多尔济等众，皆有裨益。此等粮石折价，与从回城购粮价相比，尚可大为节省。如此一经变通办理，两厢皆便，且无为难之项。”[25]舒赫德如此轻而易举地解决了迁牧所面临的最大困难，即粮食和牲畜问题，深受乾隆帝赞赏，因此颁降谕旨曰：“珠尔都斯究属内地，倘将渥巴锡游牧迁往珠尔都斯，于其生计极有裨益，且相距哈萨克、俄罗斯遥远，亦可净绝不肖之徒逃往哈萨克、俄罗斯，或肆意肇事。先前伊勒图未曾将渥巴锡游牧迁往珠尔都斯之处与渥巴锡商议，但凭一时之情形奏称迁徙无益，今观舒赫德之此奏，乃计长久牢固之处办理者，逾思逾善。”[26]故而同意秋收后办理迁牧事宜。舒赫德接到谕旨，认为原先分别从十城购粮的方法过于繁杂，遂对原拟方案稍做改动，动拨乌什、库车、辟展、叶尔羌、喀什噶尔、和田六城库存官粮，雇觅回子牲畜，按路程远近付给价银，驮往喀喇沙尔预备。至于塔尔巴哈台参赞大臣伊勒图，见乾隆帝如此支持舒赫德的方案，也觉得这是一劳永逸之举，就不再坚持缓迁的主张。至此，迁移之事基本确定。

迁移一事确定以后，舒赫德就开始筹办准备工作，具体事项可分以下几项：其一，解决迁移后的生存发展问题。清廷迁移渥巴锡部众，旨在令其扎根土地，务农为生，因此必须首先解决来年农耕所需牲畜、籽种及农耕技术方面的问题。除籽种准备由天山南部各城调拨外，经舒赫德调查发现，“伊犁共有换取备用犏牛两千八百余头，除补给伊犁种田回子外，再无用处，由此项牛内选取一千五百头，赶至其游牧纳喇特岭，带往前行，路途倘有疲惫滞后、不能行走之人，即以此牛送往，然后交付彼处办事大臣好生牧养，俟春耕时借给使用”。此外，渥巴锡部众要“耕种之地亩甚多，均为初垦，其引水开渠，分立阡陌之处，土尔扈特等全然不晓，且于开垦播种之处，亦较生疏”[27]。故此，拟从辟展、库车每处调兵100名遣往喀喇沙尔，教习渥巴锡部众种地，从而解除生产技术上的障碍。其二，确定行走路线、迁移时间并解决路途所需。对确定渥巴锡部众迁往珠尔都斯行走路线，舒赫德也做了一番详细调查，最后因乌鲁木齐至珠尔都斯的两条路，一条多为戈壁，一条过远，故而选择行经托里驿站，从纳喇特岭前往珠尔都斯的路线。至于开始迁移时间，渥巴锡部众扶老携幼，分编队伍，需要时间，如果要等收获所有耕种粮食，须至十月，那时天气转冷，不便行走。因此打算部分粮食收割之后即于八月初起程，其余粟黍等作物，调拨各地种地绿营兵帮助收割。其路上所需物资，因渥巴锡部众扶老携幼而行动缓慢，需用两个月时间，开始拟将其口粮以每人每月30斤为标准，给予3个月口粮，后又考虑携带不便，遂按2个月口粮、1个月羊计，将所有“一万两千七百余口所需两万五千余只羊，即由伊犁官羊动拨，赶至途经便利之处发放，至于口粮，由其所种粮石内携往”[28]。最后因渥巴锡称其游牧驼少，改为携带一个月口粮，其余半月口粮由官驼驮往在途接济，另半月廪给羊亦送往在途接济。其三，解决安全问题。为了路途行进顺利，除派熟悉路线回子伯克买买提克力木、厄鲁特官弁一员做向导外，为了防止路途随意滞留或逃窜，每队各派两名官员、20名兵丁，前后巡查，伊犁派领队大臣郭星阿统辖各队，三等侍卫阿思哈、副护军参领双观则殿后。路上分段交接，由塔尔巴哈台领队大臣送至托里驿，伊犁所派领队大臣送至纳喇特岭，喀喇沙尔办事大臣迎至纳喇特岭，然后送往其游牧地。并在所经厄鲁特、回子游牧地附近，设放6处卡伦，每处卡伦各驻两名官员、20名兵丁[29]。

在清廷紧锣密鼓备办迁移渥巴锡部众事宜的同时，渥巴锡本人也在做出发前的准备。渥巴锡将其所辖人众分为6队，每队都派斋桑管束。乾隆三十八年（1773）六月二十四日，渥巴锡亲赴塔尔巴哈台会见伊勒图，一是对安置斋尔以来所得到的种种照顾表示感谢，二是要求早些迁移。伊勒图以天气尚热为由，劝其回到游牧地后选择适当时机动身。渥巴锡回到游牧地后，开始收割所种青稞，其中“额敏、喀喇乌苏、布鲁勒、沙尔霍洛苏之粮，因蝗被灾三五六分不等，额敏仅收获青稞两千一百九十七石八斗、喀喇乌苏收获青稞一千三百零六石、布鲁勒收获青稞一千七百三十一石、沙尔霍洛苏收获青稞四百八十石、果哲尔德地方因较为贫瘠收获青稞五百六十余石，恭坦等六台吉之地亩，收获青稞五百五十六石，总共收获青稞六千七百五十九余石”。其中，分给渥巴锡、恭坦等之属众“一万两千二百二十八口，七月一月口粮，八月一月路途所用口粮，共散给五千零九十五石外，其余青稞一千六百六十四余石”[30]，则留于当地。这些准备工作就绪后，渥巴锡部众分队起程，踏上迁往珠尔都斯的路途。当塔尔巴哈台所派护送领队大臣杜尔嘉于七月十七日行抵沙尔霍洛苏以北图古鲁克地方时，第一起克鲁特昂吉，第三起巴伦昂吉土尔扈特人众，已就近先行移至库布乌苏、伯什伯勒齐尔地方。据此推断，渥巴锡部众第一起开始迁移的时间应早于七月十七日。杜尔嘉安排带往官兵于十八日起分队护送。十九日，杜尔嘉“由图尔古鲁克起程，协同侍卫阿思哈住于沙喇霍洛苏一带，照料第二起嚓棠、第四起六台吉、第五起扎布萨尔、第六起沙比纳尔等土尔扈特人众缓缓前行”[31]。八月初二日至十一日，渥巴锡部众第一起3165人、第二起1362人、第三起1342人、第四起562人、第五起2092人、第六起2845人，共为11 368人，[32]相继行抵托里之库塞木希克地方，领队大臣郭星阿在此一一清点人数，除婴儿外，人均给羊两只，并接替杜尔嘉护送渥巴锡部众前往纳喇特岭。喀喇沙尔办事大臣达色于八月二十四日到达纳喇特岭接应，二十七日至九月初二日，六起渥巴锡部众先后抵达纳喇特岭，总人数为11 336口，与路途中人数陆续增加至最多时的11 381口比，由于在途病故、逃窜和出卖，减少了45人[33]。在纳喇特岭，渥巴锡部众的给养再次得到补充，总管硕通赶来骟牛 1500 头，按每起人口的多寡分发，给予贫病者骑用。喀喇沙尔办事大臣达色接收迁来的渥巴锡部众，一路护送，自“九月初七日至十七日，相继尽数抵达喀喇沙尔附近哈布齐海、喀喇莫多等地”。“达色会同阿思哈择水草之地，与渥巴锡商议，将六起土尔扈特人众，自哈布齐海山南至喀喇沙尔城西北喀喇莫多地方安置三昂吉过冬，哈布齐海山南至喀喇沙尔城东北特伯勒古地方安置二昂吉及六台吉人众过冬”[34]随渥巴锡迁移的 3800 余户土尔扈特人众[35]，在清廷安排和各方支援下，度过了一个安定的冬天。乾隆三十九年（1774）五月十二日，渥巴锡在照管其游牧侍卫关保的护送下，率部离开冬季牧场，移牧水草丰美、柴丰兽聚、凉爽宜人的珠尔都斯草原。六月初一日，行至珠尔都斯东侧奥克勒地方，“先前有三子，其中二子因痘夭折，仅剩一子”的渥巴锡，喜得一子，取名阿喇布坦多尔济。[36]乾隆四十一年（1776）九月，原先因贫困由斋尔迁往伊犁、塔尔巴哈台等地接济的渥巴锡所属人等亦陆续迁至喀喇沙尔。至此，渥巴锡部众的历史，亦如新生命的诞生，在新的土地上开始了新的一页。

纵观安置渥巴锡部众于珠尔都斯的全过程，就清廷来讲可谓是尽心尽力。当身披战尘的东归队伍刚刚渡过伊犁河，清廷立即予以物资上的帮助，发放牛羊粮食，派出官兵护送到斋尔。及至渥巴锡提出迁牧，又派人前往珠尔都斯实地考察，并积极筹备所需物资，安排日后的生产生活，从而顺利完成了一次万余人的大动迁，也为万里东归的渥巴锡部众找到了一片乐土。而对东归首领渥巴锡及其部众来讲，踏上故土，安居乐业，是他们不惜付出鲜血和生命代价的最终目的。初居斋尔期间，物资匮乏，疾病流行，以至于人口减少，盗贼四起，部落内部几近混乱。渥巴锡作为一位民族首领，体察民情，惩恶扬善，整顿内部，为自己部族的生存发展奔走呼吁，最终迁到了土尔扈特人至今仍在安居乐业的珠尔都斯草原，实现了自己的初衷。而随渥巴锡部众迁至珠尔都斯的土尔扈特人众，也从此过上了安定的生活。渥巴锡旧部迁至珠尔都斯的过程，也是一幅体现民族团结协作的壮丽画卷。土尔扈特回归之初，全国各地积极支援；安置斋尔之后，驻守当地的绿营兵手把手地教习种地，渥巴锡部众生活发生困难时，伊犁、博尔塔拉等地的厄鲁特、察哈尔营纷纷伸出援助之手，供给粮食牲畜；迁往珠尔都斯途中，天山南部的回子伯克等直赴纳喇特岭迎接，其情其景，感人至深，表明了各民族间的团结源远流长。

注释：

①中国第一历史档案馆藏：《军机处土尔扈特档》1694。

②③中国第一历史档案馆藏：《军机处满文录副奏折》2412–22。

④中国第一历史档案馆藏：《军机处土尔扈特档》1695。

⑤参见中国第一历史档案馆藏：《军机处满文录副奏折》2418–5。

⑥中国第一历史档案馆藏：《军机处满文录副奏折》2413–18。

⑦《西域同文志》斋尔条。

⑧中国第一历史档案馆藏：《军机处满文录副奏折》2435–23。

⑨中国第一历史档案馆藏：《军机处满文录副奏折》2508–39。

⑩中国第一历史档案馆藏：《军机处满文录副奏折》2488–34。

⑪中国第一历史档案馆藏：《军机处满文录副奏折》2491–13。

⑫中国第一历史档案馆藏：《军机处满文录副奏折》2443–10。

⑬中国第一历史档案馆藏：《军机处满文录副奏折》2489–13。

⑭中国第一历史档案馆藏：《军机处满文录副奏折》2461–18。

⑮中国第一历史档案馆藏：《军机处满文录副奏折》2412–35。

⑯中国第一历史档案馆藏：《军机处满文录副奏折》2488–21。

⑰中国第一历史档案馆藏：《军机处满文录副奏折》2491–13。

⑱中国第一历史档案馆藏：《军机处满文录副奏折》2503–2。

⑲中国第一历史档案馆藏：《军机处满文录副奏折》2508–39。

⑳中国第一历史档案馆藏：《军机处满文录副奏折》2435-36。

㉑中国第一历史档案馆藏：《军机处满文录副奏折》2474-2。

㉒参见中国第一历史档案馆藏：《军机处满文录副奏折》2516-15。

㉓参见中国第一历史档案馆藏：《军机处满文录副奏折》2518-4。

㉔中国第一历史档案馆藏：《军机处满文录副奏折》2530-11。

㉕中国第一历史档案馆藏：《军机处满文录副奏折》2520-8。

㉖中国第一历史档案馆藏：《军机处满文录副奏折》2526-15。

㉗中国第一历史档案馆藏：《军机处满文录副奏折》2527-1。

㉘中国第一历史档案馆藏：《军机处满文录副奏折》2527-2。

㉙参见中国第一历史档案馆藏：《军机处满文录副奏折》2532-23。

㉚中国第一历史档案馆藏：《军机处满文录副奏折》2538-13。

㉛中国第一历史档案馆藏：《军机处满文录副奏折》2538-12。

㉜中国第一历史档案馆藏：《军机处满文录副奏折》2541-4。

㉝参见中国第一历史档案馆藏：《军机处满文录副奏折》2544-35。

㉞中国第一历史档案馆藏：《军机处满文录副奏折》2547-4。

㉟参见中国第一历史档案馆藏：《军机处满文录副奏折》2551-17。

㊱参见中国第一历史档案馆藏：《军机处满文录副奏折》2589-14。

清代布伦托海办事大臣的设立及其裁撤

布伦托海系地名，清代归科布多参赞大臣管辖，位于阿尔泰乌梁海南部与新疆北部交界处，其地理位置极为重要。同治年间，新疆各族相继起义，不久外敌入侵，清廷逐渐失去了对整个新疆的控制，战乱引起剧烈的社会动荡，许多难民流离失所，逃到布伦托海等地。清廷为了应付这一危机，特设布伦托海办事大臣处理有关事务，但不久即因种种因素而裁撤。搞清布伦托海办事大臣设立和裁撤的过程，对西北边疆史、民族史都具有重要意义。笔者最近查阅中国第一历史档案馆所藏档案，发现诸多有关史料，故撰此文，向同仁请教。

一

同治年间是清廷多事之秋，继太平天国运动、捻军起义之后，陕甘回民掀起了规模巨大的武装抗清斗争，迅速在西北和内外蒙古等地发展成为“东西南北联合云应”[①]的局势。其中新疆维吾尔族、回族人民武装反清，很快占领了天山南北地区的主要城镇和要塞，中亚浩罕汗国的军官阿古柏乘机侵入中国境内，相继强占了南疆各主要城镇，北方的沙俄也不甘示弱，乘机出兵强占了伊犁。清廷内外交困，设在新疆各地的衙门，多数被摧垮，到同治六年（1867），清廷已失去了对喀什噶尔、叶尔羌、阿克苏、库车、乌鲁木齐、伊犁、塔城等重要城镇的控制，其势力尚能所及的地区，已经退缩到哈密、巴里坤等东北部地区。

由于战乱，新疆境内的大批蒙古、索伦等离开游牧地北徙，流向乌里雅苏台所属的科布多等地，使这片本不富裕的土地，一时人满为患，社会开始动荡不安。因此，安置和疏散难民就成为当时必须解决的一个重要问题。

科布多地区需要安置的难民大致可分为三部分人，一部分是伊犁索伦人众，一部分是塔城（塔尔巴哈台）厄鲁特人众，其余部分则是霍博克赛里（今和布克赛尔）土尔扈特人众。其中索伦人众（包括一部分达斡尔人），于乾隆二十八年（1763）由黑龙江携眷移驻伊犁霍尔果斯河一带，编设一营，称之为索伦营。同治年间，沙俄侵占伊犁霍尔果斯河迤西地方，索伦营一半官兵及其家眷辗转逃难到塔尔巴哈台，亦有部分流入俄国境内。同治六年五月初七日，同治帝谕令乌里雅苏台参赞大臣荣全，将索伦人众护送至科尔多、乌里雅苏台两城，妥为抚恤。不久又谕曰："索伦、蒙古人众效力最久，实为国家忠义世仆，岂可任其流落异域。前谕该参赞务设法接出，断不可吝惜小费。现在乌里雅苏台虽无旷地可以安插，或于接出后令其在科布多暂住，再酌量请旨以为安插之计"②。科布多参赞大臣奎昌对此颇觉为难，奏称"科布多所属各旗，户口日繁，游牧狭窄，又兼近年亢旱成灾，疫气流行，牲畜倒闭，人多冻馁，实无闲地安插索伦人众"③。推辞再三，不得已才决定让索伦人众移至科布多南部布尔滚地方暂住，但无专饷可供，又无旧业可复，生计维艰。乌里雅苏台将军麟兴奏请从山西等省拨解新疆月饷 9.5 万两内划拨银 5 万两接济索伦人众，同治帝虽然同意，但觉得"此项索伦人众，若以数万饷需供一时之饱暖，苟延目前，后将何继。该将军等亲历边疆情形，较为熟悉，务将此次所拨饷银五万两，或购觅牛羊以为游牧之计，或开垦荒地以为耕种之区。总须核实动用，使该人众有久远生业可依，方为妥善"④。

塔尔巴哈台等地的厄鲁特蒙古人众，亦纷纷避入科布多境内，人数已达上万。这部分人也需要安插和疏散，而且刻不容缓，但有三个问题需要解决，一是生业，蒙古人众以畜牧为本，但寄居科布多的蒙古人众牲畜损失殆尽，尽管拨银 2 万两购置牛羊茶布，也只能解决眼前困难，必须有大量牲畜，才能安插。麟兴等遂提议在乌里雅苏台、库伦等地令蒙古人众捐输，以筹安插之资。二是牧地，既是游牧处所，须择水草茂盛之地。麟兴等认为“噶札勒巴什淖尔西北、斋桑淖尔东南、额尔济斯河一带”[5]，水草丰美，宜耕宜牧，将厄鲁特游牧安置此地，“东可以屏障科城各旗地界，西可以联络塔境之土尔扈特，与之互相捍蔽”[6]。三是用人，厄鲁特西移谋复旧业，事关重大，须有得力之人主持办理。麟兴等以蒙古喇嘛棍噶札拉参（亦有称棍噶札勒参）忠勇果敢，通习蒙藏托忒文字，前曾蒙恩赏给呼图克图印信，要将厄鲁特十苏木人众赐给棍噶札拉参作为徒众。棍噶札拉参带领厄鲁特十苏木强壮男丁先行，其眷口随后起行，同治六年八月间陆续由青格里河西移至噶札尔巴什淖尔一带，即布伦托海地方。先期抵达的棍噶札拉参携带所得驼马牛羊等项数万头牲畜，亲自安插游牧。

滞留科布多境内的厄鲁特蒙古游牧安置甫定，又有蒙古扎萨克图布新克西率其旗下人众全数随棍噶札拉参东移，库尔喀拉乌苏旧属之土尔扈特见勒等三旗人众尽数北徙游移不定，土尔扈特汗巴颜额尔哲依图亦至棍噶札拉参行营，其旗下50余苏木人众亦随后移徙。这些土尔扈特人众原本分处新疆各城，而今聚集霍博克赛里一带，其情形与从前厄鲁特人从避入科布多境极其相似，而且人数众多，一旦有事，势将进入科布多、乌里雅苏台地区。如此对科布多等地就形成了新的压力，急需措置得宜，稳定局势。

二

布伦托海本名不见经传，因其地理位置和自然环境种种因素，不仅聚集了相当数量的蒙古、汉、索伦、达斡尔难民，而且开始为清朝官员所注意。将这些人众安插于此的同时，始终没有专职官员亲临该处管理，而是委重任于喇嘛棍噶札拉参，难免生出种种弊端。何况乌里雅苏台和科布多辖区纵横数千里，仅设有防兵400余人，几乎无兵。在新疆不能一时收复的情况下，急需在北路立一都会，居中联络。同治六年初，署塔城参赞大臣李云麟奏请仿照西宁之例在布伦托海设办事大臣，裁撤塔尔巴哈台额设满蒙领队两员、参赞一员。此后李云麟屡次具折，力陈设立办事大臣之重要性，但迟迟未被采纳。同治六年十月二十三日，麟兴和李云麟再次奏请添设办事大臣，并陈明缘由曰："噶札勒巴什淖尔，土人称为布伦托海，其地在乌鲁木齐正北，塔城正东，科城（即科布多）西南，为三城适中之地，如欲保障乌（即乌里雅苏台）科两城，须以此地为关键，查布伦托海北靠大山，西南两面皆戈壁，惟东面沿河二三百里之间，地在科境乌梁海鄂博之西，旧系塔境土尔扈特仍令在霍博克赛里旧境居住，至于南路各城移来之土尔扈特各旗，即令在乌里木齐迤北择有水草之地，相继安插，以固南面。如此则三面皆有屏蔽建节之地，势之轮之有辅，形势完固。日后可以修理耕屯，增置城署，与乌科两城为鼎足犄角之势，则北路之形势固矣"⑦。实际上就是让厄鲁特游牧与科布多各旗相接，而土尔扈特各旗环处其外，作为一道防线存在。

为了奠定基础，麟兴等"函致棍噶札拉参，将厄鲁特人众酌留此地，以开耕牧之基，余众仍遣赴山北额尔济斯河一带安置，日后该各旗游牧究应如何分定疆界之处，统俟新任办事大臣到任之日，再为酌量情形妥筹办理。"那么，新设办事大臣的职权究竟有多大呢？据麟兴等调查，"塔城厄鲁特原设十佐领、土尔扈特原设十六佐领，喀尔（喇）沙尔土尔扈特汗、贝勒、公、扎萨克及霍（和）硕特、厄鲁特各旗，共设七十六佐领，其喀喇乌苏三旗未能查明，约计新设办事大臣日后统辖各旗共有百余佐领。"对于新任办事大臣人选的要求，麟兴等也提出了建议。认为该职"非深明大体之人难期胜任，至事务既繁，应否并设帮办大臣之处，合并陈明，出自圣裁。惟查新疆各城土尔扈特、厄鲁特、霍硕特等旗向用托忒文字，虽北路蒙古尚不能辨认，奴才云麟前此统带蒙兵，因不通蒙语不识蒙文，卒致偾事，可为前车之鉴。此次新设办事大臣，非通达蒙语及托忒文字者断难办理。"因此请求"饬下理藩院，于司员中不限资格，将通达蒙语蒙文及托忒文字者酌举数员，或别衙门有其人亦无妨，令该管上司专举，统归军机处开单，恭候简放。如有材具兼全之人，固可独任其事，或不能，即于办事之处添设帮办，短长相补，亦无不可行。”

麟兴等原先曾拟于明年（即同治七年）春夏间，“目今事机所迫，未可胶执，且计算奴才等奏到之日，已至十一月内，及议定简放有人，总在十二月间。又新疆北路各官领凭后向有一月假限，又有修墓请假之例，如此虽明春正、二月未能启程，路间再稍有迟延，虽夏季亦未能抵任。拟合请旨，俯念北路大局紧要，与寻常赴任不同，饬下新任办事大臣，限于本年腊月间由京抵口，明年二月内一准到乌城（即乌里雅苏台），庶几三、四月间可以抵任，与棍噶札拉参将安置各旗游牧事宜即早商办妥协，则北路之大局幸甚。至新任大臣建节之所，奴才等既已拟定在布伦托海迤左，所居之处应如何命名，出自钦定，奴才等未敢擅拟。其应用印信，应俟议定后即日由礼部铸造颁发，交该大臣亲自携带赴任。若办事无人，可将随同棍噶札拉参即伊克坦布现管之各城官兵百余员名暂留办事，俟日后再定缺额”[8]。

麟兴、李云麟等人详密的计划，使军机大臣等感到事属可行，故于十一月十五日具折奏称：“是此事办理已稍有就绪，但甫经创定，头绪纷杂，该喇嘛一人诚恐难期周到。该大臣等请仍照原议添设办事大臣员缺，迅速简放，以专责成，自系实在情形。臣等前此所议原以旧章未可遽更，而麟兴等此次所陈，实因目前事机不容稍缓，应请即照麟兴等所请暂行设立办事大臣，督率该喇嘛经理，即在布伦托海适中之地建署治事，悉照原折内所拟妥为安置，日后各该旗游牧应如何分定疆界，俟新任办事大臣到时再为筹办。惟该处事属创设，诚如麟兴等所云，非深明大体之人难期胜任。臣等伏查此事系李云麟首先介议，现已办有端倪，若遽易生手，似难得力，该员熟悉情形，留心边事，受恩深重，仍当力疾从公，可否吁请天恩，即授李云麟为该处办事大臣兼理塔尔巴哈台事务，将塔城旧有官员全行裁撤，以免歧异。惟查驻扎布伦托海地方应否另赐嘉名之处，恭候钦定。”[9]当日即奉上谕：“著即照该将军等所请，设立办事大臣，督率该喇嘛经理，即在布伦托海适中之地建署治事。均著照麟兴等原折所筹，妥为安置。惟新设办事大臣员缺事多草创，非才具练达深明大体之员难期胜任，李云麟熟悉情形，办事勇往，本日已明降谕旨命李云麟为该处办事大臣，兼理塔尔巴哈台事务，并调明瑶为帮办大臣矣。李云麟并加恩赏给副都统衔，该大臣受恩深重，务当力疾从公，督率棍噶札拉参将所筹事宜实心经理，以副委任。塔城旧有官员即全行裁撤，以免两歧。日后各旗游牧应如何分定疆界，著李云麟酌度办理。新设之缺，即作为布伦托海办事大臣、帮办大臣，以专责成。”[10]同时交付礼部查照定例铸给关防，饬令兵部等各该衙门办理筹给经费及一切未尽事宜。经礼部遵旨查核定例，得知铸颁新疆等处驻防大臣印信，其未经奉旨指定何项字体者，是由军机处定议。原先乌什、库伦两处设立办事大臣、帮办大臣，其办事大臣由礼部铸给银印，至帮办大臣并未铸给印信，其科布多参赞大臣印信，例无明文，无凭查核。因此考虑到新设布伦托海办事大臣管理事务与库伦办事大臣职掌略同，决定仿照办理。所铸印信为满汉蒙三体字，满汉文为柳叶篆，银制壶钮两台，方 3.3 寸，厚 0.9 寸，帮办大臣则照例不给印信。办事大臣印信铸就颁发后，因没有托忒文，令李云麟于印信到后先行启用，并谕礼部另铸加托忒文印信，颁到日再将前颁印信缴回。

在任命布伦托海办事大臣，帮办大臣，铸给印信，筹办饷需的同时，理藩院也准备将在乌里雅苏台出差的蒙古员外郎定升调往布伦托海，作为办事司员。麟兴等以布伦托海所属各旗行文，均以托忒文为主，而定升系唐古特教习出身，虽曾兼理托忒学事务，其实于托忒文仅能略识，不能通晓文义，举荐兼通满蒙文字，于托忒文尚能略识的防御衔候补骁骑校乌里雅苏台理藩院笔帖式雅尔哈尔为布伦托海办事司员，并作为该城候补防御。至此，设立布伦托海办事大臣一事确定并开始实施有关事项。

三

同治七年（1868）正月初七日，时在乌里雅苏台的李云麟接奉布伦托海办事大臣印信，二十一日启用。李云麟上任伊始，深感“所有修理城池、安设各项官兵，暨安插各旗游牧，置办屯田等事，需用经费甚钜”[11]，而且“事关创作，在皆不易办，而需用经费尤为首务”[12]。以前奏请的帑项，远水不解近渴，核查乌里雅苏台库存，亦为数不多，仅有已撤防堵官兵余下银4300两，及因立界奏请银1万两尚存9312两，而乌里雅苏台累年积欠各台卡盐菜等项银已有2万余两。好在此时由库伦解到该属东两盟捐输牛羊折银6万余两，遂决定将其中4万两带往布伦托海作为各项费用，余2万两留补乌里雅苏台累年积欠。不久又接署伊犁将军荣全咨称，在俄界的索伦人众将于次年春入卡，需预为该人众置办屯田农具籽种，以备择地耕耘。李云麟等经过反复详酌，不但耕种之资应当预备，而且数千人的日用口食，也不能不早为筹备。所以又决定从防费和立界二项共银1.3612万两内，以银912两派员赴归化城采办农具，以1.27万两由李云麟一并带往布伦托海一带先为购备牛羊，等索伦人众到达时就近先行酌给口食，以解燃眉之急。

新设布伦托海办事大臣下办事人员，若从别处调用，又缓不济急，所以李云麟奏请“即将该城（即乌里雅苏台）之兵部帮办章京主事职衔升用直隶州候选知州岳嵩武、理藩院额外笔帖式候补防御兴昌，即补骁骑校连庆，委署笔帖式常秀、常瑞、福厚六员，带往随同办事”[13]。除此之外，李云麟奏请调用的尚有流落布伦托海一带的候选从九品李瀛滨、候选县丞张绍叶、伊犁驼马处章京恩荣，以期事情办有成效。

二月初七日，前期准备工作基本就绪后，李云麟离开乌里雅苏台赴任，途经科布多，会同明瑶酌定新城疆界、奏称“新设布伦托海一城，所辖地界原系塔尔巴哈台旧境，前经奴才云麟与乌里雅苏台将军麟兴令商，以新疆沦陷，拟于此地添设一城，保障乌科，以顾北路大局，奉旨允准，后即蒙恩简派奴才等专办其事。奴才等伏思，建城之事，疆域最重，不可不首先厘定。塔城旧境，西届伊犁，南届乌鲁木齐，北届俄境，东接科城，幅员本不甚大。自同治三年与俄国分届（界）后，议定以塔城旧属之内十四卡伦以外之地均归俄国，现在按图稽考，旧境划去一半，所设一城所辖之境形如牛角，方圆广狭皆不成局势，是以奴才云麟前此与麟兴会奏内，拟将乌鲁木齐所属之图（土）尔扈特二旗及伊犁所属之图尔扈特一旗统归新城管辖，如此则西南一带地形甫能稍展。惟布伦托海紧届科城，东西略无余地，现拟安置耕屯及额（厄）鲁特游牧均不敷用，因此复与奎昌觌面商订即将科城西境旧与塔城接壤之阿勒泰山乌梁海七旗，暨图尔扈特郡王凌札栋鲁布一旗，均拟奏明请旨改由新城管辖，该各旗游牧仍在旧处居住，不必移动。其布伦托海正东地界与科城犬牙相错者，均俟分定后再立鄂博，如此则新境界虽不能得塔城旧境之合，而以乌、科、伊三城之境力量为附益，方圆广狭尚可略成形势”⑭。分界之事初具设想。

李云麟、明瑶于三月中旬先后由科布多启程，四月初相继抵任，住在布伦托海官厂营地。经与棍噶札拉参商议将厄鲁特蒙古人众由棍噶札拉参收作徒众之事，棍噶札拉参不赞成这种做法，力辞不从，因此议定蒙古人众即厄鲁特十佐领官兵由办事大臣统辖，棍噶札拉参负责择地安插喇嘛人众，建庙诵经。至四月中旬，棍噶札拉参将原先所领军械全行交回，前往额尔齐斯河北边阿尔泰山一带驻扎。不久，明瑶起行前往棍噶扎拉参驻地料理安插喇嘛建庙事务。此时的布伦托海新城，由于帮办大臣明瑶出差在外，新近补放的帮办大臣锡纶尚未到任，加之棍噶札拉参离城而去，办事大臣任所只剩李云麟一人，加之所带官兵本来就不多，防务已极度空虚。

布伦托海地方聚集的难民，多为逃避战乱从北疆各地徙居至此，处境十分悲惨，其身强力壮者被募为营勇，老弱病残者开荒屯田。同治六年初，曾发生过营勇溃变之事，聚众将及3000人。事情平息不久，李云麟等就任筹办新城事宜，决定将难民等所垦私田作为官田屯种，直接触犯了屯民的利益。因此李云麟到任不久，在民间开始流传李云麟要洗灭兵民的传言，以致引起骚动。四月二十六日三更时分，布伦托海屯民100余人，在屯田守备李俊等人带领下，“各持刀矛枪炮，忽扑入营，抢夺银布茶麦，伤害官兵数名”⑮。而举事屯民恰恰从李云麟住处起获相同内容的折稿，其真伪虽不敢断定，但折稿的出现证实了传言，起到了推波助澜的作用，响应者因此日渐增多。当时的情形，据李云麟自己讲，棍噶札拉参移赴阿尔泰山后，“留额鲁特十苏木官兵随同本大臣等督同中处难民千数百人料理新城耕种等事，安设屯田十五处，业经办有成效，讵料有乌鲁木齐、奇（台）、械等处难民头目张兴、袁定珠、常和等十余人勾结塔城一带难民聚集骁悍数百人夤夜叛乱，蒙古兵闻风逃散。其时三音布所统伊犁满兵未到，营中所存满官不过数十人。本大臣等亲身督率堵击，势不能敌，贼遂杀害满营官兵十余，尽劫官物及胡图克图棍噶札拉参旧存军器而去。帮办大臣明瑶前行约赴阿尔（勒）太（泰）山，本大臣以单骑沿额尔济斯河收集溃散满官，现已移赴吐（土）尔扈特郡王凌札栋鲁布境内，督率三音布兵丁一同扎营堵击。幸官马、官驼均未被掠去，贼尚未能行动。此时本大臣等与胡图克图棍噶札拉参商议，集兵进剿事件尚未能绪，且印信虽出而文案纸张奏折等项均经失尽，一时未能齐备，因此未能具奏”⑯。无怪乎同治皇帝屡颁上谕命李云麟折奏而始终不见上奏，原来连份折纸都没保住。身为办事大臣，落得单骑出逃，其狼狈窘迫之状自不待言。

办事大臣李云麟弃营出逃，托词安设台站去往青格里一带，不再复出。帮办大臣明瑶久居棍噶札拉参驻地，后又往科布多城。而帮办大臣锡纶迟迟未曾到任。至此，布伦托海办事大臣已形同虚设，无效用可言。举事屯民攻入办事大臣所住营地，夺得器械粮食，一时势力大增，队伍很快发展到1000余人，他们挑选精锐400人前往青格里追踪李云麟，留守的男女老少击退了棍噶札拉参的围攻。起事的队伍以布伦托海为中心，东西出击，多次与官兵交仗，此时的塔城一带难民也纷纷响应，大有燎原之势。同治帝闻讯，立即颁降上谕：“（土）尔扈特汗布彦乌勒哲依图现已由京启程前赴该旗游牧，计期当已行抵乌城，著麟兴、荣全催令布彦乌勒哲依图兼程驰赴布伦托海，统带所部游牧进剿。并著李云麟、明瑶饬令霍博克赛里土尔扈特三旗备集兵丁二千名听候该汗调遣，新城所属郡王一旗备兵五百名，即由李云麟、明瑶饬派，科布多贝子旗下兵五百名，即由奎昌、福济、车林多尔济饬派，均由布彦乌勒哲依图统带进剿。李云麟即应亲率满兵及乌梁海兵前进援应”⑰。如此形成三路会剿之势，如果全力以赴，镇压事人众本属不难，但是进剿计划却因各路乏兵而搁浅。起事队伍势力日增，在张悉带领下，不仅反抗清朝统治，还抗击沙俄入侵。同治八年（1869）七月十八日，张悉被捕，不久被处死，坚持年余的布伦托海农民起义被扼杀。

四

在农民起义的冲击下，布伦托海办事大臣名存实亡。同治七年六月二十九日，李云麟以“平日于该城事宜办理不善，致激变乱，临时又不能设法弹压，遂行弃营远走”⑱，而被革职查办，继而往黑龙江充当苦差了事。不久又先后任命明瑶、文硕等为布伦托海办事大臣。这些官员也或托病不出，或滞留乌里雅苏台，科布多等处，无人亲临布伦托海办事。正如文硕在同治八年九月十六日所奏：“布伦托海自奏议之后，即经李云麟偾事贪功，激成游民之变，迄今不惟城垣衙署略无端绪，即旧有之营盘帷亦皆委之如遗，以致后任诸臣直无栖身之所，不得不寄居于科布多城内”⑲。可见布伦托海办事大臣设立一年多，并不见有预期效果。同治帝开始怀疑其设置的必要性，九月三十日，谕令乌里雅苏台将军福济等议奏办事大臣应否裁撤，该地事务是否仍归科布多管辖，其官员文硕、锡纶应如何安排。福济认为“今幸变民投顺，资遣哈密军营，即遂其报效之忱，可期相安于日后；额鲁特分别僧俗安置，各有专习：索伦拟暂就苇塘耕田，可以度日，并皆资其统辖，请简领队大臣。是布伦托海更无应办要务，若不乘此裁汰，冗费终无了期”⑳。因而请求裁撤布伦托海官兵，缴销印信，所有索伦、厄鲁特各领队大臣及棍噶札拉参应办事宜，统归科布多帮办大臣，锡纶回京当差。至此，布伦托海办事大臣不复存在。

布伦托海办事大臣从设立到裁撤，历时年余。应当说，李云麟最初倡议有其积极一面，在清廷失去对新疆的控制，大量难民北徙，社会剧烈动荡的形势下，布伦托海若能成重镇，就其地理位置来讲，不失为保全北路的一种良策。但也有许多不可行之处和制约因素。

首先，李云麟提议设立布伦托海办事大臣，是鉴于新疆战乱和难民流动，为了保证乌里雅苏台和科布多的平安而提出的，其目的就是将布伦托海作为一道防线，成为乌、科二城的屏障。乌里雅苏台将军麟兴积极响应和支持李云麟的提议，其中不乏只顾保全自己一方水土的意图，而李云麟提议裁撤塔城官员改设新官，也是由于自己署理塔尔巴哈台参赞事务，始终不见办有成效，以此为金蝉脱壳之计。不料想同治帝恰恰以李云麟“熟悉情形，留心边事，受恩深重”㉑，委以办事大臣任。李云麟当即托病推辞不成，只得延迟赴任，及至到任，又没处理好诸务，20天即落荒而逃。

其次是缺乏周密的调查和计划。乌里雅苏台将军福济在遵旨议奏折内称：“布伦托海本科布多所属阿尔泰山南一隅之地，初定喀尔喀、准噶尔游牧，以此为界，未尝筑城建官，新旧舆图不载。在昔老谋深算，视为无足轻重，自塔尔巴哈台沦亡，棍噶札尔（拉）参率众东窜，若为额鲁特屯田之计，一时原可暂安，乃李云麟声事纷更，大言欺妄，谓可保全北路，归复西疆，耸听架词，不过徇其贪利揽权之隐。当日荡平回部，曾劳几许经营，乃欲以溃散之余、弹丸之地率尔攻袭，岂非缘木求鱼。况不设藩篱，则大漠空虚，清野原能坚壁，即言防守而无险可扼，缉盗反致开门，率令荒寒寂寞之墟，渐成逋逃渊薮，难民、蒙古纷至沓来，掳掠横行，殊难钤束，战守无具，徒耗钱粮，未销西塞之烽烟，几启北门之锁钥。”㉒可见提议者当初并未深入考察，不了解当地的风土人情，夸大了设立办事大臣的作用。布伦托海地方向无城池、官署，人烟稀少，耕牧之地短缺，本地资源极为有限，因此新设办事大臣只能“仰给于人，不能自立。年余诸务专恃帮同，势若赘疣，徒滋靡费”。并且由于布伦托海办事大臣的存在，“游民来无已时，既云恢复新疆，不特失业穷黎归之如市，即西路蒙古王公本可自守者，亦闻风踵至，望救求援”。结果是“人稠地窄，百弊丛生”[23]。

再次是费用短缺，兵力不足。同治年间清廷面临内忧外患，各地军饷需纷纷告罄，兵源也几近枯竭。乌里雅苏台和科布多需用经费连年积欠，以科布多为例，“每年需用银四万五六千两，遇闰加增三千余两，而每年仅由乌里雅苏台领银三万两。”到同治六年时已“上下所欠各款约一万数千两”[24]。值此交困之际，新设办事大臣经费无出，办起事来必然多受掣肘。最初李云麟奏请令蒙古人众捐输，并倡捐银 300 两，其父母因此蒙恩赏给从一品封典[25]。尽管如此，筹到数款，也是杯水车薪，远远不能满足布伦托海修理城池、编设官兵、安置游牧、置办屯田等诸多需用。而且布伦托海农民起义，官物多为农民军所得。此后的办事大臣明瑶、福济、文硕等，也始终为筹集款项奔波，但所获无几。

再其次是加重了人民负担，引起不满。李云麟将科布多土尔扈特郡王凌札栋鲁布一旗拨入布伦托海管辖，该郡王以其本属虽系两旗，实只一盟，且人丁稀少，家多贫穷，前属科城之时，事皆率旧，一切差务尚可勉励支持，今以一盟之人，分应两城之役，实难遵行为由，要求仍归科布多管辖。归入布伦托海的阿尔泰乌梁海七旗向隶科城，由于地处极边，除岁贡貂皮，别无徭役。李云麟以“乌梁海各旗内既有善猎枪手数百名可籍为劲旅，又有贡户额兵多名”[26]，奏请将贡户一项以 100 多户改为台兵，其余 500 多户作为额兵。乌梁海应进貂皮，暂行停止，但因为皮张是为内廷专用，适当时候还要补交。乌梁海人众打猎为生，改为台兵、额兵，不仅加重了负担，还不符合其生产、生活方式。因此也以“归入新城，实多不便，若安设军台，则驮马不足；若派兵征战，则器械全无”[27]为由，要求仍复旧制。因此在布伦托海办事大臣裁撤之前，所属土尔扈特郡王旗和乌梁海七旗已复归科布多。此外，对原本在布伦托海地方耕种的农民来说，将“私田一概改为屯田”，无疑是一种掠夺。布伦托海农民起义，原因就在于农民不愿失去赖以生存的土地。

注释：

①《陇西回务纪略》卷1。

②中国第一历史档案馆藏军机处上谕档，1287-1。

③《清穆宗实录》，卷208，第17页。

④中国第一历史档案馆藏军机处上谕档，1288-2。

⑤中国第一历史档案馆藏宫中朱批奏折民族类，8-3。

⑥中国第一历史档案馆藏宫中朱批奏折民族类，8-1。

⑦中国第一历史档案馆藏宫中朱批奏折民族类，8-3。

⑧中国第一历史档案馆藏宫中朱批奏折民族类，8-3。

⑨中国第一历史档案馆藏军机处上谕档，1288-3-133。

⑩中国第一历史档案馆藏军机处上谕档，1288-3-105。

⑪中国第一历史档案馆藏宫中朱批奏折民族类，10-4。

⑫中国第一历史档案馆藏宫中朱批奏折民族类，8-8。

⑬中国第一历史档案馆藏军机处录副奏折民族类，2420-9。

⑭中国第一历史档案馆藏军机处录副奏折民族类，2420-1。

⑮中国第一历史档案馆藏军机处录副奏折民族类，2419，奎昌奏片。

⑯中国第一历史档案馆藏军机处录副奏折民族类，2419，李云麟奏折。

⑰中国第一历史档案馆藏军机处上谕档，1292-2-79。

⑱中国第一历史档案馆藏军机处上谕档，1292-2-173。

⑲中国第一历史档案馆藏宫中朱批奏折民族类类，2419，李云麟奏折。

⑳中国第一历史档案馆藏军机处录副奏折民族类，1576-2。

㉑中国第一历史档案馆藏军机处上谕档，1288-3-133。

㉒中国第一历史档案馆藏军机处录副奏折民族类，1576-2。

㉓中国第一历史档案馆藏军机处录副奏折民族类，1576-2。

㉔中国第一历史档案馆藏军机处上谕档，1286-4-183。

㉕中国第一历史档案馆藏宫中朱批奏折民族类，10-3。

㉖中国第一历史档案馆藏军机处上谕档，1292-3。

㉗中国第一历史档案馆藏宫中朱批奏折民族类，9-4。

论兴安城总管衙门的兴废

兴安城总管衙门，是清政府管束散处兴安岭地区五路雅发罕鄂伦春人的机构，设于光绪八年（1882），光绪二十年（1894）裁撤。本文主要根据清代档案资料，对兴安城总管衙门的兴废试作略述，就教于学长。

一、兴安城总管衙门设立之前清政府对雅发罕鄂伦春的统治

16世纪末，以努尔哈赤为首的女真建州部兴起，开始兼并邻部，至明万历四十四年（1616），努尔哈赤称汗，建立了后金政权。随着努尔哈赤对东北各部落的统一，鄂伦春亦为其统治，并向后金政权贡纳貂皮等特产。康熙年间，清政府先设布特哈八旗，后设布特哈总管衙门，专辖“东北数千里内处山野、业采捕者”[①]，即以渔猎为生的索伦、达斡尔、鄂伦春等民族。布特哈总管衙门管辖下的鄂伦春人众，“其隶布特哈八旗为官兵者，谓之摩（墨）凌阿俄（鄂）伦春；其散处山野，仅以纳貂为役者，谓之雅发罕俄（鄂）伦春”[②]。他们名称虽异，但实质上都属于布特哈总管衙门管辖下的“牲丁”，他们共同的义务，就是向清政府纳貂进贡，所不同的是摩凌阿鄂伦春“与索伦、达呼（斡）尔部落杂居，一体挑差，各安耕凿”[③]。而雅发罕鄂伦春“仅止按年纳贡貂皮，向不当差，亦不食饷”[④]。

雅发罕鄂伦春人“散居黑龙江右岸一带山野，以捕猎为生，插木为屋，帐以牲畜皮张，游行露处，并无一定住址。每年秋后携带口粮，前往黑龙江左岸外兴安岭以内，捕打进贡貂皮，至次年春间，仍

回黑龙江右岸，捕牲为业”[⑤]。清政府按其活动区域划分为五路进行管辖。其中，“库玛尔一路设有佐领三员、骁骑校三员、委官三名；毕喇尔一路，设有佐领二员、骁骑校二员、委官二名管束”，而“多普库尔河、阿哩河、托河三路，未经设立佐骁，只设委官九名，归正红、镶白、正蓝三旗墨（摩）凌阿鄂伦春佐骁兼管”[⑥]。

19世纪50年代初，沙俄入侵黑龙江流域，割占了黑龙江以北、乌苏里江以东的大片中国领土，并企图继续南进。鉴于这种情况，为了加强东北防务，咸丰九年（1859）十二月十八日，咸丰帝谕令黑龙江将军特普钦对鄂伦春人善为收笼，以便遇事与官兵、团练联为一气。特普钦考虑五路雅发罕鄂伦春一向散居山野，游猎为生，如果迁往内地集中居住，不但对他们的生活不便，且恐沙俄乘隙越界潜入。于是决定将五路雅发罕鄂伦春“各归各路，相度山林地势，择要安插，使之就近环居，借以堵截防范”[⑦]，以收不失本业，又守疆土之效。因此，指定库玛尔路大小男丁1080余名及其家眷，在黑龙江右岸迤西附近一二百里、呼玛尔河至穆鲁尔河之间三四百里之内，环居游猎；毕喇尔路大小男丁340余名及其家眷，在黑龙江右岸迤西附近八九十里、瞻河一带三四百里之内，环居游猎；托河路大小男丁330余名及其家眷，在布特哈屯百里以外，诺敏河、托河等处三四百里之内，环居游猎；阿哩路大小男丁110余名、多普库尔路大小男丁60余名及其家眷，在库玉尔河以上，阿哩河等处300里之内，环居游猎。并责成布特哈总管派遣官员，带同兵役，随时按路抽查，不准鄂伦春等越限游猎，如有违者，予以惩治。

随着沙俄侵略野心的膨胀，加强东北防务迫在眉睫，清政府益加重视鄂伦春兵力。光绪元年（1875），光绪帝降旨：令将五路鄂伦春人“收隶各营，筹给钱粮，编为队伍”[⑧]。黑龙江将军丰绅复奏称：“鄂伦春向以游猎为生，散处山野，衣革食肉，间以皮张易米度用，若令迁地，不惟有碍该族旧业，且其游猎地方，多与俄人接壤，倘防范稍疏，俄人乘隙越界，转多不便。”他建议在黑龙江省北500余里内，兴安岭附近旺山一带，挑出精壮500人，造册编队，酌给口食，资其铅药，分布要隘，无事则令猎牲，以足生计，有事则令入阵，以作向导。并由布特哈总管三员内，按年轮派一员为统领总管，再派营总两员、委参领十员，进行教导，专司操演，“令乘每年二月底不捕进贡貂皮之隙，自三月初一日起，操演连环排枪四十日，每名日给口食银一钱，并酌给铅药等项。操演期满，仍令照常猎牲安业，并令勿得远离指定地方，〔以〕专防守，以备调遣”⑨。这一意见，获旨准行。

光绪六年，经新任黑龙江将军定安奏请，变通前法。“由五路鄂伦春派定壮丁一千名，于每年二月底，派员查收进贡貂皮之后，即由省派委协领一员，携带布一千匹，会同布特哈总管前往指定齐集地方，查看枪操一次，按名犒赏布匹，借以点验。并晓谕年年如此阅操，使其知所观感。练毕，即令各归各游牧地方，相安捕猎为生。”⑩库玛尔一路，仍归镶黄旗兼辖；毕喇尔一路，仍归正白旗兼辖；多普库尔河、阿哩河、托河三路，由布特哈正红、镶白、正蓝三旗墨凌阿鄂伦春佐骁管辖改归布特哈正黄旗管辖。至此，五路雅发罕鄂伦春统归该三旗派往各路之索伦、达斡尔谙达教管。此外，在多普库尔、阿哩河、托河三路，一体添设佐骁等官，加强管束。

二、兴安城总管衙门设立的原因

清政府几易对五路雅发罕鄂伦春的统治方式，仍感不甚周全。至光绪八年，随着形势的发展，须变革原来的统治结构。归纳起来，有如下四方面的原因。

（一）边防需要

为了抵御沙俄对中国领土的进一步侵吞，加强东北防务，清政府急需扩充东北兵力。但是，此时的清政府面临内忧外患，已屡调黑龙江驻防兵到内地镇压革命运动，东北兵力极为薄弱。加之清政府经济拮据，长期拖欠黑龙江省官兵应领俸饷，严重影响了军队操练及防守。在这种兵缺物乏的情况下，黑龙江将军特普钦不得不先后抽出齐齐哈尔城养育兵280余名，并由墨尔根、布特哈备兵500名，统归齐齐哈尔署副都统那尔呼善管带布置。同时，举办团练以壮声势。即便如此，面对沙俄的数万兵力，仍不能适应东北绵延几千里边界的防务需要。这样，清政府就需要进一步将鄂伦春人编制起来，以便遇有战争随时调动。由于五路鄂伦春“牲丁枪技精佳，步履矫捷”[11]，“枪法之准，向为俄人所惮，其游猎山径，有可借以防堵俄人者”[12]，其活动区域又“多有与俄夷接壤要隘”[13]，一直被清政府认为是抵御沙俄侵略的一支重要力量。因此，清政府决定将五路鄂伦春从实钤束，添官建治，另设兵缺，编旗分管，“借可为朝廷万年不拔之劲旅”，“以备干城之用，于边疆甚有裨益”[14]。

（二）旧的统治方式存在严重弊端

鄂伦春人备受谙达盘剥，生活极端贫困。布特哈总管衙门派遣的谙达，利用每年到鄂伦春地区征收进贡貂皮的机会，大肆搜刮鄂伦春的皮张，以饱私囊。对此，光绪六年清政府规定：“该谙达等照旧届期驮运口粮，前往各该路妥为接济，公平易换各色皮张，不准贪图厚利，借端抑勒，致干重咎。”[15]但是效果甚微，谙达等仍无所收敛，他们“倚恃达呼（斡）尔副管为护符，而副管又与总管朋比为奸，上下交通，非遂其私饱不止”[16]。鄂伦春“所捕皮张，素为谙达以微物索去，任意欺凌，不啻奴畜”，“权益重而牲丁之受制益苦，闻之已有疾如寇仇之势”[17]。鄂伦春人不堪忍受这种残酷的剥削，屡屡反抗。由此可见，清政府通过谙达管辖五路雅发罕鄂伦春的统治方式已无法再持续下去了。

（三）控制利用，防俄所诱

清政府设立兴安城总管衙门，专辖五路雅发罕鄂伦春，还有一个重要原因，就是要控制利用鄂伦春人，扬其长而避其短。鄂伦春人常年游猎于深山密林之中，体魄健壮，枪技精纯，熟悉地形。这些特点正是清政府加强防务所需要的。另外，黑龙江左岸、外兴安岭以内，本是鄂伦春人捕牲打猎的山场，由于沙俄侵占了黑龙江左岸的中国领土，鄂伦春人的游猎山场大为缩小，捕获物减少，以致“江右山场，愈捕愈稀，实系不敷糊口”[18]。在鄂伦春人生活极端困难的情况下，谙达的剥削却有增无减。面对这种情况，光绪八年（1882）四月，黑龙江将军文绪等奏称：“当此人情怏怏，若不趁此困惫之时，设法认真归笼，倘铤而走险，不顾之他，即重烦兵力，深为可虞。”[19]光绪帝也认为：“鄂伦春与俄罗斯相近，牲丁为谙达所苦，难保不投俄国，挑为卒伍，可以收笼其心。”[20]可见清政府既担心鄂伦春人起来反抗，也怕为沙俄利诱。因此，丞待加强和变革对五路雅发罕鄂伦春的统治。

（四）保证貂贡的需要

清政府为了保证貂贡，也需要设专门机构管束鄂伦春人。谙达的大肆渔利，山场的缩小，貂源的缺乏，贡纳貂皮已成为鄂伦春人的沉重负担，为逃避貂贡，纷纷进入深山不复出来，清政府所掌握的纳贡“牲丁”数目急剧减少。布特哈总管衙门管辖下的其他不食饷贡貂“牲丁”，也因捕貂困难，无法保证貂贡额数。因此，清政府计划裁撤雅发罕鄂伦春之外的不食饷“牲丁”的貂贡，统一向新设鄂伦春正兵1000名征收，以便于管理，并保证宫廷貂皮的需要。

三、兴安城总管衙门的设立及其职掌

基于上述种种原因，光绪八年四月二十三日，黑龙江将军文绪、齐齐哈尔副都统禄彭奏请设署。五月初六日奉旨：“即著交文绪、禄彭体察情形，将一切事宜详细酌核，绘图贴说，妥设章程，奏明办理。”[21]

文绪等当即“派协领穆克德布带领员弁前往该处详细履勘，妥拟办理”。经实地踏勘，认为“太平湾地方宏广，又近驿路，堪以建署，名曰兴安城。东接黑龙江，西达墨尔根，居中控制，声气既通，势尚联络，遇有缓急，亦可相维相系”[22]。遂选定在内兴安岭太平湾地方兴建兴安城，设立总管衙门，并照布特哈总管衙门体式修署，另建官学一所，仓房三所，以及分防、副管公所等。所需物料、夫工，共估价银6500两。光绪八年冬备料，九年动工修建[23]。

同时，将五路雅发罕鄂伦春编设旗分佐领。库玛尔一路，人丁较多，原设佐领3员，添设佐领5员，共8员，编为左翼镶黄、正白、镶白、正蓝四旗；毕喇尔、阿哩河、托河、多普库尔河等四路，原有佐领4员，添设佐领4员，共8员，编为右翼正黄、正红、镶红、镶蓝四旗。左右两翼共设额兵1000名，每佐领下额缺兵五十八九名不等。

兴安城总管衙门员缺设有：满洲加副都统衔总管1员，专司掌印，鄂伦春总管1员副之，同体办事；副管4员；各管二旗；佐领16员，骁骑校16员，各办一佐领下之事；每佐领下设领催4员，内拨补委官，每佐领下设2名[24]。总管衙门又分设左、右两司，办理日行事件。添设公中副管2员，由各城佐领择其精通满、汉文义者挑放。俾其教导，兼办两司图记一切事件。再由省择放通满文笔帖式4员，指导鄂伦春笔帖式办理档案，另设学官1员，刊发圣谕广训，逐日讲读，由省城挑放[25]。

兴安城总管衙门的职掌除办理雅发罕鄂伦春官兵的升遣调补、发放钱粮、诉讼案件等日常事务外，还要负责以下几项事宜：

(1) 每三年编审一次雅发罕鄂伦春户口，造册呈报将军衙门转咨部存查。

(2) 每年招集额设之兵1000名，春秋各操演一个月，以提高官兵的战斗力。

(3) 验收解送雅发罕鄂伦春牲丁所交貂皮。雅发罕鄂伦春原有应交貂皮牲丁600名：今撤出布特哈管辖，改为正兵1000名，连新添官员每名应纳貂皮1张，比前增多400余张。每年由总管将挑定貂皮，委副官送省，再由省拣派佐领1员、笔帖式2员，伴同总管衙门官员送京，以资历练[25]。

(4) 定期巡查山场、卡伦、马拨。兴安岭山势绵长，蜿蜒起落3000余里，与俄国仅一江之隔，共安设卡伦7处，每卡派官1员、兵6名驻守，3个月更换一次，并于五路人丁行走要路，每一二百里设马拨一处，共设马拨17处，每处派官1员、兵丁5名，专司传送公文。总管带兵每年巡查山场、卡伦、马拨两次㉗。

(5) 设立税卡，查验来往商贩，征收税银。在新设总管衙门附近大路，择紧要之处，设立税卡1所，派官1员、兵10名稽查。凡有商贩过往到卡，呈票查验报税，如无票者，即行盘拿办理。所收税银，作为该总管办公薪火及操演之用㉘。

(6) 发放贸易执照，防止擅自进山贸易，保证貂贡。如有商人携米入山做生意，先由总管处领照，方准放行，只准换买杂项皮张，概不准收买貂皮㉙。

四、兴安城总管衙门的裁撤

兴安城总管衙门成立后，经过七八年实践，并未得到预期的效果。至光绪十六年（1890），已是“徒有虚名尚在，究无实效可观”㉚。于是庆亲王奕劻请驰入操之令，加意抚绥㉛。光绪帝令黑龙江将军依克唐阿“斟酌情形，设法妥为抚恤”，并将“应如何处置安插之处，约定章程奏明办理”㉜。

光绪十七年，黑龙江将军依克唐阿亲抵兴安城，经查访得悉，传到牲丁不过数百名，余尚散处山中游牧，行止无定。遂将所来牲丁挑选二百名，交上游统领收点入营，其老弱家眷，分给银米，令其移至兴安城左近地方栖止。并将收笼不善之总管乌尔衮巴雅尔、副管烈钦泰革职留任，“予限三年，有无成效，再当酌办”㉝。

至光绪十九年“已届三年，收笼漫无成效”，黑龙江将军依克唐阿奏请“将兴安城总管衙门总管分别裁留，即于黑龙江、墨尔根、呼伦贝尔等处副都统衙门各添协领一员，并将布特哈总管改为副都统，……并添协领一员，专为经理抚绥鄂伦春事宜”，“其五路鄂伦春原设十六佐领各官及额兵一千名，悉仍其旧，拨归各城新添协领分管，就地妥为处置，顺性加意抚绥，暂弛其入操之令，仍安互市之常，以维其散漫之习，使其互与各城旗丁相亲相染，或可由偏就正，化野为驯，当不难见效。将来心生忠爱，随时陆续招致归伍，就我范围，既可演练以成劲旅，又可借资萧墙御侮之需”[34]。翌年五月二十九日奉旨准行。清政府费尽心机，不惜花费人力物力设立的兴安城总管衙门，终因未达到预期目的而裁撤。

兴安城总管衙门的废亡，并非偶然，是有其社会根源的。

首先，清政府不顾雅发罕鄂伦春的生产力状况和生活方式，强行编旗归伍当差，引起了雅发罕鄂伦春人民的反抗。“鄂伦春牲丁，生长深山，赋性疏野，向以打牲为业，从未受官约束[35]。及至光绪八年设立兴安城总管衙门，鄂伦春人正式被编入旗，其身份由“牲丁”变为“旗丁”，其义务也由原先的捕貂纳贡加之以驻卡守边，接受军事训练，每年春秋两季的操练，兵丁尚需自带食物，总管衙门只是将清政府以往用赏赐形式，即征收貂皮后象征性赏给的一千两布匹银，按时价采买谷米，发放给携带食物不足的兵丁。这样，五路鄂伦春人每年不得不放弃两个月或更长时间的狩猎，这就严重影响了他们的生产活动，其经济损失自不待言。加之总管衙门设置后，由于禁止谙达、旗丁、商人等进山与鄂伦春自由贸易，使鄂伦春人的食物及生活必需品严重匮乏，准备受训期间的食物并入操，实属力所难支。这些都引起了鄂伦春人民的强烈不满和反抗。

其次，五路雅发罕鄂伦春编旗入操后，进贡貂皮的数额由600张猛增到1000张，加重了鄂伦春人民的负担。鄂伦春人原本游猎于黑龙江左右两岸，地阔林深，捕貂尚较容易。沙俄侵占黑龙江以北的中国领土后，鄂伦春人只能在黑龙江南岸地区游猎，捕貂已很困难。清政府不顾客观条件的变化，反而增加鄂伦春人的贡貂数额，使得每个鄂伦春兵丁都要为捕猎进贡貂皮疲于奔命。这种沉重的负担，按鄂伦春人当时的生产力发展状况，是难以承担的。因此，鄂伦春人民不得不以“匿迹深山，不愿出谷”[36]等方式进行反抗，“以致归伍者甚少，原设额兵一千名，实充者不及半”[37]。在这种情况下，清政府认识到，强行编旗归伍当差，或出山定居是不可能的，兴安城总管衙门已无法履行其职，不起作用，于是只好“变通前法”，被迫撤销。

总之，兴安城总管衙门的裁撤，标志着清政府将雅发罕鄂伦春编旗入操政策的破产，这是由雅发罕鄂伦春人民的反抗所致，也是历史发展的必然结果。

注释：

①何秋涛著：《朔方备乘》卷2。

②西清著：《黑龙江外记》卷3，第2—3页。墨凌阿：满语。骑马者。雅发罕：满语，徒步。

③㉑㉒㉓㉔㉕㉖㉗㉘㉙黑龙江档案馆藏：黑龙江将军衙门档案，07—1882。

④⑦⑬中国第一历史档案馆（以下简称一史馆）藏：军机处录副奏折民族类鄂伦春项617卷第2号。

⑤⑪一史馆藏：军机处录副奏折民族类鄂伦春项617卷第1号。

⑥一史馆藏：军机处录副奏折民族类鄂伦春项620卷第1号。

⑧⑨一史馆藏：宫中朱批奏折民族类鄂伦春项2085卷第1号。

⑩⑫一史馆藏：宫中朱批奏折民族类鄂伦春项2085卷第2号。

⑭⑰⑱⑲⑳一史馆藏：宫中朱批奏折民族类鄂伦春项2087卷第1号。

⑮一史馆藏：军机处录副奏折民族类鄂伦春项620卷第2号。

⑯一史馆藏：宫中朱批奏折民族类鄂伦春项2087卷第3号。

㉚一史馆藏：军机处录副奏折民族类鄂伦春项619卷第4号。

㉛㉜一史馆藏：军机处录副奏折民族类鄂伦春项619卷第3号。

㉝㉞㉟㊱㊲一史馆藏：宫中朱批奏折民族类鄂伦春项2088卷第1号。

从地域特征看清政府对鄂伦春族统治政策的得失

鄂伦春族是我国少数民族中人口最少的民族之一，定居前，世世代代游猎于大小兴安岭地区的密林之中，过着居无定所的生活。有清一代，对鄂伦春的统治政策多有变化，本文根据中国第一历史档案馆所藏清代档案史料，对清政府统治政策改变的经过、内容及其得失，试作论述。

鄂伦春散处在大小兴安岭山林地带，栖息着大量飞禽走兽，纵横交错的河流生长着各种鱼类，这种优越的自然环境为狩猎的鄂伦春人提供了丰富的衣食之源，鄂伦春社会经济也因这一地域特征长期处于以渔猎采集为主的自给自足的自然经济状态。

16世纪末，以努尔哈赤为首的女真建州部兴起，开始兼并邻部。随着努尔哈赤对东北各部落的统一，鄂伦春亦为之统治，开始贡纳貂皮等特产。天聪八年（1634）皇太极谈道：“予赞承皇考太祖皇帝之业，嗣位以来，蒙天眷佑，自东北海滨，迄西北海滨，其间使犬、使鹿之邦，及产黑狐黑貂之地，不事耕种，渔猎为生之俗，厄鲁特部落以至斡难河源，远迩诸国，在在臣服”[①]。这里所说的“使鹿之邦”，即指鄂伦春族。此时清政府对鄂伦春的统治，仅是收取貂贡而已，并无具体的建治。康熙年间，清政府先设布特哈八旗，后设布特哈总管衙门，专辖“东北数千里内，处山野业采捕”[②]，即以渔猎为生的索伦、达斡尔、鄂伦春等民族。布特哈总管衙门管辖下的鄂伦春人众，分为两部分，“其隶布特哈八旗为官兵者，谓之摩凌阿俄（鄂）伦春；其散处山野，仅以纳貂为役者，谓之雅发罕鄂伦春”[③]。摩凌阿鄂伦春和雅发罕鄂伦春，虽然名称不同，但在实质上都是属于布特哈总管衙门管辖下的“牲丁”，他们有一共同的义务就是向清政府纳貂进贡，所不同的是，摩凌阿鄂伦春被编入八旗充当骑兵，每年春秋集中于布特哈总管衙门进行军事训练，遇有战事从征打仗，并“与索伦、达呼（斡）尔部落杂居，一体挑差，各安耕凿”④。而雅发罕鄂伦春“仅止按年纳贡貂皮，向不当差，亦不食饷”⑤。

雅发罕鄂伦春，按其活动区域分为：库玛尔、毕喇尔、多普库尔河、阿哩河、托河五路。其中，“库玛尔一路，设有佐领三员、骁骑校二员、委官三名；毕喇尔一路，设有佐领二员、骁骑校二员、委官二名管束”。而“多普库尔河、阿哩河、托河三路，未经设立佐骁，只设委官九名，归正红、镶白、正蓝三旗摩凌阿鄂伦春佐绕兼管”⑥。其人众“散居黑龙江右岸一带山野，以捕猎为生，插木为屋，帐以牲畜皮张，游行露处，并无一定住址，每年秋后携带口粮，前往黑龙江左岸，外兴安岭以内，捕打进贡貂皮，至次年春间，仍回黑龙江右岸，捕牲为业”⑦，五路雅发罕鄂伦春统归“布特哈五员分治，三岁一易，号曰谙达。谙达岁以征貂至其境，其人先期毕来，奉命唯谨，过此则深居不可踪迹矣”⑧。

布特哈总管衙门对雅发罕鄂伦春的管理，一直是比较松弛的，除了谙达每年照例进山一次收取貂皮外，就很少有其他的往来。19 世纪 50 年代初，沙俄侵占了我国黑龙江入海口内外的庙街和库页岛等战略要地，继而侵入黑龙江流域。咸丰八年、十年（1858、1860），沙俄强迫清政府签订了不平等的中俄《瑷珲条约》和《北京条约》，割占了黑龙江以北、乌苏里江以东的大片中国领土，并企图继续南进。沙俄对中国的领土扩张，缩小了鄂伦春人狩猎的山场，直接威胁到鄂伦春人的生存环境。清政府出于防务需要，一改过去松散的管理方法，开始重视对这部分力量的收束利用。威丰九年（1859）十二月十八日，军机大臣字寄黑龙江将军普钦等曰：“惟该夷蓄心侵占已非一日，此卡（即乌鲁苏特丹卡伦）既于该夷行船不便，虽经修理，难保不复来滋扰。特普钦拟派官兵常川驻守，尚恐难资抵御。黑龙江之鄂伦春、赫哲、费雅喀等部落，其人最为勇悍，务当收罗为我所用，不可使受夷人笼络。如果该夷再来滋扰，即可密调该数处之人与之抵御。此处团练亦当联为一气，使该夷稍知畏惧，不致得步进步，方为妥善”[⑨]。特普钦考虑五路雅发罕鄂伦春人等一向散居山野，游猎为生，“若遽令迁移内地，不惟与伊等生计有碍，且各该游猎地方牲畜繁滋，多有与俄夷接壤要隘，倘防范稍束，恐夷人乘隙潜越，占其地面，转多未便。若收罗团聚，必须各归各路，相度山林地势，择要安插，使之就近环居，借以堵截防范，既可守其地址，不失本业，亦不致任意游行，而受夷人笼络。仍责成该总管等遴派谙练妥员稽察管束。平时听其各自谋生，遇有缓急，随时征调”[⑩]。因此，指定库玛尔路大小男丁1080余名及其家眷，在黑龙江右岸迤西附近一二百里、呼玛尔河至穆鲁尔河之间三四百里之内，环居游猎；毕喇尔路大小男丁340余名及其家眷，在黑龙江右岸迤西附近八九十里、瞻河一带三四百里之内，环居游猎；托河路大小男丁330余名及其家眷，在布特哈屯百里以外，诺敏河、托河等处三四百里之内，环居游猎；阿哩路大小男丁110余名、多普库尔路大小男丁60余名及其家眷，在库玉尔河以上，阿哩河等三百里之内，环居游猎。并责成布特哈总管衙门派遣官员，带同兵役，随时按路抽查，不准鄂伦春人等越限游猎，如有违者，就予以惩治。

五路鄂伦春官员原不食俸，同治十一年（1872），黑龙江将军德英以“鄂伦春佐领、骁骑校、委官等于弹压牲丁、管理该部落人等事务，虽属较简，近与俄夷接壤，稽察钤束在均关紧要，兼与牲丁等一体捕纳进贡貂皮，且复任弹压管束之责，似宜与牲丁等稍加优示区别，俾资驱策。若不酌给饷需资其食用，无以专其责成，而昭实效”。奏请“将此项鄂伦春佐领、骁骑校等每员拟请赏给半分之半俸银，委官照领催减半酌给饷银，计岁需银二百余两，乃该员领催等当此限窘之时，虽稍得此俸饷，亦足以仰事俯畜，自必益加感激而图报效，防维边境矣”[⑪]。自此鄂伦春官员始有俸饷。而清政府支给五路鄂伦春官员俸饷的目的很明确，就是让官员更加效力，以便进一步加强对五路鄂伦春的控制。

随着沙俄对我国东北地区的不断蚕食，加强防务更是刻不容缓。光绪元年（1875）光绪皇帝降旨："五路鄂伦春人等，素称矫健，技艺尤精，是否能收隶各营，筹给钱粮，编为队伍"。黑龙江将军丰绅等遂具折奏称："遵查鄂伦春向以游猎为生，散处山野，衣革食肉，间以皮张易米度用，若令迁地，不惟有碍该族旧业，且其游猎地方，多与俄人接壤，倘防范稍疏，俄人乘隙越界，转多不便"。[12]"惟黑龙江省北五百余里内，兴安岭附近旺山一带，为该族适中之地，现挑出精壮五百人，造册编队，酌给口食，资其铅药，分布要隘，无事则令猎牲，以足生计，有事则令入阵，以作向导"。并"刻已派官教导（由布特哈总管三员内，按年轮派一员为统领总管，又派委营总二员、委参领十员，专司操演），令乘每年二月底不捕进贡貂皮之隙，自三月初一日起，操演连环排炮四十日，每名日给口食银一钱，并酌给铅药等项。操演期满，仍令照常猎牲安业，并令勿得远离指定地方，专防守，以务调遣"[13]。奉旨准行。鄂伦春兵力已受到统治者的极度重视。

光绪六年（1880），经新任黑龙江将军定安奏请，变通前法。"由五路鄂伦春派定壮丁一千名，于每年二月底，派员查收进贡貂皮之后，即由省派委协领一员，携带布一千匹，会同布特哈总管，前往指定齐集地方，查看枪操一次，按名犒赏布匹，借以点验，并晓谕年年如此阅操，使其知所观感。练毕，即令各归各游牧地方相安，捕猎为生"[14]。"库玛尔一路，仍归镶黄旗兼辖；毕喇尔一路，仍归正白旗兼辖；多普库尔河、阿哩河、托路三路，均归正黄旗兼辖。缘五路鄂伦春各有各路接济米粮之索伦、达呼（斡）尔谙达，皆系此三旗之人。是以，归其管辖，易于稽察。"[15]其中的变化主要是，齐集操演的壮丁由500人增加到1000人；向归布特哈正红、镶白、正蓝三旗摩凌阿鄂伦春佐骁管辖的多普库尔、阿哩、托河三路，拨归布特哈正黄旗管辖。至此，五路雅发罕鄂伦春统统专归该三旗派往各路之索伦、达斡尔谙达教管。此外，在多普库尔、阿哩河、托河三路，一体添设佐骁等官，加强管束。

清政府几易对五路雅发罕鄂伦春的管辖方法，仍感不甚周全。黑龙江将军文绪以为“收笼挑练一千名，改添官职，犒赏布匹，专归谙达教管，固为一时权宜之计”，“不若撤去布特哈管辖，另为部落，设官添兵建治，转为妥善”[16]。得到皇帝允准。

光绪八年（1882），文绪等遵旨派员踏勘，查得“太平湾地方宏广，又近驿路，堪以建署，名曰兴安城，东接黑龙江、西达墨尔根，居中控制，声气既通，势尚联络，遇有缓急，亦可相维相系”[17]。遂选定在内兴安岭太平湾地方兴建兴安城，设立总管衙门，按照布特哈总管衙门体式修理，另建官学一所、仓房三所、分防副管公所等。因为“新踏建署之处，地僻人稀，水陆与各城不通，所需物料均须陆路购运，一切夫工物料，数倍于常，通共估价银六千五百两”[18]。拟冬令备料，次年动工。

同时，将五路雅发罕鄂伦春编设旗分佐领，库玛尔一路，人丁较多，原设佐领3员，添设佐领5员，共8员，编为左翼镶黄、正白、镶白、正蓝四旗；毕喇尔、阿哩河、托河、多普库尔河等四路，原有佐领4员，添设佐领4员，共8员，编为右翼正黄、正红、镶红、镶蓝四旗。每旗各分编佐领二。左右两翼共设额兵1000名，每佐领下额缺兵58或59名不等。

兴安城总管衙门设有满洲加副都统衔总管一员，专司掌印；鄂伦春总管一员副之，同体办事；副官四员，各管二旗；佐领十六员，骁骑校十六员，各办一佐领下之事；每佐领下设领催四名，内拨补委官，每佐领下二名[19]。总管衙门分设左右二司，办理日行事件。因鄂伦春人久居山野，识满文者不多，不能即刻通达公事，特添设公中副管2员，由各城佐领择其精通满、汉文者挑放，负责教导兼办两司图记。再由省城择放满笔帖式4员，指引新笔帖式办理档案。另设学官一员，刊发圣谕广训，逐日讲读。

兴安城总管衙门除办理官兵的升遣调补、钱粮发放、户口编审、诉讼案件等日常事务外，还要负责以下几项事宜：

一、负责春秋会操。每年春秋招集额兵1000名，各操演一个月，发放应需火药。

二、验收解送雅发罕鄂伦春所交貂皮。雅发罕鄂伦春“历年原有应交貂皮牲丁六百名，今撤出布特哈管辖，改为正兵一千名，连新添官员每名应纳貂皮一张”。“由该总管将已挑定貂皮，另委副官送省，由省佐领内拣派一员、笔帖式二员，伴同该处官员送京，以资历练”⑳。

三、定期巡查卡伦、马拨、山场。“兴安岭山势绵长，上至额尔固讷河口，层峰叠嶂，树木丛密，人迹罕通，蜿蜒起落三千余里，与俄国一江之隔，若不安设卡伦，不但无以稽查潜越，且该兵丁散漫山中，不通声气，设遇缓急，传唤必致不齐”。因此，“择要安设卡伦七处，每卡无论佐领、骁骑校，派官一员、兵六名充当，照依各城卡差之例，发给津贴，以资口食。按三个月更换一次，并于五路人丁行走要路勘查，以一二百里设立马拨一处，共设马拨十七处。每处派官一员、兵丁五名”。“总管带兵按年巡查山场、卡伦、马拨二次”㉑。

四、设立税卡，查验往来商贩。“新设总管，地处冲票，从前不肖之辈偷盗牛羊前往黑龙江城售卖，必经此路，查新设总管衙门附近大路，自应由紧要之处，另立税卡一所，派委官一员，兵十名稽查。一有商贩，牛、马、羊只过往到卡，呈票查验报税，如无票者，即行盘拿办理，所收税银，作为该总管办公薪心以及操演奖赏之用”㉒。

五、发放贸易执照，防止擅自进山贸易，保证貂贡。谙达“历年入山，假管束之势权，以些须米酒之微物，尽其捕之所有，全行索去，实属不堪其扰。今编旗设缺当差，有进貂皮额数，自应禁革谙达索买，以除恶习”。“安分人携米入山生意，先由总管处领照，方准放行。只准换买杂项皮张，概不准收买貂皮”㉓。

清政府设立兴安城总管衙门，是出于三个方面的需要：

一是为了扩充兵力，加强防务，抵御俄国对中国领土的进一步扩张。清政府面临内忧外患，不断调用黑龙江驻防兵，再加经济拮据，长期拖欠官兵俸饷，严重影响了军队操练及防守。虽经抽出养育兵、西丹等与官兵一体操练，并举办团练，但面对沙俄的数万兵力，仍然无法满足东北绵延几千里的边界防务需要。此时，“枪技精佳，步履矫捷”[24]，所处地方“多有与俄夷接壤要隘”[25]的鄂伦春人开始受到清政府的格外重视，在几经变通办理未曾收到实效的情况下，决定从实钤束，添官建治，另设兵缺，编旗分管。让“男丁共有千余人，枪法之准，向为俄人所惮，其游猎山径，有可借以防堵俄人者”[26]的鄂伦春人发挥防范作用。

二是为了保证貂贡。谙达的大肆渔利，山场的缩小，貂源的缺乏，贡纳貂皮已成为鄂伦春人的沉重负担。为逃避貂贡，鄂伦春人纷纷进入深山不复出来，清政府所掌握的纳贡“牲丁”数目急剧减少。布特哈总管衙门管辖下的其他不食饷贡貂“牲丁”，也因捕貂困难，无法保证貂贡额数。因此，清政府计划统一向新设鄂伦春正兵一千名征收，裁撤不食饷“牲丁”的貂贡，以便于管理，保证宫廷对貂皮的需求。

三是为了让鄂伦春人摆脱谙达盘剥，改善生活，从而笼络其心。布特哈总管衙门派遣的谙达，“是一种亦官亦商的人物，他在政治上既是鄂伦春的直接统治者，而在经济上又是鄂伦春人唯一合法的交易者”[27]。谙达往往利用每年进山征收进贡貂皮的机会，或以少给粮谷多要皮张、或以粮价高皮价低等不公平手段，大肆渔利，中饱私囊。光绪六年（1880），清政府为了限制谙达借其权势勒索鄂伦春人，专门规定：“该谙达等照旧届期驮运口粮，前往各该路妥为接济，公平易换各色皮张，不准贪图厚利，借端抑勒，致干重咎”[28]。但“该谙达等皆倚持达呼（斡）尔副管为护符，而副管又与总管朋比为奸，上下交通，非遂其私饱不止。该鄂伦春受其欺凌朘削，莫可如何”[29]。特别是沙俄侵占了黑龙江左岸的中国领土后，鄂伦春的游猎山场大为缩小，捕获物锐减，以致“江右山场，愈捕愈稀，实系不敷糊口”[30]。在鄂伦春人度日艰难的情况下，清政府深恐鄂伦春起来反抗，或为沙俄所利诱。光绪皇帝认为“鄂伦春与俄罗斯相近，牲丁为谙达所苦，难保不投俄国，挑为卒伍，可以收笼其心”[31]。可见撤去谙达管辖已势在必行。

兴安城总管衙门的设立，目的是将原来的“牲丁”变为旗丁，以更好地收束利用，加强防务，但并未收到预期的效果。十年的努力，该衙门“传到牲丁不过数百名，余尚散处山中游牧，行止无定，究未如额传齐”[32]。“徒有虚名尚在，究无实效可观”[33]。因此，不得不变通前法，制定新章四条：

一、分城管辖。裁撤原设总管衙门之满洲总管，鄂伦春总管、副官、库玛尔、毕喇尔副管，笔帖式。其五路雅发罕鄂伦春左右翼佐领、骁骑校、领催、委官、披甲，悉仍其旧，拨归黑龙江、墨尔根、呼伦贝尔三城新添协领分管。

二、就地安置。根据鄂伦春游猎山场均在黑龙江、墨尔根、呼伦贝尔各副都统及布特哈总管辖内的特点，在各衙门添设协领，专为经理。库玛尔一路，在内兴安岭呼密肯山一带，归黑龙江城；毕喇尔一路，在内兴安岭占河一带，归布特哈城；多普库尔、阿哩两路，在多普库尔、阿哩、呼裕尔等河一带，归墨尔根城；托河一路，在内兴安岭托河、砮敏河、陶力罕山一带，归呼伦贝尔城。

三、顺其自然。根据鄂伦春人喜好游猎的特点，暂弛入操之令，仍安其旧与旗丁互市之常，如有曾经为官编入旗佐者情愿当差，听其自便，不再仍前约束。以收“其未化者有所观感，相率来归，积久声气相联，习染相透，庶向往日众，然后教之，即戒自不难练成劲旅”[34]之效。

四、破格用人。鄂伦春归各城新添协领专管后，该缺变得非常重要，决定在通省员弁中不拘部落，无论佐领、防御、骁骑校及四至六品各官，考其才识等拣用，奖优惩劣。

如此变通之后，将鄂伦春人“就地编成村落，督其耕作，束以礼法，并能带其出山，或数里、或千里，就近呈请副都统总兵阅操，使其移寒就暖，习惯自然，遇有缓急征调，方资实用”[35]。可见变通的最终目的还是要鄂伦春人定居入操，使之成为统治者手中操纵的一支劲旅。

综上所述，清政府废除延续近二百年的通过谙达统治鄂伦春的方式之后，尽管精心筹划，多次变通，不惜花费人力物力促使鄂伦春人出山定居，但最终不见实效，其原因就在于：

首先，清政府未顾及鄂伦春人生产力发展状况及固有的生产方式。在鄂伦春人赖以生存的自然环境和社会条件没有发生根本变化的情况下，从统治者的主观意图出发，强行编旗归伍当差，是鄂伦春人所难以接受的。鄂伦春人一向“生长深山，赋性疏野，向以打牲为业，从未受官约束。先是布特哈旗丁、谙达等，与该牲丁等游牧聚处，常在一隅互市交易，牲丁以皮张易食物以养身，旗丁以食物易皮张而上贡，两相利赖，习以为常”㊱。反映出鄂伦春人的猎品在一定程度上已商品化，与周围市场有着密切联系，形成了对周围市场的依赖关系。鄂伦春人的社会经济就是通过猎品与食物的交换，维持自身的生计。兴安城总管衙门的设立，以及后来各城协领的添设，其管理方法与原先的谙达并无多大不同，仍是每年照例进山收取皮张，发放食物，保持的同样是猎品与食物上交换关系。尽管当时有不少私商进山交换，增加了鄂伦春人保持原有生活方式的社会基础仍然存在。

其次，尽管猎区缩小，兽源日减，但大、小兴安岭绵亘数千里，对于人数不多的鄂伦春人来说，仍有广阔的回旋余地，狩猎业仍有其继续存在的自然基础。而定居生活和农业生产，与鄂伦春人的传统习惯及所处自然条件大相径庭，需要有一个逐步转变适应的过程。因此，鄂伦春人不会在短时间内由游猎转向农业。定居本是伴随农业而来的。鄂伦春不转向农业当然不可能定居。

此外，加重了鄂伦春人的负担，引起鄂伦春人的不满。鄂伦春人被编旗入操后，进贡貂皮的数额由原来的600张猛增到1000张。在失去江北山场，猎物减少的情况下，鄂伦春已不堪重负。而且鄂伦春人由“牲丁”变为“旗丁”后，其义务也由原来单纯的捕貂进贡增加为驻卡守边，操练受训，不能再像以前那样专事狩猎。放弃狩猎应差操练严重影响了鄂伦春人的生产活动，鄂伦春人纷纷“匿迹深山，不愿出谷”，“归伍者甚少，原设额兵一千名，实充者不及半”㊲，也是必然的。

清政府通过谙达管理鄂伦春人，前后近二百年，其中独到之处是这种松散的管理方法适合鄂伦春的社会生活和生产力发展状况。后来，清政府出于政治需要，煞费苦心，花费钱财，实行一系列的变通措施，试图使鄂伦春人从游猎民族一跃成为农业民族，这在主观上来讲，虽然具有推动鄂伦春民族社会发展的积极意义，但由于鄂伦春人所处社会条件和自然环境没有发生根本性的变化，最终没有达到预期的目的，这不能不说是一种历史的错误㉜。

注释：

①《大清太宗文皇帝实录》卷61。

②何秋涛著：《朔方备乘》卷2。

③⑧西清著：《黑龙江外记》卷3。

④⑰⑱⑲⑳㉑㉒㉓黑龙江档案馆藏：黑龙江将军衙门档案，07－1882。

⑤⑩㉕中国第一历史档案馆（以下简称一史馆）藏：军机处录副民族类鄂伦春项617卷第2号

⑥一史馆藏：军机处录副民族类鄂伦春项620卷第1号。

⑦㉔一史馆藏：军机处录副民族类鄂伦春项617卷第1号。

⑨故宫博物院明清档案部编：《清代中俄关系档案史料选编》第3编下册。

⑪一史馆藏：军机处录副民族类鄂伦春项618卷

⑫⑬一史馆藏：宫中朱批奏折民族类鄂伦春项2085卷第1号。

⑭㉖一史馆藏：宫中朱批奏折民族类鄂伦春项2085卷第2号。

⑮㉘一史馆藏：军机处录副民族类鄂伦春项620卷第2号。

⑯㉚㉛一史馆藏：宫中朱批奏折民族类鄂伦春项2087卷第1号。

㉗秋浦著：《鄂伦春社会的发展》，上海人民出版社1978年版。

㉙一史馆藏：宫中朱批奏折民族类鄂伦春项2087卷第3号。

㉜㊱㊲一史馆藏：宫中朱批奏折民族类鄂伦春项2088卷第1号。

㉝一史馆藏：军机处录副民族类鄂伦春项619卷第4号。

㉞㉟台北故宫博物院藏：光绪二十年正月月折档。

㊳一史馆藏：宫中朱批民族事物类鄂伦春项2088卷第3号载“自光绪九年秋季起，至二七年春季止，共放过到操官兵俸饷钱三十四万二千八百七十六吊二百七十四文，兵丁布价银九千五百八两”。

嘉庆年间英国对澳门的两次入侵

英国对澳门垂涎已久。早在 17 世纪初，它就伙同荷兰袭击葡萄牙商船，派军舰逼近澳门，遭到住澳葡萄牙人的有效抵抗。18 世纪末、19 世纪初，随着英国在华商业利益的增长，英国人又开始染指澳门，企图加以侵夺。

第一次入侵

嘉庆六年（1801），葡萄牙在与法、西联军作战中失利，英国人遂以帮助葡人保卫东方殖民地为由，于嘉庆七年（1802）派 6 艘军舰载着数百名英军抵达澳门一带海面。起初，澳门总督并不知情，还根据吕宋船只带来的消息，称英、法各国俱已和好，并无争占。及至五月，英船在澳门附近停泊，澳督才感到事态的严重，唯恐英有觊觎澳门情事，立刻恳求两广总督及奥海关监督命令地方官出面保护。并将情况写信告诉了在京的西洋人索德超，希望寻找途径上奏，以求得到清朝皇帝的庇护。内务府大臣苏楞额等转奏了索德超等人的呈词，呈文讲：

查澳门地方居住西洋波尔都雅国（葡萄牙）人，荷蒙本朝涵濡之恩，循规守矩，久享平安。讵外洋到广交易诸国中有嘆咭唎者，其在西洋素号谲诈，近数十年来，常怀蚕食之志，往往外假经商之名，遂其私计。向因到船不多，且仰赖国家德威远震，怀柔有方，未萌异念。前于乾隆五十八年曾遣巨舶进贡，多所求假，不惟便其通商，且求海屿一所作久留计。幸蒙高宗纯皇帝洞其隐曲，未遂其私，怅怅而去。渠因未得所求之故，终不撒手，每有窥伺之意。于时，西洋诸国因佛啷哂之乱互相纠合，暎咭唎亦在约中，以故数年未暇东顾，然其设法欲遂前求，固非一日。

英舰于二月十六日到达澳门，遭到住澳葡萄牙人的抗拒。据后来的广东巡抚韩崶讲：

西洋人于澳内，旧设炮台六座，正中曰大炮台、东曰东望洋、西曰西望洋、正南曰南湾、东南曰伽思兰、西南曰娘妈阁，炮台均系该夷目带领番兵一二十名不等自行防守。

軍機大臣 字寄
兩廣總督吳 廣東巡撫孫 嘉慶十三年九
月二十六日奉
上諭吳熊光等奏暎咭唎國兵夷擅入澳門一事暎
咭唎國夷人藉稱大西洋國地方被咈囒哂佔據
該國因與大西洋鄰好恐西洋人之在澳門者被
咈囒哂欺凌貿易輒派夷目帶領兵船前來幫護
現在先後到船九隻皆帶有砲械火藥等物竟敢
灣泊香山縣屬雞頸洋面並有夷兵三百名公然
登岸住居澳門三巴寺龍嵩廟分守東西砲臺實
屬桀驁可惡該督等現將該國夷船停止開艙派
員嚴切曉諭俟夷兵退出澳門方准起貨並稱該

寄谕旨

葡萄牙人一方面凭借自己的武装进行防守，一方面得到了两广总督吉庆的支持，下令英军撤退。但英军不顾中国政府的谕令，于五月中旬更加靠近澳门停泊，引起澳门极度混乱。两广总督吉庆和署广东巡抚瑚图礼奉旨密行查访，决定断其粮食、禁止买办，使之无法继续留泊，英舰被迫在六月初五日前陆续开行回国。英国精心策划的侵占澳门计划未能得逞。

第二次入侵

英国对澳门的初次窥伺失败后，始终伺机行动。嘉庆十二年（1807）底，法军攻入葡萄牙首都里斯本，葡萄牙王室撤往巴西。在葡萄牙本土沦亡之际，英国人认为时机成熟，再次企图染指澳门。嘉庆十三年（1808），英国借口防备法军入侵澳门，派军舰携带炮械火药等物，自七月下旬始，先后有 9 艘湾泊香山县属鸡颈洋面。澳门总督作了抵抗的准备，并把情况报告了香山县令彭昭麟。但葡萄牙人很快又作出让步，同意英军登陆，英军遂派兵300名登岸，住居澳门的三巴寺、龙嵩庙，分守东西炮台。舰队司令度路利致函两广总督称：

今我国王发此战船来澳为帮扶澳门西洋人。今禀知总督大人，本国兵船湾泊澳门防备�呓哂来澳，以备御敌。因澳门西洋人微弱，故此著此夷兵上岸，好帮扶西洋人。

以此粉饰自己的行径。由于英军的入侵，中国商民纷纷返回内地，澳门一片混乱。葡萄牙人再次让步，在澳英军人数达到760名之多。

两广总督吴熊光得到香山县令彭昭麟有关英军入侵的报告，立即檄行香山协副将、澳门海防同知遵照派拨兵役防范，并咨粤海关谕饬洋商查明，转饬该国大班从速催令开行回国，毋任逗留。同时，援照成案，除其余各国照旧开舱发货外，惟令英国货船暂行停止开舱，如再不退兵，则封禁进澳水路，绝其水上交通。度路利见吴熊光软弱可欺，在九月初将兵船3只驶进虎门，停泊于距广州仅40里的黄埔地方，要求清政府同意英军在澳门设防。吴熊光这时才一面具奏，一面

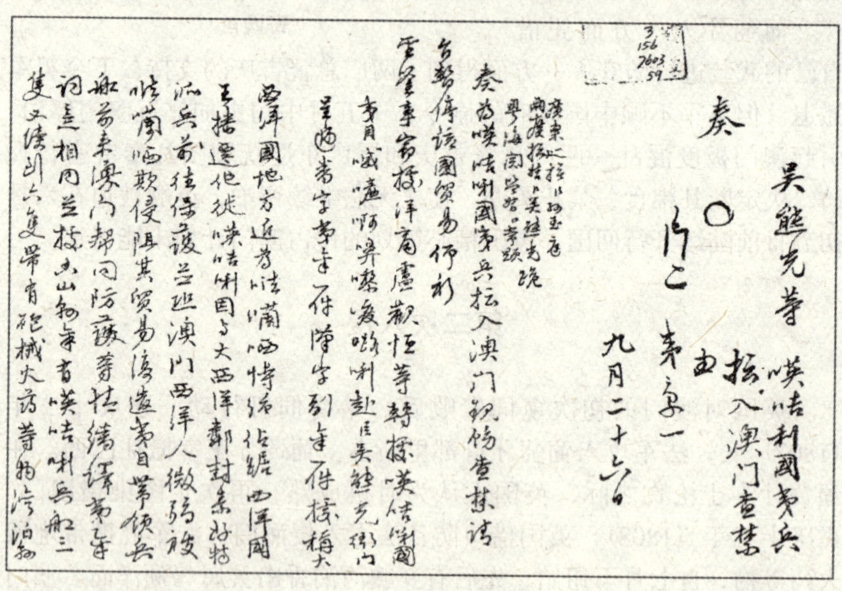
奏
吴熊光等 咦咭利国夷兵拢入澳门查禁
九月二十六日
两广总督臣吴熊光 广东巡抚臣孙玉庭 粤海关监督臣常显跪
奏为咦咭唎国夷兵拢入澳门现饬查禁恭

吴熊光奏折

将水师之香山、虎门两处兵丁抽拨回营防范，同时令碣石镇黄飞鹏管带水师船只 20 余艘，并雇江单船十余号，在省河一带布防。九月底，嘉庆皇帝获知澳门发生的事变，十分震惊，斥责吴熊光“办事太软”，命令选派晓事文武大员前往澳门严加诘责，“以天朝禁令綦严，不容稍有越犯”，要“调派得力将弁统领水陆官兵整顿预备，设该夷人一有不遵，竟当统兵剿办”。并驳斥度路利所谓预防法人来澳的说法“殊不成话”，说：

该国王既知为中国海面，即不应派兵擅入。况咈兰哂国夷人并未来至澳门，何得藉词越进。且天朝兵精粮足，即使外藩部落或敢桀骜思逞，不难声罪致讨，明示挞伐。若蛮触相争，叩关求救，天朝一视同仁，亦断无偏护之事，又何须该国王预筹防堵耶！

明确指出英军是“名为保护西洋，实则意图占夺”。要吴熊光“作速斥逐，义正词严，俾知惶惧回驶”。

吴熊光接奉谕旨，知道事关重大，于十月十二日檄调督抚提镇各标官兵 2600 名，派参将张绍绪、宝兴和游击祁世和、都司志格、守备李福泰等管带，在黄埔、澳门驻扎防守。十六日，派委官员赴黄埔宣示谕旨。英军见清政府态度如此强硬，并且在沙梨头、关闸、前山、北山等处布满了官兵，封锁了与澳门的一切交通，自知无法继续滞留，表示情愿撤兵速退，但要求采买食物，继而又要求开舱。吴熊光强调先退兵后开舱，英军“遂于十月二十五六日将兵船退出虎门，十一月初二、三日，在澳门之夷兵亦陆续退出外洋等候。吴熊光知会监督常显，即于十一日开舱，该夷船始行远去”。至此，英国人侵占澳门的企图再次受挫。

英国两次入侵综析

嘉庆年间，英国两次派兵企图侵占澳门，并非出于偶然，而是有着深刻的历史背景。英国随着势力的强盛，极力推行殖民扩张政策，在对华贸易中，不可能满足于已经得到的商业利益，而是要获取更大的好处。特别是看到葡萄牙人租住澳门，商船不纳货税，英国人也要争取同等权利。早在乾隆二十年（1755）、二十二年（1757），英商洪任辉连年船泊浙江定海，希图轻税。乾隆二十四年洪任辉还驾船至天津海口，借状告粤海关监督李永标及其下属勒索，要求在宁波贸易，被清政府严词拒绝。乾隆五十八年（1793），英使马嘎尔尼在热河觐见乾隆皇帝，要求准许在天津、宁波等处海口贸易，并赏给舟山小海岛一处及广州附近地方一处居住，理所当然地遭到了拒绝。英国的企图多次不能得逞，因此在葡萄牙战败之际，自以为有了口实，借保护之名将军舰派到了澳门。

嘉庆帝得知英军在澳门登陆的消息，态度极为坚决，准备不惜一切击退英军，多次谕令两广总督吴熊光立即禁止已在黄埔停泊的48艘英商船开舱贸易，即使损失一年五六十万两银子的关税也在所不惜。要求从速调派水陆官兵设防，以备英军不退时统兵打击，“以伸国威，而靖海噬”。嘉庆帝还急调远在贵州的心腹大臣永保出任广东巡抚，协助吴熊光办理驱逐英军事宜，不料永保在赴任途中病故。英军在澳门滞留数月不去，嘉庆帝认为吴熊光不曾亲临筹办，驱退不力，只是空言以奏，因此“著传旨严行申饬，先降为二品顶戴，拔去花翎，仍交部严加议处，以示薄惩”。后以溺职例革职，由其子吴峰基赔缴了调遣各标官兵用过银31700余两中的20000两。吴熊光革职后，任命百龄为两广总督，负责调查事件的全部过程和吴熊光的失误。百龄到任，即带部属赴澳门视察，看到英军曾经登陆的伽思兰炮台至西望洋炮台迤南沿海一带石坎低矮，命令“加筑石女墙一道，增高四五尺，计长二百余丈，俾资防堵”，加强了澳门的防御力量。

嘉庆年间英军两次企图侵占澳门，都因清政府的强硬态度而未能得逞，说明清统治者对澳门和海疆都是很重视的，尽管其间暴露出了水师薄弱、官员轻敌等种种弊端，但与鸦片战争后英军步步进逼，清军节节败退的局面相比，能够连续挫败英军占据澳门的企图，对清政府来讲，当属最后的一次强硬和辉煌了。

清朝赏赐琉球国王及其来华使节制度初探

通观清代中琉交往史，始终是以封贡为核心进行的，伴随有货物贸易、文化交流、海难救助等活动。赏赐活动，则是中琉交往过程中核心部分的重要环节，每逢清朝皇帝派遣册封使远赴琉球国册封，或琉球国王派遣使臣来华进贡、庆贺，请封、谢恩，清朝皇帝都分别赏赐琉球国王、王妃及其使臣等以丰厚的物品，形成了一套完备的制度，并长期遵循办理，为中琉两国友好交往发挥了至关重要的作用。根据有关史籍和档案分析，清朝赏赐琉球国王及其来华使节的制度，是逐渐建立和完善起来的，大体可分为例赏、加赏和特赏三种赏赐形式，而三种赏赐形式，各有其不同的赏赐对象和赏赐物品。本文谨对清朝赏赐琉球国王及其使节制度试作探究，提出管见，并与各位同仁交流，以期有助于中琉交流史的研究。

一

例赏，又称正赏或正赐，是按照惯例正常进行的赏赐。凡清廷遣使赴琉球册封国王和琉球国王遣使来华时，清廷都按定例分别赏赐琉球国王及其来华使节等，成为两国交往过程中十分重要的活动和正规的礼仪。

17 世纪中叶，中国正处于明清两朝交替时期，顺治元年(1644)，清军入关，迁都北京，明朝官僚绅士在江南拥立明皇室后裔，建立南明小朝廷，与清朝进行抵抗。面对这一形势，琉球国王仍按旧例遣使与南明政权交往，并未与刚刚入关建立政权的清朝建立关系。顺治三年（1646）九月，清征南大将军博洛率兵攻入福州后发现，原出使到南明的琉球人未及回国，遂选其中的金思德等人送到北京。次年（1647），顺治帝"格外优恤，赐宴，赐袍，赐靴"。[①]而后，委派官兵护送到福州，驾船开洋回国。琉球人金思德等，虽然不是专门派往清朝的使节，但清廷仍待之以礼，赏赐物品，安全送回。这是清朝建立后首次接待的琉球国非正式使节，也是清朝与琉球国的初次交往，此次交往过程中已有赏赐活动存在。

顺治六年（1649），琉球国世子尚质派都通事梁廷翰、通事周国盛等人，给清朝进呈"投诚表文"。[②]次年（1650），通事周国盛等人进京上表事竣后，奉命"馆留在京，守候贺至，一并遣发"。[③]等到顺治八年（1651），因琉球国庆贺使节并无音讯，琉球国使臣周国盛等人启程回国，顺治帝赏给"赍表官周国盛彩缎二、表里银二十两；人伴二名，坚义、遂志每名布二匹、银五两"。[④]而后，委派官员护送到福州，顺利乘船回国。周国盛等人是琉球国首次正式向清朝派出的使节，但其级别较低，既没有携带礼物，又未按清帝敕谕送缴"故明敕印"，故赏赐物件的种类和数量较少。

顺治十年（1653）二月，琉球国世子尚质派遣以王舅马宗毅为首的使团庆贺。这次使团级别高，规模也较大，共有116人，[⑤]除携带庆贺表文和"故明敕印"外，还有进献的各种礼物。顺治十一年（1654）初，马宗毅等13人进京，恭缴"故明敕印"，进呈庆贺表文。于是，清廷决定遣使赴琉球国册封世子尚质为王，并令册封使携带"赐国王尚质蟒缎二匹、彩缎六匹、蓝缎三匹、素缎、闪缎各二匹、绵三匹、绸、罗、纱各四匹，王妃彩缎四匹、妆缎、闪缎各一匹、蓝缎、青缎、锦缎各二匹、罗、纱各四匹"。同时，又赏给"正使王舅彩缎、表里各四匹、闪缎一匹、罗二匹、绸、纱各四匹，副使正议大夫彩缎、表里各三匹、蓝缎一匹、罗、绸、纱各二匹，使者彩缎、表里各二匹、蓝缎、绸、纱各一匹，通事、从人缎、绸、纱、布、银各有差。"[⑥]此次派遣的册封使因海道受阻未能成行，王舅马宗毅滞留福州期间也不幸因病客死他乡。然而，通过此次交往最终确立了清朝与琉球国的正式交往关系。

康熙二年（1663），因海道畅通，特派张学礼等人赴琉球国册封尚质为王，照数携往原赏给国王和王妃的各种物品。康熙三年（1664），琉球国王尚质以受封王之礼，派遣王舅吴国用等进贡谢恩后，“赏琉球国王蟒缎二匹、青蓝彩缎四匹、蓝素缎二匹、衣素缎二匹、闪缎二匹、锦二匹、绸二匹、罗二匹、纱二匹。将此赏赐缎匹数目，由内阁撰敕一道，交付来使带去。其来使王舅吴国用，赏表彩缎七匹、里缎四匹、罗四匹、带袜一等夹沿斜皮靴一双；紫金大夫金正春，赏表彩缎四匹、里缎四匹、罗四匹、带袜二等夹沿斜皮靴一双；使者红有德，赏表彩缎二匹、里缎二匹、布四匹；通事二名，赏表彩缎各一匹、里缎各一匹、布各四匹；从人二十二名，赏布各四匹；留边通事一名，赏表彩缎一匹、里缎一匹、布四匹；从人二十三名，赏布各四匹。再福建省护送通事，赏彭缎袍一件。此赏赐物件，于户、工二部移取，在午门前颁赏，并接至臣部（即礼部——引者注）筵宴二次遣回。其赏赐留边员役缎布，交吴国用等带去。回至福建，亦照例筵宴一次遣回。”⑦从此次颁赏的情况来看，无论是颁赏物品的种类和数目，还是颁赏物品的具体程序，都更加明确和规范。据康熙朝《钦定大清会典》记载，康熙四年（1665）、五年（1666），琉球国使节到京后，俱照康熙三年（1664）例颁赏。康熙八年（1669），“琉球国进年贡，照例给赐，惟正使不系王舅，与副使正议大夫赏同。”⑧在此后的25年间，凡琉球国进年贡使臣到京，俱照康熙八年例颁赏。这就说明，至康熙八年时，清廷例赏琉球国王及其来华使臣的制度已经基本建立。

例赏物品的种类和数量，并非一成不变，随着时间的推移有所变化。康熙二十三年（1684），琉球国王尚贞以封王之礼派遣王舅毛国珍等进贡谢恩，礼部缮本题请，照康熙三年例赏赐。遂奉旨：“琉球国王诚谨可嘉，这议赏尚轻，著再议具奏。”于是，礼部遵旨具题：“琉球国中山王尚贞，先议赏蟒缎、青蓝彩缎、蓝素缎、衣素缎；闪缎、锦、绸、罗、纱，共二十匹，今应加妆缎二匹、倭缎二匹、帽缎二匹、青蓝彩缎四匹，共三十匹赏给。”[9]奉旨准行。又于康熙二十四年（1685），琉球国王按例遣使进贡，礼部“会同内阁题定，琉球国进贡来时，赏该国王蟒缎四匹、青蓝彩缎六匹、蓝素缎六匹、衣素缎六匹、闪缎六匹、锦四匹、绸六匹、罗六匹、纱六匹，请敕下内阁，将赏赐缎匹数目撰敕，交付来使带去。其正使副使，赏彩缎表里各四匹、罗各三匹、绢各一匹；都通事，赏彩缎表里各一匹、毛青布各四匹；从人，赏毛青布各四匹；其留边通事，赏彩缎表里各一匹、毛青布四匹；从人，赏毛青布各四匹；其福建伴送官及土通事，赏彭缎袍各一件。筵宴二次，回至福建，筵宴一次”[10]。这两次对例赏的增加，均为赏赐国王的部分，除赏赐物件品种稍有变化外，主要是增加其缎匹数量，由20匹增加至50匹，增加幅度较大，而对使臣等人的赏赐，基本上仍照旧例，几乎没有增加。康熙六十年（1721），琉球国王尚敬接受册封后特遣使臣进贡谢恩，康熙帝又谕令礼部议奏增加例赏事宜。礼部遂“遵旨议定，加赏该国王蟒缎二匹、青蓝彩缎四匹、蓝素缎四匹、衣素缎四匹、闪缎二匹、锦二匹、绸四匹、罗四匹、纱四匹；正副使加赏彩缎各二匹、纺丝各二匹、罗各一匹、绢各一匹；都通事加赏彩缎一匹、绢一匹、毛青布二匹；从人加赏毛青布各二匹；留边通事加赏彩缎一匹、绢一匹、毛青布二匹；从人加赏毛青布各二匹”[11]。从此次增加例赏物品的情况看，不仅增加了赏给国王物品的数量，而且也增加了赏赐使臣等人物品的数量。

例赏的变化，并未就此而停止，而是发生了更大变化。嘉庆十四年（1809），嘉庆帝发现赏单所开物品名目与实际赏发物品不相符，因此特降上谕：“户部、内务府各库存贮缎匹等名目，往往旧时所有，而近日所无，遇有颁赏事宜，各该处仍开旧时名目，将所缺之项，用他物抵补，以致名实不符，殊非核实之道。嗣后颁赏缎匹，就库中现有之物，拟用何项，即开何项，名目不得沿袭旧名，再行抵换，致有歧异。”[12]自此之后，例赏物件的品种，不再固定不变，而按实际库存物件的品种而定。

另外，赏赐琉球国王及其使臣的缎匹，起先由礼部题准，移咨户部，从其所属库内提取，在午门前颁发。至康熙二十八年（1689）十月，康熙帝特降上谕："凡赏给外国，应沾实恩，以见柔远之意，户部库缎不如内库缎匹，此赏琉球国王缎匹，向内库取赏。嗣后，如赏给远处国王，俱必奏请，从内库取赏。"[13]从此，即由礼部题请，遵照所奉谕旨，视户部和内务府库存缎匹的具体情况，择优领取，从而保证了赏赐缎匹的质量。这也说明，清廷十分在意赏赐琉球国王及其使臣物件的品质，重视颁赏在中琉两国交往过程中的重要性。

二

加赏，又称加赐，是例赏之外增加的赏赐。当琉球国派遣使臣进京后，清廷除例赏之外，还对其国王及使臣进行加赏。这种加赏是清朝赏赐琉球国王及其使臣制度的有机组成部分。

在此处所讲加赏，并非例赏范畴的"加赏"，在清代历史文献中，有时将对例赏的增加部分和真正意义上的加赏都称"加赏"，但从承办机构、颁赏地点和赏赐物品等特点来区分，两者具有明显的不同。其例赏范畴的"加赏"，由礼部负责办理，在固定的场所午门前颁赏，赏赐物品相对单一，基本上都是缎匹类；而加赏则不同，军机处成立后，由军机处或内务府负责办理，无固定的颁赏场所，赏赐物件的种类具有多样性，既有缎匹，也有瓷器、漆器、银两和文房四宝等物件。从目前掌握的文献史料分析，顺治十一年（1654）清廷与琉球国正式建立交往关系后，在相当一段时间内，唯有例赏，而无加赏，约至清中叶才出现。究其原因，时至清中叶，清朝入关定都北京，业有百余年，经过长期努力，政权得到巩固，统一大业实现，国泰民安，生产发展，物资充足，正处于"康乾盛世"。而琉球国自与清廷建立交往关系开始，在百余年间，远隔重洋，克服险难困苦，持续遣使进贡，始终在保持友好交往关系。缘于此，清朝为了进一步加强两国交往关系，采取奖励性的加赏措施有其必然性。

加赏作为一项定制，是逐渐得以完善和规范的，特别是乾隆年间将琉球等国贡使进京时间定为元旦（即春节）之前后，凡进京的使臣，都被邀在重华宫、紫光阁、山高水长等处筵宴加赏。若来使“恭进诗章”，即“恭和御制诗”，则又加赏国王和使臣。如嘉庆十九年（1814）底，琉球等国进贡使臣到京后，军机大臣等为加赏事奏称：“查，朝鲜、琉球二国进贡使臣到京，所有例赏该国王及使臣等物件，照例由礼部具奏办理外，至该使臣等于新正在紫光阁筵宴，例有加赏物件。又朝鲜等国使臣恭进诗章，向有加赏该国王及使臣等物件。此次朝鲜、琉球二国使臣，询俱能诗。臣等查照向例，一并分拟赏单进呈，届期颁给。”⑭“拟加赏朝鲜、琉球两国使臣物件：朝鲜国正使一员、琉球国正使一员，锦各三匹、漳绒各三匹、大卷八丝缎各四匹、小卷五丝缎各四匹、大荷包各一对、小荷包各四个；朝鲜国副使一员、书状官一员、琉球国副使一员，锦各二匹、漳绒各二匹、大卷八丝缎各三匹、小卷五丝缎各三匹、大荷包各一对、小荷包各四个”⑮。“朝鲜、琉球二国使臣献诗，拟赏该国王物件：蟒缎各二匹、福字方各一百幅、大小绢笺各四卷、笔各四匣、墨各四匣、砚各二方、雕漆器各四件、玻璃器各四件。拟赏朝鲜、琉球二国献诗使臣五员物件：大缎各一匹、笺纸各二卷、笔各二匣、墨各二匣”⑯。这种加赏，基本上按定例办理，其赏赐物件的品种和数目都是相对固定的，只是因筵宴及献诗地点的不同，颁赏场所有所变化。

除以上元旦期间的加赏外，琉球国进贡使臣恭遇“皇上万寿圣节”，还应邀在宁寿宫等处听戏，同时又给予加赏。同治十二年（1873）三月，琉球国进贡使臣到京，恰遇同治帝“万寿圣节”，因而军机大臣等为筹办听戏加赏事宜奏称：“查，同治十年三月二十二、二十三两日，琉球国使臣入宁寿宫听戏，每日俱有加赏物件。兹琉球国使臣到京，恭逢皇上万寿圣节，奉旨令入宁寿宫听戏。臣等谨开写使臣名单，并查照十年成案，缮拟加赏物件单，伏候钦定。所有加赏该使臣及都通事物件，应请由内颁发。”⑰其“拟加赏琉球使臣物件单：二十二日，加赏正使茶叶二瓶、茶膏二匣、磁碗三个、磁盘一个，副使茶叶二瓶、茶膏二匣、磁碗二个、磁盘一个，都通事茶叶一瓶、茶膏二匣、磁碗二个、磁盘一个；二十三日，加赏正使锦三匹、漳绒三匹、八丝缎四匹、小卷缎四匹、大荷包一对、小荷包二对；副使锦二匹、漳绒二匹、八丝缎三匹、小卷缎三匹、大荷包一对、小荷包二对。”⑱

另外，琉球国进京使臣不远万里，长途跋涉，往返历经春夏秋冬，自带衣物难以适合季节变化，时常造成一定的困难。清廷为了解除琉球国进京使臣在穿戴方面所遇到的困难，责令内务府负责办理，当使臣到京后，按其身份，每人分别加赏衣物。所赏衣物，按季节而定，分为两种，冬季赏冬装，春季赏春装。如：道光八年（1828）所赏冬装有：正使、副使、都通事、通事共5员，每人江绸面皮袄、花春绸里面棉袄、绸面布里棉裤各1件，布包袱各1块，细毛羊皮桶各1件、海龙皮袖各1副、水獭皮领各1条、骚鼠皮帽各1顶、杭缨各1头，缎袜各1双，缎靴各1双，丝线带各1条；从人22名，每人布面皮袄、布里面棉袄、布里面棉裤各1件，布包袱各1块，布搭包各1条，羊皮桶各1件，川鼠领、袖各1副，川鼠皮帽各1顶，杭缨各1头，布靴各1双，布袜各1双⑲。又如：道光二十一年（1841）所赏春装有：正使、副使、都通事、副通事共4员，每人江绸面绸里棉袍、花春绸里面绸夹袄、绸面布里夹裤各1件，绸面布里夹套裤各1双，布包袱各1块，棉袍绸里各1件；绸领各1条，绒帽各1顶，杭缨各1头，缎袜各1双，缎靴各1双，丝线带各1条；从人21名，每人绸面布里棉袄，绸面布里夹袄各1件，布里面夹裤各1件，布里面夹套裤各1双；布包袱各1块，绸面布里棉袄、绸面布里夹袄各1件，绸领各1条，绒帽各1顶，杭缨各1头，布靴各1双，布袜各1双，丝绵带各1条。”⑳从以上加赏的衣物来看，衣物种类齐全而实用，有效解决了使臣及其从人穿戴方面存在的困难。

三

特赏，又称特赐，是例赏和加赏之外颁发的一种特殊赏赐。这种赏赐，是出于特别的原因或特殊的需要，清廷对琉球国王及其使臣进行的赏赐，也是赏赐制度的重要组成部分。

康熙二十一年（1682），清廷派正使翰林院检讨汪楫、副使内阁舍人林麟焻赴琉球国册封尚贞为王，除例赏国王及王妃物品外，“特赐国王御书‘中山世土’四字”匾额。此后，凡清廷遣使册封琉球国王或琉球国王遣使庆贺清朝皇帝登极时，清朝皇帝一般都特赐琉球国王御书匾额，沿用为一项定制。雍正二年（1724），琉球国王尚敬遣使庆贺登极，“特赐国王御书‘辑瑞球阳’匾额”[21]。乾隆四年（1739），琉球国王尚敬遣使庆贺登极，“特赐御书‘永祚瀛壖’四字”匾额[22]。乾隆五十一年（1786），琉球国王尚穆遣使进贡，“特赐琉球国王御书‘海邦济美’四字”匾额[23]。嘉庆四年（1799），清廷派遣正使翰林院修撰赵文楷、副使内阁舍人李鼎元赴琉球国册封尚温为王，“特赐御书‘海表恭藩’四字”匾额[24]。道光三年（1823），琉球国王尚灏遣使庆贺登极，特赐御书“屏翰东南”匾额[25]。道光十七年（1837），清廷派正使翰林院修撰林鸿年、副使翰林院编修高人鉴赴琉球国册封尚育为王，“颁赐御书‘弼服海隅’匾额”[26]。咸丰三年（1853），琉球国王尚育遣使庆贺登极，特赐御书“同文式化”匾额[27]。同治四年（1865），清廷派遣正使翰林院编修赵新、副使翰林院编修于光甲赴琉球国册封尚泰为王，“特赐琉球国王御书‘瀛峤屏藩’四字”匾额[28]。以上所赏御书匾额共计 9 块，这也是有清一代皇帝特赐琉球国王匾额的总数，其中因册封而特赐者有康熙帝“中山世土”、嘉庆帝“海表恭藩”、道光帝“弼服海隅”和同治帝“瀛峤屏藩”4 块，因琉球国王遣使庆贺清帝登极而特赐者有雍正帝“辑瑞球阳”、乾隆帝“永祚瀛壖”、道光帝“屏翰东南”和咸丰帝“同文式化”4 块，另外一块乾隆帝“海邦济美”匾额，其赏赐原因不清，尚待进一步查找史料分析。从目前已经知道的原因来看，唯有清廷遣使册封国王及琉球国王遣使庆贺皇帝登极时，才特赐御书匾额。由此可见，此项赏赐，不仅是特赏的重要组成部分，也是清代中琉两国交往过程中比较厚重的礼仪和礼物。

琉球国派遣的来华使臣，在清代按其使命可分为进贡使、接贡使、报丧使、请封使、迎封使、护封使、谢恩使、庆贺使、进香使、解送使、特命使等11种，按定制并非都要进京，其中唯有进贡使、谢恩使、庆贺使、进香使、特命使方可进京，而谢恩使、庆贺使、进香使的级别较高，一般都由王舅充任。当以王舅为使的高级别使臣到京后，清廷除例赏和加赏外，还特赏国王和王舅。雍正二年（1724），琉球国王尚敬派遣王舅翁国柱等庆贺登极，雍正帝降旨召见，对国王和王舅进行特赏。据雍正朝《起居注》记载：是年十二月“初三日，琉球国王舅翁国柱奉旨召见于乾清宫，上赐琉球国王尚敬御书匾额‘辑瑞球阳’四字、法（珐）琅炉鉼盒一分、白玉盒一对、汉玉块一、白玉镇纸二、三喜玉杯一、青玉炉一、白玉提梁卣一、汉玉螭虎笔洗一、青玉三喜花插一、白玻璃大碗四、白玻璃盖碗六、磁胎烧金法（珐）琅有盖靶碗六、青花白地龙凤盖碗十二、青花白地龙凤盖钟十、蓝磁盘十二、祭红碟十二、祭红碗十、甜白八寸盘十二、绿龙六寸盘二十、青花如意五寸盘二十、青团龙大碗十二、五彩宫碗十四、绿地紫云茶碗十、紫檀木盒绿端研（砚）一方、棕根盒绿端研（砚）一方、上用缎二十联，于本日在乾清门外交琉球国王舅翁国柱，一一跪领讫。又赐琉球国王舅翁国柱银一百两、上用缎八联。”㉙此后，每有庆贺、谢恩、进香等高级别使臣到京，清廷都对琉球国王及其使臣进行特赏，并成为定制。如：嘉庆二年（1797）底，琉球国遣王舅庆贺进贡到京，军机大臣等为特赏事奏称：“查，本年朝鲜、琉球二国遣使进贡，所有例赏该国王及使臣等物件，应照向例由礼部具奏办理。至使臣等于新正在山高水长筵宴，例有加赏物件，及该使臣在圆明园恭和御制诗，亦例有加赏国王使臣等缎匹、福方、绢笺等件，届期颁给。臣等谨照例分别拟赏物件，开单进呈。再本年琉球正使系该国王舅，查乾隆二十二年（1757）该国遣王舅来京，于例赏外，另有加赏国王及王舅物件。今一并查照向例，开单进呈。”㉚其“山高水长筵宴，拟加赏朝鲜、琉球使臣物件清单：正使二员，锦各三匹、漳绒各三匹、大卷八丝缎各四匹、大卷五丝缎各四匹、大荷包各一对、小荷包各四个；副使三员，锦各二匹、漳绒各二匹、大卷八丝缎各三匹、大卷五丝缎各三匹、大荷包各一对、小荷包各四个。”[31]“朝鲜、琉球使臣献诗，拟赏该国王物件清单：蟒缎各二匹、福字方各一百幅、雕漆器各四件、大小绢笺各四卷、墨各四匣、笔各四匣、砚各二方、玻璃器各四件。”[32]“拟赏朝鲜、琉球国献诗使臣四员物件清单：大缎各一匹、笔各二匣、墨各二匣、笺纸各二卷”[33]。“琉球国遣王舅来京进贡，查照向例，拟特赏该国王物件清单：各色八丝缎二十匹、砚二方、玉器十件、珐琅炉瓶盒一副、珐琅碗六件、磁器一百四十件、玻璃器十件；又拟赏琉球国王舅物件：八丝缎八匹、银一百两；又拟赏通事官三员物件：五丝缎各四匹、银各三十两。”[34]据此可见，无论是以谢恩、庆贺、进香为使命的高级别使臣到京，还是按年例派遣的普通进贡使臣到京，都要筵宴和献诗，而且所有加赏物件的品种和数目相同。所不同的是，以王舅为使的高级别使臣，除照普通进贡使臣之例加赏外，还特赏国王及其王舅一次，其所赏物件的品种和数目也不相同。

除遇有以上两种情况进行特赏外，遇到其他一些特殊情况，也酌情给予特赏。在海上救护漂风难民，对中琉两国而言是双向的，是相互救护。漂风到中国的琉球难民，由中方组织救护，并交进贡使臣或接贡使臣带回。漂风到琉球的中国难民，由琉球方面组织救护，或遇便解送回国，或特派使臣护送回国。当琉球国解救中国漂风难民护送回国后，清朝皇帝时常会特别赏赐琉球国王。如：乾隆十六年（1751）十一月，福建同安县船户林顺泰商船，在洋遭风失去篷桅，漂到琉球国宇天港地方，国王命令下属“番目”救护，于次年六月，乘遣使进贡之便，护送回闽。乾隆帝获知此情，考虑“琉球国远隔重洋，该国王素称恭顺，今番目遵伊王令，将内地遭风商船，代为修葺，并资回籍，诚款可嘉。着赏赐该国王蟒缎二匹、闪缎二匹、锦二匹、彩缎四匹、素缎四匹，以示嘉奖。”[35]另外，琉球国远隔重洋，长年遣使纳贡，不免遭风毁船和损失物资。每遇此类情形，清朝皇帝也酌加赏赐。如：嘉庆十二年（1807），琉球国进贡船只遭风漂至澎湖洋面，其二号船冲礁击碎，所载物资均遭损失。闽浙总督阿林保获悉此情后，即刻具折奏报，并请捐赏损失银两。嘉庆帝因此颁降上谕："该国王世孙因来年有册封使臣到国，发交夷官银五千两，备办迎接应用物件，仪制攸关。今因船只在洋遭风，此项银两漂失，该夷官等呈恳借给，以资购备，自应加之体恤，量予恩施。所有该国沉失银五千两，无庸该督等全数捐赏，着加恩赏给库项银二千五百两，其余银二千五百两，准该省督抚司道大员捐资赏给，均免其缴还，用示怀柔至意。"㊱

综上所述，清廷赏赐琉球国王及其使臣的活动，不仅形式多样，而且内容丰富，充分体现了清朝对琉球国的极度重视和优厚礼遇，为中琉两国的和睦相处奠定了坚实基础，从而保证了有清一代中琉两国得以长期友好交往。

注释：

①冲绳县立图书馆编：《历代宝案》校订本，第一册，第 289 页。

②冲绳县立图书馆编：《历代宝案》校订本，第一册，第 693 页。

③冲绳县立图书馆编：《历代宝案》校订本，第一册，第 295 页。

④冲绳县立图书馆编：《历代宝案》校订本，第一册，第 693 页。

⑤冲绳县立图书馆编：《历代宝案》校订本，第二册，第 376 页。

⑥光绪朝《钦定大清会典事例》第 506 卷，第 2 页。

⑦中国第一历史档案馆藏内阁满文题本 830-847。

⑧康熙朝《钦定大清会典》第 74 卷，第 7 页。

⑨中国第一历史档案馆藏内阁满文题本 830-847。

⑩中国第一历史档案馆编：《清代中琉关系档案续编》，第 21、22 页。

⑪中国第一历史档案馆编：《清代中琉关系档案续编》，第 21、22 页。

⑫冲绳县立图书馆编：《历代宝案》校订本，第十一册，第180页。

⑬中国第一历史档案馆编：《清代中琉关系档案三编》，第17页。

⑭中国第一历史档案馆编：《清代中琉关系档案五编》，第483-487页。

⑮中国第一历史档案馆编：《清代中琉关系档案五编》，第483-487页。

⑯中国第一历史档案馆编：《清代中琉关系档案五编》，第483-487页。

⑰中国第一历史档案馆编：《清代中琉关系档案五编》，第736-741页。

⑱中国第一历史档案馆编：《清代中琉关系档案五编》，第736-741页。

⑲中国第一历史档案馆编：《清代中琉关系档案六编》，第616、674页。

⑳中国第一历史档案馆编：《清代中琉关系档案六编》，第616、674页。

㉑雍正朝《钦定大清会典》第106卷，第10页。

㉒乾隆朝《钦定大清会典则例》第93卷，第57页。

㉓嘉庆朝《钦定大清会典事例》第396卷，第26页。

㉔嘉庆朝《钦定大清会典事例》第397卷，第22页。

㉕中国第一历史档案馆编：《清代中琉关系档案五编》，第540页。

㉖冲绳县立图书馆编：《历代宝案》校订本，第十二册，第252页。

㉗《大清文宗实录》第85卷，第34页。

㉘光绪朝《钦定大清会典事例》第509卷，第19页。

㉙中国第一历史档案馆编：《清代中琉关系档案五编》，第36页。

㉚中国第一历史档案馆编：《清代中琉关系档案五编》，第425-432页。

㉛中国第一历史档案馆编：《清代中琉关系档案五编》，第425-432页。

㉜中国第一历史档案馆编：《清代中琉关系档案五编》，第425-432页。

㉝中国第一历史档案馆编：《清代中琉关系档案五编》，第425-432页。

㉞中国第一历史档案馆编：《清代中琉关系档案五编》，第425-432页。

㉟中国第一历史档案馆编：《清代中琉关系档案五编》，第63页。

㊱中国第一历史档案馆编：《清代中琉关系档案五编》，第461页。

雍正继位

雍正皇帝是康熙皇帝的第四子，45 岁时入承大统，在位 13 年。雍正虽然在位时间不长，但其经历极富传奇，在传说中的清代八大疑案中，雍正皇帝的继位和死因即为其中两大疑案。对其一生，除民间众说纷纭，学者也多引经据典，著书立说，各抒己见，争论颇为激烈。

雍正七年编成的《大义觉迷录》，是关于雍正篡位的最早记录和雍正自己对它的辩白。也正是这部原始文献，引发了后来继位之谜的争论。书中所述传言，大致有三种。第一种讲康熙要传位给皇十四子，雍正把“十”改为“于”。第二种讲康熙要传位给皇十四子，在病中降旨召远在西宁的皇十四子回京，这道谕旨被隆科多隐而未发。康熙崩殂那天，皇十四子自然未回到北京，隆科多传旨立了雍正。第三种说法是康熙在畅春园病重，皇四子即后来的雍正皇帝进了一碗人参汤，不知何故，康熙喝了汤就升天了，雍正随之当了皇帝。不久雍正将皇十四子调回北京囚禁，太后要见，雍正不允，太后一气之下撞铁柱而死。以上讲雍正谋父、逼母、改诏，其核心就是斥责雍正篡位。

继《大义觉迷录》之后，有关雍正继位的传说一发不可收拾，各路文人墨客当仁不让，纷纷著书立说，将故事演绎得更为出神入化。像后人所著《清史纂要》《清史要略》《清宫十三朝演义》《满清十三朝宫闱秘史》《满清外史》《清代通史》等书，除持前三种说法外，还有更离奇的说法，比如讲皇四子的母亲先私通于川陕总督年羹尧，入宫八个月就生下皇四子，改诏就出自年羹尧之手。还讲隆科多看到病中的康熙已是进气少，出气多，赶紧跑到宫里，从乾清宫正大光明匾后取出诏书，把“传位十四皇子”改成“传位于四皇子”，等到傍晚康熙去世，当然遵照遗诏由雍正继位。

雍正继位问题，就目前学术界来讲，仍然是大家很关注的一个问题，许多学者发掘史料，严密分析，已有很多论著。所持观点，大致有三种，首先是篡立说，认为康熙意在传位给皇十四子，而皇权最后被雍正篡夺。其次是合法继位说，持此观点的学者较多，论著也颇丰，认为康熙经过严密考察，选中的就是雍正。再次是自立说，认为康熙最后没能选定继承人，雍正利用机会登极。无论持何观点，如果有翔实确凿的史料，问题自然迎刃而解，浩如烟海的清代满汉文档案的发掘整理，也许会在某一天给人们带来惊喜。

如果说到政绩，雍正是清入关后十位皇帝中比较突出的一位，在位时间虽然短暂，但取得的成绩丝毫不比其父康熙和嗣子乾隆逊色。雍正在位期间，重视选拔、使用人才；整顿吏治，惩治腐败；加强封建中央集权，设立“掌书谕旨，综军国之要”的军机处，亲理军政要务。此外还开豁“贱民”，废除各种人身依附关系；发展生产，兴修水利，改土归流，巩固边疆。

对待这样一位有作为的皇帝，人们对他的继位为什么多有争议呢？其原因还得从雍正的父亲康熙生有诸多皇子谈起。

康熙是清朝历史上在位时间最长的一位皇帝，从 8 岁即位到 69 岁去世，在位时间达 61 年之久。根据《清史稿·后妃传》记载，康熙皇帝的后妃嫔贵人有姓氏可查者共有 32 人，先后生子 35 人。而按照清朝的习俗，所有皇子，不论长幼，都有继承皇位的权利。康熙的 35 个皇子中，除了夭亡的 11 人之外，还有 24 人，这些众多皇子或明或暗的皇位之争，使雍正继位成了一桩历史上难断的公案。

康熙 23 岁那年开始考虑立储，当时已有的两个儿子中，皇长子是庶出，其母纳喇氏是一位尚无封号的妾侍，而且娘家地位卑微，官职仅为郎中；皇二子虽小，但系孝诚仁皇后所生，又因刚刚出生其母就去世而格外受到康熙的爱怜。康熙自幼接受儒家教育，在立储问题上很自然地根据汉民族立嫡长子为皇太子的传统，立一岁多的皇二子为皇太子。康熙对皇太子精心教育，及至长大成人，皇太子的“骑射词言文学，无不及人之处”，成为康熙理想的继承人。但是，定立皇储这种制度和康熙对皇太子的特殊优待，也滋长了皇太子的物质欲和权力欲，以致逐步发展为广收贿赂，骄横结党，危及皇权，使康熙感到了莫名的愤怒。康熙伤心至极，四十七年（1708）九月，从塞北回銮途中行至布尔哈苏地方，突然宣布废除皇太子。据《清康熙实录》记载，康熙当时痛斥皇太子“允礽不法祖德，不遵朕训，惟肆恶虐众，暴戾淫乱，朕包容二十年矣。乃其恶愈张，僇辱在廷诸王、贝勒、大臣、官员，专擅威权，纠聚党羽，窥测朕躬起居行为……似此之人，岂可付以祖宗弘业……天下断不可以付此人。俟回京昭告于天地宗庙，将允礽废斥”。接着派人将允礽押送紫禁城监禁在咸安宫内。

康熙废除皇太子的本意，是要解决允礽骄横和侵犯皇权的问题，没承想诸皇子长期以来围绕皇太子的争斗骤然激化，诸皇子争夺储位的活动开始公开化。为了扼制诸皇子争夺储位，康熙在第二年复立允礽为皇太子，同时写下满文朱谕，加封诸皇子。康熙朱谕讲到“今逢复立皇太子之大喜之日，著封允祉、允禛、允祺为亲王，允祐、允䄉为郡王，允裪、允禟、允祯为贝子”。以此减少诸皇子与皇太子的矛盾。

康熙复立皇太子允礽，可谓用心良苦，他虽然对允礽不满，但希望允礽能改邪归正，然而允礽毫不改悔，大肆网罗党羽，结成新的皇太子党，最终被康熙发现。康熙五十一年（1712）十月，皇太子第二次被废。储位的再次空虚，再度激发了诸皇子觊觎储位的野心。此后的十年间，宫廷内的储位之争可以说是风起云涌，凡是有势力的皇子都在或明或暗地进行争斗。诸大臣亦不甘寂寞，上疏主张建储，文渊阁大学士王掞即为其中的代表人物。康熙六十年大庆，王掞奏请定立储位，康熙对此反感至极，指责王掞以其祖王锡爵在明万历年间力主立储一事为荣，纯属不知羞耻。康熙在一份满文朱谕中讲，当年王锡爵拥立朱常洛不久，万历即不明不白死去，朱常洛即位不到两个月，也随万历而去，天启幼年继位，朝中宦官专权，患臣冤死。李自成进京，崇祯抛尸街头，朝中竟无一人收尸，幸有一名太监备棺入殓。因此康熙认为“弑君杀父亡国的贼名，非王锡爵莫属”。康熙还讲他不杀被废皇太子，只是念父子之情而已，决无其他企望。由此不难看出，就在康熙去世的前一年，康熙不预立皇储的立场仍很坚定，或者说至少不想再公开立储。

康熙晚年，想到自己两次立储未成，心中忧愤之余，不免对孟子“以天下与人易，为天下得人难”这句话深有感触。作为一国之君，为天下得人，理所应当，因此尽管两次受挫，康熙仍未放弃选择和培养接班人，他努力为天下找一位“坚固可托之人”。康熙的注意力逐渐集中到皇三子、皇四子和皇十四子身上，最后从三人中间选择了皇四子胤禛为其继承人。而皇十四子却被任命为抚远大将军，远赴西宁。如果康熙想用皇十四子，在年迈病弱之时是不可能让他远离京城的。而在皇三子和皇四子之间，康熙最终选择了皇四子，而在康熙六十年以前，康熙对皇三子和皇四子都是同时委以使命，看不出对谁有偏爱。但这年和第二年的冬至祭天，却命皇四子单独代祭，一向敬天法祖的封建皇帝，指定某一皇子代行祭天，必有特殊含义。

康熙六十一年（1722）十一月十三日戌时，时年 69 岁的康熙皇帝在京西畅春园崩殂，雍正登基即位。现存中国第一历史档案馆的康熙遗诏，写有雍亲王皇四子胤禛，人品贵重，深肖朕躬；必能克承大统。晋继朕登基，即皇帝位。等等，我们暂且不去考证这份遗诏出自谁手或上面所署时间是不是真正的形成时间，单从遗诏的汉文写法看，所谓十字改于字，祯字改禛字等说法，是较难成立的。因为从字数、顺序、笔画来讲，都不是改动几笔就可以完成的。此份遗诏有满汉两种文字，如果从满文的写法看，皇子满文一律写作阿哥，皇四子即四阿哥，康熙遗诏的满文部分已有残缺，而残缺的正是名称部分，这或许是历史对人们的一种捉弄，但现存的道光皇帝的建储密诏可以佐证第几阿哥的写法，再加祯和禛的满文字形相去甚远，要改动亦非易事。总之，从清代文书写法讲，改诏之说较难成立。

任何事物发展都有它的必然性，雍正凭借自己的才干和不俗的表现，赢得了康熙的赞赏和隆科多、年羹尧等朝中大臣的支持，登上了皇帝宝座。但是康熙晚年的储位之争毕竟严酷而激烈，一向恭谦礼让的皇四子在一夜之间成为万乘之尊，打破了其他皇子争当皇帝的美梦，他们不会甘心自己的失败，当然要联手与新君争斗。正是雍正继位有如此复杂的背景，即位之后又有众多异己需要清除，有关雍正继位的传说也就应运而生，且广为传播，以至于后人雾里看花，难解其谜。

亲身经历了皇室争储斗争风风雨雨的雍正皇帝，深知皇权交替是关系到政局稳定的大问题，因此经过深思熟虑，创立了秘密立储制度，即将预立的皇太子弘历的名字亲自书写密封，收藏在乾清宫正中顺治皇帝御书“正大光明”匾后面。这种先制定继承人，但不公布名字，等皇帝去世后再宣读密诏的方法，就成为清皇室的家法，从此清朝历史上不复有储位之争。

清宫奶茶钩沉

满族饮茶习俗溯源

满族原是生活在中国北方白山黑水间的少数民族，平日饮用最多、且最具特色的，莫过于以紧压茶即黑红茶为主要原料熬制的奶茶。

奶茶，在清代官方文献中称为乳茶、奶子茶。奶茶历史悠久，早在秦汉时期，活跃在北方的游牧民族就有“食肉饮乳”的生活习惯。汉代以后，乳制品输入中原，受到中原各民族的喜爱。尤其是汉代宫廷曾设置了制作、管理乳制品的机构，专为皇家供应乳酪和奶茶。至唐代，奶茶的饮用已盛行南北。与此同时，随着中原地区与边疆各少数民族间的交往日频，饮茶之风渐为边疆民族所接受，茶叶也随之源源不断地被输往满、蒙、藏等民族居住区。尤其唐太宗时，文成公主下嫁松赞干布，不仅带去内地的茶叶，还向当地人们传授烹茶技术，教会用奶和茶熬制出香甜美味的奶茶，受到人们的青睐，最后形成“宁可三日无粮，不可一日无茶”的生活习俗。

奶茶之所以能够拥有如此众多的爱好者，皆因茶中含有咖啡碱、茶碱、鞣酸，经煮沸后与牛奶的脂肪、蛋白质混合，再加入食盐，产生热量，既芳香又有营养。按现代科学来讲，奶茶既能补充人体长期食肉而导致的维生素和无机盐的不足，也能缓解人体营养失调、消化不良等，尤其是茶中的挥发油，还能解膻，清热，因此奶茶自然而然成了高寒地区人们喜爱的一种时尚饮品。

满族素喜食肉饮乳，饮茶因有解腥膻去油腻的功效，为保持体内营养均衡，满族极为注重饮茶。满族饮茶，完全继承了盛唐以来流行的饮茶习俗，即熬制奶茶饮用。其平素饮乳茶的生活习惯，在家宴乃至大规模的筵宴中俨然成定制。正如《龙江三记》中所描述："满洲有大宴会……每宴客，客坐南炕，主人先送烟，次献乳茶，名曰奶子茶"。爱新觉罗氏定鼎中原后，大量接受汉人饮食文化的同时，却依然保留着关外喝乳茶的习俗，并将奶茶的饮用推置要位。

清宫茶叶的来源

有清一代，为确保宫廷对茶叶的需求，从清初开始就建立了一整套完备的贡茶制度，其中尤为严格的是贡期。清代文献《礼部则例》中规定"每年谷雨前后十日起，定限日期到部，延缓者参处"。贡茶进京的期限，都是根据产地与京师的距离计算出来的。在茶的品种上则求盖全，以保证宫廷在不同场合的用茶所需。

贡茶的品种，根据晚清贡单统计，大致有：云南的普洱茶、女儿茶；福建的武夷茶、香茶、莲心茶、芽茶、片茶；湖南的银针茶、界亭茶、安化茶；湖北的通山茶、砖茶；陕西的吉利茶；四川的仙茶、陪茶、菱角湾茶、茶砖、山茶、细茶、观音茶、锅焙茶、青茗茶；江苏的碧螺春茶、阳羡茶；浙江的龙井茶、黄茶、日铸茶、茶膏；安徽的珠兰茶、雀舌茶、银针茶、六安茶、雨前茶、松萝茶、黄山毛峰茶、梅片茶、涂尖茶、黄茶；江西的庐山茶、安远茶、茶砖、芥茶、储茶、九龙茶；贵州的芽茶；山东的陈蒙茶；广东的鹤茶、乌龙茶等。

从以上统计中不难看出，贡茶一般来自于多山湿润的南方省份，无论品种、品相、包装，都是茶中精品，而且绿茶、乌龙茶、红茶无所不包。

清宫奶茶的熬制

为保证宫廷茶饮的品质，宫中建立了相关的熬茶机构，日常用量、制作方法及使用器皿，都有规定。

清宫承担熬制奶茶的机构有上茶房、御茶房、茶房等。上茶房是皇帝本人的小茶房，熬制奶茶及各式茶品，供皇帝随时饮用。御茶房则负责应付宫内较大型的茶事活动，当然也包括熬制奶茶。茶房泛指宫内后妃、阿哥等人各自的小茶房，随时供应主人各式饮品。宫中举行大型筵宴，所需奶茶则由专门管理筵宴的光禄寺承办，由蒙古的专业高手熬制奶茶。一般是筵宴的前一日，光禄寺派人亲临熬茶所监督。奶茶的熬制方法是，取牛乳一镟（重三斤八两），奶油二钱，黄茶一包（重二两）、青盐一两，将配料置于银桶内上火熬，然后将熬成的奶茶盛装银茶桶内备用。

由于奶茶属宫廷日常饮食，因此不同身份地位的人，获得熬制奶茶的原料供应各有规范，也皆有定数。例如，皇帝、皇后们平日饮奶茶所用牛奶、茶叶以及用水，均有明确的份额。《大清会典》中明确记载：皇帝例用乳牛五十头、每头牛每天交乳二斤，共得乳一百斤，玉泉水十二罐，乳油一斤，茶叶七十五包，（每包重二两）；皇后例用乳牛二十五头，共得乳五十斤，玉泉水十二罐，茶叶十包。皇后以下的妃嫔等人，依身份等级供应量依次递减。

再者，清宫极注重奶茶熬制的品质，是由朝廷讲究品茶发展而来的。康熙、乾隆皇帝对茶道都颇有建树，在奶茶的制作中，遵循古人之道，注重择茶、择水、择器与熬茶技艺的完美结合，以便熬制出纯正的奶茶。

用于熬制奶茶的贡茶，主要有安徽进贡的黄茶；云南进贡的普洱茶团、茶饼；湖南进贡的安化茶砖等。经半发酵的安化茶，色泽黑褐油润，有槟榔、粽叶香味，清爽醇厚，味中带甜，汤色醇明；黄茶芽叶细嫩，显毫，香味鲜醇。用这些优质茶叶熬制的奶茶，口感醇厚，清香怡人，又兼有滋补身体的特性。未发酵普洱茶为大叶茶，味厚重，具有驱寒暖肚的功效，因而用普洱茶熬制而成的奶茶，成为冬季最佳饮品。

好茶得于好水，熬制好茶必须有好水的辅助。宫廷对煮茶的水质极为挑剔，玉泉山（北京香山附近）水因为比重轻，容易溶解茶叶中有效成分，熬制出的茶味浓香，没有杂味，成为宫廷熬茶用水的首选。据说用玉泉山水熬制的奶茶特别香甜。为了获得饮茶的最大享受，与好茶匹配的则是精美的茶具。宫廷备有一定数量的盛装奶茶的器皿，较为典型的要数北京故宫博物院收藏的白玉嵌红宝石奶茶碗，该碗采用痕都斯坦玉、红宝石为材质，其特点是玉质英润，镶嵌华美，色彩艳丽，品质高贵。碗边内壁所镌乾隆御制诗“酪浆煮牛乳”、“赐茶恩施惠”等句，表明该碗为皇帝赐茶所用奶茶碗。

另有银缧丝奶茶碗，外壁为银缧丝碗罩，内为银镀金碗里，由于银质地纯，镀金质优，所以历经数百年后，今日依然光亮如初。这种完全手工制作的奶茶碗，用料上乘、装饰效果独特，是宫廷中高规格的奶茶碗。

银龙头奶茶壶，是宫廷用来熬制奶茶的器皿之一。银质，曲形手柄与口流分别作龙头造型，有别于普通银壶。设计中融进了蒙藏风格，造型粗犷、古朴、其龙头纹样标志为皇家用物，日常使用中，通常是将茶叶与水一同入壶熬煮，滤去茶叶后，再将适量牛奶放入壶中搅匀，熬出奶香即可。宫中与之相媲美的还有局部镀金奶茶壶，从用料、视觉效果看，更为华贵。

清宫奶茶的饮用

在诸多贡茶中，像云南普洱茶、安徽黄茶、湖南安化茶砖等，是熬制奶茶的主要原料。根据满文档案记载，用不同的贡茶熬制的奶茶，配以不同的佐料与不同的茶器，名称也各异。例如，红茶、满语称为 fulgiyan cai，是用黑红茶和奶调制而成，瓜子茶，满语称为 guwadzi cai，是用瓜子茶、黑红茶、奶，加入糊状奶皮子调制而成；壶茶，满语称为 tampin cai，是用黑红茶、奶，放入奶皮子调制而成；面茶，满语称为 ufa cai，是用黑红茶、奶，加入炒面调制而成。

清宫饮用奶茶的名目也很多，诸如筵宴、祭祀、日常饮食等。筵宴用奶茶，首推三大节所用奶茶。每逢皇帝万寿（皇帝生日）、元旦（春节）及冬至举行的三大庆典活动，均有皇帝赏赐奶茶之礼。乾隆皇帝的一首御制诗中写道“国家典礼，御殿则赐茶，乳作汁，所以使人肥泽也”；另一首诗中又有“御殿威仪赞，赐茶恩施惠”等语，说明盛大筵宴中皇帝赐饮奶茶，一方面体现了皇恩浩荡，也展现了君臣同乐的欢愉气氛。家宴，是指在三大庆典以及其他节令中，皇帝在乾清宫举行家宴，与后妃皇子皇孙共同宴乐。家宴程序是：先上热汤，进汤饭，喝奶茶，之后才筵宴。此外，朝廷中举行带有礼仪性活动，如皇帝大婚、册立皇后、将帅出征、凯旋宴、郊劳礼、宴请蒙古王公、皇太后圣寿、临御经筵、款宴外国使臣，均有皇帝赐奶茶之礼。再者清宫祭祀活动频仍，如坤宁宫祭神仪、花朝节祭祀花神仪等，均由御茶房精心熬制洁净乳茶备用，届时有皇帝向诸神赐茶之礼。祭祀列祖、列宗、先帝、先后，则由内官双手举奶茶浇在地上祭祀。总之，满族将奶茶文化带入宫廷，使奶茶成为清宫筵宴、祭祀、庆典等活动的重要礼仪饮品。

再者，奶茶也是清宫日常生活必备饮料与小吃。清宫除正式的一日两膳外，另有加餐，称之为小吃。小吃的类别很多，诸如杏仁茶、牛髓炒面茶、八宝面茶等，其中必有宫内人们最钟情的奶茶。乾隆皇帝就曾降旨“每日随著熬茶（奶茶）时送八珍糕”。作为加餐用的奶茶，宫中上至帝后，下到宫女，均可饮用。在《老宫女谈往录》一书中，当年侍奉慈禧太后抽烟的宫女金易，回忆起宫中晚上加餐饮用的奶茶，仍怀念不已。

综上所述，清宫在“国俗最重奶茶”的影响下，饮用奶茶的意义，已远远超出茶的本质功效，成为皇家礼仪的重要环节。与之相关的熬制技巧、使用茶具、品茶艺术、赐茶仪式等，无疑形成了清宫独具特色的奶茶文化。

清代台湾　地震频发

台湾位于我国东海和南海交界处，自古以来就是我国不可分割的一部分。台湾是我国最大的岛屿，与相邻的福建省咫尺相望。据《清史稿》记载，明天启元年（1621），先是日本人占据台湾，后又为荷兰人夺占。清顺治十八年（1661），郑成功率军收复台湾，结束了荷兰人在台湾长达 38 年的殖民统治。康熙二十二年（1683），清军攻占台湾的门户澎湖，郑克塽率众出降，清军胜利进驻台湾，台湾又重新统一于清朝中央政府的管辖之下。次年，清政府在台湾设置台湾府，下设台湾、凤山、诸罗三县，隶属福建省。雍正元年，增置彰化县，共为四县。光绪十三年（1887），改建行省。台湾地处海疆，是清政府重兵把守的岛屿之一，设有总兵 1 员、副将 2 员，驻兵 8000，分为水陆 8 营；于澎湖设副将一员，驻兵 2000，分为 2 营。

台湾岛孤悬海外，其地势地貌据清代台湾巡抚刘铭传讲，“南北相距七百余里，东西近者二百余里，远或三四百里，崇山大溪，钩连高下”。台湾三分之二为山地，有以大屯山为主的大屯火山群。台湾岛由于其独特的地理位置，自古以来地震频发，给当地人民造成了无数灾难。据现有的文献和档案史料粗略统计，仅在清代，台湾 5 级以上的地震即达 75 次之多，最早的为顺治元年（1644）台南安平镇接近 6 级的地震，最晚的为宣统元年（1909）台湾花莲东海中 6 级的地震；最小的震级为 5 级，最大的震级为 7.3 级；最弱的造成民房仓廒倾圮，最强的则使郡无完屋，居民压溺死伤者数以千计。地震如恶魔般肆虐，使台湾岛不时悲剧重演，人们心中始终笼罩着地震的阴影。

现存清代档案记载时间最早、记述最为详细的要算雍正十三年十二月十八日发生的台湾地震。这次地震震级约为6.9级，台湾县所属新化里、大穆降，诸罗县（乾隆五十三年改名嘉义县）所属善化里、东西堡受灾最重，而凤山、彰化等地仅有微震。台湾县被压人口总共160名，其中大人81名、小孩79名；倒塌房屋总共237间，其中瓦房117间、草房120间。诸罗县被压人口总共543名，其中大人254名、小孩289名；倒塌房屋总共1387间，其中瓦房761间、草房626间。震后4天，首先由巡视台湾礼科给事中图尔泰、巡视台湾兼理学政吏科掌印给事中严瑞龙二人联衔具奏，登极不久的乾隆皇帝对此十分重视，当即命令福建省督抚转饬地方官从优赈恤，并为受灾的百姓修理房屋。闽浙总督郝玉麟不敢怠慢，当即动拨库银委令台湾府知府徐治民带领台湾、诸罗二县知县亲自散放，其大人每名给银2两、小孩每名给银1两，瓦房每间给银八钱，草房每间给银四钱，这样共用银2038两8钱。

纵观清代档案，震后成灾损失较重的有两次，一是乾隆五十七年（1792）嘉义、彰化二县发生7级地震，二是道光二十八年（1848）彰化县发生约6.9级地震。乾隆五十七年六月二十二日，台湾府城及凤山、嘉义、彰化同时地震，其中嘉义、彰化受灾较重。这次台湾、凤山、嘉义、彰化四县倒塌瓦房1958间、草房953间；压死大人547名、小孩61名；压伤大人611名、小孩129名。嘉义和彰化2营压伤兵丁41名。地震之后，台湾道员杨廷理当即提取府库银前往抚恤，除正常抚恤用银5017两9钱外，还动用银4982两1钱加倍给赏，这样抚恤用银达1万两。而道光二十八年，对台湾来说是更不幸的一年；这年九月初十日至十三日，台湾淡水、噶玛兰等地大雨滂沱，台风大作，以致溪流陡涨，山洪骤发，田园庐舍、桥梁堤岸悉被冲塌，淹死人口无数。灾后不及两月，灾难再次降临，十一月初八日，台湾彰化、鹿港、嘉义等地发生大地震，震后情形惨不忍睹，如彰化县城内衙署、监狱、仓库及学宫、祠庙全部倒塌，店铺民房倒坏者十分之六七，其余的也倾侧欹斜，压死家丁民人200余口、监犯6名；城外民房倒塌过半，压死民人约1000余口；受伤者也不在少数。

鹿港厅南投县驻兵并水师之衙署兵房、库局炮台、演武厅亦全行坍塌，压死压伤士兵多人。调查结果表明，“被震各处内，惟彰化、鹿港为最重，嘉义次之，而彰化、鹿港所属共十三堡，又惟彰化之大肚、上中下大武郡、东西燕雾、上下南北投等四堡，鹿港之马芝遴、半线等二堡为最重，其余各堡又次之”。

面对灾难，台湾人民积极抗震救灾，清政府也及时采取措施，进行紧急救援，对灾民挨户编查，按名给赈。要说地方官也很辛苦，他们深入灾区，篷栖露宿，统计受灾人数、倒塌房屋间数，发给银两，以便用来殓埋、医疗及修理房屋。清政府还准许当地绅商捐输，捐洋银多者达 2000 余两，捐米最多者达 8000 余石，这样共集资银 6 万两，然后刊刷恤票，设局放赈，使数以万计的灾民得以糊口有资，栖身有所。有份清单非常清晰地记录了当时的灾情和动用银数，彰化县倒塌民房 20317 间，共给修理费折银 8332 两 7 钱 5 分；压死大人小孩 1008 口，共给抚恤银 1103 两 7 钱 6 分；抚恤极贫百姓 5397 口，共给银 1429 两 9 钱 9 分，三项用银共 10866 两 5 钱。嘉义县倒塌民房 2347 间，共给修理用银 831 两 5 钱；压死大人小孩 22 口，共给安葬用银 22 两 9 钱 6 分，二项共用银 854 两 4 钱 6 分。需用银数最大的要数修建城垣公房，彰化、嘉义二县修建仓廒、监狱、北协及台协水师各兵房、军装火药局库、炮台、学宫，共用工料银 29129 两 5 钱。

根据文献资料记载，清代台湾地震最频繁的要数光绪年间，在 34 年间共有 32 次 5 级以上地震发生，差不多平均一年一次，且有不同程度的破坏。对此，清政府都积极进行赈济，救灾民于火热之中。

清代发生地震，有其一整套严格的禀报具奏、查勘赈济制度。像台湾地震，一旦发生，即由台湾府知府一面禀报台湾镇总兵及台湾道，一面委派属下前往查勘各县震情。镇道接到报告，就得飞速奏报皇帝，同时上报闽浙总督、福建巡抚，并动用库银前往赈灾。如雍正十三年台湾地震，乾隆皇帝以为地方官有讳灾不报之嫌，所以在巡视台湾礼科给事中图尔泰等人的奏折中批到：“地方偶有荒灾，即本省大员，朕亦不屑诿过于彼也，况汝等小臣乎。而出口先视为泛常之事，足见汝等轻视民命，全不以朕心为心矣”。命令“加意抚绥，从优赈恤，务令得所。其倾倒房屋，即动用公费速为整理，毋草草塞责”。清朝皇帝还要求凡有地震发生，即由四五百里飞速驰奏，而不得照寻常呈递之折由马上传递。乾隆五十七年六月二十二日地震，福建水师提督兼管台湾总兵事务哈当阿即因具奏迟缓而受到申饬处分。在此值得一提的是，清代总兵并不是人人都有奏事权，只有马兰镇、台湾镇等少数总兵才享有直接奏事权，一个为陵寝要地，一个为海疆重镇，从中不难看出清政府对台湾的重视程度。

地震发生后，维持社会治安也属当务之急，一是防范监犯趁机脱逃犯事，二是防止有人行劫抢掠，因此每次地震之后台湾驻兵要担当防范之责，开赴灾区镇守。另外，政府除动用公项赈济外，组织社会力量救援和自救，也是当时救灾的重要措施之一，其中捐输为重要手段之一，道光二十八年发生地震和水灾，共筹得捐输银 6 万两，可谓款项巨大，对救灾起到了不可低估的作用。这同时也印证了清朝多年经营台湾，台湾经济发展，社会已很富庶。

当然，清代毕竟是个封建社会，人们面对无法抗拒且又无法解释的天灾，也求助于天神地灵，如修建城隍庙尊奉神位祷雨祈晴，保护城池等。

纵观清代台湾地震，有其三个特点，一是发生频率高，二是造成损伤重，三是得到了政府的有效赈恤和社会各界的有力援助。

清政府对住澳葡人商船的管理

随着东西方新航道的开辟，葡萄牙人于明嘉靖年间来到中国沿海，开始在澳门等地与中国商人交易，澳门由此逐渐成为葡萄牙人在中国的居留地。葡萄牙人租住澳门，从事海上贸易，但不是将其本国货物贩往中国，而是以澳门为“居货之地”，装载中国出产的茶叶、茯苓、湖丝、糖果等物贩往海外，再将锡、蜡、胡椒、槟榔、檀木等物贩至中国销售。

明清交替之际，清廷除在前山寨设兵防守外，仍沿袭明制，向澳门葡人征收 2 万两船舶税饷和 500 两地租银，由香山县令管理，对其贸易船只则未限定数目。康熙二十四年（1685）设立粤海关后，澳门港的重要性随之上升，为加强管理，清政府于康熙二十七年（1688）在澳门设立正税总口，每年派员稽查洋船进出澳门。

粤海关建立后，住澳葡人在税额和征收方式上得到了一定优待。清政府将澳门的外国商船分为三等，向他们征收与中国商船相同标准的“船钞”。具体采取“丈抽”法，即出海时丈量船身，长宽相乘至 15 丈 4 尺以上者为头等，15 丈 4 尺以下者为二等，12 丈 2 尺以下者为三等；次年原船回澳，船身长宽相乘至 16 丈为头等，14 丈为二等，8 丈为三等。一般说来一艘大船收银 3000—4000 两。清政府允许葡人将货物登记后搬入澳门的仓库，由葡萄牙海关征收货税，待中国人赴澳承买，将货物搬运出澳之时，方才赴关上税。这样，住澳葡人既占地利，又有税收方面的优待，在与别国商人竞争中处于有利地位。随着清政府实行开海贸易政策，沿海居民纷纷出海贸易，更有不少人久住外国而不归，康熙帝认为其中弊端甚多，不利于统治，因而颁布了禁止中国商船前往南洋贸易的旨令。在中国商民失去出海权的情况下，葡萄牙人几乎垄断了中国与东南亚各国的贸易。住澳葡人获得的一系列有利条件，使其对外贸易迅速发展，短时间内在当地注册的商船从原有的 9 艘猛增到 23 艘，后又增加到 25 艘。

雍正帝继位以后，极为关注对澳门的管理，特意擢拔孔毓珣为两广总督，要他对沿海事务“尽心竭力，一一料理”。孔毓珣走马上任，经过巡查澳门的海道、炮台等，认为前山寨有官兵防守，四面安设炮台控制，对澳门的防范已很严密，但对其商船则需加强管理。原因是住澳葡人独占南洋贸易后，“近年每从外国买造船只驾回，贸易船只日多”，这样发展下去，“恐逐利无厌”，势必“内诱奸滑，外引蕃夷，混淆错杂，渐滋多事”。因此提议将已有的大小 25 艘船，令地方官编印字号，刊刻印烙，各给验票一张，将船主、船员及商贩该管头目姓名，逐一填注票内。商船出口时，在沿海该管营讯验明挂号，申报督抚存案。遇有船只朽坏无法修补者，须报明该地方官查明，出具甘结申报督抚，准其补造，仍用原编字号。与此同时，也制定了相应的处罚条例，一是澳门葡人商船如若夹带违禁货物，并将中国人偷载出洋者，一经查出，即将商贩、该管头目等人俱照通贼之例治罪；二是有敢偷造船只者，亦将有关头目、工匠等照通贼例治罪。地方官员如果不实力盘查，失于觉察，则照讳盗例革职。

孔毓珣的这一建议得到了雍正帝的首肯，因此从雍正二年(1724) 起，规定澳门葡人商船额数为 25 艘，各有固定名号，出入报关，官验放行，查验结果还要“申报督抚存案”。清政府通过采取控制商船数量的措施，进一步加强了对澳门的治理。

康熙修建畅春园冰窖工程

据《北京晚报》报道，随着北京市西城区陟山门历史文化保护区整治工程的启动，要对位于景山西门外雪池胡同历经沧桑幸存下来的古冰窖进行修缮，并加以开发利用。前不久笔者在中国第一历史档案馆发现一件关于清代修建冰窖方面的满文档案，为我们修缮古冰窖提供了许多数据信息。也许是用满文书写的原因吧，至今尚未被人利用过。

据专家考证，雪池冰窖已有300年的历史，是清代京师诸多冰窖之一，也是如今京城故宫以外唯一保存完好的古冰窖遗址。在清代，酷热的夏天，只有靠冰块来储存鲜果、肉食以及皇家喜食的奶制品。因此，每年天寒地冻时节，储冰是宫廷要做的一项很重要的工作，都要动用大量的人力物力，在不同的地点埋冰储存。可以说，凡是皇帝足迹所到之处，像各个行宫、陵寝、园囿，都有许多规模大小不同的冰窖。

现在发现的这件深藏宫中大内的档案，是距今303年前总管内务府等衙门的奏折，内容是为请示修建畅春园冰窖的。畅春园是清代北京西郊皇家园林之一，康熙二十三年（1684）在明神宗生母李太后之父武清侯李伟别墅的故址上改建而成，是康熙皇帝经常游憩休养、处理政务的地方。

据档案记载，康熙三十九年（1700）六月的一天，正值夏日炎炎，内务府郎中佛保对畅春园原有的土冰窖做了一番考察，结果发现畅春园虽然每年储冰30000多块，但最后能够使用的只有5000多块，这是因为当时的冰窖是土窖，条件简陋，保温效果极不理想，冰块很容易融化，而随着冰块的融化，冰窖自然塌陷，塌陷以后的冰窖表面就得培土，这样冰和土混杂在一起，冰块自然不会干净。要知道，这些冰块都是供宫廷使用的，无论在数量上，还是在质量上，都必须得有保证。因此，内务府郎中佛保请求给负责工程事务的工部调拨银两，修建坚固耐用、砖瓦结构的冰窖。

佛保的请求，很快得到了康熙皇帝的批准，康熙皇帝不仅同意修建砖瓦结构的冰窖，而且还做了相应的指示，一是要工部和内务府大臣一同讨论修建冰窖的具体问题，二是指出紫禁城内存有一定数量的砖瓦，可以用于修建畅春园冰窖。大臣们奉旨，自然不敢怠慢，工部和内务府大臣们经过认真讨论和仔细估算，建议派工部和内务府大臣各一人前去负责监工，工程规模是要在原来土窖的位置上建起 4 排共为 24 间、能够容纳 30000 块冰的冰窖房。冰窖房每排 6 间，“长七丈二尺，宽一丈九尺，柱高七尺，梁五道”。具体做法是“包檐，以旧石柱为基石，用豆渣石墁台阶，置鼓门、脚柱石。四面墙基，以柏木为钉，表面铺豆渣石，灌浆。窖底四面墙高七尺、厚三尺，用旧式城砖垒砌灌浆，上面墙高八尺、厚二尺五寸，用旧式城砖垒砌灌浆，表面贴沙滚子砖，抹以石灰泥，再码以筒瓦。临门建房一间，其长九尺、宽八尺，柱高八尺五寸、梁三道，设门，地基掺石灰填土三层，以旧石柱为基石，豆渣石墁台阶。其墙用旧式城砖垒砌灌浆，表面铺沙滚石，石灰掺土抹平，再码以筒瓦”。这段文字，详细记录了冰窖内部构造尺寸及施工用料标准。遗憾的是档案对冰窖外部形状没有记载。

《北京晚报》的报道，对雪池冰窖做了如下描述：“雪池冰窖东西走向，为半地下拱形建筑，全部用巨型城砖砌成，内部形状与天安门拱形券门洞相似，长约 25 米，宽约 10 米，估计当年储冰量超过 2000 立方米。冰窖露出地面的部分高约 3 米，顶部埋土成丘，上覆以琉璃瓦。”根据这段对冰窖实地描述文字，我们再对照档案记载，康熙三十九年所修畅春园冰窖，其每排冰窖的大小应与雪池冰窖相差无几。至于形状，由于属于同时期的建筑，应该大体相近。笔者曾去看过位于故宫慈宁花园东边的冰窖，亦属此类建筑。畅春园冰窖的地面建筑，还包括周长 164.6 米、高 2.33 米，以石灰掺土填埋三层做地基，用虎皮石砌成的院墙，院墙设大栅门一道、随墙门一道，以及下水道等。

搬运冰块

修建畅春园冰窖的工料，除用了一部分紫禁城和畅春园原先存留的石材、城砖、木料外，仅工部备办的工料就有城砖 39083 块、沙滚子砖 24320 块、二等筒瓦 14860 块、勾头 720 块、滴水 692 块、平瓦 43532 块、黑白石灰 439979 斤、熟铁楔子 200 斤、生铁楔子 50 斤、旧席 40 张、麻绳 2042 斤、粗布约 17 米。所用木料更是花样繁多，不仅粗细、长短不同，而且木质也不同，如榆木、柏木、松木等。除了这些物质上的准备以外，修建冰窖，工匠自然是不可或缺的。畅春园冰窖工程使用的工匠有木匠、石匠、铁匠、漆匠等，共需 2010.5 个工。当时每日每工雇价为制钱 220 文，共需制钱 462 串 110 文。干泥瓦活的工匠雇价要相对便宜些，每日每工雇价为制钱 130 文，所需 3254 个工，共需制钱 432 串 20 文，其余杂工雇价更低，其每日每工雇价为制钱 80 文，所需 4591 个工，共需制钱 367 串 280 文。总之，除用一部分旧料以外，畅

储存冰块

春园冰窖工程采购原料要用“银二千六百两六钱一分八厘，支给匠夫雇价钱一千三百七十八串七百五十二文”。

工部和内务府大臣所做的这一预算，得到了康熙皇帝的认可，但嘱咐大臣们要从畅春园马厩西侧石钟路至东角门再至西北门，修一条铺满豆渣石、长 2096.3 米、宽 3 米的甬路，这样修建冰窖和铺路的支出共需银 13226 两。而这笔费用，则是在康熙皇帝的授意下，向当年派往两淮盐差的崇文门监督每人收取银 3945 两，及其随行的两位笔帖式每人收取银 2645 两。畅春园冰窖的确切位置，从现已看到的档案尚难断定，但从所修甬路的路线看，大致在畅春园东北角一带。

综上所述，这件宫中满文档案的发现，不但有助于对“昨天”畅春园冰窖历史的全面了解，更为今天雪池胡同古冰窖的修缮和开发利用，提供了重要的档案依据。

清初震惊朝野的汤若望案

1592 年，德国莱茵河畔科隆城中一个信奉天主教的世袭贵族家里，一个日后为其家族和故乡带来殊荣的男婴呱呱落地，他的全名叫约翰·亚当·沙尔·冯·贝尔（Johann Adam Schall von Bell）。

青少年时期的亚当·沙尔，在天主教圣地罗马，完成了日耳曼学院和罗马学院的神学学业，成为矢志服从教宗的耶稣会士。也许是意大利旅行家马可·波罗的中国之行，《马可·波罗游记》所描述的东方文化，或者是传教士利玛窦在中国传教所取得的成绩的影响力，年轻的亚当·沙尔对中国这片神秘土地早已是心驰神往，他郑重地向耶稣会长递交了申请，踌躇满志地踏上了东去的路途。

1618 年，一艘载满乘客的轮船驶离了里斯本大港码头，亚当·沙尔迎风站在船头，眼眺远方，任自己的思绪放飞在一望无际的海面上。此时的他，无论如何也想不到，自己以后会在中国朝廷掀起轩然大波，以至于惊动年幼的皇帝，甚至于惊扰身居宫闱的太皇太后，才得以为自己洗清冤狱，而自己在中国取的汉名“汤若望”，竟能被多少代中国人所熟悉。

经历半年的海上漂泊，汤若望所乘坐的“善心耶稣”号船经加拿利群岛、佛得角、好望角，最后到达渐渐出现在地平线上的印度大陆，亚洲大陆的异国风光尽收眼底。经过几个月的调整，汤若望乘船离开印度，向中国的南海方向驶去。两个月后，在中国的澳门登陆。汤若望从此告别欧洲故土，一生未再返回。

汤若望踏上中国土地之时，正是明王朝逐渐走向衰落的时期，明朝皇帝为挽救危势，需要任用一些对朝廷有用的人才。因此汤若望在来华到明朝覆亡的二十余年中，从深入学习中国语言开始，到传布教义，最后参与朝廷制造火炮的事宜，以至于他的天文知识和才能，得到了朝廷的认可，从而得到了任用。

汤若望来华，其本意是要在中国弘扬天主教，然而他在西学上的造诣更为中国所需要，因而在明代就被礼部尚书徐光启，荐入开设于崇祯二年（1629）的历局，从事编写历书工作。在137卷本的《崇祯历书》中，《交食历指》《交食历表》等十余卷都是汤若望承担编撰的。汤若望有关自然科学方面的著作或译著，总数约在30种，合计70卷左右。这些著作因其具有很强的科学性而令人信服，《清史稿》即曾评述："西人汤若望，与徐光启共译新法者也，以四十二事证西人之密，中述之事，畴人子弟翕然信之。"可以说，汤若望参与撰修《崇祯历书》，修订历法，事实上是开了中国朝廷起用西方传教士的先河，此时传授自然科学知识，尤其是天文知识已成为西方传教士涉足中国仕途的一个重要平台。

1644年，先是李自成的农民军进京，而后清兵入关，明朝覆亡。许多在京的传教士避往南方，但汤若望却处变不惊，他留在京城静观事态的发展，亲眼目睹了中国社会的一次改朝换代。在兵荒马乱之中，他全力保护教堂、天文仪器和历书的刻版。当清朝定鼎中原之后，作为一个不受中国传统伦理和君臣关系约束的外国人，汤若望平静地接受了清朝皇帝，并表露自己愿意为新的朝廷服务，而此时的清朝统治者正需要新的历法，因此汤若望被作为专门人才被任用。

汤若望向朝廷进呈了浑天星球等仪器，算出了最精确的日食时间。顺治元年八月初一日，观测日食，所计算的时间，明代沿用等的大统历错一半，回回历差一时，只有西洋新法完全吻合，时刻分秒，毫厘不爽，并用新法制定了《时宪书》，从而得到了朝廷的肯定，于顺治元年（1644）十一月二十六日被任命为钦天监监正，成为中国历史上钦天监的第一位洋监正，开创了西洋人在中国执掌观象台之始。

汤若望得到清帝的恩宠，历任太常寺少卿、太仆寺卿、太常寺卿、通政使司通政使，先后被加封为通议大夫、光禄大夫。他掌管钦天监印务达二十年之久，在观测天象、制造仪器、修历治历，以及掌管钦天监行政事务上均颇有建树，并且在朝野之中建立了广泛的关系，时常被顺治帝尊称为“玛法”，即满语“老翁、祖宗”之意，但此处之“玛法”，包含更多的应是“先生”之意，表明了顺治帝对其能力的肯定和拥有知识的赞赏。顺治帝赏银扩建宣武门教堂，赐御书“通微佳镜”堂额。汤若望掌管钦天监印务期间，曾以年迈力衰为由于顺治十四年（1657）十月二十九日具本题请免除印务，为顺治帝挽留。萧一山《清代通史》中所讲“亘顺治之世，清廷对于若望等始终优待，无中国菲薄夷狄种族之见，且利用其法，以新天下耳目”的评述，是很恰当的。按现在话讲，汤若望应是继利玛窦之后又一位沟通东西文化的先驱者，也是诸多在华传播西学的人中成功的一位。

然而，就是这么一位既受皇帝青睐，又有朝廷重臣扶助，地位极其显赫的人物，在其晚年却置身于一场腥风血雨之中，险些喋血于京城。那就是清康熙初年，发生了一起震动朝野，影响中外的大案，即江南徽州府歙县布衣杨光先控告汤若望案。这起案件，史称“历法之争”。在此起案件中，不少在华的外国传教士受到株连，也有很多的朝廷官员受到严厉处罚，进而从顺治朝才开始推行的新法也被否定。

顺治帝对汤若望的宠爱有加，客观上为天主教在中国的传播创造了相对有利的环境。西方传教士相继来华，各省纷纷建立教堂，教徒人数迅速增加。这就引起了一部分士大夫的反感。其中最典型的人物算是杨光先。杨光先本是江南布衣，明朝末年任新安所千户，因疏劾权贵而出名，好天算、术数之学，具备一定的天学知识。此人的特点是耿直、暴躁，用他自己的话说，就是：“与人言事，无论兵刑礼乐，上下尊卑，必高声怒目，如争似斗。”杨光先“宁可使中夏无好历法，不可使中夏有西洋人”的守旧思想，乃是引发汤若望案的主观原因。

纵观杨光先状告汤若望案，可分为以下五个阶段：

第一阶段，弹劾未成。清初颁布的新历，明确表明“依西洋新法”，这使杨光先觉得忍无可忍，遂以布衣身份，于顺治十七年（1660）五月，上疏攻讦以汤若望为首的钦天监所制定的历法。但这一诉状并未被受理，礼部只是将《时宪书》上的“依西洋新法”几个字去掉了事，表明了此时颁行的《时宪书》，本身并无致命缺陷，杨光先很难将其击倒。杨光先不肯轻易认输，又向礼部上《正国体呈》稿，攻讦西洋历法，指控西洋人包藏祸心，结果仍未获准受理，但一场轰轰烈烈的“历法之争”由此启开序幕。

第二阶段，著书立说。杨光先因为弹劾不成，相应改换手法，开始著书立说，从反对天主教教义入手，指责教士们在散布“妖书”、“邪说”，专门写《辟邪论》一书广为散发，竭力从感情上煽动人们对天主教的愤恨。与此针锋相对的是，教士利类思及汤若望的弟子李祖白等，写了一部《天学传概》，来应对杨光先的攻击。但《天学传概》中诋毁中国传统文化的说法，引起了人们的反感，客观上为杨光先争取了舆论支持。此时的杨光先趁热打铁，发表了《不得已》一书，除攻击西洋历法外，更多的是抨击汤若望借西洋新法阴行邪教，尤其指出西洋人在澳门聚集数万人，迎来送往，其目的就是要聚众造反。因此“大清国卧榻之旁，岂容若辈鼾睡耶”，提醒国人“谋夺人国是天性，今呼朋引类，外集广澳，内官帝掖，不可无蜂虿之心”。

这场口舌之战，使舆论的天平开始向杨光先这边倾斜，而恰在此时，一向庇护汤若望的顺治帝去世，政治背景也因此开始对杨光先有利。还在顺治帝临终之前，考虑到继位的康熙帝年方8岁，遂定鳌拜、索尼、苏克萨哈和遏必隆四人为辅政大臣。这些被托孤的四大臣，还在顺治帝在世时，对西洋人供职宫廷已有不满，此时大权在握，自然要有所作为，而杨光先的指控，恰好投合了辅政四大臣落后保守的政治倾向，因此打着“首崇满洲”的旗号，自然而然成了杨光先的坚强后台。

第三阶段，提供证据。杨光先与汤若望的对立和争端虽然由来已久，但真正进入司法程序，则是在康熙三年（1664）七月二十六日。这天，杨光先来到礼部，递了一份《请诛邪教状》，控告汤若望“假以修历为名，阴行邪教，延至今日，逆谋渐张，令历官李祖白造《天学传概》妖书，谓东西万国皆是邪教之子孙，来中夏者为伏羲氏，六经四书是邪教之法语微言”，又在京师及各省修建教堂，达三十处，在澳门聚集的传教士竟有万人之多，他们“内外勾连，谋为不轨”，请求朝廷早日翦除，以免养虎遗患。杨光先又将《天学传概》一本、《邪教图说》三本、金牌一面、绣袋一枚、瞻礼单一张、顺治十八年《时宪书》一本、《正国体呈》稿一本、《与许之渐书》稿一本，一并具呈礼部，要求依律正法。

第四阶段，对簿公堂。这次，杨光先告状，既有理论依据和实物证据，又有朝官和舆论的支持，占尽天时地利，因此诉状很快被受理，八月初五日，正式审理开始。此后将近一年的时间内，经过礼、吏、兵、刑、三法司等衙门，以及议政王、大臣、九卿、科、道等反复会审，汤若望、杨光先也多次在法庭上交锋，就天文、历法、地理、宗教等方面的问题进行争论，由于涉及的问题具有很强的专业性和科学性，一时倒也很难分出伯仲叔季。

首次列到状纸上的被告有：传教士汤若望、南怀仁、利类思、安文思，中国人李祖白、潘尽孝、许之渐和许保路。开庭那天，礼部、吏部会同审理，八名被告被带到堂上。受审时，汤若望的同伴们都被戴上了刑具，好在此时的汤若望还是朝廷命官，故而暂时没被加上刑具，而实际上汤若望的行动此时已很困难，即便无人看管，这位老人也难以逃走。可怜汤若望古稀之年官司缠身，又是罹患重病，讲话非常困难，回答问题都是要小声告诉南怀仁之后，再由南怀仁在大堂发言。

汤若望案的争论焦点都是围绕杨光先提出的观点进行的，归纳起来讲，杨光先状告汤若望等人具有三条罪状，一是潜谋造反，二是邪说惑众，三是历法荒谬。

第一条罪状即潜谋造反罪，其审理延续了多日。杨光先认为教友们佩戴的圣像和粘贴在每户门口的瞻礼单，都是阴谋造反的标记，澳门地方聚集的万人，随时准备暴动。为此，办案人员特地派人到澳门调查，察看是否设有军事据点，或纠集有大量人马，结果查实在华的教士统共也就几十人，既无兵器，也无组织，根本谈不上聚众起兵，造反之事纯属捕风捉影，第一条罪状根本无法成立，因此只有不了了之。

第二条罪状为邪说惑众罪，关于这一条，汤若望是无论如何也脱不了干系了。因为汤若望说过："中国之初人，实如德亚之苗裔，而来中夏者为伏羲氏"。并且说中国太古之时，曾有天主教，秦始皇焚书之后，天主教也在中国失传。中国四书五经上所载"上帝"者，就是天主教所供奉的"天主"，上帝与天主，字不同义相同。甚至于说"天主教乃全世界之正理"。杨光先说，天主教非正教，而是邪教，天主耶稣是叛国无君的贼，实如中国的白莲、闻香邪教。天主教书籍和教义，是妖书和邪说。杨光先这一最能煽动民族感情的观点，显然得到了持有相同观点的法官的支持，汤若望等人为自己所作的辩护逐渐变得毫无用处，前后过了十二堂，法庭形势对汤若望等人越来越不利。

第三条罪状是历法荒谬罪。此罪成立与否，既是杨光先击倒汤若望的突破点，也是汤若望案定性审判的依据，而传教士们的天文历算是否正确，则是判决汤若望等人是否有罪的关键，因此在这个问题上的争论也更为激烈。有学者根据中国第一历史档案馆所存内阁满文《密本档》和杨光先所著《不得已》《孽镜》等作了统计，当时双方就历法，如果用现在的话讲，就是围绕自然科学方面的十四个问题进行了争论，我们不妨探寻一下争论的具体内容都有哪些：

1. 进历之争。杨光先指责汤若望只呈进二百年历书，而未推算出万年历法，是其不忠。汤若望指出，以新法推算出的历书，"不仅有二百年，亦有无疆年表"，以二百年来分，只是为了方便使用。

2. 题字之争。杨光先指责汤若望在颁行天下的《时宪书》封面上书写“以西洋新法”五个字，是借大清之历法张扬西洋。汤若望为自己辩解说写字之举乃“掌印戈承科之事”，并非他自己有意书写。

3. 时刻之争。杨光先指责汤若望采用九十六刻计算方法，而未采用中国传统的一昼夜为一百刻的计算方法。汤若望说百刻分为十二时，必有余数，而将九十六刻分为十二时，则无余数，便于计算。

4. 置闰计算。杨光先指责新法置闰于顺治十八年七月是错误的，而应置闰于十月，汤若望则持相反意见。围绕这个问题，法庭争论相当激烈。但这问题是个很专业的问题，审案的大臣们根本就不能判断孰是孰非，因此叫来了钦天监的许多人讯问，结果有的说按新法推算，应置闰七月，有的说按旧法推算，应置闰十月，最后也没能得出定论。

5. 节气之争。杨光先指责汤若望等人算节气，有十六日、十五日、十四日之差，故而置闰，立春皆错。汤若望认为以十五日为限平分节气，与天数不合，应按天度推算，多寡不一。

6. 至分之争。杨光先认为至分之数，时刻均齐，并无长短不一之差，即冬至至夏至，夏至至冬至，自春分至秋分，秋分至春分，都为半年。而汤若望则认为天数时刻都有不同。

7. 日行缓急之争。杨光先认为太阳运行，并无迟疾，一昼夜实行一度，昼长夜短，或夜长昼短，不是由太阳的运行速度决定的。汤若望的观点正好与此相反，认为昼夜之分，从子午算起，一年的行度，每天都不同，昼长夜短，或夜长昼短，与太阳在地下所行轨道长短有关，即夏至长冬至短。

8. 更调火水之争。杨光先提出四方七宿，都是以木、金、土、日、月、火、水为顺序的，而汤若望更调火水，与古法不合。汤若望则认为顺序原本是人定的，诸曜渐次东移，新法自然定水在前。

9. 删除紫气之争。杨光先提出，汤若望既然承认四余即紫气、月勃、罗喉、计都，自隋唐开始才有，如果能够证明其无，应当全部删除，为什么单独删除紫气。说明朝万历年间东方曾出现白气一道，直冲紫微垣，经观测后，奏以紫气所变。不久，清太祖兴兵，不到三十年，清世祖入鼎中原，因而紫气是清朝创业的吉祥星宿，汤若望独独删去紫气，肯定别有用心。汤若望说，所谓紫气，并无天象可以证明，实无论据，因而删去。

10. 颠倒罗计之争。杨光先指出新法以隋唐之罗为计，计为罗。汤若望则说所谓罗、计，不过是不同的计算方法，无所谓颠倒。

11. 中星之争。杨光先认为满天星宿皆拱天而不动，唯独七政日、月、金、木、水、火、土可动。如果说二十八宿动而不在原处，则足见汤若望之不知天象。汤若望反驳说，宗动天自东往西移动，众星天自西往东移动，只是移动缓慢，须日久才有感觉。

12. 选择葬期之争。杨光先指责汤若望选择顺治帝第四子荣亲王葬期，“不用正五行，反用洪范五行，山向年月俱犯忌杀”。汤若望辩解说历来选择都用洪范五行。

13. 春气之争。杨光先说，二十四节气都以律管葭灰观测，而汤若望在立春前日起管之时，谎称春气已应。汤若望则称飞灰观测，废弃已久，立春前后，空气中已有不冷不热之地气，自然是春气已应。

14. 地球圆说之争。杨光先不相信地球是圆的，认为天和地，“如二碗之合，上虚空二下盛水，水之中置块土焉。平者为大地，高者为山岳，低者为百川，载土之水，即东西南北四大海”，比喻汤若望刻印的十二幅标有宫分度数的舆图，是制造种种罪孽的根本，特地撰写《孽镜》一文加以驳斥。

第五阶段，定罪结案。案件审理从年初进行到年末，对于杨光先的种种指控，议政王大臣等逐款鞫问，汤若望一一应对，为自己作了充分的辩解，无奈这些大臣对教士们本无好感，外加“历法深微，难以分别”，因此以汤若望在进历、时刻、春气、水火、紫气、中星等问题上“俱大不合”，尤其是在选择荣亲王葬期问题上，使用了杨光先称为灭蛮经的洪范五行，“事犯重大”，其罪名即告成立。康熙三年十一月十一日，礼、吏二部终于拿出了对涉案人员的处理意见：

通微教师·通政使司通政使·钦天监掌印汤若望，拟以革职，交刑部议。

西洋传教士利类思、安文思、南怀仁，拟交刑部议。

天主教徒太监徐乾，拟交刑部议。

汤若望义子潘尽孝，因系武职，先交兵部议拟革职，也交刑部议。

《天学传概》执笔者夏官正李祖白，拟以革职，交刑部议。

此案在京城就波及十几个人，在外省传教士，则密饬督抚等解送京城。具有讽刺意义的是，原告杨光先，也未幸免，被拟交刑部议。

很快，刑部提出了处理意见，以谋立邪教、编造新书、蛊惑众人的罪名，判处主犯汤若望凌迟处死，从犯李祖白、利类思、安文思、南怀仁、徐乾、潘尽孝，各杖四十，流徙宁古塔。

刑部的处理意见，经刑部、礼部、议政王大臣等反复核议，基本维持原判，可怜汤若望等人人头落地或被流放在即。恰在此时，一场突如其来的地震，瞬时改变了涉案人员的命运。康熙四年（1665）三月初二日午时，发生了震中在通县的六点五级地震，顿时城塌地陷，伤亡无数。康熙帝因此颁发诏书，自责施政"未尽合宜，吏治不清，民生弗遂"，且"刑狱繁多，人有冤狱，致上干天和，异徵屡告"，因此宣布大赦，赦免十一种罪责。

在封建社会，遇到恩赦，开释是自然的，因此议政王和硕康亲王杰书等为汤若望的开脱，找了很好的名目，即汤若望"专司天文，选择非其所习，且效力多年，又复衰老"，因此可以免死，所供天主画像，也可以给还，但不准供奉。利类思、安文思、南怀仁、徐乾，也都可以免罪，并且与汤若望一样，获准留在京城。唯独李祖白、宋可成、宋发、朱光显、刘有泰五人，因为专司选择，却用颠倒五行的洪范五行进行选择，故而未能逃脱斩首的厄运。

沸沸扬扬的汤若望案就此告结案，年迈的汤若望拖着病弱的身体，先是回到了当年顺治帝赐建的南堂，后又被当上钦天监监正的杨光先赶到东堂，面对空寂的大厅，追忆一生经历的风风雨雨，感慨万千，遂为教会写下了忏悔书，获得了心灵上的平静，但疾病的折磨，却使汤若望的健康每况愈下，康熙五年（1666）七月十五日，汤若望辞别人世，享年七十五岁。

至于汤若望冤案的真正平反，还得推迟到康熙八年（1669）。杨光先告状起家，扳倒汤若望等人之后，当上了钦天监监正，但以旧法制历，屡屡出错。及至康熙帝亲政，杨光先更没了市场。偏在此时，杨光先编制的历书错误百出，日影测试试验，杨光先也次次不准。我们知道，一个理智的统治者，他所需要的是准确无误的历书，不会将自己限定在民族感情上，只去在乎历书的编制者是西洋人还是中国人。这年三月，清廷任命西洋人南怀仁为钦天监监副，负责编制来年颁行天下的历书。不久，南怀仁等呈告杨光先依附权贵，捏词陷人，将历代所用的洪范五行称为灭蛮经，致李祖白等各官正法，汤若望等无辜下狱。

历史有时喜欢作弄人，同样是洪范五行，当年曾是汤若望蒙冤的重要内容之一，同样是康亲王杰书，当年也是判汤若望死刑的主审官之一，然而事情发展到后来，却完全颠倒了过来。杨光先原来称洪范五行是灭蛮经，此时却成为一大罪状，而康亲王这次审案，坚定地认为杨光先起诉汤若望，纯属诬告，因此拟斩。还是康熙帝念其年老，从宽免死，发遣回籍。郁闷至极的杨光先从此踏上不归之路，客死他乡，究其死因，史书多记暴卒，其意在影射恶报，实情则有待探讨。

既然认定杨光先系诬告，汤若望的罪名自然不能成立，为其平反昭雪已是顺理成章的事。特别是太皇太后博尔济吉特氏，出于对汤若望个人的了解和信任，多次提醒康熙帝查清案中有无冤情，也对案件的澄清起到了举足轻重的作用。因此康亲王杰书等以汤若望等供奉天主，系沿其国旧习，并无为恶实迹的说法，决定恢复汤若望的通微教师（为避康熙帝名讳，将玄字改为微）之名，照原品赐恤给换教堂基地，得到了康熙帝的恩准。其他涉案人员也分别得到恩恤或开释，但传教士们的传教被“严行晓谕禁止”。

至此，阴霾渐散，冤狱昭雪，九泉下的汤若望蒙康熙帝遣官致祭，勒石为碑。其碑文云：“皇帝谕祭原任通政使司通政使·加二级·又加一级·掌钦天监印务事故汤若望之灵曰：鞠躬尽瘁，臣子之芳踪；恤死报勤，国家之盛典。尔汤若望来自西域，晓习天文，特畀象历之司，爰锡通微教师之号。遽尔长逝，朕用悼焉。特加恩恤，遣官致祭。呜呼。聿垂不朽之荣，庶享匪躬之报。尔如有知，尚可歆享。康熙八年十一月十六日”。

这篇刻于汤若望墓碑正面左右侧的满汉合璧碑文，至今仍保存于旧称栅栏墓地，成为汤若望一生所经历的幸运与无奈、成功与失败的最好见证。

主要参考文献：

1. 内阁满文《密本档》，中国第一历史档案馆藏。
2. 内阁满文《礼科史书》，中国第一历史档案馆藏。
3. 《清圣祖仁皇帝实录》。
4. 李兰琴著《汤若望传》。
5. 安双成著《汤若望在华传教之得失》。
6. 赵尔巽著《清史稿》。
7. 萧一山著《清代通史》。
8. 闵子群等著《中国历史强震目录》。

从《还珠格格》中的西藏王谈起

近期上映的电视连续剧《还珠格格》，以其明艳的画面、动人的情节、轻松的风格赢得了观众的欢迎，不失为娱乐片中的一部佳作。《还珠格格》中的西藏王巴勒奔，是剧中刻意塑造的人物之一，他带着任性漂亮的女儿塞娅进京觐见乾隆皇帝，受到乾隆皇帝厚礼相待。由于西藏王的出现，电视剧的确增添了不少有趣的故事。那么，这些剧中的人物和情节历史上存在吗？清代西藏与中央政府的关系如何？有无西藏王其人其事？

说到清代的西藏王，清初厄鲁特蒙古和硕特部首领顾实汗，从新疆发兵占领青海，后又领兵入藏，成为藏族地区的主要统治者汗王，削弱了黄教以外的各派势力和西藏地区一些世俗豪强的力量。顾实汗为了稳固地位，急需取得中央政府的承认和敕封。1652 年，五世达赖喇嘛应邀进京朝觐，清政府颁给金册金印，封为“西天大善自在佛所领天下释教普通瓦赤喇怛喇达赖喇嘛”，同时册封顾实汗为“遵行文义敏慧顾实汗”，也颁有金册金印。这次册封，表明了清政府对西藏地方宗教领袖和政治首领“汗”（王）加以确认的同时，也确定了清政府在西藏地方的主权关系。顾实汗死后，诸子争位，和硕特部势力逐渐衰落，五世达赖喇嘛委任的第五任第巴桑结嘉措总理政务，限制了蒙古汗王在西藏的权力。权力之争的结果，桑结嘉措因种种失误而失败，拉藏汗独揽了西藏政务。1717 年，准噶尔部策妄阿拉布坦所派大将大策凌敦多布率兵攻陷拉萨，拉藏汗被杀。至此，和硕特蒙古顾实汗及其子孙在西藏的执政结束，西藏的蒙古汗王不复存在。

1720 年，清军驱除了侵藏的准噶尔军，收复了拉萨。康熙帝总结以往的经验和教训，决定排除蒙古首领在西藏的统治，支持由藏族管理地方事务，通过所设各级官员执行中央对西藏的施政，加强对西藏地方的直接管理。这样就废除了由汗王所任命总揽大权的第巴职位，设四名噶伦，共同主管西藏地方事务。但事隔不久，执政者噶伦之间发生了激烈的争夺领导权的斗争，噶伦阿尔布巴等人杀了首席噶伦康济鼐，康济鼐的助手颇罗鼐集兵征讨，阿尔布巴等人兵败被处死。清政府赐给颇罗鼐“贝子”衔，总理全藏事务。清政府为了加强对西藏的管理，正式在西藏设立驻藏大臣正、副二人，会同达赖、班禅总办西藏事务，管领噶伦以下各级官员，统领驻藏官兵。1740 年，颇罗鼐以主办藏务有功，晋封为郡王。颇罗鼐死后，其次子珠尔默特那木扎勒袭其父郡王爵。1750 年，珠尔默特那木扎勒谋叛，被驻藏大臣砍死，郡王掌政制度因此被废除，西藏郡王从此不复存在。至此，西藏地方经过清朝政府的长期经营，设置了驻藏大臣，建立了噶厦地方政府，确立了以达赖、班禅为代表的政教合一体制，并一直沿用到清末。

有清一代，西藏地方的蒙古汗王和藏族郡王，都从未有人进京朝觐过皇帝，只有藏传佛教的领袖人物先后有三位入觐。

第一位是五世达赖喇嘛。藏传佛教是蒙藏民族地区流传最为广泛、得到普遍信仰的一种宗教，清政府一向加以尊崇和利用。早在入关前，皇太极就向五世达赖喇嘛发出邀请，五世达赖喇嘛虽出于谨慎不曾成行，但派伊拉古克三呼图克图等人远赴盛京。及至清军入关，定都北京后，清政权由割据东北一隅的地方政权变为统治全国的中央政权，与蒙藏地区的关系，也由入关前的互不统属变为中央与地方的关系，但清政府尊崇藏传佛教，用来为其统治服务的政策未变，顺治帝多次派人入藏，带去问候和邀请。1649 年，五世达赖喇嘛遣使奉表，奏明将于 1652 年入觐。这一时间确定后，清政府开始积极筹备接待工作，首先召来归化城班第达诺们罕负责安排有关宗教事宜，在京城安定门外度地修建俗称“喇嘛庙”的黄寺，作为五世达赖喇嘛的驻锡之所，建成的大乘宝殿等建筑，巍峨庄严，住庙喇嘛 108 人，均由八旗选送。同时还修建了位于现在北海公园琼岛的永安寺和白塔等。京城之外，在五世达赖喇嘛路经地方如岱噶（今山西凉城）、河北怀来都建有庙宇，供五世达赖喇嘛起居。其次，确定了五世达赖喇嘛的进京路线，筹措路途所需物资。五世达赖喇嘛在清朝官员的陪伴照料下，一路东行，在途备受顺治帝的关心和问候，于1653年初顺利抵达北京，在南苑德寿寺谒见顺治帝。此后的两个多月中，顺治帝先后三次在紫禁城内的太和殿款待五世达赖喇嘛及其随行人员，并赏给大量金银珠宝。天气转暖后，五世达赖喇嘛辞行，清政府一面隆重相送，一面筹备册封事宜，将金册金印送至岱噶颁赐。五世达赖喇嘛进京朝觐，是西藏宗教领袖与清中央政府最高统治者的第一次直接接触，对维系清代多民族国家的统一，具有不可忽视的积极意义。

第二位是六世班禅。乾隆年间，尽管厄鲁特蒙古及藏区各土司已全部臣服，但要巩固对蒙藏地区的统治，仍需奉行推崇藏传佛教的政策。因此乾隆皇帝愿意六世班禅入觐，而六世班禅也非常希望入觐。六世班禅在得知乾隆帝即将举行七旬庆典后，主动要求前来祝寿，乾隆帝认为在其70寿辰有六世班禅领班诵经，“实为吉祥之事”，欣然同意，并安排接待，首先在承德建成须弥福寿之庙，作为六世班禅居住和讲经的地方。这座仿照西藏日喀则扎什伦布寺建造的庙宇，规模宏大，金光闪耀，建筑和陈设可谓登峰造极，充分体现了乾隆时期国力的强盛。清政府同时安排蒙古、新疆等地的少数民族上层人物与班禅一起入觐，以收“敬一人而千人悦”之效。还把承德地区所有佛教寺庙都修缮一新，装饰陈设亦多更新。六世班禅入觐途中，乾隆皇帝不时派人送去清凉瓜果等时令物品，问寒问暖，六世班禅亦多次奏谢皇恩。有意思的是，事隔128年，乾隆在安排六世班禅入觐事宜过程中，仍命官员查阅了大量顺治时五世达赖喇嘛入觐过程中形成的档案，以便在接待方法和程序上借鉴以前的做法。1780年8月，六世班禅到达承德，在避暑山庄的澹泊敬诚殿觐见乾隆皇帝，乾隆帝用藏语向其问候，并带着六世班禅到各佛堂拈香，隆重的接待活动由此展开序幕。六世班禅在承德的一个多月中，乾隆帝多次在万树园、卷阿胜境等处筵宴六世班禅及其他少数民族首领，作乐观戏，燃放烟火，六世班掸所带舞童亦做了精彩表演。乾隆帝还赐封六世班禅玉册玉宝，赏赐无数奇珍异宝。其间，六世班禅主持了须弥福寿之庙的忏愿大法会，并带徒众念经祈祷，祝贺万寿，进献了贺寿礼物。9月，六世班禅离开承德前往北京，在京城饱览了皇宫的巍峨壮丽、圆明园的秀色艳容，瞻拜了觉生寺、雍和宫等名寺古刹，六世班禅还传授了佛法，可谓功德圆满。11月，六世班禅在京圆寂，乾隆帝极为哀痛，在黄寺举行了隆重的吊唁活动，命令铸造金塔安放六世班禅遗骨，于次年派员护送回藏，并在六世班禅圆寂地建造了清净化城塔，以志纪念。六世班禅入觐，更加密切了中央政权与西藏地方政权的关系，进一步加强了西藏地方对祖国的向心力，也推进了藏传佛教的广泛传播。

第三位是十三世达赖喇嘛。20世纪初，对西藏垂涎已久的英国派兵逼近拉萨，与驻藏大臣有泰素有矛盾的十三世达赖喇嘛，在抵抗英军入侵失败的情况下，决定北上求救，遂取道青海，经甘肃入蒙古，1904年底到库伦。其间，清政府听信有泰的参奏，革去达赖喇嘛名号。十三世达赖喇嘛北上，虽不能排除有过求助于俄国的想法，但对清政府仍保持着期望和信赖。起初清政府并未弄清其动机，以后随着各种误会的解除，清政府派人将十三世达赖喇嘛送到塔尔寺，并召其进京。1907年，十三世达赖喇嘛由塔尔寺启程，经西宁、兰州、西安、太原，至五台山，次年11月，达赖喇嘛一行抵达北京，下榻于黄寺。在京期间，十三世达赖喇嘛分别在仁寿殿、勤政殿、紫光阁等处入见慈禧太后、光绪皇帝，被慈禧太后加封“诚顺赞化”名号，于年底离京。十三世达赖喇嘛进京，受到了清政府的高度重视，不惜花费20万两银子进行接待，但十三世达赖喇嘛所要求的直接奏事权未得同意，因此十三世达赖喇嘛是带着遗憾回藏的。

除了以上三位宗教领袖外，西藏地方在清代进京的尚有驻京活佛、年班及贺寿堪布等，这些人进京，从人数、职位、时间上均有一定规制，但档案中并未发现带有女眷进京的记载。

以上所述，已充分说明电视剧《还珠格格》中的西藏王完全是位虚构的人物，其故事情节在历史上也是不存在的。

迎着太阳回归的部族

在我国新疆维吾尔自治区巴音郭楞蒙古自治州和静县的中心广场，高高矗立着渥巴锡的塑像，他仿佛刚刚踏上祖国的热土，用凝重的目光向人们讲述着一个部族不惜牺牲，也要从异乡回到故土的故事。17到18世纪土尔扈特人的历史，是一部震撼人心的历史，土尔扈特人从漂落异乡到举部回归故土，经历了将近一个半世纪，他们用鲜血和生命，谱写了一部悲与欢、血与火的壮丽诗篇。我们不妨翻开先人的记述，拂去历史的烟尘，追寻那英雄的史迹。

一、逐水草，寄居伏尔加河

提起土尔扈特回归的历史，我们还得追溯到三百多年前明末清初的时候，当时游牧于我国西北的厄鲁特蒙古人，共分准噶尔、土尔扈特、杜尔伯特、和硕特四个部落。随着厄鲁特蒙古各个部落的人口逐步增多，牲畜不断增加，游牧地日渐相形见绌。游牧地的紧缺，引发了厄鲁特蒙古内部的纷争，准噶尔部的实力在争斗中逐渐强大起来，对其他部落构成了极大的威胁，土尔扈特部与准噶尔部的关系日趋恶化。

渥巴锡像

土尔扈特部首领和鄂尔勒克迫于

部落间的纷争，开始寻找新的生存环境，率领部族的大部分人离开了世代游牧的故土新疆塔尔巴哈台，一路向西进发，在逐水草而牧的过程中，为自己寻觅一块可以落脚的地方。土尔扈特人开始西进，大约在1616年左右，经过十余年的跋涉，来到了人烟稀少、水草丰美的伏尔加河下游地区，开始在此繁衍生息。

土尔扈特部众之所以西迁，除了部落间的纷争外，还有一个很重要的原因就是，17世纪初，俄国的势力已扩展到西伯利亚，开始向土尔扈特等蒙古部落进行侵扰。土尔扈特正是为了避免与准噶尔部的冲突，并摆脱俄国的骚扰，使自己有一个安定的生活环境，才有了西迁之举。

当时的伏尔加河下游、里海之滨，尚未被俄国占领，完全是一片有待开拓的处女地。土尔扈特人在这片美丽的土地上劳动生息，创立起游牧部落的封建汗庭，并维持了一百多年。但勤劳善良的土尔扈特人并未因此而摆脱俄国人的侵扰。俄国人为了把土尔扈特人的居住地占为己有，企图利用准噶尔部与土尔扈特部之间的矛盾，诱骗准噶尔部会同俄国出兵进攻土尔扈特部，但遭到了准噶尔部的拒绝。尽管如此，俄国人仍不善罢甘休，想尽办法对土尔扈特汗国进行威胁。遭受俄国重压的土尔扈特部众，十分眷念故土。顺治三年（1646），土尔扈特首领书库尔岱青亲自返回西藏拜见五世达赖喇嘛，并于顺治十二年（1655）派遣使臣向清廷进呈表贡。就是在以后的康熙、雍正、乾隆年间，土尔扈特也从未间断过遣使进贡。

康熙四十八年（1709），土尔扈特首领阿玉奇汗派萨穆坦等人经西伯利亚、库伦到北京进贡，由于路途的艰难险阻，萨穆坦一行在两年之后才到达北京。土尔扈特人对清廷的恭顺和真诚，使康熙帝十分感动，为了表示对寄居异域的土尔扈特部众的关怀，清廷于康熙五十一年（1712）派出了由侍读学士殷扎纳为首的使团，随萨穆坦一行去探望远离故土的土尔扈特部众。康熙帝让殷扎纳“问阿玉奇汗无恙”，并转赏物品，充分表达清廷对土尔扈特部众的关心和慰问。殷扎纳一行奉命离京北上，途经漠北、西伯利亚，历时一年有余，最后到达伏尔加河流域。土尔扈特部众对故土的亲人表现得无比热情，盛情款待。殷扎纳一行向阿玉奇汗转交了康熙帝的敕书，这份用满文、蒙文撰写、装帧精美的敕书，为历代土尔扈特汗所珍藏，并在东归时随身带回，因而奇迹般地保存至今，新疆维吾尔自治区档案馆也因此增添了一份珍贵档案。我们不妨摘录其中的一段，体会一下字里行间洋溢的殷殷亲情："尔阿玉奇，一向恭顺，进贡请安，输诚已久。然被策妄阿喇布坦阻截数载，未能相通，今又一心一意，自俄罗斯地方，遣尔心腹差役萨穆坦等为使，特向朕躬请安贡物，朕甚嘉赏。故而格外宠眷，施以殊恩，赏赐金银重五十两圆筒奶茶壶一个，重五十两盆一个，酒杯一只，镂空雕花马鞍一具，各色绸缎三十匹，布二百匹，茶四篓。赏多尔济拉布坦、沙克多尔扎布绸缎各二十匹，布各百匹，茶各四篓。尔所遣之使萨穆坦、车臣、鄂木布、丹津等，也足赏银两、绸缎、布匹、茶叶等有差。"殷扎纳使团的成员内阁侍读学士图理琛，是一位通晓满、蒙、汉文字，又略懂俄文，且富有文采的学者，他用满文写成的《异域录》一书，形象生动地记述了整个访问过程，对路经各地的山川地貌、风土人情也详作记录，并绘制成图，成为人们研究这段历史的重要实证。有趣的是，由于图理琛所著《异域录》一书的广为流传，后人也就习惯将殷扎纳使团称为图理琛使团。雍正七年（1729）清廷又派副都统满泰等人前去探望土尔扈特部众。满泰圆满完成使命后，用满文写了一份长达数米的奏折向雍正帝汇报整个出访过程，详细描述了取道莫斯科，经萨拉托夫抵达土尔扈特汗车凌端多布住处，颁给御赐敕书物品，转达雍正帝对阿玉奇汗之妻敦达尔玛巴拉的问候，并亲密相处十余天的感人情景。至今阅读满泰的这份奏折，所表现出的骨肉亲情，仍使人感叹不已。

二、当部族面临灭顶之灾

随着俄国对土尔扈特汗国的控制和掠夺不断加深，草原失去了往日的宁静。概括起来讲，俄国对土尔扈特的压迫表现在四个方面。一是为了控制出海口，连年对土耳其发动战争，命令十六岁以上的土尔扈特男性全部从军，大批的土尔扈特青壮年在战场上迎着枪口刀刃倒下。试想一下，一个缺少青壮年的部族，又怎么能不面临即将灭绝的危险呢。二是派兵进驻土尔扈特人居住区附近，监视土尔扈特人的一举一动。与此同时，哥萨克移民不断向东扩展，逐步吞食土尔扈特的游牧地，土尔扈特人失去了土地，也就失去了生活的保障。三是对土尔扈特强制实行人质制度，以便控制土尔扈特人。俄国要求土尔扈特的上层把子弟送到彼得堡当人质，土尔扈特汗渥巴锡的哥哥就是在当人质时，死在阿斯特拉罕。四是极力在土尔扈特内部扶持东正教势力，这是一向信仰藏传佛教，无论相距多么遥远，路途多么艰难，从未间断过到西藏拜佛熬茶的土尔扈特人绝对接受不了的。

回归后一直生活在巴音布鲁克草原，土尔扈特后裔最后一代汗王——满汗王的女儿满琳，是一位受过高等教育、知识丰富而又和蔼可亲的学者，她在 20 世纪 90 年代应邀探望现今生活在伏尔加河流域的土尔扈特后裔，回来后很有感触地讲，如果单从自然条件讲，伏尔加河流域要优于巴音布鲁克草原，这就更加证明了一点，假若没有外来因素的干扰，渥巴锡他们是不会轻易离开伏尔加河流域的，渥巴锡他们肯定是被逼到了不离开不行的境地。应该说，这句话还是很客观的反映了历史的真实。

鼎盛时期的土尔扈特汗国，他们的地位与俄国是平等的，强大起来的俄国要求土尔扈特人俯首称臣，土尔扈特人已经走到了民族的危急关头，需要做出重大抉择。

乾隆二十六年（1761），土尔扈特阿玉奇汗的曾孙，年仅 19 岁的渥巴锡继承汗位，他以出众的个人魅力赢得了部众的拥戴。他受命于民族危难时刻，开始寻找民族的出路。但当时摆在渥巴锡面前的只有三条路，一是屈服于俄国的统治，二是与之相反，即进行反抗，保持民族独立。但这两条路都难行得通，只剩最后一条路，那就是返回故土，彻底摆脱俄国的控制。另外，当时新疆天山南北的形势已发生巨大变化。经过康熙、雍正和乾隆三朝的不懈努力，清廷彻底铲除了准噶尔割据势力，最终实现了天山南北的统一大业，天山南北步入相对稳定及和平建设阶段。这种形势，为土尔扈特部众重返故土创造了良好的政治环境，并提供了可能实现的条件和保证。因此，渥巴锡作为一名大智大勇的民族首领，自然洞察到这一切，果断选择了重归故土这条路，并开始为此做准备。他首先争取土尔扈特部上层的支持，并组成智囊团，这些人包括渥巴锡的堂侄、足智多谋的策伯克多尔济，以及投奔土尔扈特汗庭不久，熟悉地形路线的舍楞等。经过精心策划酝酿，土尔扈特东归的计划日趋成熟。于是在乾隆三十五年（1770）的秋天，土尔扈特汗渥巴锡选择了伏尔加河下游草原的某一个秘密地点，主持召开了一个绝密的会议。为了不走漏风声，参加会议的除了渥巴锡和其侄策伯克多尔济之外，仅有巴木巴尔、舍楞、达什敦杜克和达喇嘛洛桑丹增等四位首领。会上，经过仔细讨论，六位首领决定离开俄国，返回祖国，并为此立下了庄严誓言。随后，一桩武装起义和返回祖国的计划开始秘密实施。

尽管渥巴锡等人力图对俄国人保密，消息还是不胫而走，俄国人派兵到渥巴锡驻地探听虚实，加强对土尔扈特的监控。形势的急剧变化，迫使渥巴锡不得不改变计划，决定将行动提前。他们本来计划是要等到伏尔加河结冰之后，发动武装起义，携同西岸的一万余户土尔扈特人一道返回故土。结果非常不幸，天气开了个不大不小的玩笑，当年竟是暖冬，伏尔加河水流奔腾，久久不能结冰，西岸的人竟然过河无望。随着形势的变化，渥巴锡于乾隆三十六年（1771）一月十六日召集部众进行总动员，指出土尔扈特人如果不进行反抗，毅然决然地脱离俄国，不久就会沦为奴隶的种族。渥巴锡一番慷慨激昂的陈词，激起了久积于土尔扈特人胸中的仇恨，点燃了土尔扈特人心中奔向光明的火焰，一次永垂史册的行动就要付诸实施。

关于这次行动的详细过程，我国早期研究土尔扈特历史的学者马汝珩、马大正两位教授，在查阅了大量国内外相关史料，并仔细进行分析研究之后，在二人合著的《漂落异域的民族——17至18世纪的土尔扈特蒙古》一书中，作了如下描述：在渥巴锡进行总动员后的次日凌晨，寒风凛冽，阵阵劲吹，当旭日的阳光洒向大雪覆盖着的伏尔加草原时，皑皑的白雪映射出耀眼夺目的光芒。这时，成千上万的土尔扈特妇孺和老人，乘上早已准备好的马车、骆驼和雪橇，在铁马横刀的骑士们的护卫下，一队接着一队陆续出发，彻底离开了他们寄居将近一个半世纪的异乡，朝着太阳升起的地方走去。当大队人马离开之后，约有一万名土尔扈特人留下来，把所有不能带走的什物遗弃，渥巴锡汗带头点燃了自己的木制宫殿，刹那间，无数村落也燃起了熊熊烈火，辽阔的草原升起了滚滚的浓烟。这种破釜沉舟的悲壮义举，表现了土尔扈特人对俄国迫害的极端仇恨心理，表示了他们将一去不复返，从此同俄国彻底决裂的决心。

那么，这支东归的队伍到底有多少人呢？中国第一历史档案馆所存的《土尔扈特档》，是汇总抄录有关乾隆三十六年至四十年（1771～1775）间清廷安置东归土尔扈特过程中形成的公文而成的档簿。这部分用清代的国书满文写成的档簿，既抄录了王公大臣的奏疏，也记录了皇帝的敕书、谕旨，是我们现在研究土尔扈特回归这段历史的十分宝贵的原始资料。在《土尔扈特档》和《清高宗实录》中，都有关于土尔扈特回归人数的记载，归纳起来，回归的全部队伍共有 33 360 余户，16.8 万余人。其中，渥马锡所属约有两万余户，11 万余人，是东归的主力。其他各部在千户以上的，有策伯克多尔济所属的 4000 余户，2.1 万余人；巴木巴尔所属的两千余户，5000 余人；默们图所属的 1000 余户，4000 余人；恭格所属的千余户，5000 余人。此外，舍楞所属的 500 余户，2100 余人，也在东归的队伍之中。

三、壮烈回归路

土尔扈特东归的消息，很快传到了彼得堡。俄国女皇叶卡捷林娜二世认为让整个部落从她信任的奴仆的鼻尖下举行暴动逃出神圣的俄罗斯国境，是让罗曼诺夫家族和头戴彼得大帝王冠的守护神鹰蒙受了永不磨灭的耻辱，伏尔加草原上发生的一切使她无法接受，因此大发雷霆。沙俄政府立即派出大批哥萨克士兵，紧紧尾追东去的土尔扈特人。同时，对留在伏尔加河左岸的一万余户土尔扈特人采取了极为严密的防范措施，以防止他们追随渥巴锡东返。

漫漫征程，阴霾密布。土尔扈特人面对俄军前堵后追，浴血奋战，义无反顾。渥巴锡把 3.3 万多户近 17 万人的队伍分成三支，巴木巴尔和舍楞率领精锐部队在前面开路，其余领主在队伍的两侧行进，渥巴锡和策伯克多尔济居中。三路大军，像一条舞动的巨龙，在雪地上向东挺进。队伍很快穿过了伏尔加河和乌拉尔河之间的草原，甩掉了尾追的俄军，不久越过结冰的乌拉尔河，进入大雪覆盖的哈萨克草原。就在这时，外翼的一支土尔扈特部队，遭到哥萨克的袭击，由于土尔扈特人是赶着牲畜前进，来不及集中散布在广阔原野上的队伍，9000 名战士壮烈牺牲了。战士殷红的鲜血，流淌在东归之路。

奥琴峡谷，是一个东进必经的险要山口，一支庞大的哥萨克骑兵抢先占据了这一山口。土尔扈特人只有攻占山口，队伍才能前进。渥巴锡组织 5 队骆驼兵从正面发起进攻，后面则派枪队包抄，几乎全歼哥萨克军队，为牺牲的 9000 名同胞报了仇。从此，哥萨克的拦截被彻底击溃。但是，艰苦的行程仍在等待土尔扈特人，俄国奥伦堡总督特鲁本堡率领俄罗斯、哈萨克军队两万余人尾追，而此时的土尔扈特人由于战斗的伤亡、疾病困扰、饥饿袭击，人口锐减。在困难面前，有人对能否返回祖国丧失了信心。渥巴锡及时召开会议，鼓舞士气，统一意志。土尔扈特人到达叶尔盖河时，俄哈军队已被抛在后面。他们派信使来劝诱，遭到了渥巴锡的断然拒绝。在叶尔盖河畔稍事休整的日子里，土尔扈特人与飞速赶到的哈萨克军队和巴什基尔人的联合军队发生了激烈战斗，在付出巨大牺牲之后，土尔扈特人终于击溃了这支凶猛的军队。此后，土尔扈特人又与尾追的小股哈萨克军队发生了几次战斗，终于在七月初一个阳光明媚的夏日，到达了祖国西北边境的伊犁河畔。土尔扈特人跨越两个世纪的回归梦，历时半年多，行程近万里，终于得以实现。

四、踏上热土

土尔扈特东归之事，清廷事前并不知道。乾隆三十六年（1771）四月，署理定边左副将军车布登札布奏报俄方派人来告土尔扈特举部东归。直到这时，清廷才得知土尔扈特将要到来的消息。我们可以想象，距今200多年前，通信联络并不便捷，要想弄清事情的真相，是何等困难。因此当清廷知道这一消息后，作出了两方面的判断和安排，一方面如果是平定准噶尔叛乱时逃往俄罗斯的人回迁，就应妥加安置，并要谴责俄罗斯当初留而不还的做法。另一方面如果是土尔扈特人回归，亦属被俄罗斯践踏奴役，不堪忍受耻辱而返回故土，理当安置接济。只是这当中出现了一个小小的插曲，即在前面提到的为首带领土尔扈特部众回归的六人当中，有个名叫舍楞的人，舍楞虽然是土尔扈特部属，但他的先世并未西迁伏尔加河流域，而是住在伊犁地方，舍楞曾经参与了阿睦尔撒纳的叛乱，并且袭杀了清廷派往统兵作战的副都统唐喀禄，而后逃入俄国境内，清廷一再索还，俄国始终未还，舍楞迫于清廷向俄国的引渡要求，继而又投奔了土尔扈特汗国。此次土尔扈特回归，舍楞随之而归，这不得不引起清廷的疑虑，因此有人提出出兵加以防范，而乾隆帝根据掌握的情况，经过仔细分析以后，正如在其所撰《土尔扈特全部归顺记》中所说，断定“其归顺之事十有八九，诡计之伏十之一耳”，肯定是来投诚的。我们虽不能要求身为帝王的人多有远见卓识，但乾隆帝在对待这一问题上，确实表现出了他那非同一般的政治家的敏锐和果断。

乾隆对于土尔扈特的归来非常重视，立即派御前大臣亲王固伦额驸色布腾巴勒珠尔前往迎接，并决定让渥巴锡等人到避暑山庄朝觐。时任伊犁将军的伊勒图，派锡伯营总管伊昌阿等人在察林河畔接见了刚刚抵达的渥巴锡、舍楞等人。尽管时隔200多年，我们今天仍然可以想象，刚从异国他乡历尽艰辛归来的土尔扈特首领与清廷官员初次相见，其情其景，会是多么动人心弦。据伊昌阿事后描述，他们率领

30 多人前往渥巴锡驻地，只见北面一个蒙古包，前面支有凉棚，渥巴锡坐在中间，巴木巴尔坐在一旁，伊昌阿等一到，渥巴锡等人同时起立，跪请皇帝万安，然后双方紧紧拥抱在一起，互致问候，倾诉离别之情。不久，渥巴锡随伊昌阿到伊犁会见参赞大臣舒赫德，舒赫德向渥巴锡转达了乾隆帝的旨意，即让渥巴锡等人在秋高气爽时节前往避暑山庄朝觐，并转交了乾隆帝颁降渥巴锡、策伯克多尔济、舍楞的敕书，这份用满文和蒙文写就的敕书，其原件现存新疆维吾尔自治区档案馆，我们不妨看看现存中国第一历史档案馆的满文抄件。

奉天承运，皇帝制曰：土尔扈特台吉渥巴锡、策伯克多尔济、舍楞及众头目，据伊犁将军奏闻，尔等数万之众，不慕异数，眷念佛法，秉承朕恩，前来归服。……尔等既自远道艰辛跋涉而来，故于安置尔等之时，朕业已降旨伊犁将军等，指给良牧，安置于水草丰美之地，歇身安居。俟尔等来朝，定赏职衔，重施厚恩。

这份敕书充分表达了乾隆帝对土尔扈特人的优抚政策，解除了他们的疑虑。对于舍楞的问题，在这份敕书中，乾隆帝也有明确态度，指出：“舍楞者，乃为前与吾军争战而窜逃俄罗斯之人，今尔既怀念佛法，欲蒙朕恩，前来投诚，朕绝不究尔之前罪，从宽免宥，尚且施恩于尔。昔日讨伐尔时，倘被吾兵捕获，当要治罪，现既亲身来降，不仅可免无罪，尚与渥巴锡、策伯克多尔济一体施恩哉!”在此之后，渥巴锡等 13 人及其跟役 44 名，在清朝官员的陪同下，从伊犁启程，途经乌鲁木齐、巴里坤、哈密、肃州、凉州、宁夏、大同、宣化、怀安，出张家口，自察哈尔旗直奔木兰围场，最后到达避暑山庄。从异国他乡归来的游子，一路饱览祖国的山山水水，万千感慨自不待言。

五、乾隆帝御笔写碑文

这年，乾隆帝照例举行一年一度的木兰秋狝，当行至伊锦霍洛口大营的时候，正是农历的九月初八日，这天阳光明媚，乾隆帝策马奔驰，共射中鹿 4 只、狍 3 只，乾隆帝的心情因有如此的收获而非常愉悦。非常凑巧的是，远道而来的土尔扈特首领渥巴锡等人这天恰好到达伊锦霍洛口，乾隆帝立即在行幄召见，并“温谕抚慰，赐茶”，渥巴锡和策伯克多尔济等人进献了自己远道带来的枪支、腰刀、撒袋等物。这些珍贵而富有纪念意义的文物，至今完好无损地保存在北京故宫博物院。对于渥巴锡一行木兰围场觐见乾隆帝的日子，尽管有诸多的档案和文物可以进行研究，但在没发现最确切的那一份史料之前，终究是个谜。由于《清高宗实录》和《土尔扈特档》中都没直接记载觐见的日子，外加人们习惯用的《内阁起居注》部分被运往台湾，因此在国内以往的研究中，始终停留在考定阶段。近期从《宫中内起居注》的记载中，查到了首次觐见的确切日子，从而破解了以往研究中存在的疑问。初九日，乾隆帝从行营起程时，特意赏渥巴锡等人鞍马，让土尔扈特人等随围观猎，一路宴赉有加，其他随围蒙古王公也不断宴请渥巴锡等，增进了彼此间的了解和感情。十七日，乾隆帝回到避暑山庄。

十八日，原本肃静的避暑山庄前宫区热闹了起来，澹泊敬诚殿里陈列起仪仗，摆放了乐器，所有在山庄的王公大臣依次站在两侧，场面庄严而隆重。这天，乾隆帝顾念渥巴锡等人率数万人众长途跋涉，不辞劳瘁，归诚効顺，特地加恩赐以封爵。封渥巴锡为卓里克图汗、策伯多尔济为布延图亲王、舍楞为弼里克图郡王，巴木布尔为毕锡勒图郡王，恭格为图萨图贝勒，默们图为济尔噶尔贝勒，沙拉扣肯为务察拉尔贝子，以及辅国公、一至四等台吉多人。当受封的人们一一谢恩之后，乾隆帝用蒙古语同他们进行亲切交谈，询问起回归路途浴血奋战的悲壮情形，以及土尔扈特的悠久历史。乾隆帝为了嘉奖他们的诚意，亲手拿起早已准备好的玉如意、西洋钟、鼻烟壶等物赏给渥巴锡等人，并于当天带着渥巴锡一行到新落成的普陀宗乘之庙拈香。乾隆帝在普陀宗乘之庙“万法归一殿”前招见渥巴锡一行的情形，被宫廷画师绘制成精美的画幅，并世代流传，使人们至今仍可一睹历史的真实。十九日，乾隆帝在万树园宴请渥巴锡等人。赏赐银币。在这之后的几天里，乾隆帝连续在卷阿圣境赐渥巴锡一行晚餐，尤其是二十四日晚，乾隆帝在万树园大幄次与渥巴锡等一同观看烟火，热闹非凡。二十六日，在卷阿胜境赐晚餐。三十日始，渥巴锡等人开始分批返回伊犁，乾隆帝则于十月初二日起驾回京。应该说，渥巴锡一行从木兰随围到避暑山庄觐见，受到了清廷很高的礼遇。

回眸历史，往往有些说不清的巧合。这年，已经兴建了数年、在避暑山庄外八庙中规模最大的普陀宗乘之庙恰好落成，山庄的各项活动也因此丰富而隆重。乾隆帝亲自带领渥巴锡等人前去普陀宗乘之庙参观瞻礼，并与来自全国各地的少数民族首领一道，参加盛大的祈愿大法会。乾隆帝命令在普陀宗承之庙竖起两块巨大的石碑，用满、汉、蒙、藏四种文字铭刻他亲自撰写的《土尔扈特全部归顺记》和《优恤土尔扈特部众记》，用来纪念这一重大的历史事件。

离开伏尔加河草原的 17 万土尔扈特人，经过一路的恶战，加之疾病和饥饿的困扰，“其至伊犁者，仅以半计”，也就是说，约有八九万人牺牲了生命。乾隆三十六年（1771）九月十二日的军机大臣福隆安的一份奏折，详细记录了安全渡过伊犁河的户口数目，共计 15 793 户、66 073 口，这与参赞大臣舒赫德原先所报 6.5 万余口之数，相差不多，当属准确可信。回到故土的土尔扈特人，风尘仆仆，衣衫褴褛，牲畜丧失殆尽。舒赫德在其奏折中这样描述，土尔扈特部众“隆冬严寒时节，启程东行，俟至炎夏，方始抵达。沿途又遇战事，其蒙古包、帐房均已丢弃，时常风餐露宿，行至大瀚海，数日不得水，以至于不分水之好坏，见水即饮，犹食用倒毙牲畜之肉，腹胀或患病死亡者甚众。即便是未遭受穷困饥饿之苦者，亦属勉强到达。”然而，正是土尔扈特人不畏艰难，举部回归的壮举，深深感动了全国人民，各地纷纷捐献物品，供应土尔扈特人民。据乾隆帝御笔所写《优恤土尔扈特部众记》的碑文记载，新疆、甘肃、陕西、宁夏及内蒙古等地各族人民捐献物品计有：马牛羊二十余万头、米麦四万多石、茶两万余封、羊裘五万余件、棉布六万余匹、棉花近六万斤、毡庐四百余具。清廷也拨专款采办牲畜、皮衣、茶米，接济贫困中的土尔扈特人，帮助他们渡过难关。

为了妥善安置回归的土尔扈特部众，清廷委派官员勘察水草丰美之地，划给土尔扈特人作为牧场，使其能够安居乐业。最后确定的游牧地为“渥巴锡所领之地称旧土尔扈特，分东西南北四路，设四盟各立盟长，颁发官印。南路在喀喇沙尔（今焉耆）北珠尔都斯草原，置四旗，渥巴锡为盟长；北路在和布克赛尔，置三旗，策伯克多尔济为盟长；西路在精河一带，置一旗，默们图为盟长；东路在库尔喀喇乌苏（今乌苏）一带，置二旗，巴木巴尔为盟长。舍楞所领之地称新土尔扈特，划牧于科布多、阿勒泰地区，置二旗，舍楞为盟长。与土尔扈特一同归来的和硕特恭格部，游牧于博斯腾湖畔（今和硕县境），置四旗，恭格为盟长。在安置土尔扈特部众的过程中，也有一个小小的波折，即渥巴锡的部属三万五千余人，原本安置于斋尔地方，但不巧的是，乾隆三十六年（1771）冬天花流行，可怕的瘟疫先后夺去了渥巴锡的亲人及部属三千多人的生命，外加清廷将渥巴锡部属安置于斋尔的目的是让他们学会务农，这与世代游牧的土尔扈特人的生活习俗相去甚远，因此渥巴锡多次要求移地安置，并选中了珠尔都斯草原。渥巴锡的这一要求，最终获得了批准，从乾隆三十八年（1772）起，渥巴锡的部属陆续迁到了珠尔都斯草原。

土尔扈特回归，是历史上的一次壮举，英国作家德昆赛在他的著作《鞑靼人的反叛》一书中曾这样评价，“从最早的历史记录以来，没有一桩伟大的事业，能像土尔扈特人跨越无垠的草原，东返祖国那样轰动于世界和激动人心的事。”完成了18世纪一次长征的土尔扈特人民，在新疆这片美丽宁静的土地上繁衍生息，一代又一代，将汗水洒在广袤的草原上。如果我们现在有幸去往新疆，可以轻而易举地在巴音郭楞、博尔塔拉、和布克赛尔这些美丽的土地上找到土尔扈特人的聚居地，并可同热情豪放的土尔扈特人的后代畅饮醇香的奶茶，讲述悲壮的回归历史。

东归英雄后人的述说

——简评《土尔扈特女儿》

公元距今200多年前的乾隆二十六年（1771），已在伏尔加河流域生活了近一个半世纪的土尔扈特部众，在其首领渥巴锡的率领下，扶老携幼，组成浩浩荡荡的17万人的队伍，迎着太阳向东方进发。他们一路披荆斩棘，历时半年，最终到达我国西陲边界伊犁，从此拂去战尘，在故土上开始了新的生活。渥巴锡率部东归的壮举，震撼了世界，渥巴锡因此被誉为不朽的民族英雄。

东归英雄渥巴锡的后代，其第十三代传人满琳女士，近期撰写出版了一部口述史《土尔扈特女儿》，以其独特的视野，既为世人展示了渥巴锡率部东归途中浴血奋战的惨烈场面，也为我们讲述了清末到现在不同历史时期土尔扈特后人在故土上的生活场景。

满琳女士的口述史《土尔扈特女儿》可分两大部分，第一部分讲述悲壮的东归。作为土尔扈特女儿，面对土尔扈特人为此付出的血的代价，遥望十万亡灵铺就的回归路，心中的悲痛、凄凉、哀愤跃然纸上。

《土尔扈特女儿》第二部分讲述土尔扈特汗王家族及相关人物。清朝末年至民国时期，是中国社会剧烈动荡的年代，土尔扈特汗王体系受到了世代变革的猛烈冲撞，土尔扈特汗王家族及相关人物都在这非常时期演绎着各自不同的人生。

《土尔扈特女儿》重点描述的有五位人物，第一位是一生充满悲剧色彩的满楚克扎布。满楚克扎布是土尔扈特汗王，是渥巴锡的第十二代嫡系，也是《土尔扈特女儿》一书作者满琳女士的父亲。

第二位是由于政治联姻远嫁到珠尔都斯草原，一生充满传奇色彩的乌静彬，即满琳女士的母亲。乌静彬是新疆历史上的一位风云人物，她 17 岁从北平绕道西伯利亚，历时 3 个月到达土尔扈特汗王所在地珠尔都斯草原，当上了汗王福晋。乌静彬出身名门，但非嫡出，故而她的人生悲喜剧从其呱呱落地时就开始了。

第三位是土尔扈特末代汗王，一生平淡而又曲折的恭本德吉特，即满琳女士的哥哥。6 岁和 16 岁时，恭本德吉特作为长子两次被隆重推上汗位，但从未真正掌握过权力。成年以后，又经历两次不幸的婚姻。

第四位是在清末颇具影响，一生在内蒙古历史上创造六个第一的喀喇沁王贡桑诺尔布。贡桑诺尔布是近代蒙古各部之中最杰出的政治代表。曾有学者评价贡桑诺尔布："由贡王开创的近代喀喇沁蒙古文化型，它代表着蒙古文化的传统，代表着蒙古文化的现代化，是蒙古民族文化步入近代文明的标志。"这位喀喇沁王爷在知天命之年爱上了正值花季的少女季儿，于是有了《土尔扈特女儿》一书作者的母亲乌静彬，并将爱女嫁给门当户对的土尔扈特汗王，从而成为《土尔扈特女儿》一书中重点讲述的人物之一。

第五位是从公主到中国人民解放军军官，少时亲历汗王体制消亡的阵痛，现如今幸福快乐着的《土尔扈特女儿》一书作者满琳。满琳是土尔扈特东归英雄渥巴锡的第十三代后人，曾是一位汗王室的公主，自幼接受良好的教育。满琳承袭的是东归英雄的血脉，长大后虽未像英雄的祖辈那样指挥千军万马于沙场，但登上了空军最高学府的讲台，并撰写军事理论专著，颇有建树。满琳有三位美丽可爱的女儿，有忠厚能干的丈夫相伴左右，如今的生活幸福美满。可以说，满琳是土尔扈特汗王家族中最幸运的一个，因为末代汗王家族中唯有她去访问了卡尔梅克共和国这片土尔扈特先人曾经生活过的土地，探望了 200 多年前未能东归的土尔扈特人的后裔，了却了一份牵挂。

满琳始终不能释怀的只有一个遗憾，那就是当年出于政治上的顾虑，总是拒绝听母亲讲历史，以至于现在很多历史故事都无从知晓了。如今的满琳要还原历史的本来面目，需要付出更多的努力。因此退休后的满琳潜心研究清史、民族史、地方志和中外蒙古史典籍，从中淘金遴宝，去伪存真，在花甲之年写出了《土尔扈特女儿》一书，以大量的文史资料和图片向世人展示了土尔扈特人辉煌而又悲壮的历史。《土尔扈特女儿》，以独到的眼光触摸历史，以特有的视角反映历史，从而形成自己独特的历史价值，其艺术魅力和无可替代之处，就在于这部书完全是土尔扈特女儿自己在述说真实。

锡伯族文化遗产

锡伯族是我国东北地区的一个古老民族。锡伯是本族的自称，他称有同音异写或读音相近的须卜、犀纰、悉比、鲜卑、失比、师比、室韦、失韦、西伯、实伯、史伯、洗白、西北、席白、席伯、席北等。中华人民共和国成立后，定族名为锡伯族。

据 2000 年人口普查，锡伯族人口共有 18.88 万人，主要分布在辽宁、吉林、黑龙江三省和新疆维吾尔自治区。在辽宁主要聚居于沈阳市新城子区，在吉林主要聚居于长春、扶余，在黑龙江主要聚居于齐齐哈尔、哈尔滨，在新疆主要聚居于伊犁哈萨克自治州察布查尔锡伯族自治县、霍城县。新疆维吾尔自治区的首府乌鲁木齐市也是锡伯族较为集中的地方。

锡伯族有自己的语言和文字，锡伯语属阿尔泰语系满—通古斯语族满语支。锡伯族最早使用的文字称“呼杜木文”，字形与蒙古文相似。清康熙年间锡伯族被编入满洲八旗后，逐渐改操满洲语文。1947 年，根据锡伯语拼写的需要，对满文略作改动，形成了锡伯文，并使用至今。在现实生活中，新疆地区的锡伯族仍广泛使用本民族语言，文字则着重用在出版、教学；东北地区的锡伯族基本改用汉语文。

锡伯族地区社会发展基本平衡，在中华人民共和国建立前，处于封建社会，并有资本主义萌芽出现。随着中华人民共和国的建立，共同进入了社会主义社会。

锡伯族早已进入农耕民族行列，大多居住在平原地区。家庭养殖业在锡伯族社会生活中占有相当的比重。

锡伯族的全民宗教为萨满教，祖先崇拜在锡伯族宗教生活中也很突出，即每家每户供奉喜利妈妈。部分锡伯族还信奉藏传佛教、道教。

关于锡伯族族源，学者们持不同的看法，大致可归纳为两种：第一种为鲜卑遗民说，第二种是女真后裔说。经过多年的研究探索，更多的学者趋于鲜卑遗民说。

锡伯族虽屡经迁徙，仍保留了一定数量的文化遗产。在物质文化遗产方面有原居地的嘎仙洞，南迁之后的沈阳太平寺——锡伯家庙、锡伯家庙碑文、匾额，西迁之后的察布查尔孙扎齐牛录靖远寺、纳达齐牛录图公祠、察布查尔大渠、锡伯营八牛录村落、卡伦遗址等。民间工艺有：雕刻、刺绣、绘画等。口传与非物质文化遗产也非常丰富，文学方面有《西迁之歌》《喀什噶尔之歌》《辉番卡伦来信》《拉西贤图》《三国之歌》《萨满歌》《离乡曲》等；音乐方面有《叶琪娜》《海兰格格》《四季歌》《哭丧歌》《说亲歌》《狩猎之歌》等；舞蹈方面有萨满舞、狩猎舞、蝴蝶舞、面具舞、荷包舞、八乡舞、手鼓舞等；游艺方面摔跤、射箭、抓嘎拉哈、赛马、叼羊、打猎、举重、角力、游泳等；节日方面有“4·18 西迁节”、春节、中秋节等；社会制度方面有锡伯营八旗制。

一、物质文化遗产

在众多的锡伯族物质文化中，沈阳太平寺——锡伯家庙最具代表性。

太平寺，俗称锡伯家庙，位于今沈阳市和平区皇寺路一段太平里二十一号，占地面积 12 406 平方米，坐北朝南，两进院落，东西两院，呈长方形。

锡伯家庙始建于康熙四十六年（1707）。初创时期，仅为五间青砖房。乾隆十七年（1752），锡伯族群众共同出资扩建中殿，两厢配殿各三间，正门三间，始具寺院规模。乾隆四十一年（1776）又复增建。至此，主要建筑基本落成。

锡伯家庙是一座喇嘛寺，是一个“四季诵经”的宗教活动场所。其正门即前殿，又称天王殿，集会时方可通行，中上方悬挂刻有“锡伯家庙”四字的黑漆木匾，门内东西两侧立有泥身彩塑四大天王像，其中手持琵琶的是东方“持国天王”，手执宝剑的是南方“增长天王”，手执绢索的是西方“广目天王”，手执宝幢的是北方“多闻天王”。四大天王脚底下都踏着两名鬼怪，是镇伏人间鬼蜮邪恶的象征。位于正门东侧的侧门，平时出入之门，中上房悬挂刻有“太平寺”三字的红漆木匾。中殿正中供奉三世佛，即释迦佛、燃灯佛、弥陀佛。西边供龙王，东边供财宝天王。东西墙上，挂着十八罗汉画像。西配殿供奉金刚护法佛、五方护法佛、大威德护法佛、吗哈噶喇护法佛等佛尊。东配殿藏有康熙年间所请华严经、大宝积经、第二大般若经、律师戒经等。大殿正中供奉释迦牟尼坐像，两侧有阿难、迦叶两站童，像的后上方悬挂“大雄宝殿”匾额。左右两侧分别供有旃柱佛、弥勒佛、宗喀巴佛及千物千眼佛。对面供八大菩萨像，两边为泥塑十八罗汉像。大殿两侧的小佛殿，西侧小佛殿门楣上方悬挂“浩然正气”四字蓝漆木匾，殿内正中供奉关公坐像，两侧为关平、周仓塑像，后上方悬挂“威震华夏”四字木匾。东侧小佛殿门楣上方悬挂“文光普照”四字木匾，殿内正中供奉文昌坐像，两侧为高日公、高月公坐像。位于小佛殿之东的禅堂，供奉释迦佛、阿弥陀佛、宗喀巴佛及长寿佛等。位于寺院西南角的胡仙堂，俗称小庙，供奉胡仙（即狐仙）牌位。

锡伯家庙建筑集宗教、民族特色于一体，所有彩画、雕刻、塑像虽然没有皇家寺庙那么富丽堂皇，但也表现了当时民间工艺水平的精湛。锡伯家庙门前由青砖铺成的三级台阶，左右有守门的石狮一对，西侧雌狮左爪戏狮，东侧雄狮左爪戏球，雕塑栩栩如生。正门三间，又称之为前殿，青砖筒瓦而成，廊檐下彩画既有昭示国泰民安、子孙兴旺的金色蛟龙、蓝色麒麟、银色大象，又有象征吉祥圣洁的牡丹花、莲花及各种佛家图案。与正门平行的挂有“太平寺”匾额的建筑前面，左右两侧各有上马石一块，呈八字形摆放。上马石四周雕刻不同姿势奔驰的骏马，表现了锡伯族善骑熟射，英勇不屈的精神。

中殿高于前殿，一条青色大脊横卧殿顶，两头有鸱尾吻兽，吻兽背上插着扇形物，象征鸱尾。四面各有一条小脊，每条脊上都有泥塑的五个蹲兽，故称之为五脊六兽。廓檐下同样绘有形态各异，绚丽多彩的佛家图案。

后殿，又称大雄宝殿，为庙内主体建筑，气势恢宏，青砖筒瓦、五脊六兽，前出廓后出厦，廓下东西两边各有拱券型门。彩梁上画着二龙戏珠，檐下彩绘佛家图案，隔扇门上绘有色彩斑驳的蝙蝠兽，每扇门的下半部又绘有艳丽多彩的轮、螺、伞、盖、花、罐、鱼、八宝。四根朱红大圆柱使大殿更加巍峨庄严。

锡伯家庙后殿廓檐下左右立有两块石碑，西边石碑刻写满文，东边石碑刻写汉文，二者内容相同，现今只存满文碑。石碑额首刻有云龙花纹及二龙戏珠，阳面和阴面额首均刻“万世永传”四字；碑身四周刻有串子莲花；碑底刻着海水江崖。碑座为束腰须弥座刻仰浮莲。碑身阴面铭刻碑文，记载了锡伯族祖先早期的活动区域以及迁往盛京等历史事件，也记述了太平寺的创建年代及其沿革等情况，是锡伯族历史研究的重要实证。

锡伯家庙，是以实胜寺为中心的清代盛京“八旗家庙”群中的一座。根据《沈阳县志》记载，在实胜寺周围，除锡伯家庙外，还有满洲家庙兴庆寺、汉军家庙善缘寺和蒙古家庙积善寺。锡伯家庙作为宗教活动场所，每年正月初八日至十五日，四月初八日至十五日，要举行庙会。每逢会期，都要用车请来法轮寺所供释迦牟尼佛铜像念经，会后再行送回。六月十五日至八月初一日，不出庙门，举行念经活动，念完一部《甘珠尔》，叫者即行布施。此外，每日午刻还要举行念太平经之典。每逢年节，锡伯族和其他民族的人众会络绎不绝地去请锡伯家庙喇嘛念经。

锡伯家庙不仅是锡伯族人祈求平安幸福、寄托美好愿望的精神所在，也是联络民族感情、集结民族凝聚力、传播民族文化的重要场所。

二、口传与非物质文化遗产

在锡伯族众多的口传与非物质文化遗产中，具有代表性的是口传文学作品《萨满神歌》和《西迁之歌》。

（一）《萨满神歌》

锡伯族的祈祷词《萨满神歌》，以口传为主，早期流传于辽宁、吉林、黑龙江和新疆等地的锡伯族聚居区。后来，由于东北地区的锡伯族逐渐改操汉语，《萨满神歌》便主要在新疆锡伯族当中流传，并有锡伯文手抄本。

关于《萨满神歌》产生的具体年代，学者们看法不一，有学者认为产生于几千年以前，也有学者认为较为成型的历史仅有数百年。从作品本身的内容和线索来看，可以肯定《萨满神歌》的框架形成于锡伯族进入阶级社会之后。

《萨满神歌》系统叙述了锡伯族萨满拜师学习，上刀梯授神锐，过十八卜伦朝见伊散珠萨满，请神娱神，呼唤神灵附体为人治病等全过程。讲到了萨满教有一个自己想象的圣地——萨满场院，那里城廓重叠，等级森严，有一位至高无上的伊敬珠萨满，她权力无上，主宰一切，她手下的众神——各位祖先神、历代萨满神灵都有不同的等级，他们都是她的臣仆，向她叩首参拜，对她俯首帖耳，绝对服从；阴间的一切鬼魔精灵，都慑于她的威力，听从她指挥调遣。就是人间的世俗萨满，也只有通过充满艰难险阻的十八卡伦来觐见她，经她的御批恩准，正式登记入册，才能获得正式萨满资格，跳神行术。这些世俗萨满都是这位最高神在世间的代言人，他们的一切神力法术都来源于她，靠她的神威斗神降妖，为黎民百姓祛病禳灾。在萨满神像图中，可以看到这样的描绘：伊敬珠萨满高高立在象征通入圣境的金色刀梯之端，周围是众多的神灵在簇拥着她；氏族的各位祖先神及历代萨满神灵都按等级分列左右，井然有序，俨然一幅阶级社会君臣主仆等级森然的图画。

流传于民间的《萨满神歌》，押韵合辙，朗朗上口，有许多篇章和片段，本身就是优美的诗篇、动听的民谣。它的奇异的想象、神奇的夸张、巧妙的比喻、反复的排比铺陈手法，以及铿锵和谐的韵律、灵活多变的造词艺术，具有迷人的艺术感染力和强大的生命力。萨满跳神为人治病时，一般要请自己的徒弟帮忙，一边舞动一边歌唱，所唱神歌都配有专门曲调，对不同的神灵，不仅祈祷的内容和形式不同，曲调也有所不同，有幽怨的慢板、悠扬的行板、欢快或雄壮的快板之分。在比较隆重的祭神仪式上或重大的送祟活动中，还要请众人伴唱，以壮声威。

《萨满神歌》是用锡伯语创作出来的，流传于民间的仍然是母语，经过长时间的口传传唱之后，由原伊犁驻锡伯营正白旗人尔喜，于清光绪十年（1884）附加自己姓氏的内容，记录成文字。手抄本的《萨满神歌》共两册：第一册为《祈告、祝赞、祷告神歌》；第二册为《治病时送巫尔虎之神歌》。《祈告、祝赞、祷告神歌》是《萨满神歌》中最重要的部分，由九个部分组成：《学萨满时的祷告神歌》《祈请托里神歌》《祈请金刀梯神歌》《萨满端坐凳子之上哀求神歌》《萨满立在门前祈祷神歌》《萨满为治病事求告神歌》《萨满设坛呼唤山羊之神歌》和《萨满通过十八个卡伦神歌》，并附有萨满祈祷用名词解释、《萨满神歌》的嘱言、萨满简况、萨满上刀梯图示、萨满送巫尔虎之方式、萨满护身咒语。由于手抄本的存在，使《萨满神歌》能够完整地流传至今，但现在能用母语演唱的人屈指可数，锡伯族原生态的《萨满神歌》亟须保护。

《萨满神歌》是锡伯族萨满教文化中最重要的诗歌文学作品，是研究锡伯族萨满教文化的第一手资料。《萨满神歌》所显现的山川河流、森林旷野、飞禽走兽、弓箭矛以及射杀追刺、跳跃呐喊等场景，反映了古代锡伯族的生产形式和生活方式，因此也是研究锡伯族早期历史的可靠资料。

（二）《西迁之歌》

锡伯族叙事长诗《西迁之歌》，主要流传于新疆锡伯族当中，以口传为主。

关于《西迁之歌》的产生年代，学者们看法不一，相差有百年左右。从作品本身的内容和线索来看，可以肯定《西迁之歌》萌发于锡伯族西迁之后，成型于 20 世纪初，是在口传的基础上逐步完善的。

《西迁之歌》讲述了锡伯族自辽宁移驻新疆伊犁，以及迁到伊犁后的历史，大致分为四个部分：第一部分叙述锡伯族西迁伊犁的原因、经过，到达伊犁之后的编旗情况，以及锡伯族积极行动，准备迎接新的生活。其中描述将要远赴新疆伊犁的锡伯族青壮年挥泪辞别亲友，抛下祖先的遗骨，生离死别，恋恋不舍的场景，以及锡伯族在万里迁移途中战胜艰难险阻，完成西迁壮举的画面，真切生动。第二部分叙述迁到伊犁后的锡伯族，开垦屯田，兴修水利，开创新生活，在安居乐业 37 年之后，随着人口增多，耕田扩大，水源日益紧张，锡伯族生存面临危机。此时，锡伯族中涌现出一位忧民所忧、急民所急的优秀人物图伯特。图伯特为了民族的兴盛，力主开挖察布查尔大渠，并实地勘察，利用原始而科学的方法设计大渠走向，率领锡伯族大众与天斗、与人斗，用了 7 年的时间，挖成长达 200 里的水渠，开辟田 8 万亩，为锡伯族引来了生命之水，开辟了生存之源。第三部分诉说了锡伯族在清代苏勒坦汗统治时期、沙俄侵占伊犁时期以及辛亥革命后军阀混战时期所遭受的种种苦难。锡伯族在清代戍守卡伦、驿站，远赴喀什噶尔、塔尔巴哈台换防，仅能领到少许盐菜银，青壮年应差在外，无暇耕作，家眷挨饿受冻。在苏勒坦汗统治时期，锡伯族差役繁重，缺衣断粮，生活艰难。沙俄侵占伊犁之后，在当地大肆搜刮，劫后余生的锡伯族更加困苦。第四部分描述中华人民共和国成立之后，翻身的锡伯族艰苦奋斗，开发边疆，建设边疆，共创美好生活的壮丽画卷。

《西迁之歌》采用了诗体，共 127 组，每组 4 行。在音韵方面也很讲究，一般在一至四行押首韵，同时一、二、四行押尾韵，首韵用同一元音或辅音，尾韵用同一类型词尾形式或同一字母。

在民间流传已久的《西迁之歌》，自 20 世纪 40 年代始，经锡伯族学者整理，转录成文字，至60年代初完成整个诗作。但形成文字之后，在相当一段时间里，并未正式刊行，只是在民间辗转手抄，流传下来，因而随着时间的推移，各地传咏的《西迁之歌》也不尽相同，除词句稍有不同之外，名称上也有不同，有《西迁之歌》《锡伯族迁来之歌》《徙迁之歌》《锡伯族自原籍迁来之歌》《锡伯族今昔》《故乡之歌》等。

20世纪80年代，《西迁之歌》经锡伯族学者翻译成汉文后，得到了广泛传播。汉文本出版后，人们就不再关注锡伯语文本的存在，现在锡伯族民间能用母语完整演唱《西迁之歌》的人寥寥无几。

《西迁之歌》，是一部当之无愧的史诗。在《西迁之歌》中出现的地名、河流水渠名三十有余，提到的人名十有余，历史事件近十个；对锡伯族生产、生活习俗也有表现，生产如劳动工具名称、兴修水利、开垦屯田等，生活习俗如称谓、丧葬、婚姻、祭祀等。凡此种种，对锡伯族历史和文化研究具有重要参考价值。

三、历史记忆遗产

锡伯族的历史记忆遗产有“喜利妈妈”和用锡伯文写下的文献、家谱等。其中，最具代表性的是“喜利妈妈”。

关于锡伯族供奉“喜利妈妈”的起始年代，现已无法考证。相传在很早以前，锡伯族的祖先在大兴安岭一带驰骋纵横，射猎捕鱼，繁衍生息，由于没有文字，凡是需要记的重大事件均刻印在岩石或石头上，后又改用木刻，但又各有其不便，直到最后部落里有位聪明的女人想出了一个结绳记事的方法，简单而便于保存，因此很快被锡伯族家家户户所接受。根据这些传说和“喜利妈妈”的实际作用，学者一般都赞同“喜利妈妈”产生于锡伯族居住嫩江、松花江流域时期，至晚产生于锡伯族社会使用文字之前。

“喜利妈妈”是锡伯族保佑子孙繁衍、人丁兴旺的女神，是锡伯族信奉的诸多神祇中最原始的神。

“喜利妈妈”的具体特征是，在屋里的对角斜拉一条麻线绳，即表示家族繁衍的一条线，家里添男孩，就往绳上系小弓箭；添女孩则系布条；娶儿媳妇，挂小摇篮；每增添一辈人，就拴一个背式骨。

供奉“喜利妈妈”的神位在上房西屋的西北角，即在墙角钉上木板，上放纸袋，将“喜利妈妈”放置其中。每年除夕将“喜利妈妈”取出，由西北墙角拉向东南墙角挂上，全家人一起烧香磕头。到了农历二月初二日，再将“喜利妈妈”装入袋中，供奉在原处。

“喜利妈妈”上的每一种挂件都有其独特的象征意义：挂小弓箭，表示生了男孩，希望他继承先辈传统，长大成为骑马射箭的能手；挂彩色布条，表示生了女孩，期望她日后精通女红，成为贤妻良母；挂小吊篮，表示娶了儿媳妇，企盼她生儿育女以便传宗接代；挂小靴小鞋，是祈求子孙众多，香火鼎盛；挂木锨，是祈祷风调雨顺，五谷丰登；挂铜钱，是希望发财致富，家道兴隆；挂背式骨，是用来区分辈分，表示新一辈的开始。在两个背式骨之间所挂的小弓箭、彩色布条和吊篮的总数，即是一家同辈男女的总数。子女另立门户，则另立“喜利妈妈”。

锡伯族世代供奉的“喜利妈妈”，由于居住地域不同，其供奉神位、收藏保管方法、挂件饰物、祭拜仪式略有不同，其名称也有区别，如新疆锡伯族一律称“喜利妈妈”，东北地区锡伯族则称“佛头妈妈”、“锁头妈妈”、“佛爷妈妈”或“子孙妈妈”等。但总的来说是大同小异，只是由于社会环境、生活条件的影响，有所不同而已。

“喜利妈妈”是产生于锡伯族社会使用文字之前的一种记忆方法，由于它便于制作、便于携带、形象直观而被世代沿用。锡伯族使用文字以后，虽然开始有了家谱，但“喜利妈妈”仍被供奉，始终未被废弃，只是被赋予了新的意义，即除了单一的记忆功能之外又演变成寄托希望、象征繁荣、富有艺术情趣的吉祥物。

如今的锡伯族对本民族的文化遗产极为重视，做了许多积极有效的抢救工作，但一些不适应市场经济和社会主流的传统文化被淘汰也是必然的，因此只有给文化遗产注入新的活力，赋予新的生命，才能在改革和发展中保留一席之地，从而得到有效保护。像锡伯族供奉的“喜利妈妈”，之所以没被家谱取代，之所以没有被毁灭，就是因为它的功用和意义随时代发展不断缀加，容易被年轻一代接受。

主要参考文献：

1. 吴元丰、赵志强编译：《锡伯族档案史料》，沈阳：辽宁民族出版社1989年版。

2.《锡伯族简史》编写组编：《锡伯族简史》，北京：民族出版社1986年版。

3. 辽宁省民族研究所编：《锡伯族史论考》，沈阳：辽宁民族出版社1986年版。

4. 佟克力等编辑：《锡伯族研究》，乌鲁木齐：新疆人民出版社1990年版。

5. 赵志强、吴元丰著：《西迁之歌评述》，载《民族文学研究》1995(4)。

6. 永志坚编译：《萨满神歌》，天津：天津古籍出版社1992年版。

7. 白友寒等编：《沈阳锡伯族志》，沈阳：辽宁民族出版社1988年版。

8. 杨丰陷、马协弟主编：《辽宁锡伯族史话》，沈阳：辽宁民族出版社2001年版。

9. 佟加·庆夫、佟林清主编：《锡伯族风情录》，乌鲁木齐：新疆人民出版社2004年版。

锡伯语口语音位系统

锡伯族是我国民族大家庭中的一员，主要分布在我国的东北三省和新疆维吾尔自治区。锡伯族有自己的语言文字。目前，居住在新疆的锡伯族仍使用本民族的语言文字。在新疆人民出版社、教育出版社还设有锡伯文编辑室，负责出版锡伯文书刊。在察布查尔自治县还办有锡伯文报，这是全国仅有的一份锡伯文报纸。居住在东北的锡伯族则使用汉语汉字。

锡伯语属于阿尔泰语系通古斯满语族满语支，其语言与满语相同。但是锡伯语口语与书面语不尽相同。口语中的元音、复合元音及复辅音比较多，辅音、元音也有自己的特点。现将锡伯语口语的音位系统描述如下。

一、辅音

在锡伯语口语里辅音音位共有二十五个。它们是：[p]、[p‘]、[m]、[f]、[v]、[ʦ]、[s]、[t]、[t‘]、[n]、[r]、[l]、[ʈʂ‘]、[ʈʂ]、[ʂ]、[ʨ]、[ʨ‘]、[ɕ]、[k]、[k‘]、[ŋ]、[x]、[q]、[q‘]、[χ]。这些辅音按发音部位可分为八种：

1. 双唇音：[p]、[p‘]、[m]。
2. 唇齿音：[f]、[v]。
3. 舌尖前音：[ʦ]、[s]。
4. 舌尖中音：[t]、[t‘]、[n]、[r]、[l]。

5. 舌尖后音：［tʂ‘］、［tʂ‘］、［ʂ］。

6. 舌面音：［tɕ］、［tɕ‘］、［ç］。

7. 舌根音：［k］、［k‘］、［ŋ］、［x］。

8. 小舌音：［q］、［q‘］、［χ］。

辅音按发音方法可分为六种：

1. 清塞音：［p］、［p‘］、［t］、［t‘］、［k］、［k‘］、［q］、［q‘］。发音时，各发音部位的器官完全闭合，然后突然张开。［p］、［p‘］、［t］、［t‘］相当于汉语的声母 b、p、d、t；［q］、［q‘］是在小舌部位发汉语 g、k 的音。例：［potum］计算，［p‘ɑmp］棉袄，［t A tsʅm］修理，［t‘urA］柱子，［kurim］搬，［k‘imin］仇，［qonin］心，［p‘urf］桥。

2. 清寒擦音：［ts］、［tʂ］、［tʂ‘］、［tɕ］、［tɕ‘］。发音时，各形成阻碍的闭塞部位渐渐打开，使气流从隙缝中擦过。相当于汉语的声母 z、zh、ch、j、q。例：［ts Alum］炸，［tʂ uɤo］冰，［tʂ‘o q‘o］鸡，［tɕ yfuxun］被子，［tɕ‘ ør］后天。

3. 鼻音：［m］、［n］、［ŋ］。发音时，口腔里形成阻碍的部分闭塞，软腭下垂，使气流从鼻腔流出。相当于汉语的 m、n、ng。例：［morin］马；［nAn］人；［nimɑŋ］雪。

4. 颤音：［r］。发音时，舌尖颤动。例：［qor］远。

5. 边音：［l］。发音时，气流沿舌头两侧通过，相当于汉语的声母 l。例 li 汗。

6. 擦音：［f］、［v］、［s］、［ʂ］、［ç］、［x］、［χ］。发音时，气流由发音的器官造成的缝隙中摩擦而出。相当于汉语的声每 f、s、sh、x。χ 是在小舌部位上发汉语声母 h 的音。例：［fɑfuri］勇敢，［vɯilɯm］劳动，［sun］太阳，［ʂ u］文章，［ç ø k‘ u̥］白菜，［xɯrɤɯn］字，［χɑŋç i̥］清明。

在以上辅音中，有的音素因为在音节组合时的相互影响而发生了变化。清擦音 x、χ、ç 当处在其前面的音素为浊辅音或后元音、央元音，而其后面的音素为中展唇元音或后元音时，它们分别变为各自相应的浊擦音 ɣ、ʁ、ʐ。但 ɣ、ʁ、ʐ 不能出现在词首，也不能单独作为辅音存在，只能与元音结合构成音节。当 x、χ、ʐ 变成各自相应的浊擦者后，不会发生意义的变化，所以，ɣ、ʁ、ʐ 分别为 x、χ、ʐ 的条件变体。例：［vɯɣə］石头，［ʈʂoʁun］路，［iʐim］足够，［qɑrɣɯn］枝，［urʁui］熟了，［fiɻɣɯm］吹。

在二十五个辅音当中，［r］、［ŋ］不出现在词首，［ʦ］一般只在汉语借词的词首出现。辅音的分类情况可参见本文后的《锡伯语辅音表》。

二、元音

锡伯口语的元音音位有八个。它们是［A］、［ə］、［i］、［o］、［u］、［ø］、［y］、［e］。现将其分别描写如下：

［A］为央低展唇元音。例：［Ampu］大。

［ə］为央次高展唇元音。例：［əntəbu kʻu̥］过失。

［i］为前高展唇元音。例：［iʁɑn］牛。

［o］为后次高圆唇元音。例：［oχtʻo］药。

［u］为后高圆唇元音。例：［utun］风。

［ø］为前次高圆唇元音。例：［pøʁun］土地。

［y］为前高圆唇元音。例：［yŋkʻu̥］病。

［e］为前次高展唇元音。例：［erkʻe］酒。

以上这八个元音是基本的元音。有些音素在一定的条件下也发生一些变化。因为它们不会影响词的意义，所以它们是属于变体。锡伯口语元音的变体有以下三种情况：

1. ［i］与辅音［ʦ］、［s］相拼时，变为舌尖元音［ɿ］；与［ʈʂ］、［ʈʂʻ］、［ʂ］相拼时，变为舌尖元音［ʅ］。例：［tAʦɿn］修理；［kiʦɿrɯm］说；［xɯfsɿm］商量；［qʻorsɿm］怨恨；［ɯʈʂʅn］主子；［kʻɯʈʂʅn］墙；［mɯʈʂʻʅn］锅；［sAʈʂʻʅm］砍；

[mAɻχuʂʅm] 节省； [ʂʅʂχɑlɯm] 拍。

2. [A] 与小舌音 [q]、 [p‘]、 [χ] 结合时，变为后元音 [ɑ]。例： [qɑχ] 乌鸦； [Afp‘ɑ] 天； [susχɑ] 鞭子。

3. [ə] 在锡伯口语中大部分都读成 [ɯ]，尤其是当作为原形动词词尾最后一个章节的元音时，则全部变为 [ɯ]。在有的单词中 [ə] 与 [ɯ] 可以互换，而不影响词的意义。例： [Amɯ] 父亲； [nierɤɯn] 麻烦； [t‘ɯrɯtɕ‘i] 于是； [miɤɯrɯm] 扛； [t‘irɯlɯm] 抱； [fɯ k‘t‘ɯm] 踩； [kətʂurum (kɯtʂurum)] 折磨； [kələm (kɯləm)] 害怕。

锡伯口语中的元音除以上八个之外，还有十三个复合元音。其中有十一个为二合元音， [iA]、 [ie]、 [io]、 [ɑo]、 [əu]、 [Ai]、 [əi]、 [ei]、 [oi]、 [ui]、 [uɑ]；两个三合元音 [iɑo]、 [uɑi]。iɑo 一般用于借词。[əi] 常读为 [ɯi]。例： [iAtɯrɲAn] 穷人； [vielɯm] 丢； [io ɤun] 彩虹； [t‘itsɑo] 勺子； [t‘itsɑo] 气； [tʂAi piA] 下月； [pɯi] 身体； [xeiʁutum] 后悔； [moipɑŋs] 木板； [urʁui] 熟； [ɕy k‘uɑ] 拳头； [miɑolɯm] 瞄准； [tʂ‘uɑilɯrɯm] 颠。

锡伯语和其他阿尔泰语一样，也有元音和谐规律。但由于语言的发展，个别元音在和谐上也有一些变化，就一般而言，元音和谐的基本规律至今仍然保存着。按元音和谐的情况将锡伯语八个元音分为以下四组：

1. [A]、([ɑ]、) [e]、 [ə]、([ɯ])。

2. [o]、 [ø]。

3. [u]、 [y]。

4. [i]。

以上四组音除各组可以自行结合外，一般而论：

(1) 第 1 组音可以出现在第 3 组 [u]，第四组 [i] 之前，不能在第 2 组音前出现。例： [A q‘u] 没有； [Atɕik] 小； [ɯt‘u̥ xun] 强壮； [təntɕim] 听； [emir q‘u] 不喝； [eɻkim] 传扬。

(2) 第2组音常出现在第3、4组音的 [u]、[i] 之前，一般不出现在第1组音前后。例：[oq̒sun] 步；[orin] 二十。

(3) 第3组音一般可出现在第1、2、3、4组音的前后。例：[utum] 穿；[utAn] 慢；[vəçxuləm] 尊敬；[uluvɯm] 喂；[pøʁun] 土；[føʁulun] 短；[ovur] 鼻子；[uʦo] 种子；[pu kʻum] 弯腰；[kiʦun] 语言；[suʨʻi] 瓶子。

5. 第4组音一般只能出现在第1、3组之前，但可以出现在各种元音之后。例：[ilAn] 三；[inɯŋ] 日，[iɭtuŋ] 方便。

[ø]、[y] 两个元音是在书面语的基础上发展的音位，因为它们是由 [o]、[u] 发展变化而来的，具有 [o]、[u] 的特点，所以分别列入第2、3组音中。[e] 的使用更少，一般只做词首音节或与 [i] 结合为复合元音。

除上述单词中的元音和谐外，当动词发生“过去时”的变化，其动词词根与词尾的结合依元音和谐律有如下规律。动词过去时的词尾有以下几种：[xɯi]、[ɤɯi]、[χui]、[ɤui]、[ʁɯi]、[ʁui]。抛开辅音而言，动词过去时音节里的元音只有两种 [ɯi]、[ɯi]。那么在什么情况下使用 [ɯi] 音的动词词尾，什么情况下使用 [ui] 音的动词词尾。

第一，当动词词根的最后一个音节的元音为第1、4组时（[A]、[e]、[ə]（[ɯ]）[i]），过去时动词词尾使用 [xɯi] 或 [ɤɯi]。例：

[uʦAm] ——[uʦAɤɯi] 拖；

[ɯfsɯm] ——[ɯfsxɯi] 游泳；

[kurim] ——[kurɤɯi] 搬。

第二，当动词词根最后一个音节的元音为第2、3组音时，动词过去时词尾使用[χui]、[xui]、[ɤui]。例：[tʻo q̒tʻon] ——[tʻo q̒t ʻχui] 定，[futulum] ——[futuɭɤui] 拆；[tʻuɤum] ——[tʻuxxui] 落。

三、音节

锡伯口语的音节是以元音为中心的，也就是说有元音就可以构成一个音节，音节的音峰在元音上。例：［kɯɤɯ］姐姐，为两个音节，［q'orpaʁɯm］受伤，为三个音节。

锡伯口语的音节结构形式有以下八种：

1. 元音［uʐin］田地
2. 元音＋元音［Ai］什么
3. 辅音＋元音［fə］旧
4. 辅音＋元音＋元音［piA］月亮
5. 辅音＋元音＋辅音［fuɻkiAn］红
6. 辅音＋元音＋元音＋辅音［fiɑŋ q'ɑɻ］低
7. 辅音＋元音＋辅音＋辅音［fuɻx］根
8. 辅音＋元音＋元音＋元音［tʂɿAilAn］十三

在锡伯语口语中元音、辅音的搭配有以下几个特点：

1. 在八个元音中，唯［e］不能与辅音组成音节，只能作为单音节或与［i］组成复合元音。例：［erk］洒；［tielɯmpA］中间；［χeiʁutum］后悔。

2. 锡伯口语中常用的五个元音是［A］、（［ɑ］）、［ə］、（［ɯ］）、［i］、［o］、［u］。除［q］、［q'］、［χ］不能与［ə］（［ɯ］）、［i］相拼，组成音节外，其余大部分辅音均可与此五个元音组成音节。但［tɕ］、［tɕ'］、［ɕ］只能与［i］相拼组成音节。

3. 辅音中唯［p］、［m］、［f］、［t］、［t'］、［n］、［l］、［tɕ］、［tɕ'］、［ɕ］可与［ø］相拼组成音节；［t'］、［n］、［l］、［tɕ］、［tɕ'］、［ɕ］可与［y］组成音节。例：［pøʁun］土；［møɕxuŋ t'ɕxuŋ］弯弯曲曲；［føʁulun］短；［tøf］狐狸；［t'øɻʁunɯm］做梦；［nønʁun］狗；［tɕ'yn tɕø］辣椒；［polør］秋；［tɕør］夏天；［tyriɑŋ mu k'u］浊水；［t'yɻʁi］外；［lys］驴；［tɕyfxun］被

子；［tɕʻym kʻun］悄悄地；［ɕy kʻuɑ］拳头。

元音与辅音及复合元音与辅音搭配情况，可参见本文后《元音辅音配合表》。

在锡伯语中常有以辅音结尾的形式，一般无声辅音和鼻音常做音尾。如：

［m］、［n］、［ŋ］、［f］、［qʻ］、［s］、［tʻ］、［kʻ］、［x］、［χ］、［ʂ］。此外，［r］和［t］也可以。例：［tAm］仅；［sAn］耳朵；［mɑŋ］难；［tʂAf］毡子；［sAf qʻ］筷子；［iAS］眼睛；［sə kʻtʻ］老；［vArɯ kʻ］砖；［ɯmx］岳母；［χɑsχ］剪子；［fA qʻɑr］裤子；［ut］虽然。

复辅音在锡伯语口语中也是经常可以见到的。常见的有以下几种：［tʻx］、［s kʻ］、［ŋs］、［rx］、［sχ］、［f qʻ］、［nt］、［rf］、［ns］、［xs］等。他们多是塞音和清擦音由于脱落了元音而与前面的辅音结合而成的复辅音。

四、语流音变

在锡伯口语中，语流音变的现象比较多，归纳起来有以下特点：

1. 元音的弱化

(1) 在锡伯口语中，元音［u］、［i］易发生弱化现象。当一个词中最后一个音节的辅音为清辅音，元音为［u］时，易发生弱化现象。例：［kutʂʻ u̥］朋友；［kiAχtʻ u̥］乞丐；［ɕyx u̥］穗，［oχtʻ u̥］药，［tʂʻʅtʂʻʅr kʻ u̥］可根。

(2) 当原形动词变为过去时时，动词词根最后一个音节的元音易发生弱化。例：

［utɕim］——［utɕʻ i̥ xɯi］养

［kɯnɯm］——［kɯn w̥ ɣɯi］去

(3) 处在二个清辅音之间的元音［i］、［u］，也易发生弱化。例：［tɕ

'itɕ' i̥ k'] 麻雀；[uɕ i̥ χɑ] 星星；[unt' u̥ χ u̥ n] 空。

2. 元音的脱落

元音的脱落在动词原形（以 [m] 为结尾形式）变为过去时时，表现比较明显。动词变为过去时词尾，动词词根最后一个音节的元音凡为 [i]、[ɯ]、[u]、[o] 者，多发生元音脱落现象。

(1) 当动词词根最后一个音节是清辅音与元音 [i]、[ɯ] 相结合，原形动词变为过去时时，元音 [i]、[ɯ] 脱落。动词过去时词尾为 [xɯi]。例：

[ɯfsɯm] ——[ɯfsxɯi] 游泳

[fɯ k 'çim] ——[fɯ k 'çxɯi] 跑

(2) 当动词词根最后一个音节是浊辅音与元音 [i]、[ɯ] 相结合，动词变为过去时时，元音 [i]、[ɯ] 脱落。动词过去时词尾使用 [ɣɯi]。例：

[uŋq' ɑnɯm] ——[uŋq' ɑnɣɯi] 躲

[kurim] ——[kurɣɯi] 搬

(3) 当动词词根最后一个音节是清辅音与元音 [o]、[u] 相结合，动词变为过去时时，元音 [o]、[u] 脱落。动词过去时词尾为 [xui] 或 [χui]。例：

[t' o q' t' om] ——[t' o q' t' χui] 定

[su k 'sum] ——[su k 'sxui] 簸

(4) 当动词词根最后一个音节为浊辅音与元音 [o]、[u] 相结合，动词变为过去时时，元音 [o]、[u] 脱落。动词过去时变为 [ɣui] 或 [ʁui]。例：

[ʈʂurum] ——[ʈʂurɣui] 呕

[qolom] ——[qolʁui] 害怕

当动词词根最后一个音节的元音为 [A]（[ɑ]）时，元音不发生脱落现象，过去时词尾为 [ɣɯi] 或 [ʁɯi]。例：

[vAm] ——[vAɣɯi] 杀

[Aɭ q' ɑm] ——[Aɭ q' ʁɯi] 跨

[χuɻʁɑm] ——[χuɻʁɑʁɯi] 偷

3. 在动词变为过去时时，动词的辅音还有如下语音变化：

(1) 当动词词根最后一个音节是辅音［tʂ]、[tɕ]、［ t ］与元音［ɯ]、[i] 相结合，在动词变为过去时形式，元音［ɯ]、[i] 脱落或弱化时，不吐气的辅音［tʂ]、［tɕ]、［t] 有些变为吐气辅音 [tʂ‘]、[tɕ‘]、[t‘]。例：

[ɯtʂɯm] ——[ɯtʂ‘xɯi] 记

[utɕim] ——[utɕ‘ i̥ xɯi] 养

[intɕim] ——[intɕ‘xɯi] 笑

[ipətəm] ——[ipət‘xɯi] 进步

(2) 当动词词根最后一个音节的辅音为［ k ‘]，动词在变为过去时，元音脱落时，也有辅音［ k ‘] 变为［x] 的现象。例：

[pu k ‘um] ——[puxxui] 弯腰

[tʂ‘u k ‘um] ——[tʂ‘uxxui] 乏困

(3) 动词最后一个音节的辅音如果是变体，在变为过去时时，变体辅音有时会复原为原辅音。例：

[uɣum] ——[uχ u̥ χui] 卷

[t‘uɣum] ——[t‘uxxui] 落

[moɓum] ——[moxxui] 竭尽

4. 边音［l] 当出现在一个音节之末时，多变为卷舌音［ɻ]。例：[χoɻt‘um] 撒谎；[fus k ‘ulum] ——[fus k ‘uɻɣui] 踢。

以上是笔者对锡伯语口语音位系统的一个初步描述，这是笔者在对锡伯口语进行大量调查、记音的基础上进行分析和归纳的。由于水平有限，一定会有许多纰漏，敬请各位专家、学者批评指正，以促进锡伯语研究的进一步发展。

锡伯语辅音表

发音部位 / 发音方法			下唇		舌尖				舌尖面	舌面		舌根	
			双唇	齿唇	齿间	舌尖前	舌尖中	舌尖后	混合舌叶	舌面前	舌面中	舌根	小舌
塞音	清	不送气	p				t					k	q
		送气	p‘				t‘					k‘	q‘
	浊												
塞擦音	清	不送气				ʦ		ʈʂ		ʨ			
		送气						ʈʂ‘		ʨ‘			
	浊												
鼻	浊		m				n					ŋ	
颤							r						
闪													
边							l						
擦音	清			ʃ		s		ʂ		ɕ		x	χ
	浊			v									

共25个+ɹ。

锡伯语元音辅音配合表

	A	ə	i	o	u	ø	y	e	iA	ie	io	ao	əu	Ai	əi	ei	oi	ui	ua	iao	uai
p	—	—	—	—	—	—			—	—				—	—		—				
p'	—	—	—	—	—																
m	—	—	—	—	—	—			—	—				—	—		—			—	
f	—	—	—	—	—	—			—	—					—						
v	—	—	—	—	—	—			—	—					—						
ts	—	—	(ɿ)	—	—									—							
s	—	—	(ɿ)	—	—								—					—	—		
t	—	—	—	—	—	—				—			—	—	—			—			
t'	—	—	—	—	—	—	—			—									—		
n	—	—	—	—	—	—	—		—	—	—			—							
r	—	—	—	—	—																
l	—	—	—	—	—	—	—		—	—			—								
tʂ	—	—	ʅ	—	—														—		—
tʂ'	—		ʅ	—	—				—										—		—
ʂ			ʅ		—																

续表

	A	ə	i	o	u	ø	y	e	iA	ie	io	ao	əu	Ai	əi	ei	oi	ui	ua	iao	uai
tɕ			—			—	—		—	—											
tɕʻ			—			—	—		—	—											
ɕ			—			—	—		—	—											
k	—	—	—		—				—					—				—			
kʻ	—	—	—		—				—		—										
ŋ	—	—			—																
x		—			—											—					
q	—			—	—									—							
qʻ	—			—	—									—							
χ	—			—	—									—				—			

附录一：

个人论著一览表

序号	题　目	刊　物	时　间	期　次	备注
1	锡伯语口语音位系统	满语研究	1985年	创刊号	合著
2	论兴安城总管衙门的兴废	历史档案	1987年	第4期	
3	近十年来西藏历史研究概况	中国史研究通讯	1990年	第12期	
4	乾隆三十六年中甸大宝寺争教命案原委	中甸县志通讯	1992年	第3期	合著
5	六世班禅承德入觐述论	中国藏学	1992年	第4期	合著未收入
6	六世班禅与须弥福寿之庙	山庄研究	1994年8月		
7	《元以来西藏地方与中央政府关系档案史料汇编》出版问世	中国档案报	1995年1月		
8	五世达赖喇嘛入觐述论	中国边疆史地研究	1997年	第2期	
9	从地域特征看清政府对鄂伦春族统治政策的得失	黑龙江民族丛刊	1997年	第4期	
10	乾隆初期沈阳故宫修建考实	清前历史文化	1998年1月		
11	清代布伦托海办事大臣的设立及其裁撤	中国边疆史地研究	1998年	第3期	
12	从《还珠格格》中的西藏王谈起	中国档案	1999年	第3期	
13	雍正继位	中国档案	1998年	第11期	

续表

序号	题 目	刊 物	时 间	期 次	备注
14	中国第一历史档案馆馆藏明朝档案	历史档案	1999年	第3期	
15	嘉庆年间英军对澳门的两次入侵	紫禁城	1999年	第3期	
16	清政府对住澳葡人商船的管理	中国档案报	1999年11月25日		
17	中国第一历史档案馆藏西藏历史满藏文档案及其研究价值	中国少数民族古籍论	2001年4月	第4辑	
18	清代台湾　地震频发	档案大观	2001年10月12日		
19	清代"塔里雅沁回子"东迁呼伦贝尔开垦种田始末	中国边疆史地研究	2001年	第4期	
20	中国第一历史档案馆藏所存西藏及藏族历史档案概述	历史档案	2003年	第1期	
21	六世班禅朝觐始末	清史论集	2003年8月		
22	康熙修建畅春园冰窖工程	北京档案	2003年	第8期	
23	热河地图　清宫珍品	档案大观	2003年9月26日		
24	中国第一历史档案馆满文档案出版物提要	20世纪世界满学著作提要	2003年12月		
25	迎着太阳回归的部族	清宫档案揭秘	2004年5月		
26	清宫珍藏土尔扈特历史档案及其重要价值	东归历史文化论文集	2004年6月		

续表

序号	题目	刊物	时间	期次	备注
27	康熙年间口外行宫的兴建	明清论丛	2004年8月	第五辑	
28	土尔扈特回归记	中国民族报	2004年10月8日	第376期	
29	康熙帝与多伦诺尔汇宗寺	内蒙古大学学报	2004年	第3期	
30	近年来中国第一历史档案馆藏满文档案编译出版概况	满语研究	2004年	第2期	
31	东归英雄后人的述说	中国民族报	2005年11月25日	第490期	
32	锡伯族文化遗产	中国少数民族文化遗产集萃	2006年5月		
33	土尔扈特汗渥巴锡部众东归后拨地安置始末	中国边疆史地研究	2007年	第2期	
34	雍和宫始建年代考	清代宫史探析	2007年8月		
35	二世哲布尊丹巴与多伦诺尔善因寺	内蒙古大学学报	2007年	第五期	
36	清代军机处满文熬茶档与准噶尔史研究	中国边疆民族研究	2008年1月	第1辑	
37	清宫奶茶钩沉	故宫文物月刊	2008年5月	第302期	
38	细说《熬茶档》	故宫文物月刊	2008年5月	第302期	
39	清代首任伊犁将军明瑞满文奏折综析	满语研究	2008年	第1期	
40	沈阳故宫满汉文档案研究	满语研究	2009年	第2期	
41	恪靖公主远嫁喀尔喀蒙古土谢图汗部述略	中国边疆史地研究	2009年	第4期	

续表

序号	题 目	刊 物	时 间	期 次	备注
42	清朝赏赐琉球国王及其来华使节制度初探	中国边疆民族研究	2011年1月	第4期	
43	徐锡麟巡警学堂枪击巡抚恩铭案	中国档案报	2011年11月21日		
44	清初震惊朝野的汤若望案				尚未发表
45	清宫珍藏满文舆图				尚未发表
46	从清宫所藏满文档案看准噶尔蒙古赴藏熬茶活动				尚未发表
47	《清宫扬州御档选编》评述				尚未发表

附录二：

编译出版满汉文档案史料一览表

序号	书名	编著	时间	出版社	册数	备注
1	清代黑龙江历史档案选编	合译	1986年8月	黑龙江人民出版社	2	
2	清代内国史院满文档案译编	合译	1989年10月	光明日报出版社	3	全国首届满学研究优秀成果奖 中国档案学会第二次档案学优秀成果三等奖
3	满文老档	合译	1990年3月	中华书局	2	全国首届古籍整理图书三等奖 全国首届满学研究优秀成果奖
4	元以来西藏地方与中央政府关系档案史料汇编	合译	1994年10月	中国藏学出版社	7	国家社会科学基金项目优秀成果三等奖 中国档案学会第三次档案学优秀成果汇编类一等奖 第二届珠峰奖史料类二等奖
5	六世班禅朝觐档案选编	合编独译	1996年11月	中国藏学出版社	1	中国档案学会第四次档案学优秀成果汇编类三等奖
6	光绪宣统两朝上谕档	合编	1996年10月	广西师范大学出版社	37	中国档案学会第四次档案学优秀成果汇编类三等奖

续表

序号	书　名	编著	时　间	出版社	册数	备　注
7	咸丰同治两朝上谕档	合编	1998年8月	广西师范大学出版社	24	中国档案学会第四次档案学优秀成果汇编类三等奖
8	明清澳门问题皇宫珍档	合编独译	1999年11月	华宝斋书社	5	
9	明清时期澳门问题档案文献汇编	合编独译	1999年12月	人民出版社	6	中国档案学会第四次档案学优秀成果汇编类一等奖 首届澳门人文社会科学研究优秀成果著作类二等奖
10	中国第一历史档案馆藏西藏与藏族满文档案目录	合译	1999年12月	中国藏学出版社	1	首届珠峰奖史料类三等奖
11	珍宝	合编独译	1999年	朝华出版社	1	
12	清初五世达赖喇嘛档案史料选编	合编独译	2000年4月	中国藏学出版社	1	
13	清代皇帝御批彝事珍档	合编	2000年9月	四川民族出版社	1	
14	澳门问题明清珍档荟萃	合编独译	2000年	澳门基金会	1	
15	清宫珍藏历世达赖喇嘛档案荟萃	合编独译	2002年8月	宗教文化出版社	1	首届珠峰奖史料类三等奖

续表

序号	书名	编著	时间	出版社	册数	备注
16	清宫珍藏历世班禅额尔德尔档案荟萃	合编独译	2002年6月	宗教文化出版社	1	首届珠峰奖史料类三等奖
17	清末十三世达赖喇嘛档案史料选编	合编	2002年3月	中国藏学出版社	1	
18	明清宫藏地震档案	合编独译	2005年9月	地震出版社	1	北京市地震局2009年防震减灾优秀成果奖一等奖
19	清宫热河档案	合编	2003年8月	档案出版社	18	
20	清宫普宁寺档案	合编	2003年8月	档案出版社	2	
21	中国·承德避暑山庄300年特展图录	合编	2003年8月	中国旅游出版社	1	
22	军机处满文准噶尔使者档译编	合译	2009年10月	中央民族大学出版社	3	
23	清代军机处满文熬茶档	独译	2010年10月	上海古籍出版社	2	第十四届(2010年度)华东地区古籍优秀图书奖
24	清宫辛亥革命汇编	合编	2011年10月	九州出版社	80